岭南思想文化的
演进与更新

覃召文　宋德华　著

社会科学文献出版社
SOCIAL SCIENCES ACADEMIC PRESS(CHINA)

contents 目录

上编　古代岭南思想文化的演进

下编　近代岭南思想文化的更新

上编

古代岭南思想文化的演进

引　言

　　岭南，又称岭表、岭峤、岭海，泛指我国五岭（越城岭、都庞岭、萌渚岭、骑田岭、大庾岭）之南的地区。汉代的岭南，包含南海、苍梧、郁林、合浦、交趾（阯）、九真、日南、珠涯、儋耳诸郡；唐代则设岭南道，地域与秦汉时相近，而今称岭南则主要指广东、广西、海南及港、澳等地区。五岭地处南岭山脉，是长江水系与珠江水系的主要分水岭，而五岭之南又处在珠江流域的中心区域，因此，从江河文化的角度看问题，岭南文化也是珠江文化的中心区域。岭南文化是中华文化的一个重要组成部分，尽管开始岭南只是蛮貊之邦、化外之地，但经过数千年来的发展，岭南文化便从原始蛮荒走向现代文明，由封闭自守走向改革开放，它的风貌与实质都产生了巨大的变化。在长期的历史发展中，岭南文化形成了多样化的文化格局和文化形态，产生了许多重要的文化成果，并具有自身的性质和特征。岭南文化的发展到了近代进入更新的阶段，具有开拓性与前瞻性，引领着新的文化风气；而到了20世纪80年代之后更是产生了质的变化，此时的岭南，经济飞速发展，外贸迅速拓展，思想充分解放，精神高度活跃，显示了强大的文化活力。正是凭借着这一点，岭南文化成了当代中国文化一个重要的窗口，为世人所称道，也为世人所瞩目。

　　岭南思想文化是岭南文化的灵魂，是岭南文化生生不息的精神动力，引领着岭南文化发展的路线和方向。在岭南思想文化的历史上，产生了许多杰出的思想家和学者，结出了许多重要的思想文化成果。前人曾编出《岭南文献》《广东丛书》，今人也整理了《岭南丛书》《岭南文库》，这些都历历在目，显而易见。而值得人们深入思考的是，在岭南思想文化的发展中究竟有没有自己独有的传统，有没有自己特定的资质。这种独特性是决定其生命活力的关键性要素，故而尤为引人注目。对这个问题，早在清初粤东三大家那里，就已经深入思考过了。陈恭伊在《重刻岭南文献征启》

中曾历数先贤之功德，作者之文辞，虽然今古代迁，但其文统清晰可辨，所谓"轻缣素练，仰淑前修，踵事增华，弥高往辙"① 即是；其《征刻广州诗汇引》又说："百川东注，粤海独南其波；万木秋飞，岭树不凋其叶，生其土俗，发为咏歌，粤之诗所以自抒声情，不与时为俯仰也。"② 字里行间，可看出他对于岭南的思想文化传统与特质的坚守与珍爱。同样的观点在屈大均的著作中也屡屡可见，特别是在他的《广东新语》中，就特别以《事语》《学语》《文语》《诗语》《艺语》等篇什论述了交广地区文章学术的发展历史，其中就包含对岭南思想文化传统的热切关注和深入思考，其对岭南思想文化建设的贡献是非常突出的。而进入现代之后，对岭南思想文化传统的认识更是深化了。如1941年黄尊生在《岭南民性与岭南文化》③ 一书中就认为中国文化的发展趋势是从"大陆文化"到"江河文化"再到"海洋文化"，其发展的重心是"一路南移"的。因此，岭南特别是广东就成了中国文化之要冲，他指出："广东适当海洋之冲，因此便事事得风气之先"，而这，"便是广东所赖以扶摇直上之一个大关键。"这一观点强调了岭南文化与现代中国从封闭走向开放的历史发展动向的关系，对于我们无疑是有启发性的。

前人之论已十分详备，面对着光辉的岭南思想文化传统，自然引发我们的深入思考：它从何处来？它往何处去？它的存在有哪些形态？它的流布呈何格局？它的发展又有何规律和特征？它的趋势和前景又将如何？而所有的这些问题，归结起来又无非是这一文化的演进和更新的问题：演进引领历史，构成了文化现实的基础；而更新从现实出发，通向文化的未来。研究这些问题是有着重大意义的，这不仅有利于我们对岭南文化历史面貌有一个深入的了解，也有利于我们对于岭南文化发展动态的掌握，这对于当代的文化建设无疑是有着重大理论指导作用的。

自20世纪80年代开始，对岭南思想文化的研究呈逐步深入之势，对岭南思想文化的传承与更新也得到了许多人的热心关注，在文化研究的热潮中产生了许多优秀成果，有着不少学术突破，这种现象自然令人振奋、令

---

① 陈恭伊：《重刻岭南文献征启》，见陈恭伊《独漉堂集》之《文集·征启引颂》。
② 陈恭伊：《征刻广州诗汇引》，见《独漉堂集》之《文集·上书书牍》。
③ 黄尊生：《岭南民性与岭南文化》，民族文化出版社，1941。

人欢欣。但这一研究仍有待深入，如何透过文化现象去透析其精神实质，如何通过相关史料去发掘其思想菁华，这在当前仍然有待于加强，仍然需要提升一个层次。有感于此，笔者企求从文化哲学的高度来审视岭南思想文化的演进与更新，力图触及其中的一些思想焦点问题，虽不敢奢望能取得多大的学术突破，但只求从岭南思想文化研究中找出一些规律，解决一些问题。倘能为岭南文化建设添砖加瓦，也就完成了本书的写作目的。

第一章　岭南思想文化的发生与发展

一　岭南文化的发生及其思想的原始积淀

要探讨岭南文化思想的历史发展离不开对其文化状况的深入考察，因为文化思想是文化的结晶，即使在最初的阶段上岭南并没有完整而系统的思想体系，但一定的文化意识总是存在的，这种文化意识通过长期的原始积淀不断地传承下来，一旦以文字表达出来，那也就是我们说的文化思想。所以，我们的探究完全可以以此为起点。

（一）岭南文化的发生与南越文化

岭南思想文化的发生是一个有待深入研讨的学术问题，由于有关历史文献资料缺失难考，除了曲江马坝、封开黄岩洞新石器时代等地区留下的不多的文化遗存之外，有关的历史记载十分罕见，而且带有很大的传闻性质。故论及岭南文化，当前学界对其原初形态大都存而不论。而这样的结果，对于研判岭南文化思想乃至整个岭南文化就产生了很大的问题：既然其发生的历史状况不明，那么，这种文化的原质就难以把握，其发展的历史线索也就难以说清，还如何进一步地去谈它的来龙去脉呢？

笔者认为，在最初的意义上，岭南文化及其思想不是外来移入的，不是中原文化、荆楚文化、吴越文化等外来区域文化的横向移植与简单融合，它自有其本土性的原质和要素，有着其原生的文化因素。马坝文化与黄岩洞文化等岭南新石器文化的发现，表明了岭南文化有着十分悠久的历史，它起码说明，在最早的意义上，岭南文化与中华其他区域文化一样，是自本自根的，有其悠久的历史及其独特的性质。其后，随着人类的进化，由于自身文化机制的改进，也由于岭外强势文化的不断影响，岭南文化便开始从蒙昧走向文明，从落后走向先进。

　　岭南地处中国南方，古称南越，属于百越之一。所谓"百越"（或"百粤"）是指生活在长江中下游以南的众多族群部落，从大量的史籍来看，"百越"从大的方面来说包括"南越"和"东越"，《汉书·两粤传》所说的"两粤（越）"正是就此而言；而从小的方面来说，"百越"极言越人部族之多，从古人的著作中，我们还可以找到"扬越""骆越""于越""勾越""荆越""蛮越""闽越""瓯越""大越"等诸多说法。而在"百越"的众多部族之中，"南越"是其中重要的一支，它指的是最早就生活在岭南一带的部族，这一部族的原住民大抵属于马来人①种系，包括多个部族和民系，随着汉民族的不断移民及文化改造而被逐渐地汉化。南越在秦汉之前有"仓吾"等部族居住，其历史不详。秦初则置南海尉。始皇二十九年增设苍梧郡，三十三年又有南海郡、桂林郡、象郡。秦末，赵佗割据一方，合并南海郡、桂林郡、象郡为南越国。汉初，赵佗更被封为南越王，统领长沙郡以南的区域，并以番禺（今广州）为其都会②，此后，便有以"南越"代指岭南的说法了。

　　除了"南越"的说法之外，岭南还有"交阯""南交"等说法，"交阯"本古名，汉朝安定南越之后，曾在原桂林郡的辖区之内建立苍梧郡，置交阯刺史，掌管整个岭南的军政大权。颜师古注《汉书·地理志上》其中有道："胡广记云，汉既定南越之地，置交阯刺史，别于诸州，令持节治苍梧。"当时的苍梧都会设在广信，在今广东封开一带。虽说交阯刺史"持节治苍梧"，但作为一种军事建制，其势力范围覆盖两广、海南、湖南部分与越南北部。汉代南海的王范曾著《交广春秋》，此后，以交阯、南交代称岭南便较为普遍。

　　（二）交阯、番禺叙略

　　从上述情况可以看到，在先秦两汉之前，岭南文化实际上处于蛮荒不化的历史阶段。这里所谓"蛮荒"主要指其未完全开辟的自然风貌，而所

---

① 吕思勉《先秦史》之《第一节　先秦时诸民族》说："汉族，起自东南。诸民族与我密迩者莫如越。越亦作粤，今所谓马来人也。"《吕思勉读史札记》上一八八条《岣夷即倭夷说》中亦说："马来人古称越，亦作粤，有断发文身之俗，日人亦然。"
② 司马迁在《史记·货殖列传》中曾论及西汉时期的九大都会，指出"番禺亦其一都会也"。

谓"不化"则主要就其不发达人文现状来说。关于岭南文化的发端，由于史料不足，很难作很详尽的历史叙述，在这里，我们可以集中从"交阯""番禺"的地名考辨中管窥其大貌。

先看"交阯"。交阯的历史，大约可以追溯到尧、舜时代。《尚书·尧典》在论及尧安定天下后，曾命人掌管四方，这分别是"分命羲仲，宅嵎夷，曰旸谷。……申命羲叔，宅南交。……分命和仲，宅西方，曰昧谷。……申命和叔，宅朔方，曰幽都。"这里的"南交"也就是"交阯"。与东方"旸谷"、西方"昧谷"、北方"幽都"相对应，南方也应有相应的地名，这当有脱文，今已难考了。这一说法可以在《墨子》中找到旁证。《墨子》中说："昔者尧治天下，南抚交阯，北降幽都。"可见，在尧时已有"交阯"之名，而且已经纳入尧帝安抚天下的势力范围之中。到了舜帝之时，情况依然如故。传为西汉戴德所作的《大戴记》中有类似的话："昔虞舜以天德嗣尧，朔方幽都来服，南抚交阯。"所谓"南抚交阯"之类的说法表明交阯只是尧、舜帝王安抚的地域，未必纳入皇朝的版图，但从中也不难看出，早在尧、舜时代岭南就已经与中原有了密切的关系。

诚然，此时的交阯，并未完全开化。"交阯"其名亦作"交趾"，《礼记·王制》曾论及"中国"（即"中土"或"中原"）与"夷""蛮""戎""狄"四方的关系，其中提到："东方曰夷，被发文身，有不火食者矣；南方曰蛮，雕题交趾，有不火食者矣；西方曰戎，被发衣皮，有不粒食者矣；北方曰狄，衣羽毛，穴居，有不粒食者矣。"从这些说法中可以看到，"中国"是王制流行之地，是王化之基。而夷、蛮、戎、狄四方则还未完全开发和开化。这里说的"蛮"是指"百蛮"，既包括荆楚，也包括南越甚至西南诸蛮，泛指中原以南的广大地区。其中说到的"雕题"即指雕青文身，不火食则指喜食生，可见当时的岭南尚未完全开化。至于"交趾"之名也与文化习俗相关。《吕思勉读史札记》论及"越裳"时曾引《后汉书》语曰："其俗男女同川而浴，故曰交趾。"[①] 从这个说法来看，在交阯民俗中，男女交往嬉戏比较自由，不太讲礼仪，不像中原那样恪守夫妇之道，讲究男女有别。

再看"番禺"的说法。番禺的历史传闻，起码可以追溯到传说中的三

---

① 《吕思勉读史札记》（上），上海古籍出版社，1982，183条。

皇五帝时代。清屈大均的《广东新语·山语》论及番山、禺山、粤（越）秀山三山历史时曾详论过"番禺"的由来：

> 三山之脉，自白云蜿蜒而来，为岭者数十，乍开乍合，至城北笋起为粤秀，落为禺，又落为番。禺北番南，相引如长城，势至珠江而止。……登高望之，犹见其盘旋不断，回抱三城之势。盖司马迁所谓"番禺一都会"，刘安所谓"一军处番禺之都"，任嚣所谓"番禺负山险阻"，皆指此三山之中也。

> 番禺之名最古。《山海经》云：黄帝生禺阳、禺号。禺号处南海，生徭梁，徭梁生番禺。番禺者，贲隅也。禺阳、禺号者，黄帝之庶子也。番禺，黄帝之曾孙也。则番禺之名以黄帝之曾孙也。……番与贲同音潘，禺与峿通作隅。

> 《罗浮记》云：罗山之顶有桂，所谓贲隅之桂也。贲，番也。则又以罗山为番禺也。或曰：罗浮之西麓为白云，番禺者，白云之南麓也。则白云、罗浮皆可名番禺也。……今会城之禺山虽没，而自清远至博罗，皆谓禺山之磅礴焉可也。番禺之山甚大，故秦汉时，以广州之地总称番禺。

屈大均引述的这几段材料中有三点值得注意。第一，依他的说法，"番禺"（"贲隅"）本是人名，他是黄帝庶子徭梁所生，故是黄帝之曾孙；后来便作为封地之名，又进一步作了山名。第二，番禺的历史从黄帝时代便已开始成为政治都会与军事要地。第三，作为地名的番禺可有两解，狭义的番禺指番山、禺山一带，而广义的番禺则指古时延及清远、博罗的大广州区域。

屈大均所谓番禺乃黄帝之曾孙之说难以确考，但《山海经》中有"贲禺"的说法这却不假，其中也有番禺乃"黄帝之曾孙"的说法。屈大均说"番与贲同音潘"这可以成立，在《康熙字典》中，"贲"的注音有"必彝切""逋还切""逋昆切"多种，"逋还切"读"班"，与"番"音很是接近。另外要说的是，"番禺"之名在秦汉时期还曾作"蕃禺"，麦英豪、黎金在《考古发现与广州古代史》[①] 一文中列举了多个用"蕃禺"的例证：一是1953年，在

---

① 麦英豪、黎金：《考古发现与广州古代史》，见《广州文物考古集（广州考古五十年文选）》广州出版社，2003。

西村石头岗1号秦墓的漆器中发现烙有"蕃禺""蕃"字的铭文。二是1983年6月在南越王墓中发现的南越王二世赵胡龙钮"文帝行玺"金印，以及刻有"蕃禺""蕃"等字的铜鼎。"蕃"的字音和字义与"藩"相近，都有草木茂盛的意义，而"贲"字从"卉"从"贝"，据《康熙字典》也有"贲若草木"一说，因此同音假借，用来替代"蕃"或"番"也是可以理解的。

秦汉时"番禺"之名有广狭义之分，狭义的说法主要是从"都会"即政治中心的意义上说的，像屈大均引司马迁说法主要偏重于此；而广义的番禺则主要从军队驻防地的意义上说的，既然其疆域延至清远、博罗等地，这一地域就远比现在的广州要大。因此，屈大均引用的刘安、任嚣的说法是否就一定指三山（粤秀山、番山、禺山）一带，这还有待进一步的考究。

从"番禺"的名称考辨中我们可以品出蛮荒的意味，除了自然风貌的蛮荒之外，秦汉以前的番禺也还没有充分开化，有关这一点在番禺原住民的风俗习惯中表现得尤为明显。番禺土著的风习主要有四：一是好生食；二是断发文身；三是信神鬼，好巫祝；四是水居舟行。

好生食即前面说过的"不火食"，这并不是说古番禺人不用火，只是饮食习惯偏于生鲜而已。在《楚辞·招魂》中有这样的文辞："魂兮归来！南方不可以止些！雕题黑齿，得人肉以祀，以其骨为醢些。"这里说的"南方"当指"三楚"即"西楚""东楚""南楚"之南。这段文字常常被解读为古代百越人有食人的风习。其实，文学的增饰之辞不能完全作为证据。岭南自古就物产丰富，极少有饥馑之灾，因此，史上传闻的那些吃人生番的描述未必完全属实。但岭南特别是广府之人好食生鲜确实历来就如此。至今的岭南人仍好食"生猛"之物，这是历史习俗的延续。

所谓"断发"不等于"被（披）发"，披发不利于在丛林一带活动，而断发就会自由得多。断发可以修剪，但修剪后有所约束，这样更便于劳作和梳洗。据《史记·南越列传》所说，汉代的陆贾劝说赵佗归顺，赵佗以越族的"魋结箕倨"之俗拜见。所谓"箕倨"是席地叉腿坐若箕形，而所谓"魋结"则指将发髻一撮修束为椎形，这是"断发"的方式之一；除此之外，断发还可以剪成短发而不修束，如岭南土著中的"平鬏"大抵就属这类。断发这种风习不仅南越有，西南诸蛮也有。而所谓"雕题"即是在面额雕青，扩大来说就是文身，之所以要雕青、文身，或表征勇武，或显现图腾，或求祖上护佑，或避鬼魅凶邪，这是原始部族常见的一种风习，在古代番禺亦是如此。

在古番禺"雕题"的风俗中包含着特定的鬼神观念,《史记·孝武本纪》有"越人俗信鬼","而以鸡卜"之类的说法,《汉书·郊祀志》更是说:"粤人俗鬼","粤巫立粤祠祠,安台无坛,亦祀天神上带百鬼。"在历史上,神鬼观念在中国东方、南方都很普遍,荆楚、吴越及西南诸夷都是如此,而番禺一带此风亦盛。屈大均《广东新语·神语》说:"粤祠多淫,以鬼神方惑民蓄祥者,所在皆然。"今人叶春生教授在《广府民俗》一书中记载了大量与神鬼信仰相关的民俗,从中可以看出岭南的这一风气。与鬼神观念相关,秦汉时的番禺人还有着灵魂不死的观念,无论贵贱都是如此。在第二代南越王赵眜(胡)墓中曾发现殉葬15人的遗骸,在现今广州越秀区、番禺区发现的众多汉墓中,其格局与布置与家居并无大异,只是规模较小而已,这都说明当时的番禺人"事死如生",在观念上都习惯把死看做生的延续。

番禺地处水国泽乡,故人们惯于水居舟行。《史记·孝武本纪》说越人"习于水斗,便于用舟","善于造舟"。屈大均《广东新语·舟语》曾广引汉魏人的评语,如刘安之语"九疑(嶷)之南,陆事少而水事众",左思之语"篙工楫师,选自闽、禺",《山海经》之语"番禺始为舟",这都说明百越之人有水居舟行的习惯。所以,后来的王师南下征服岭南,都有针对性地采用了水路进攻,如秦始皇遣尉佗、屠睢平越,汉孝武帝分兵五路平越,汉光武帝平交阯,都是以楼船开道,水军先行。故汉孝武帝、汉光武帝两次平越的将军都命名为"伏波将军"与"楼船将军"[1],这都是针对着越人善于水斗有备而来的。

二 早期岭南思想文化与其他外来思想文化的关系

(一)早期岭南思想文化交流及其与中原、吴越、荆楚思想文化的关系

早期交阯与番禺的现状表明,岭南文化在很长时期处于未充分开发的

---

[1] 汉孝武帝平越的将领是伏波将军路博德,楼船将军杨仆。汉光武帝平交阯的将领是伏波将军马援,楼船将军段志。从名称可看出汉军平越以水路为主。后世如宋朝潘美灭南汉,元代张弘范灭宋,明代廖永忠灭元,都以水军为主;其中宋代仍沿西江直逼广州,元代与明代虽改由海路进攻,但也仍以水军为主力军。

形态，生活方式也比较原始。但这绝不意味着当时的岭南是完全封闭的环境。一方面，水居舟行的风习无疑扩大了岭南人的活动区域，在先秦两汉时期，岭南人就已经开始了海外贸易。另一方面，随着秦汉之际岭南通衢的打开，岭南与内地的交流也日趋频密。因此，水居舟行的生活方式在一定程度上为岭南人打破封闭性，走向海洋创造了条件。

岭南和海外及内地的来往可以从经济贸易史中看出个梗概。早在《史记·货殖列传》中就曾经说过，秦汉之时"番禺亦其一都会也，多珠玑、犀、玳瑁、果、布（按：'果、布'，一解作'果布'，本马来语音译，指龙脑香）之凑"；《汉书·地理志》中也有类似的话，其称番禺"处近海，多犀、象、毒冒（按：玳瑁）、珠玑、银、铜、果、布之凑，中国往商贾多取富焉"。这说明在很早的时期，番禺已经成为一个重要的商贸都会。这从出土文物中也可以看出来，在南越王墓中曾出土银盒、象牙、乳香，这多为西亚之物，墓中还有胡俑等葬品，这表明此时岭南和内地以及海外都有着广泛的贸易关系。

岭南和内地的文化交流还可以通过大量的文化遗存看出来，相关的青铜器与陶器在新中国成立后发现了不少。其中既有用于礼乐的钟、鼎、铙、盂等，这些铜器与中原一带出土的青铜器相仿，而文化遗存之中用于日常生活的器物则与荆楚一带的青铜器颇为接近，至于用于战争的兵器则与吴越的兵器相类。对此，邱立诚在《广东青铜时代文化类型初探》① 一文中曾有一个大致的结论，他指出：

> 广东各地的青铜器墓的出土文物还表现出：（1）受楚文化影响很大，如青铜蹄足鼎、羽状云纹罍、编钟、提梁壶等；（2）与吴越文化有密切关系，如青铜剑、越式鼎、鉴、矛；（3）与西南文化有较多来往，如铜钺、笥等本地特色则如人首柱形器和陶器等。"王"字形纹饰应是南越土著人中的一支文化，江西、江苏、湖南等地所见应是文化交流的证据。由此可见，广东发达的青铜文化同样是在各地青铜文化的相互影响下发展起来的。

综上所述，从岭南的文化遗存来看，其与中原文化、荆楚文化、吴越文化、

---

① 文见《广东省博物馆开馆四十周年纪念文集》，广东人民出版社，2000。

西南文化都有着广泛的联系，这是可以确定的。

当然，影响岭南文化的上述诸多因素并不是完全对等的。其中西南文化的影响相对较弱。西南文化对岭南文化的联系是通过牂柯江（属西江上游流域）与珠江水路沟通的，当时的夜郎国与番禺有商贸来往，但由于山岭纵横，江途艰险，故文化交往不易，只有少数商贾往返其间，南运的货物也并不丰富，只是如"枸酱"之类的商品而已。再加上西南文化在古代并非强势文化，故而对岭南文化的实际影响相对来说不是很大。而与西南文化不同，中原文化因属强势文化，故王化自北而南的趋势是存在的。但在先秦，由于岭南与其他地域的交通仍然不算方便，与中原更是隔着千山万水，故而中原文化对岭南文化的影响虽不能低估，但并不是那样直接，它往往通过对吴越文化、荆楚文化的影响而间接对岭南文化产生影响，这就打了一定的折扣。

在早期影响岭南文化的诸多因素中，以吴越文化与荆楚文化最为突出。之所以如此，是因为吴越文化与荆楚文化都属强势文化。此外，从地理上说，尽管交通并非那样便利，但吴越与荆楚毕竟与岭南直接接壤，故其对岭南文化产生很大的影响那是很自然的事。有关吴越文化、荆楚文化与岭南文化的密切关系，学者论述甚多，在此不作具体的铺叙。这里且从"越裳""楚庭"两个术语的考证来切入这个问题，并以此来管窥全豹。

先看"越裳"一词。屈大均《广东新语·地语》有"越裳"条："越裳，在象林界外，越之裳也。越之上郡为衣，而诸下郡为裳也。……裳之说也，又古言疆域皆曰'服'，越为荒服，汉文帝赐尉佗书曰：'服领以南，王自治之。'《史记》：'领南沙北'。刘安云：'其入中国，必下领水。'《汉书》'岭'又作'领'。领者，衣领也。五岭之于荒服，犹衣之领，故曰'领'。其边海之地，则曰'裳'也。"对"越裳"之说学界有多种解释，屈大均的解释是可取的。这一说法实出于比喻，其将越国的版图形象地比喻为一袭衣服，处于北方上郡者为"领"，为"衣"，而处于南方下郡者则为"裳"了。这为"裳"的部分正是古代的百越之地，故而就有"越裳"之说。这一说法参考了禹贡九州，设立五服之例，岭南因不入五服，故又称为"荒服"，这"荒服"也就是"越裳"。

从"越裳"的说法中我们可以看出岭南文化与吴越文化的关系。在历史上，吴越与岭南关系甚密。在很长一段历史时期，岭南是归于吴越而藩属于周朝的。对此，《史记·南越列传》和《汉书·两粤传》记述较详，明代郭棐《粤大记》卷二"事纪类"有"武周开越"条，对相关历史作了简约概括，兹节录于下：

> 周武王既灭殷，十有三年，乃正九服彻法，以南海地在东南扬州之裔，定为藩服……凡八蛮之距扬越者，为蛮扬。
>
> 成王七年，周公作周髀，以测日景，荣方述而成之，言北极出地，至朔方而益高；南极入地，至南海而益下。
>
> 十年，交阯、合浦西南有越裳氏者重三译而献白雉。……周公赐以轺车五乘，皆为司南之制。
>
> 夷王八年，楚子熊渠伐扬越，胜之。
>
> 惠王六年……南海臣服于楚。
>
> 显王三十五年，越伐楚，楚子熊商大败之。越遂散处江南海上，是为百粤。自丹阳、皋乡、梅里至于岭表，皆越王子孙也。

这些材料大致勾勒出了先秦岭南与周朝的关系，尽管从大的方面说岭南藩属于周，但实际的管辖者或托管者有所变化，最早是吴越，后来是荆楚。由于荆楚打败了吴越，原来岭南相对完整的吴越势力便被打散，"散处江南海上"各地，这就变成百越了。

材料中提到的"越裳"也有正史作为依据。《后汉书·南蛮传》曰："交阯之南，有越裳国。周公居摄六年，制礼作乐，天下和平，越裳以三象重译而献白雉。"处于"交阯之南"的"越裳国"是否岭南最早的国家难以确考，但这里提到的"献白雉"后来还真成了岭南进贡的某种惯例，并一直影响到汉朝。

由于吴越与岭南有这种关系，所以，吴越文化对岭南文化的影响很大。这主要表现在两大方面：一是语言，二是习俗。

首先是语言文化方面的影响。岭南是全国最复杂的方言区域之一，这已是语言学界的共识，而语言状况的复杂性与百越杂处的历史显然是相关的，学者们普遍认为，在今天广东两广白话、潮汕话、海南话之中仍然包含着较多的吴越方言的语音、语汇，也有很多相类的表达习惯。这显然是其影响使然。对此，屈大均在《广东新语》中说得很清楚，在《文语》"土言"条中，他说："广州语多与吴越相近，如'须'同'苏'，'逃'同

'徒'，'豪'同'涂'，'酒'同'走'，'毛'同'无'，'早'同'祖'，皆有字有音。"又说："琼语有数种，曰'东语'，又曰'客语'，似闽音。"《诗语》"粤歌"条中则说："大抵粤音柔而直，颇近吴越，出于唇舌间，不清以浊，当为羽音。"又说："潮音似闽，多有声而无字。"白话音似吴越，而琼语、潮语似闽音也仍然不离百越，因为居住在闽地的正是闽越和瓯越。从现代语言来考察，也仍然可以发现吴越方言的痕迹，例如邵慧君、甘于恩在《广东方言与文化探论》[①]第四编中，就列举了大量的例子，说明粤方言在声母、音系、构词、词汇、语序、语法特点与古越语相关。其次，吴越水居舟行的生活方式对岭南产生了影响。诚如前述，吴越之人"习于水斗，便于用舟"，除了吴越方向的自然移民之外，因"越伐楚"而流落岭南的应当有相当部分属于水军（这从出土的越氏青铜剑、矛这些惯常用于水战的兵器中可以看出），其精通舟楫，掌握造船技术也在情理之中，这对岭南人的生活方式是有影响的，这种水居舟行的生活也可以说是一种舟楫文化，它使得岭南人不囿于陆地，而是走向江河，走向大海，开辟了自己的广阔未来。

　　何以岭南的方言如此复杂，这个问题颇值得探讨。语言学界的学者多从移民角度解释问题，笔者不否认这一因素，岭南历史上的四次大移民的确对岭南方言的形成起到很大影响。但是，移民恐怕不是最原始的原因。笔者认为，形成岭南方言复杂格局的主因是历史上的重大战争，一是周朝数次楚越大战，大战的结果正如明郭棐《粤大记》所说："越遂散处江南海上，是为百粤。"这里所说的"江南"当指包括闽越、瓯越在内的东越部族，而所谓"海上"则应该指粤西雷州半岛至海南岛一带，而这一地区属于西瓯部族。这一解释恰恰可以说明何以今天潮汕、雷州、海南同属于闽语语系却分隔东西，这显然是被自北而南的楚军力量所切割的；而桂东北及粤北少部分由于牢牢地被荆楚势力控制，故其语言属于西南官话或受这一语系的影响。除了先秦发生的这次大的战争之外，在汉代，南越和以闽越为主的东越曾再次发生一场不小的战争，从《汉书·两粤传》来看，在赵佗执政时期，南越国曾经与东越交战，最终的结果是南越大胜，这就进一步巩固了原来的政治布局。对这两次战争的具体情形今天尽管难得其详，但它对民系的分布、方言区域的形成，无疑会产生根本性的影响。

----

　　① 邵慧君、甘于恩：《广东方言与文化探论》，中山大学出版社，2007。

再看"楚庭"。"楚庭"之说出现得很早，清人编录有《楚庭稗珠录》，又有《楚庭耆旧遗诗》《楚庭偶存稿》等诗文集，皆以"楚庭"代指岭南地区广府一带，这也是有缘故的。《汉书·两粤传》曰："粤（按：通'越'）吞吴，后六世为楚所灭。"这里说的是越王勾践打败夫差灭了吴国之后，历经了六代，又被楚国所灭。楚征服了吴越之后，也就开始在岭南建筑楚庭。黄佛颐《广州城坊志》①卷一论"羊城""穗城"时曾引用了几则涉及"楚庭"的资料，兹转引如下：

> 相传南海人高固为楚威王相时，有五羊衔谷穗于楚庭，遂增南武城，周十五里，为五羊城。（《方舆纪要》）
>
> 广城自周赧王初，越人公师隅相度南海地，始筑城，号曰南武。南海人高固相楚时，有五仙乘羊衔谷穗于楚庭，遂称五羊城。（乾隆《南海县志》）

屈大均《广东新语·宫语》中又有"楚庭"词条，其中对"楚庭"解说最详。文曰：

> 越宫室始于楚庭。初，周惠王赐楚子熊恽胙。命之曰："镇尔南方夷越之乱。"于是南海臣服于楚，作楚庭焉。越本扬越，至是又为荆越；本蛮扬，至是又为蛮荆矣。地为楚有，故筑庭以朝楚。尉佗仿之，亦为台以朝汉，而城则以南武为始云。……佗自称南武王，而宫亦号"南武宫"。……佗宫故在粤秀山下，即楚庭旧址。

《广东新语·石语》又有"五羊石"条，其中说道：

> 周夷王时，南海有五仙人，衣各一色，所骑羊亦各一色，来集楚庭，各以谷穗一茎六出，留于州人，且祝曰："愿以阛阓永无饥荒。"言毕腾空而去，羊化为石。

从上述材料中我们可以看到，广州在周赧王时属越，又称南武城；后来楚国诸侯熊恽平定了夷越之乱，广州便开始受辖于楚，建立了宫室楚庭。周

---

① 黄佛颐：《广州城坊志》，广东人民出版社，1994。

夷王时，因有五羊衔谷穗的祥瑞，故又把原南武城扩大，称为五羊城、穗城。楚庭之"庭"主要指宫中庭院，故屈大均说"宫室始于楚庭"，它主要用于纪念和朝拜之用。所以，楚庭之立，表明南粤曾经直属于楚的管辖。占领岭南之后，楚国的地域范围是极大的，《国语·楚语》中曾经这样描绘当时楚国的强盛："赫赫楚国，而君临之，抚征南海，训及诸夏，其庞大矣"，既然是"抚征南海，训及诸夏"，当然就覆盖了整个岭南。由此看来，岭南文化曾一度归属荆楚文化，其与荆楚文化的关系自然是非常密切的。

　　"楚庭"的说法不仅表明了荆楚文化对岭南文化的影响，它还揭示了这一影响的实质。别看五仙骑羊赠谷穗只是一个传说，但"永无饥荒"的祝愿显然表达了农耕稻作文化的理想。在先秦，农耕稻作文化最发达的地区是在荆楚，随着岭南的大力开发，农耕稻作的技术也就自然传入岭南。早在三四千年前，曲江石峡文化就表明在岭南已有人工稻的栽培，这是否直接受到荆楚稻作文化的影响难以确考，但曲江与湖南不过一岭之隔，农业技术的南下传播并非什么难事。此外，在秦汉时期荆楚的冶铁业较为发达，而岭南恰恰缺乏铁器，这对于农业的发展及兵器的改进带来很大影响，所以，在吕后四年（公元前 184 年）禁止铁器经由长沙进入岭南之后，赵佗一怒之下还曾攻打长沙郡。从这里不难看出，岭南农耕稻作文化的发展与荆楚文化的关系是非常密切的。农耕稻作文化自北而南的传播奠定了岭南的基本生存方式，故岭南的生活方式与荆楚（特别是湖湘一带）基本一致。前面说过，古代岭南用于日常生活的器物则与荆楚一带的青铜器颇为接近，而且，岭南的民居结构（特别是粤北、粤西的民居结构）与湖湘民居的结构也都相似，在坐北朝南的屋宅中设有前庭天井（例如今封开的杨池古村），这本身与农耕稻作文化是相互适应的。诚然，同属农耕稻作文化，岭南与荆楚、湖湘也有很大的不同，处于一个更为蛮荒的区域，岭南的农耕稻作文化比较粗放，而且它显然是那种日出而作，日入而息，帝力难至，赋税难及的自给自足的方式，这种方式显得更为原始而自由。

　　当我们探究了岭南文化的原初形态之后，便可以大致领略其原质与要素了，尽管这种原质与要素还没有通过语言文字的凝结表现为特定的思想，但是，在其神秘的历史形态之中已经显示出特定的意趣、情结乃至意识，如在原生态的生活中所萌发的生命自由意识，与农耕稻作文化相联系的农本意识，与舟楫文化相联系的江海意识等，这就成为岭南思想文化的元素，这一切为后来岭南思想文化的发展奠定了基础。

（三）秦汉之际岭南的历史变故与赵佗的历史意义

秦始皇统一中国之后，岭南文化才真正得到了发展。对于岭南秦皇经历了军事占领到政治统治的完整过程。秦始皇二十六年（公元前221年），秦皇定天下为三十六郡。南越非三十六郡之限，遂别置南海尉以典之，以屠睢为南海郡尉。二十九年（公元前218年），为打通贸易通道，平息岭南内乱，秦皇乃使屠睢发卒五十万，为五军：一军塞镡城之岭，一军守九疑之塞，一军处番禺之都，一军守南野之路，一军结余干之水。在与骁勇粤人的战斗中，秦兵惨败，屠睢被杀，伏尸数十万。三十三年（公元前214年），秦皇派遣任嚣、赵佗再次出击南越，遂平定了岭南，置桂林、南海、象郡三郡，以任嚣为南海郡尉，赵佗为龙川令治之。同年，赵佗将谪徙民五十万戍五岭，与南越人杂处；次年，又谪治狱吏有罪者处南越地；秦二世元年（公元前209年），赵佗为了安定岭南，又上书求女无夫者三万人，以为士卒衣补，秦皇同意派遣一万五千人，进入了岭南。所谓"为士卒衣补"，与其说是辅助军队后勤，毋宁说是充当了军人的家室，这对于岭南的长期屯兵进而稳定社会是十分有利的。

汉高祖元年（公元前206年），越将梅鋗从汉王破秦兵，由大庾岭台关（后纪念梅鋗改为梅关）入关。是年任嚣死，赵佗聚兵自守。秦灭后，佗击桂林、象郡，自立为南粤武王。

汉高祖平定天下之后，为了与民生息，遂使陆贾赐赵佗印绶，封赵佗为南越王。吕后五年（公元前183年），赵佗与吕后及诸吕有隙，便自称南越武帝，发兵攻长沙边邑，败数县而去。吕后崩，佗乃罢兵。其后，文帝派遣陆贾再次安抚赵佗，明言"服岭之南，王自治之"，赵佗于是才俯首称藩。赵佗称帝之后，又历经赵胡、赵婴齐、赵兴几代共七十余年。元鼎五年（公元前112年），南越出现叛乱，丞相吕嘉谋反并杀死赵兴，另立赵建德为新的南越王。元鼎六年（公元前111年），汉武帝闻南越反，于是派伏波将军路博德、楼船将军杨仆分兵两路占领了番禺，南越国遂灭。原来的南越地域重新划分为南海、苍梧、郁林、合浦、交趾、九真、日南、珠涯、儋耳九郡，完全归入了大汉的版图。

当我们对岭南秦汉史作如此简述之后，就不难看出，秦汉之际的岭南文化主要聚焦在赵佗及其创立的南越国上。赵佗统治岭南数十年之久，他的一生完成了三件大事：一是在军事上参与了平定、占领岭南；二是在政治上实行自治，并归顺于刘汉王朝（虽对吕氏有大不敬，但对汉室并无大逆）；三是在民族文化上和辑百越，开创了南越国的和谐局面。对于赵佗的历史地位，历史上的评价褒贬不一。褒奖有加者莫过于郭棐，在《粤大记》中他对赵佗称藩作了大力的肯定，其赞辞是：

> 予最嘉赵佗，椎结匹夫耳，乃能闻言而悟，向义而趋，明于彝分，以小事大，有文王服殷之诚；炳于几先，变逆为顺，有大《易》明哲之识。卒能王粤五世，谓非南徼中豪杰与？

而贬斥赵佗最甚者恐怕要数屈大均。对赵佗的批评意见在《广东新语》等著作中比比皆是，如《地语》中说："顾佗倔强一隅，乘机僭窃，甘与冒顿分南劲北强以苦汉，斯诚勾践子孙之所深恶痛疾者。"《事语》中说："如佗者，假秦之土地甲兵以自王，乃真始皇之盗也。"《宫语》中则说："佗本邯郸胄族，以自王之故，裂冠毁冕，甘自委于诸蛮与西瓯半嬴之王为伍，其心岂诚欲自绝于中国耶！"在屈大均看来，赵佗作为秦朝的旧臣，趁乱聚兵自守，自立为王，与蛮夷为伍，汉时又自称帝王，这实属僭窃之举。因此，屈大均对于赵佗基本采取了否定的态度，给予了坚决的批判。

屈大均对赵佗举止的批评有一定的参考价值，特别是话语中对赵佗私心的揭露有一定的合理性，但他的批评主要出于一种历史正统观念和民族宗亲观念，因此，其结论就有着很大的片面性了。而郭棐从义、诚、智、识等人格魅力上立论，其说法比起屈氏来就更加可取。

当然，即便是郭棐的说法，也有着特定的思想局限性。从唯物史观的角度来看问题，赵佗之所以值得我们基本肯定，首先是因为他审时度势，顺应了历史从分裂走向统一的发展规律。平心而论，他和秦廷汉室的分合恩怨出自历史的必然，其相应的决策实际上和历史的走向也并不背离，在这点上，他的确表现出了远见卓识，值得后人敬仰。其次是赵佗的作为有利于社会的稳定发展和人民的休养生息。客观地说，在赵佗占领统治岭南期间，他毕竟维护了这一方福地的长治久安，使得百姓能够安居乐业。当时的岭南，除了秦皇平粤时曾征伐杀戮之外，在其他时期并没有大的战争，这对岭南的经济发展相当有利。岭南本来就富足，而番禺尤甚，秦皇入粤的动机之一，就是掠夺岭南的财富，搜刮粤地的犀角、象齿、玳瑁、珠玑。汉初的经济活动频繁，前引《汉书·地理志》说的"中国往商贾者，多取富焉"，可见其繁华的气象。从南越王墓出土文物来看，其中甚至有西亚的银盒、乳香、胡俑等物，这表明在南越国时期，岭南的经济就比较发达，外贸活动也比较活跃，这和赵佗数代国君对南越国的有效治理是分不开的。再次，从文化上说，赵佗和辑百越的民族政策使得岭南各部族能够和谐相处，这对于汉越文化之间的融通和整合是很有利的，此外，赵佗在文化上采取了循序渐进的汉化政策（详后），从此之后，岭南文化的发展便步入了快车道，赵佗于此的功勋是不可抹煞的。

第二章　岭南思想文化的涵化历程

当赵佗及其南越国将岭南文化发展的序幕揭开之后，岭南文化便波澜壮阔地展开了，这个过程，我们应当如何认识呢？

从文化人类学与社会学的意义上，我们可以用涵化、同化的原理来解释岭南文化的发展进程。涵化（acculturation）一词最早由美国的鲍威尔（P. W. Powell）于 1880 年提出，经过百余年的发展，它成为文化研究中的一个重要理论。涵化一词的前缀 ac 在英文中有接受的意思，因此，涵化是一种关于文化接受的理论，简要地说，它是指两种或两种以上的文化通过长期的接触和整合，导致一种文化接受其他文化的过程和结果。文化涵化体现了不同文化的相互作用，但这种作用并非是完全对等的，在通常的情况下往往是强势文化向弱势文化，主流文化向非主流文化的熏陶和灌输。对于被作用的文化来说，这其中既有对起作用的文化的积极认同和乐于顺应，也有着无奈接受甚至是强迫适应，而进入涵化的高级阶段则是两种文化在文化结构、文化制度、文化行为、文化心理的高度趋同与一致，而这一过程和最终的结果，就是所谓的"同化"（assimilation）了。

涵化、同化的理论既适合于一般文化的发展，也适合于文化思想的发展。以这种观点看岭南文化乃至其思想的发展，我们就可以清晰地看到其发展、演进的脉络。从这一角度看问题，我们可以把岭南文化乃至其思想的发展大致分解成两大阶段。第一个阶段正值岭南的古代时期，是从秦汉到清代中叶之前，此时期岭南文化及其思想的涵化在很大程度上也可以说是汉化，即以原来的百越文化为基础逐渐地接受汉文化到最后融入整个汉民族文化圈之中。这里说的汉文化指的是以中原文化为主流，同时又兼容了荆楚、吴越文化的整个汉民族文化。这里所谓"接受与融入"主要是指对汉民族文化的认同、兼容与整合，除此之外，在这一时期，岭南文化及其思想的涵化还包括与汉化相反的过程与结果，这主要表现为岭南有些原有文化由于疏离、抵制汉民族文化的移入，因而被逐渐地分裂、异化乃至边缘化。这一变化当然不是主流，但也仍然值得注意。岭南文化及其思想之涵化的第二个阶段是近代之后，从近代开始，岭南文化及其思想在汉化的同时，开始了文化的革命性的突前发展，它面向世界，走向世界，拥抱世界，开始了真正的世界化的进程，尽管这个过程刚刚开始，至今远未结束，但其发展的基本方向与态势，在近代已经大致显示其端倪了。

这里首先对岭南文化涵化中的汉化问题作一个解析，以下仅结合不同时期的历史现状试述之。

一 岭南思想文化的汉化

（一） 岭南文化汉化中的以汉趋越

岭南文化汉化的本义是指百越文化趋近并融入汉文化之中，或者说，其基本内涵就是以越趋汉。但考察历史的时候我们不难发现，在岭南文化及其思想的汉化开始之前却有着一个预备过程，它的文化趋势与汉化的本义似乎相反，它不是以越趋汉，而是以汉趋越。

秦始皇打通梅关，在军事上占领了岭南，这就为岭外文化大规模地输入岭南提供了一定的便利。但是，军事占领毕竟是政治手段的一种延续，它的意义本来不在于文化本身。所以，说到岭南文化汉化还是从赵佗治理岭南才算真正的开始。赵佗本河北真定人，通韬略，善文章，屈大均《广东新语·文语》说"南越文章，以尉佗为始"决非妄言。他的《上汉文帝书》，委曲陈情，坦然叙事，先述对先皇的感恩之心，再谈与吕后的过隙，继而叙自己称帝的原委，最后表明对汉室的忠心，写得质朴动人。以此来看，赵佗虽久居岭南，但中原文化对他的影响是很深的。

赵佗对岭南文化的汉化可从以下方面得到说明。

第一，从中原等地大量移民，使之与越人杂居乃至通婚。如前所述，赵佗有计划南迁的有徙民五十万，又有女而无夫者一万五千人，还有一批贬迁的罪臣与罪民。秦始皇二十六年，整个秦朝的人口不过二千万，居岭南的人口应当不超过二百万，因此，这数十万移民的南迁便如同"掺沙子"一样极大地改变了岭南文化的人口分布格局，而杂居通婚的结果，更是使汉越交融，这便大大地加速了岭南文化汉化的进程。

第二，在民族文化政策上和集百越，并在偏远地区实行自治。据《史记·南越列传》说，汉高祖在平定天下之后，派遣陆贾南下立赵佗为南越王，要求他"和集百越，毋为南边患害"。所谓"和集（《汉书·两粤传》作'和辑'）百越"，便是引领百越并和百越部族保持和谐的政治文化关系。从赵佗称王数十年的历史来看，他的确做到了这点。在对待百越各部族的问题上，赵佗实际上仿效了大汉允许南越自治这一基本模式，并以此来"身定百邑"，而并没有像秦皇那样一味地用武力去征伐。这里且用一例来管窥全豹。范端昂在《粤中纪闻》卷十九"冼夫人"条云：

> 冼夫人，高州人。身长七尺，兼三人之力。两乳长二尺余，当暑远行，两乳辄搭肩上。秦末，岭南乱，夫人集兵保境，蛮不敢侵。及赵佗称王，夫人赍军装、物用二百担入觐。佗大悦，与论时政及兵法，智辨纵横，莫能折。乃委其治高凉，恩威振物，邻郡赖之。今南道冼姓，皆其支派云。

岭南历史上有两个著名的冼夫人，此秦、汉之际的冼夫人为后世陈、隋之际的冼夫人之祖。所治高凉，在今粤西茂名、高州、阳江一带。赵佗实行地区自治，并采取恩威并重的策略去扶持这些地方势力，"委其治高凉"这就消除了秦始皇征伐岭南，荼毒生灵所带来的民怨，维持了岭南长期和谐稳定的政治局面，为不同文化的交融、互动提供了根本的保证。

第三，以汉趋越中的用心与策略。在汉化问题上，赵佗的基本方式大致可概括为以汉趋越、以汉入越。所谓以汉趋越通俗地说就是身心在汉，却入乡随俗，以越人的方式生存并治理越人。赵佗的生活方式已经基本融入南越，他以"魋结箕倨"的越族礼仪见汉使陆贾，还说过"居蛮夷中久，殊失礼仪"之类的话，在《上汉文帝书》中他甚至还自称"蛮夷大长老夫"，从这些架势来看，他似乎把自己当做南越土著的首领，并以这种身份来治理南越了。那么，他是否完全废除了中原的礼仪了呢，当然不是。在赵佗以汉趋越的同时，也并存着以汉入越的因素。赵佗是知礼明义的，从赵佗与汉史周旋，与汉武帝、汉惠帝、汉文帝三代汉皇打交道的情况来看，他实际上没有失礼的地方，也深明国家统一，造福百姓的大义。《史记》《汉书》中都载录了他的《上文帝书》，信中有一段话颇耐人寻味。其文曰："老夫身定百邑之地，东西南北数千万里，带甲百万有余，然北面而臣事汉，何也？不敢背先人之故。老夫处粤四十九年，于今抱孙焉。然夙兴夜寐，寝不安席，食不甘味，目不视靡曼之色，耳不听钟鼓之音者，以不得事汉者。"这段话，强调自己不好新声，严守古礼，绝无背汉之意，僭窃之心，这看似使用障眼法；但也并非完全不符合实际。从南越王墓的出土文物来看，其中就有用于礼乐的编钟等器物。《史记·南越列传》与《汉书·两粤传》都曾引二世赵胡的大臣谏劝之语，说"先皇（按：指赵佗）昔言，事天子期无失礼"，可见，礼乐制度对于赵佗来说是不敢懈怠的，严守礼义是赵佗事君的一个基本宗旨。赵佗不仅在生活方式上没有放弃汉代礼仪，在政法制度上也没有和汉法割断联系。本来，汉武帝当初应允了赵佗自治，文帝还给了他"服岭之南，王自治之"的政策，但赵佗在政策运用上还是谨慎的，从《史记·南越列传》《汉书·两粤传》来看，赵佗治理南越并没有悖逆汉代法制的情况，只是到了第二代南越王赵胡时才打破汉法，以陪葬殉主，第三代王赵婴齐据说"尚乐""擅杀生自恣"，而惧以汉法入见，而到第四代王赵兴时，才"除其故黥、劓刑，用汉法"。从运用法律的角度来看，南越国的第一、第四代还是大体遵循汉制，不至于过于造次。而第二、第三代则不守规矩；但即便如此，从"惧用汉法"的说法中可以看出汉法对南越国君仍然有相当的约束力，不然又何惧之有？南越国不仅在礼法上与汉制有关联，在祭祀礼仪上也与岭外有着密切关系。1995 年考古队在广州发现南越国御花园大型石构蓄水池，1997 年又发现曲流石渠，全长约 150 米，与黄河图像十分相似，这其中是深有意味的。越人水居舟行的风习使其喜好祭祀江水，如越王平吴，就曾春祭三江，秋祭五湖，而形似黄河的曲流水渠明显是用以祭祀的，却不属于三江五湖之列。这说明，南越王室在保留祭水越俗的同时，却置换了其中的对象和内容，他们把长江水系变成黄河水系，那是因为，南越一世祖赵佗正是从河北走向岭南，从汉地走向南越的。如此一来，我们就可以为这条形似黄河的曲流石渠解密了，它所传达的信息是对中原文化的崇尚，是对故乡宗亲的眷恋。

由于赵佗以汉趋越，所以在一些持激进文化态度的人看来赵佗反倒成了历史的罪人，如屈大均就有这方面的责难。在《广东新语·人语》中，屈大均对于开发岭南的秦始皇大加赞赏，而对赵佗则给予了抨击，他说："佗之自王，不以礼乐自治以治其民，仍然椎结箕倨，为蛮中大长，与西瓯、骆、越（按：当为'骆越'）之王为伍。时南越人九十余年不得被大汉教化，则尉佗之大罪也。"对于岭南文化的汉化，屈大均显然是持肯定态度的，这点值得肯定；但显然，在他的话语中对岭南及整个南方的原住民持蔑视态度，而在汉化问题上他则显得急于求成，这就有片面性了。历史地看问题，赵佗以一种保守的态度促成汉化是完全适宜的，在结束了秦末汉初惨烈的军事政治动乱之后，岭南地区的人民急需的是休养生息，以激进的态度处理汉化问题反倒不利于社会的稳定与和谐，因此，屈大均的责难是不能成立的。

平心而论，以汉趋越这种文化行为体现了很高的政治智慧，要改变一种文化首先要进入这一文化圈子，这不仅是为了自保，也是改造其他文化的先决条件。所以，要促使南越文化的汉化，就有必要整个身心都进入南越文化圈子之中。历史上有不少外放岭南的官吏在治理地方时注意到这点，都采用了有效的文化策略。为了融入当地越人的圈子，他们往往趋就越人的风俗习尚，采用越人治越的管理方式。例如唐代的韩愈、柳宗元，宋代的苏轼、杨万里等都曾实行这些策略。就拿韩愈来说，在治理潮州的过程中他充分地尊重当地的风俗与民情，在这片百越文身之地，他播下了儒家文化的种子并使之发芽、长叶、开花、结果。其实细考起来，韩愈的儒家思想与他的许多行为是看似矛盾的：他不是振兴儒教而力排佛老吗？但他又结交灵山寺主持大颠禅师，并有赠寒衣之举；作为"有望于孔子门墙"的儒生他本应"不语怪力乱神"，但他偏偏写了惩警神灵的《祭鳄鱼文》。对这些看似矛盾的现象我们只能有一个解释，那就是韩愈是力图融入当地的文化圈，并力图以当时潮州人能够理解的思想方式来输入那些儒家文化观念，这样的做法在形式上可能有违圣教，但实行起来却是行之有效的。除了亲历亲为之外，韩愈还牒请识文通经的秀才赵德摄海阳县尉，为衙推官，专勾当州学，以督生徒。赵德是一个忠实的孔子信徒，屈大均《广东新语·学语》说他"论说力排异端而宗孔氏"，而韩愈树潮州本地人为学习榜样，又延请其督学生徒，这其实就是越人治越，收到了事半功倍的效果。

当然，以汉趋越这种文化行为的目的是为汉化作准备，所以这种文化趋势及相关行为在文化传播接受的早期比较常见。而随着汉化的不断进展，以汉趋越就逐渐让位于以越趋汉，往往更偏重于对汉民族的文化习俗、文化思想的直接引进、评介和选择性地接受了。

（二）岭南思想文化汉化的展开

岭南文化汉化的全面推进当在秦汉之后。岭南文化的汉化在岭南各地的进展并不平衡，岭南文化特别是岭南思想文化的流布有特定的格局，从思想家产生的密集度及思想的活跃度来看，不同的时期岭南思想文化自有不同的中心。在秦汉时期，它的中心在苍梧、番禺等地区；在魏晋南北朝，它的中心在南海（含番禺）地区；在唐宋时期，它的中心在南海、韶关、肇庆地区；而在明清时期，它的中心则由番禺、南海扩大到了整个广府地区，包括"上四府"南海、中山、番禺、顺德以及"下四府"台山、开平、恩平、新会等地；而到了近代，在广府地区继续保持活跃的同时，它更在穗、港、澳这些珠江三角洲中心点（在当代，又增加了深圳、珠海）聚焦，焕发出夺目的思想光彩。

岭南文化的汉化涉及物质文化、行为文化与精神文化三大层面，物质文化不在本书阐述的主要范围，行为文化虽然可以纳入本书的考察对象，但也不处在文化的核心，因此，这里要集中探讨的主要是精神文化层面。而就精神层面来讲，则又包括语言风俗与思想两个层面，这两个层面都存在着汉化的问题。就风俗而言，首先是岭南方言的形成，岭南方言的形成实际上也经过了一个汉化的过程。现在的粤人已是汉人，而最早的粤人则是未开化的野蛮人。如《隋书·南蛮传》所说："南蛮杂类，与华人错居，曰蜒（按：通'蜑'、'蛋'）、曰儴、曰俚、曰僚、曰㐌，俱无君长，随山洞而居，古先所谓百越是也。"而屈大均《广东新语·人语》则说："其真鬋发文身越人，则今之瑶、僮、平鬃、狼、黎、岐、蛋诸族是也。"作为那时尚未开化的南越人，当然不能算是汉人。所以，最早的南越方言是非常复杂的，它不仅和其他越族的语言不同，就是在它的内部，也仍然有很大的差异。清代李来章《连阳八排风土记》卷四"言语"就瑶语与汉语在语汇、语音方面作了一个对比，他的结论是："山川阻隔，语言亦殊，非经翻译，意卒难明。"以此来看古越语与汉语的差别是很大的。岭南方言发展到现在已在很大程度上汉化了，岭南方言就大的方面来说包括粤方言（白话）、闽方言（福佬话）、客家方言等语系，每种语系还包括一些次级方言。尽管每种方言的形成都有其特殊的规律与途径，但在一点上它们都有着共同性，即它们都是在原来上古百越语言的基础上吸收中原古代汉语的词汇、语法、语音而形成的。其形成的过程一般出于语言之间的自然渗透与相互影响，但也有人为的因素，如陈香白辑校《潮州三阳志辑稿》卷三所说，韩愈被贬潮州时，就曾经"以正音为郡人诲"，这实际上就促进了潮州语言的汉化。由于岭南方言在形成之后语言环境一直相对稳定，所以，发展到现代的岭南方言更接近古代汉语，而比较地远离近代汉语。除了语言之外，岭南民俗在发展中也有以越趋汉的情况。在某种意义上，岭南文化是若干个族群文化的总和（这从南雄珠玑巷林立的宗祠中就可以看出来），而随着特定族群的南迁，也就把汉民族各种不同的风俗习惯传到了岭南。除了移民对民俗的汉化有影响，地方官员的移风易俗也对民俗的汉化产生影响，陈香白辑校《潮州三阳志辑稿》曾记载州官曾噩改换风俗之举，其曰："州之旧俗，妇女往来城市者，皆好高髻，与中州异，或以为椎结之遗风。嘉定间，曾侯噩下令谕之，旧俗为之一变，今无复有蛮妆者矣。"所以，岭南的节日民俗、时令民俗尽管有其特点，但由于长时期的汉化结果，就总的来说与整个汉民族风俗还是大同小异的。其中不少民俗如广府地区端午节赛龙舟，有的客家地区（如兴宁地区）正月十五挂红灯，显然受到了荆楚、中原文化的影响。有关语言风俗不是本著作的重点，在此也不拟多说。

在思想层面上，岭南文化汉化中的以越趋汉又可大致分为两个阶段：首先是越与汉、南与北思想的大碰撞、大震荡、大整合阶段；继而是越与汉、南与北思想的全面融合，平稳推进的阶段。唐宋之前的岭南思想文化的发展大致处在第一阶段，而明清岭南思想文化的发展则大致处在第二阶段。在前一阶段中，思想的演进由于还不完全适应，所以呈现出剧变的形态。而在后一阶段，由于不同的思想已经经历长时期的磨合，所以演进形态比较平稳，总体上说以渐变为主。

这里先看第一个阶段，相关的历史状况从有关思想家的著作中可以看出来。从汉魏六朝到唐宋，输入岭南的文化思想非常复杂。此时岭南的思想文化著作既有北方之学，也有南方之学，既有儒家思想研究，也有道、佛思想研究。汉魏六朝经历了从独尊儒术到三教鼎立的思想历程，故而这一时期的著作有偏重介绍儒家经典的（如陈钦、陈元、士燮的《春秋》研究）著作，也有介绍道家、道教的著作如葛洪的《抱朴子》，还有介绍佛教的著作如牟子的《牟子》等。唐宋期间的著作也比较驳杂，刘轲的《三传指要》是研究儒家重要典籍《春秋》的，慧能的《坛经》自是禅宗的重要经典，梁观国的《壶教》则是恪守儒家礼法女教的启蒙之作，白玉蟾的《蟾仙解老》则是亦道亦禅之作。从汉魏六朝到唐宋时期的著述来看，岭南思想还很难说是哪一家思想独霸天下，思想文化领域大致处在一个百家争鸣的局面，整个意识形态是颇为自由，非常活跃的。

本来，岭南作为中国的最南方其思想文化是有其地域性的，因为这里远离中原最高政治权力的中心，所以，以修齐治平，达则兼济天下为基本追求的儒家思想实在非其所倚重，但是，岭南的思想论坛是否真的像梁启超在《新民说》中说的"孔子之见排于南，犹如老子之见排于北也"呢？其实也未必如此绝对。岭南人对于各家之学并不一味盲从，也不一味排斥，而是各取所需，为我而用。所以，我们看岭南的思想史，三教九流的思想在这块土地上往往各行其是，各领风骚。所以，尽管这期间活跃于岭南的北方之学与南方之学，儒家思想与道、佛思想会产生大碰撞、大震荡，但与此同时，我们更多的是看到这些不同的学派、不同的思想的大兼容、大整合与大统一。这种情况在唐宋前就已形成，它甚至一直延续到明清时期，成为岭南思想文化史上的一个普遍现象。

此期岭南思想文化的汉化首先表现在岭南人以"拿来"的态度学习、研究汉民族历史，努力传播并吸收以中原文化为主的汉民族政治、道德价值观念。这一汉化的趋势先在苍梧郡发端，往后又影响了粤中的番禺。从汉末开始，大批移民流落到苍梧郡，聚集在广信（今封开一带）地区。作为当时的军政中心，苍梧地区处于今两广交接地区，农业经济比较发达，社会比较稳定，这就促使了文化的繁荣。而番禺作为一个政治、经贸重镇，文化氛围比较浓厚，汉化也来得比较早。在当时的岭南，大量的中原文化著作被注释、评介和研究，其中涉及儒家经典的有《春秋》《周易》《尚书》《论语》《国语》等，也有《老子》等道家著作。除了这些评介北来的文化精品的著作之外，这时的岭南还产生了一些颇具岭南原有文化特色的著作如牟子的《牟子》，葛洪的《抱朴子》等。这些著作虽然具有岭南特色，但都有着会通三教的思想倾向，仍然融入了中原文化的基本精神。岭南文化的汉化到了唐宋又有所变化，唐宋时期岭南文化思想的重心由粤西的广信逐渐移向了粤北的曲江，而粤中、粤东的文化也保持了高度的活跃，故这时的岭南文化呈现出全面发展的倾向。首先，在唐宋期间，自两汉以来岭南对史学，特别是对《春秋》的关注得到进一步的延续。如刘轲在《与马植书》中对历代史学表现出了极大的关注，他的《三传指要》对《春秋》、三传《左传》《公羊传》《穀梁传》做了钩沉，产生过较大的历史影响。其次，除了史学研究之外，唐宋的岭南学者在道学、理学方面也有所关注，如张九龄就有"明道"的见解，粤东的赵德、梁观国在流寓潮州的思想家韩愈的影响下极力提倡儒家的仁义道德，都是这方面的例子。再次，这个时期禅宗、道教的思想得到了极大的发展，除了涌现出慧能、文偃、契嵩、白玉蟾等一批思想家之外，流寓岭南的一批思想家如柳宗元、刘禹锡、苏轼等在这方面则推波助澜，也产生了不小的影响。最后，唐宋期间务实的文化精神使思想家普遍留意事功与民生，故此时岭南的政治思想、经济思想比较丰富，如张九龄、余靖、林勋、崔与之等在这方面的贡献就较为突出。从唐宋时期岭南文化的发展来看它依然保持了汉魏六朝时期思想的活跃度与自由度，南北之学、三教之说都有了较大的发展。

从明清开始，岭南思想文化的汉化进入了全面融合，平稳推进的阶段。这个时期的最大特点是儒学得到了极大的发展。岭南的儒学在唐宋之前虽有萌芽，但比起其他地区来说相对滞后，有明之后，以南园前五先生为代表开始了儒学的复兴。南园前五先生以孙蕡、王佐、赵介、李德、黄哲为代表。他们探究宋明理学，坚守风雅之旨，以他们的诗文大振儒风。郭棐《粤大记》曾引赵绚之语赞孙蕡"究极天人性命之理，濂、洛、关、闽之学"，称其为"岭表儒宗"；陈琏为赵介《临清集》作序，称其所作诗"虽出入汉、魏、盛唐诸大家阃奥，而尤究心《三百篇》之旨，以故所作出乎性情、出乎礼义，有关世教，读之可以见其志，故非世之绚彩色，调声响者所能及也。"这里只是略为举隅，但从中可见其儒学风范。继南园前五先生之后，明代中叶，在程朱理学、王阳明心学发展的同时，以陈献章及其弟子为代表的江门学派一时崛起，形成了广东儒学发展的高潮。陈献章远承思孟学派的心性之说，近接程朱理学，并成为向王阳明心学过度的一个中继和转折，他提倡自得之学、自然之教，追求"鸢飞鱼跃"的自由境界，这显然是对儒学精神的回归。陈献章之后，他的弟子湛若水、张诩、林光都有盛名，而后弼嵩、黄佐的理学在白沙之学那里也得益不少。故屈大均在《陈文恭集序》中曾说："吾粤自成、弘以来，先正多以理学名其家，其渊源皆本白沙。"这一说法是大致不错的。除了振兴理学之外，在当时的儒学中还包含了振兴礼乐精神的内容。本来，就中国文化史来看，礼乐精神到了宋明之后已被新的理学精神所部分替代，但在岭南历史上由于缺少礼教、乐教的传统，故在这时对这一地区性的历史缺陷作了大力的回补。于是，在复古思潮的影响下，对礼乐的研究一时盛行，陈献章、湛若水提倡"白沙诗教"已属这种倾向，而湛若水著《补乐经》、黄佐著《乐典》、梁文重著《乐史》同样是出于对礼乐精神的弘扬。陈献章及其弟子为代表的江门学派在清代仍有不小的影响，如胡方、陈遇夫的理学与陈白沙就有很密切的关系。如果说明代岭南的儒学成就主要表现在理学方面，清代岭南儒学的成就则主要表现在经学方面。留意经籍，专心考据是清代学术的风气所在。特别是在清代中叶，以乾嘉学派为代表的朴学更是盛行一时。这个时期，岭南产生了一批经学家，如吴荣光、林伯桐在这方面就颇有建树，他们的治经重考据的风气直接影响到了近代陈澧开创的东塾学派，他的《东塾读书记》与《切韵考》至今还是经学研究的名篇。岭南经学在清代的大力发展与清代学术风气的转变相关，也和统治者的大力奖掖有密切的关系，当时的两广总督阮元、张之洞都提倡实学，振兴儒风，这使得岭南文化与中国文化的整体完全保持了同步的发展。

岭南儒学复兴不仅在学术界得到了强烈的反应，它也在文学上得到了形象的体现。继南园前五先生之后，在嘉靖、隆庆年间，欧大任、梁有誉、黎民表、吴旦、李时行再度结社南园，是为南园后五先生。这批文学家早年曾师从黄佐，受过江门学派的影响，故为诗多有儒家风雅之旨。这一文学潮流与明代前、后七子复古主义潮流有关，其中的梁有誉位列后七子，欧大任位列广五子，黎民表位列续五子。尽管南园后五先生与文学复古思潮相关，但其与前、后七子有两大区别：其一是思想倾向不同。熊绎祖在《南园后五先生序》中说："后五先生……继南园以结社，振诗学于式微，秉质吟坛，风骚不减前代；抒灵性府，词赋盛传今兹。"檀萃在《南园后五先生叙》中则说后五先生"得诗派之最正"，"虽驰骛五子之列，而词气温厚，颇脱蹶张叫嚣之习，识者犹有取焉。"从后五先生的诗作与相关评论来看，后五先生在诗歌创作中虽重风雅之旨，但词气温厚和平，且不汩真情，不废性灵，这与前后七子就有很大的区别了。其二是实质意义不同。前、后七子文学复古思潮的实质是守旧、是退化，其对于文学发展乃至整个社会思想的发展产生了消极的影响，而在岭南文化汉化的历史上，礼教、乐教与诗教在明代中叶之前正处于方兴未艾的阶段，还属"新鲜事"，故不能与前、后七子的复古思潮同日而语。明代之后，清代文学家及文学思想家也都继承了明代这一风气，大多自觉地把文学与儒学复兴联系在一起。屈大均在《广东新语》之《诗语》《文语》等篇什中对明清岭南的诗文作了全面的评骘，他肯定了诗人们"力祛浮靡，还之风雅"之功，认为他们"所著悉温厚和平，光明丽则，绝不为新声野体，淫邪佻荡之音，以与天下俱变，是皆天下之哲匠也。"黄培芳在《粤岳草堂诗话》中评论了岭南明清时代诗歌的成就与特色，论明诗他说：

> 陈秋涛宗伯子壮论吾粤明诗云："太史公谓齐鲁文学其天性，粤于诗则有然矣。我国家以淮甸为丰镐，则粤应江汉之纪，风之所为，首二《南》矣。五先生以胜国遗佚，与吴四杰、闽十才子，皆南音、《风》、《雅》之功，于今为烈。"欧桢伯虞部云："明兴，天造草昧，五岭以南，孙蕡、黄哲、王佐、赵介、李德五先生起，轶视吴中四杰远甚。……当世宗皇帝时，泰泉先生崛出南海，其持三尺以号令魏、晋、六朝，而指挥开元、大历，变椎结为章甫，辟荒秽于炎徼，功不在陆贾、终军下也。"

论清诗则曰：

> 吾师刘朴石太史，选有《岭南群雅》，自序云："国朝巨手迭兴，迨鱼山、药房、二樵诸公崛起，研炼各体，各擅所长。独七言古诗，专以李、杜、韩、苏为之师。引气必盛，隶事必实，运思必沉，矢音必洪，置阵必奥，彬彬乎大家堂奥，有起衰式微之功。粤中诗教，于此称极盛焉。"

这些论述表明，岭南明、清期间的主流是儒学的复兴，这不仅凸显在哲学思想及社会思想方面，在文学方面，也得到了强烈的感性显现。

除了儒学之外，道、佛思想在明清时期也在发展。这主要表现在两个方面。其一，在社会的稳定发展时期，道、佛思想的发展虽不显山露水，但依然存在。道教中的内丹道教在岭南一直发展，罗浮道教则一直处于岭南道教的核心；岭南佛教的基本格局在岭南也一直未变，而南宗禅在岭南一直继轨有人。其二，在明亡清兴之际，社会的沧桑巨变使得文士归道逃禅形成风气，这就促成了道、佛的繁盛。特别是禅宗在此时得到了极大的膨胀。其中以道忞为代表的禅宗临济宗为顺治皇帝所重，在上流社会有较大的影响。而以函昰为代表的禅宗曹洞宗收纳了不少明朝的遗老遗少，讲求"推原心理，利济人天"，即悟得人的"自性"，寻求宗教、学术与政治精神上的双重安顿，函昰作为当时岭南曹洞宗"道""函""今""古"四辈的精神领袖，与众僧论禅作诗，所著语录与诗歌有数十部之多，在清代产生了很大的影响。黄尊生在论及岭南的思想发展时曾经说过，在岭南，"理学和革命文化都是遗民文化的子孙"①，从"推原心理"出发，其导致的是学术精神的弘扬；从遗民意识出发，其导致的是对一族统治的不满。尽管这些精神和理念在当时被高压政策所压制，但它对于近世的文化变革与社会变革起到了不小的启迪作用。

经过了漫长的过程，到了清代中叶，除了边远的少数民族地区如黎、瑶、苗等地，岭南文化特别是思想文化已基本上被汉化。清代叶春及作《肇庆志》，其中《外志论》称王道"无不覆帱"，所谓"覆帱"就是"覆盖"，这说明当时的岭南已是王道之土，教化之乡。黄培芳在《粤岳草堂诗话》卷二曾广引清代中叶的文化名人评论盛赞粤东之语，颇能说明当时的文化现状，兹简录如下。王仕禛说："君乡粤东，人才最盛，正以僻在岭海，不为中原江左习气熏染，故尚存古风耳。"朱彝尊则有诗云："南园词客多无恙，暇日争扶《大雅》轮。"蒋士铨也有诗曰："仙方出岭海，孔雀东南飞。"洪亮吉则说："尚得昔贤雄直气，岭南犹似胜江南。"这些盛赞岭南的文士与诗人都来自岭外，在他们看来，这时的岭南不仅不是蛮荒之地，而且在文化风习方面甚至超过了江南，与中原可以并驾齐驱了，可见此时的岭南已经达到了高度开化的状态，与以往的"百越文身地"已经有了天壤之别。

（三）岭南思想文化汉化的不平衡及边缘化现象

岭南思想文化的汉化是岭南文化发展的基本动向和总体趋势。但其发展在岭南各地是不平衡的。在南海沿线及珠江流域如现在广东的大部、广

---

① 黄尊生：《岭南民性与岭南文化》，民族文化出版社，1941，第13页。

西的东北部及海南的东北沿海一带，其汉化的速率、程度均比较突出，而在荒僻的边远山区，其汉化的速率与程度则比较低。

沿海、沿江地区的汉化无须多说，前面所述大抵不出这一范围。需要略作补叙的是广西西部及海南中部等少数民族居住区域的汉化问题。

广西、海南在历史上是南越、骆越杂居的地方，在汉代，骆越人居住的地区广布于郁林、珠崖、交趾、九真诸郡，除了今越南之外，广西、海南也是其主要的聚集地。"骆越"又作"越骆"，词序相反，意义一样。因区别于浙、闽一带的"东瓯"，故又称为"西瓯"。所谓"骆"，一说通"雒"，因耕种"雒田"而称"雒民"。其实，考察"骆"与"雒"，都是指一种马，"骆"指鬣毛黑色的白马，"雒"指鬣毛白色的黑马，它们应该属于现在西南的小型马一类。这种马，因为体型小，灵活性与耐力较强，特别适合在丛林山地耕作与运输。倘若这一解释不错的话，那么骆越应该是一个以从事山地经济为主的马背上的部族。作为一个部族，骆越后来不断地分化，现在岭南乃至西南的壮族、侗族、黎族、傣族、毛南族、仫佬族、水族等都与骆越有一定的渊源。骆越文化的中心在现广西南宁大明山，其最突出的是稻作文化、纺织文化、铜鼓文化与龙母文化，这些文化对岭南文化乃至中华文化有不小的影响，值得人们去认真研究。

在骆越人居住的地区，长期以来其汉化的速率与程度都是不高的。在这些地区生活的少数民族仍然顽强地保留着他们的生产方式、生活方式，其语言习俗、礼仪制度、思维模式也别具特色，与汉地迥异。造成这一现状的原因很多，主要来说是以下三个：一是由于地处偏远，山水阻隔加上语言障碍而使之难以与汉民族文化融通。如苏轼曾经贬官惠州、儋州，贬谪惠州时他还到处访僧会友，文化交流并不困难，及至儋州，情况就不同了。且看苏轼《和陶诗》中的《和拟古》："黎山有幽子，形槁神独完。负薪入城市，笑我儒衣冠。生不闻诗书，岂知有孔颜。焦然独往来，荣辱未易关。日暮鸟兽散，家在孤云端。问答了不通，叹息指屡弹。似言君贵人，草莽栖龙鸾。遗我吉贝布，海风今岁寒。"苏轼是一个入乡随俗，能和民众打成一片的文人，但面临"问答了不通，叹息指屡弹"的状况，要进行深度的交流也实在是困难的。二是由于没有完整的文字系统，难以进行广泛、深入的文化交流。岭南的少数民族大多没有文字，其中稍稍例外的是壮族，在壮文形成之前壮族有所谓"本源书"和"土俗字"，这种文字的雏形是借用汉字的字形和字音而另创的象形文字，其真正地形成壮文系统是新中国成立后人民政府新创的。即便如此，若非专门名家也很难洞晓其文字含义，这样交流也就困难了。三是历史上对少数民族的敌视与歧视所造成的。在对待少数民族政策上，以往的统治者往往恩威并重而以兵、刑为主。这里仅就粤北连山、连南、阳山一带排瑶所受的压迫欺凌为例来管窥全豹。清代李来章在《连阳八排风土记》一书中全面披露了他治理瑶寨的经验，在卷七《约束》中他谈到他的体会，说是"约束瑶人，教、养、兵、刑，均不可缺"。就全书所说来看，所谓"教、养"的内容大抵包括"焚瑶书宣讲圣谕""创建书院讲明正学"以及革除陋习，颁布禁令以及劝农耕，教种茶诸项。这里所谓"教养"固然有正面的意义，但如"焚瑶书"之类的举动其实是破坏少数民族文化，完全是负面的。而"兵、刑"则名目甚多，包括杖打鞭笞，罚银课捐，征伐剿灭等等。其中卷五《剿抚》记载了自明代天顺、崇祯年间及清代康熙年间十八次剿瑶、一次剿壮、一次剿寇的经历。之所以如此频繁地大动干戈据李来章说是因为瑶民"顽梗猖獗""性喜劫掠"，长期与官府为敌。事实上，瑶民反抗有着复杂的原因，从其所述二十个例子来看，大多数情况是可以通过官民协商而得到缓和的。而带兵的把总、知县们一味地激化矛盾以至于穷兵黩武，这恐怕是悲剧酿成的根本原因。在少数民族问题上，除了统治者以兵、刑为主的政策失当之外，文人对少数民族的歧视与误解也是阻碍文化交流的一个重要因素。岭南本是多民族聚集的地方，对于少数民族文化，文人甚少注意。即便是注意到了，也多以猎奇的眼光审视之。有少数文人也宣传少数民族文化，但宣扬常常伴随着曲解，赏析中有时带着歧视。像李来章的《连阳八排风土记》、钱以垲的《岭海见闻》、张庆长的《黎岐纪闻》、屈大均的《广东新语》等著作，都在不同程度上存在着对少数民族文化的歧视问题。由于以上这些原因，由骆越部族衍生的岭南少数民族文化与汉族文化仍有着较大差异，它不仅未被充分汉化，而且在一定程度上被疏远以至于被边缘化了。

当然，所谓"未被充分汉化"只是相对来说的，千百年来，岭南的少数民族文化也仍然受到汉民族文化的影响，如前说到的壮族的"土俗字"的产生就与汉民族文字有密切的关系，汉族的重大节日（如除夕、春节、中秋）也被众多少数民族所共有，而汉族本有的一些风俗如上巳节（三月三）修春禊，盂兰盆节（七月十四）修秋禊，在汉族区域已经逐渐淡化，而在少数民族区域却依然如故，这说明，汉族文化已经逐渐地融入少数民族的文化中。特别是进入当代之后，由于社会的进步，政策的正确，民族的差距已在逐渐缩小，各民族团结一致走向现代化。文化的交流更为频繁，文化的差距就更是大大缩小了。

二　岭南思想文化涵化中的世界化与对外交流

（一）海上丝绸之路对思想文化传播的特殊意义

岭南文化的涵化主要表现于汉化，但绝不仅仅限于汉化，它还有一个世界化的问题，这一趋势的形成主要在近代之后，但同时有着历史的基础。诚如前述，早在秦汉时期，岭南就与海外有着贸易往来。而到了魏晋南北朝，随着南海海上丝绸之路的扩展，岭南文化就与世界文化发生了密切的联系。南海海上丝绸之路有多条路线，但它的主线则在南越（粤）的广州和东越（粤）的泉州，而广州路线又是最重要的路线。这一方面表现在它形成得最早，持续的时间最长，而且没有受到闭关自守乃至"海禁"太大的影响；另一方面也因为广州在历史上一直是我国最重要的通商口岸以及南中国的政治中心，故而有它的特殊地位。岭南的海上丝绸之路的起点除了广州之外，还有合浦、徐闻等线路，但其地位都无法和广州相比。

海上丝绸之路大大地加速了中西文化的交流，除了人员的来往之外，中西的物质文化与精神文化也在不断地互通有无。经由这条通道从岭南输出的物品主要有丝绸、陶瓷、茶叶等，而输入的物品主要有香料、珠宝、象牙等；而从技术层面上说，经由此地输出的有农业技术、蚕桑技术、造纸技术等，输入的则有航海技术等；除此之外，特别要提及的是思想领域中的相互往来，经由这条海上丝绸之路，中国的学者如义净往南亚求法，鉴真往日本弘道，大汕往越南宣佛，如此的例子历代不乏其人；而由此入境之学者如达摩于南海登岸，利玛窦赴肇庆布道，郎世宁于广州传播西学，也都是这一文化交流史上的大事，他们在岭南乃至全国都产生了巨大的影响。

海上丝绸之路对于早期文化交流有着特殊的意义，丝毫不亚于陆上丝绸之路，这一点往往容易被文化研究者所低估。对此，我们只要将海路、陆路丝绸之路作个比较就清楚了。这里且看佛经的传入。中国最早传入的佛经来自陆路,东汉时期,汉明帝因梦金人,遂派使者秦景、王遵等十三人去西域访求佛道。三年后,他们与印度僧人迦叶摩腾和竺法兰同回洛阳,带回一批经书和佛像,其中主要有《四十二章经》,这就是所谓"白马驮经"故事。而海上丝绸之路输入佛经当不晚于汉末,而有着明确详尽记载的则是真谛之事。据道宣《续高僧传》所说,真谛于梁中大同元年(公元546年)乘坐巨舶携带经论梵本到达南海,在广州制止王园寺(今光孝寺)等地译经多年,《续高僧传》说他译经"始梁武之末,至陈宣即位,凡二十三载,所出经、论、记、传六十四部,合二百七十八卷……余有未译梵本书并多罗树叶,凡有二百四十甲。若依陈纸翻之,则列二万余卷,今见译讫,只是数甲之文。"从这里列出的情况来看,陆路传经与海路传经孰优孰劣一目了然。白马驮经数量极其有限,所说的《四十二章经》不过是记载"佛言"的四十二段短小的经文,翻译过来总的字数不过是三千左右。而真谛舟载的佛经则有二百四十甲,所谓"甲"通"匣",是计量单位。南亚、东南亚信佛的国家在早期还没有纸张的时候通常用贝多罗树叶(通称"贝叶")书写佛经,而将写好的贝叶数百片用绳串接起来并夹在两片木匣之间,这就是所谓的"一甲",这二百四十甲的佛经若都翻译过来按道宣的说法则有二万余卷,其字数当以千万计,从这个比较可以看出海上丝绸之路与陆路丝绸之路不可同日而语。从中西文化传播来看,海路的确比陆路要优越得多,这主要表现在四个方面:一是陆路颠簸且多险阻,不利于一些易碎易损的物品(如经籍、艺术品、陶瓷)的运输,而海路平稳有利于文化产品的长途运输;二是车马运载数量有限,不像巨舶大舟有很大的容积,可以有很大的运载量;三是海运的经济成本比陆路低,风险也未必比陆运高;四是沿途海港城市更为繁荣,比起内陆的边远城市在文化、经贸方面要更为活跃,因此,文化物品的输入更容易被人们接受。正因为如此,说文化传播特别是思想文化传播主要是得益于海上丝绸之路之通畅这应该是可以成立的。

(二)岭南思想文化中的海洋意识

海上丝绸之路的长期通畅赋予岭南人很强的海洋意识。这种海洋意识主要表现在三个层面:一是存在着海神信仰,二是存在着海洋情结,三是有着走向海洋的理念与追求。

中国古代神话系统中有不少海神，《山海经·大荒东经》说："禺京处北海，禺貌处东海，是为海神。"而据《山海经》之《大荒西经》《大荒南经》所说，西海的海神叫弇兹，南海的海神叫不廷胡余。除此之外，在道教系统中还有北帝（又称为玄武帝、真武帝或黑帝）。这些神话系统中的海神与岭南人关系最大的是北帝，在粤中南海、番禺等地被广泛地供奉，享尽了无数的人间烟火，现在佛山祖庙中龟蛇合体的神灵正是它的形象。之所以岭南人祭祀北帝，是因为在古人的观念中，火之本在水，南溟之水是生于北极，并以北极为源的。故而对北帝的供奉超出了对南帝的供奉，这也是很自然的。

神话中的海神多非人形，随着神话在形态上演化成后来的仙话，海神的形象也由不具人形到具备了人形。这一批仙话中的海神与岭南文化关系非常密切。仙话系列很多，其中最有影响的海神包括天后（又称天妃、妈祖）、南海波罗神、伏波神等。天后神主要是疍民的守护神，疍民是南越的水上民族，他们水居舟行，在江海中以渔业为生。立天后为神，主要是为了海事平安，渔业丰收。南海波罗神兼有外贸、渔业之神的双重性质。"波罗"取自梵语"波罗蜜多"（Pāramitā），本义是"到彼岸""度无极"，民俗言"波罗蜜多"基本扬弃了其宗教哲学意义，而是取其现实意义，希望远航过程中一路顺畅，平安归来。所以，民间立此神是为了保护庇佑远洋贸易及远海渔业。伏波神的信奉区域主要在雷州半岛与海南岛，《广东新语·神语》说："凡渡海自番禺者，率祀祝融、天妃；自徐闻者，祀二伏波。"所谓"二伏波"指汉孝武帝、光武帝两次平越的伏波将军路博德、马援，作为民间信仰中的伏波神当然主要不是取军事上的意义，而是借其历史上的辉煌取其彩头（即现在所谓"意头"），雷州人好习武，立一武将为神多少反映了地方的风习。从岭南人的海神信仰中我们可以看到岭南人的生活与海洋的密切关系，海洋不仅是人们的劳动对象与劳动环境，也是人们生活中朝夕相伴的挚友。

在岭南人中还普遍地存在着海洋情结。情结作为一种集体无意识的组合看似无迹可求，但通过一些社会心理现象的考察我们还是可以发现其端倪的。这里且从语言角度来切入话题。在岭南不同地区的语言有不同的文化内涵，仅就地名而言，不同的地名往往体现不同的文化趋求，如海南长期的农耕文化使其具有田地情结，故其地名多用表示田地的"三""什""那""扎"命名，读音与"da""na"相近。而粤中地区则与此不同，粤中地区似乎流行着两套地名语汇，一是作为珠江文化的语汇，二是作为海洋文化的语汇，这两套语汇交织在一起，鲜明地体现了江海文化的特点。与珠江文化相联系的地名既有表明珠江冲积涤荡之结果的，如"涌（冲）""滘""潭""洞""沥"，也有具"镇江之宝"这一层意义的"珠""石"等，这方面的例子只要打开珠江三角洲地图就可以发现比比皆是，无须多说。除了体现江河文化意义的语汇之外，体现海洋文化的语汇也不少，这里仅就粤中之人以"海"称呼"江"及沿海一带视海港为"门"的语言习惯来看这个问题。

以"海"称"江"是珠江三角洲一带的语言表达习惯，如"过江"称为"过海"。《广东新语·文语》"土言"条有这样的说法："凡水皆曰'海'，所见无非海也。出洋谓之下海，入江谓之上海。""出洋"的说法不难理解。而"入江"的称谓则看似费解。其实，如果了解珠江三角洲形成的历史就不难理解其中奥妙。珠江三角洲是冲积平原，上古时代的海岸线比现在要内缩，如秦、汉之前广州一带的海岸线在今新滘村、七星岗，唐宋时则在今番禺市桥一带，比现在南沙的龙穴岛内缩了数十公里，因此，原本意义上的"海"随着历史的发展成了"江"，尽管历史经历了沧海桑田的变化，但语言的相对稳定性却依然沉积了历史的痕迹，这就是指"江"称"海"的历史依据。在这样的称谓中，显然包含了对海洋的那挥不走、抹不去的深深的眷恋，以及对海洋光辉愿景的憧憬，这不仅有历史意味，而且有梦想追求。

再看视海港为"门"。在我国福建、广东沿海一带，陆路有"门"，海路也有"门"。福建地名有大、小金门等且不说，而广东一线的"门"就更多，《广东新语·地语》中开列了"海门""虎头门""崖门""甲子门""澳门"等地名，除此之外，我们在岭南沿海还可以找到"鲚门""虎门""蕉门""横门""磨刀门""鸡啼门""屯门""斗门""江门"等等。这些以"门"命名的地方，都傍临或接近大海，而且大都处在江河出口，由于江河水的冲刷，其地形多呈门状。这一称谓的蕴涵是出了"门"是海，进了"门"便是家。因此，家园便是归宿，是安顿，海洋才是出路，才是前程。正是这种把海洋当做出路、当做前程的意识促成了岭南出国留洋的风气。这种风气自古便有，到了近代之后则形成了大潮。从广府地区（特别是五邑地区）、潮汕地区、梅州地区等地方，千千万万的侨民出入此

"门"，用勇气和魄力、智慧和才干、汗水与血泪书写了大半部的中国华侨史。

这种走向海洋的意识在较大程度上改变了岭南人的生活方式，使其具有了较多的世界性因素。这一因素首先表现在语言上，在粤方言中有不少英语借用词，它往往首先流行在港、澳，然后往内地渗透，并逐渐地走向稳定。这种夹带着英语的粤语不同于 20 世纪流行于上海的"洋泾浜"，它虽属借用，但有所选择，也并不生硬，仍然比较自然，比较动听。除了语言之外，在广府民俗中也有一些外来因素，如波罗诞拜祭南海火神祝融，并以来自波罗国的使者达奚司空及随从人员六人配享，这显然融合了中西双重因素。此外，在岭南的民居中也有西方建筑风格的影响，如五邑侨乡的碉楼及红毛泥屋（洋楼）就既有哥特式建筑的因素，也有巴洛克建筑的因素。甚至在岭南的服饰中也有西方因素，如中山装就是中西服饰的合璧等。透过上述现象我们不难发现，在岭南文化的发展中，它不仅积极地吸取了中土文化的要素，对于世界文化，它也是努力融合，大胆吸纳的。

海洋意识长期积淀与升华便形成了走向海洋的理念与追求。就整个中国来说，人们的海洋观念的确较弱，但相对来讲，岭南人的海洋观念还是比较强的。漂洋过海进行民间的国际来往在史籍上缺乏记载，但并非无迹可寻，如越南人至今习惯称呼中国人为"船人"，这恐怕与岭南人，特别是疍民来往中越其间有关。在岭南历史上，主张开拓海外贸易，发展对外经济的思想家不少，如张九龄、余靖、邱峻、海瑞等都有这方面的思想，这里且看张九龄这个例子。作为唐朝一代名相，张九龄对内重视以农桑为本，实行了宽松的农业政策和货币政策，而对外则强调打通关隘，发展海外贸易。在国家治理中，最值得称道的是他于开元年间开凿大庾岭新路的事迹。尽管在张九龄开凿大庾岭之前，秦始皇已派梅鋗打通了梅关，但两次打通梅关却有两点不同。其一，道路的规模不同，梅鋗所开不过是栈道，很难通大队的车马，而张九龄所凿之路乃"五轨""四通"的大道，车水马龙可以畅行无阻。其二，秦始皇凿路的主要目的在于军事占领，而发展外贸是退居其次的。而张九龄开凿大庾岭则不然，他的主要目的就是发展对外经济。在《开凿大庾岭路序》一文中他说："海外诸国，日以通商，齿革羽毛之殷，鱼盐蜃蛤之利，上足以备府库之用，下足以赡江淮之求。而越人绵力薄财，夫负妻载，劳亦久矣，不虞一朝而见恤者也。不有圣政，何以臻兹乎!"而一旦开通大庾岭,"于是乎据耳贯胸之类,殊琛绝赆之人(按:指外国人),有宿有息,如京如坻。宁与夫越裳白雉之时,尉佗翠鸟之献,语重九译,数上千双。"他认为南北贯通之后,就能打破以往(如越裳人献白雉、赵佗献翠鸟)的封闭状况,使得岭南走向繁荣、王朝也积累了财富。这种观点就颇有政治远见了。

这种走向海洋,走向世界的观念到了近代之后更是得到强化。从郑观应提出的"商战"论到黄遵宪提倡的"以日为师"论,从康有为提出的"定为公国"说到梁廷枏主张的取消"夷夏之大防"说,一直到孙中山提出"争太平洋之海权"说,贯穿在这些思想学说之中的正是那越来越强烈的海洋意识与对外开放观念。这种观念意识使得岭南文化越来越开放,并开始与世界文化相互接轨。在近代文化的发展中,岭南文化特别是广东文化往往得风气之先,并引领着新文化的大潮。2008 年 3 月 25 日《广州日报》刊载了《广东最早开放也最早思想解放》一文,其中就说道:"广东是中国改革开放的先锋,回顾历史,亦复如此。对此,汪洋书记有精辟的阐述,他说,近代以来,林则徐在广东成为'中国睁眼看世界的第一人',而'真正走向世界的第一人'是我们广东梅州人黄遵宪。中国最早的留美学生是珠海香洲人容闳。孙中山先生就是一个具有广阔世界眼光的伟人,他以'世界潮流,浩浩荡荡,顺之则昌,逆之则亡'为座右铭,强调要'内审中国之情势,外察世界之潮流',学习世界上的先进知识和有益思想成果。充分肯定了南粤先贤在胸怀世界、解放思想方面的光辉业绩。"南粤前贤在近代历史上已是如此,而进入当代之后,伴随着沿海特区的建设,岭南文化更是处于文化发展的突前位置,它不仅具有开放性,而且还具有开拓性和先锋性,这更是人们所熟知的事实了。

关于岭南人的海洋意识还必须说明一点,那就是它所具有的中国特色。这种海洋意识由于糅合了中华民族的传统美德而趋于高尚。这表现在:它虽然注重向海外开拓和发展,但没有经济上的掠夺与鲸吞,更没有政治上的殖民和领土要求,也没有文化上的奴化;它也注重向海洋索取,并从中获得实际的利益,但它同时又讲求双赢,讲求大义。因此,不能简单地把西洋人的海洋意识与此相提并论,更不能套用他人的标准对岭南人的海洋意识作一概的否定或不屑的歧视。

第三章　岭南古代思想文化的分布格局
与历史重心

　　处在不断涵化过程中的岭南思想文化不仅有其发生、发展的历史，也有它的动态结构，这就是它的分布格局与历史重心。

　　确立岭南思想文化的动态结构离不开特定的时、空等要素。从时间因素来说，岭南文化的发展运动有它的历史轨迹和历史关节点，这里说的"时间"固然与朝代相关，但过于细化则难以看清其动态的大势，故笔者将时间因素作一个粗放的理解，大致将其分为秦汉期、唐宋期、明清期和近代以后四个时期；而从空间因素来说，由于岭南行政区域在历史上颇多变动，而语言区域与文化思想的发展又不完全成比例，故笔者大致按照地理区域把岭南思想文化分成苍梧思想文化、韶州思想文化、潮州思想文化、梅州思想文化、罗浮山思想文化、桂林思想文化、海南思想文化、广府思想文化等几个主要文化板块，这几个板块分别覆盖并代表了西江流域，北江流域，东江、韩江流域，珠江三角洲网河流域，琼州领域及珠江河口临海领域的思想文化。除了参照地理特征之外，这一排列的划分除了广府思想文化之外，也大致参照了这些文化板块生成并发展的历史时序。这几大板块当然是就其荦荦大者而论，至于几大思想文化板块之外自然也有一些思想家及其相关的思想成果，对这些内容笔者也会附在相同时段的相关思想文化板块中作必要的补叙，而不专门标示出来并给予详论了。

一　苍梧思想文化板块

（一）苍梧思想文化板块的形成

　　"苍梧"之名古已有之，张荣芳教授在《两汉时期苍梧郡文化述论》一文中根据《尚书》《汲冢周书》《左传》《路史》等古籍及 20 世纪 40 年代

徐松石的《泰族僮族粤族考》一书，将"苍梧"的历史沿革作了一个列表说明，其情况大抵是

尧舜之世	春秋战国	秦	汉
仓吾	——→苍梧族	——→桂林郡之部分（苍梧族）	——→苍梧郡

这里需要补证的是秦汉之际苍梧郡的变革，苍梧设郡并非从汉朝开始，而是从秦末开始，始皇二十七年原三十六郡变为四十八郡，其中就有苍梧、洞庭诸郡，故《战国策·楚策》有"楚南有洞庭、苍梧"之类的说法。从版图来看，秦朝的苍梧郡大大超出了岭南区域，它包括今湖南中部与南部，也覆盖了两广部分地区。汉代的苍梧郡则相对较小，据《汉书·地理志》所说，汉代的苍梧郡下辖广信、谢沐、高要、封阳、临贺、端溪、冯乘、富川、荔浦、猛陵、鄣平诸县，位于今广东、广西、湖南的接合部，在岭南地区的西北部。苍梧郡的历史大致从秦汉持续到东晋，而苍梧思想文化的繁盛亦主要在这一时期，特别是东汉至吴这一时段，其文化出现了一个高潮。

苍梧思想文化作为一个文化板块的形成有它的历史原因，这原因大致可归纳为三个方面。

第一个原因是这里没有兵燹，环境比较安定。秦汉之际的岭南战乱频繁，就其大的战争来说先是秦始皇两次平定南越，汉武帝再度平定南越，其间又有南越与东越的混战，这几次战争都发生在岭南中部与岭南东部，而西线一直没有战事。虽说秦军平定南越曾取道苍梧郡（所谓"一军塞镡城之岭"之"镡城"正在苍梧郡内），但这显然是屯兵之所而非交兵之处，故在很长一段时期，战火实际上并没有烧向苍梧郡。由于这里社会安定，思想文化的长期积淀便会自然形成思想文化板块。屈大均的《广东新语·人语》在论及交阯太守士燮字时曾引用袁徽的《与尚书令荀彧书》曰："交阯士府君，处大乱之中，保全一郡，二十余年疆场无事，民不失业，羁旅之徒，皆蒙其庆。……燮亦广信人，身本名儒，兄弟四人，拥兵据郡，岭海归心。"可见在汉末魏初的一段时期，苍梧地区的繁荣可与南海郡相比，而且曾一度成为岭南的中心。

第二个原因是大量的移民促使了文化的移植，这也利于形成思想文化板块。从秦代帝王开始就已经有组织地大量地往岭南移民，而秦乱之后，自发南下的移民增多，这在汉末更是达到了高潮，一时形成了"南走越、

北走胡"的移民态势。而当时的苍梧是汉代在岭南的一个军政中心，自汉武帝平定南越国之后，为了加强中央集权统治，曾给予苍梧郡以特别的军政大权，颜师古注《汉书·地理志上》引胡广记言曰："汉既定南越之地，置交阯刺史，别于诸州，令持节治苍梧。""交阯刺史"作为一个军事长官虽然驻扎在苍梧广信，但其军事权力覆盖了整个岭南的西部和西南部。汉代帝王之所以作出这一战略决策，恐怕其目的在于钳制南海郡和交州郡，以防平复了的南越、交州残余势力死灰复燃，因为一旦出现战事，沿西江等水路而下是可以势如破竹的。而驻扎军队的结果自然可以安定民心，所以，这也促使移民在这里安居乐业。

值得注意的是，在这批移民中有相当一部分是文化精英。他们移居苍梧之后仍频繁地进行思想文化传播活动，这对于本地的文化建设是有推动作用的。例如郭棐《粤大记》卷十三所记载：

> 刘熙，字成国，北海人。……建安中，荐辟不就。避地交州，往来苍梧、南海，客授生徒数百人。
>
> 虞翻，字仲翔，会稽余姚人。……后为孙权骑都尉，数犯颜谏争，权积怒，徙翻交州。……翻处罪放，讲学不倦，门徒尝数百人。

动辄数百名门徒，这些文化精英的影响想必是不小的。除了这两例之外，《粤大记》还曾提到吴国的交阯太守士燮：

> 士燮，字威彦，苍梧广信人也。其先本鲁国汶阳人，至王莽之乱，避地交州。……燮体器宽厚，谦虚下士，中国士人往依避难者以百数。耽玩《春秋》，为之注解。

士燮虽然已落籍广信，但依然有移民历史背景，所谓"士人往依避难"其实也是政治归附。由上可见，苍梧之所以形成文化板块，和移民的文化移植实在有着非常密切的关系。

第三个原因是因为这里农业比较发达，交通比较便利。苍梧地区地处西江流域，境内又有郁水、柳江、漓江等河流，稻作文化比较发达。除了农业发达之外，这一地区的商业也很发达。特别是广信一带处于西江、寻江、郁水交汇之处，与南海的来往非常方便，与合浦的交通也较便利，与西南诸夷也有来往。由于经济的大力发展，人口也剧增。据《三国志·士燮传》所说，到了三国时期，以汉代苍梧郡为主的交阯郡已成为"镇服百蛮，尉他（佗）不足逾"的一个繁华地区，其文化的发展和赵佗那个时代不可同日而语了。

由于上述原因，苍梧地区的思想文化一时彬彬称盛，产生了许多思想家及学术著作，张荣芳教授在《两汉时期苍梧郡文化述论》一文中曾作了这样的简述，他指出：

> 汉代苍梧郡籍及到苍梧郡学者的著作很多，如陈钦《陈氏春秋》十卷，陈元《左氏同异》、《陈元集》一卷，士燮《春秋经》十一卷、《士燮集》五卷，牟子《牟子》二卷，刘熙《释名》八卷、《谥法》三卷，程秉《周易摘》、《尚书驳》、《论语弼》，虞翻《明杨》、《释宋》、《老子注》、《论语注》、《国语注》、《御史虞翻集》二卷，薛综《私载》、《五宗图》、《二京赋解》等。

仅仅是苍梧一郡就有如此多的著作，这反映了当时学术风气之盛。从这些著作中我们可以看到当时治学的主攻方向是致力于儒家经学，其中以《左传》研究尤为突出，其主要代表是陈钦、陈元父子及士燮等。这一学术方向的形成和汉代重经的整体倾向是基本一致的。但除了这一主流之外，从牟子的《牟子》及虞翻的相关著作来看，对佛、道的诠释也是苍梧文化的重点之一，这在很大程度上体现了岭南思想文化自身的特点。

（二）苍梧文化板块的思想代表

苍梧文化板块的价值取向主要是经学与佛学。在这里，我们且从陈元经学与牟子佛学中管窥全豹。

陈元，生卒年不详，大约生活在王莽新朝前后至东汉初年期间，封川（今广东封开）人。陈元少从父陈钦习《左氏春秋》。《后汉书》卷三十六有陈元与郑兴、范升、贾逵、张霸同列之传，其中《陈元传》说："父钦，习《左氏春秋》，事黎阳贾护，与刘歆同时而别自名家。王莽从钦受《左氏》学，以钦为厌难将军。元少传父业，为之训诂，锐精覃思，至不与乡里通。以父任为郎。"从这段文字中可以看到，陈元治经专攻《左氏春秋》，他直接师承其父陈钦，上溯贾护。有关陈元的师承，屈大均在《广东新语·文语》中论述甚详，其曰：

> 元父钦得黎阳贾护之传，直接虞卿、荀况、张苍、贾谊、贯公、贯长卿、张禹、尹更始、尹咸、翟方进、胡长之一脉。

贾谊之后主要是汉代的师承情况，在虞卿之前据学者研究则可上溯到铎椒、吴期、吴起、曾申，而直溯左丘明。[①]　如此看来，陈元在《左氏春秋》经学史上是一个重要的传人。

陈元的经学不仅有门派可循，且能自成一家。据《陈元传》所说："建武初，元与桓谭、杜林、郑兴俱为学者所宗"，由此可见，陈元在经学史上是有一定地位的。

陈元的著述《陈氏春秋》《左氏同异》《陈元集》等均已亡佚，其经学见解已难得其详，但他据理力争为《左氏春秋》立博士的功绩在经学史上是一件不可不提及的大事。"博士"是中国古代从事经学研究和经学管理的官员名称，也指专务治经的组织制度。汉武帝时曾设"五经博士"，则研究五经都有专门的官员。从《陈元传》中可以看到，陈元争立《左氏春秋》博士其主要目的是恢复《左传》在五经中的地位，并为《左传》经学正名。建武四年，光武帝曾经诏议立《左氏春秋》，而经学家范升上奏表示反对，其主要理由认为《左氏》出自丘明，不祖于孔子；又认为《左传》经学"师徒相传，又无其人"，还认为立《左氏春秋》博士"非先帝所存"。这些看法，不仅贬低了《左传》的价值，也否定了《左传》经学的历史渊源及其现实存在。故此言既出，便遭到了陈元的大力反驳。陈元曾多次上书，并与范升论辩多次，力争立《左氏》博士。他认为"丘明至贤，亲爱孔子"，故《左传》虽出于丘明，但仍不违背孔子宗旨，且此书特异之处恰恰是其过人之处，他说：

> 《左氏》孤学少兴，遂为异家之所覆冒。夫至音不合众听，故伯牙绝弦；至宝不同众好，故卞和泣血。仲尼圣德，而不容于世。况于竹帛余文，其为雷同者所排，固其宜也。

陈元在高度肯定了《左传》的同时，也抨击了范升的观点，认为"论者沉

---

①　参见毛庆耆等主编《岭南学术百家》"陈元"条（毛庆耆撰），广东人民出版社，2004。

溺所习，玩守旧闻，固执虚言传授之辞，以非亲见事实之道。"陈元的这一说法，不以是否"师徒相授"作为判定经典价值高低的标准，而以"亲见事实"即透过文字训诂所表现出的经典自身固有价值为标准。这鲜明地体现了他在经学研究中的务实精神，这是值得充分肯定的。

再看牟子的《牟子》。牟子其名不详，世称之其名为"融"，这未必可靠。牟子祖籍世传在中原，中平六年（公元189年）汉灵帝死，天下大乱，他便与母避世交阯，开始落籍于广信，之后又娶妻于苍梧。有关牟子的原籍，嘉庆年间洪颐宣在《牟子序》中根据牟子《自序》中提到"归苍梧娶妻"，便断言牟子乃苍梧人。对这一解释，笔者颇为不解。《牟子序》中说："是时灵帝崩后，天下扰乱，独交州差安，北方异人咸来在焉。"这一说法其实暗示了牟子来自北方，是因天下扰乱而"避世交阯"的。而苍梧（今梧州苍梧）在广信（交阯刺史府所在地，今肇庆封开）之西，两地相距百余里路，且同属一州，又无战乱与灾祸的纷扰，"避世"之说无从说起。其实，对牟子原籍的歧见出于对"归苍梧娶妻"的解释上，洪氏显然把"归"解为"回归"，而实际上"归"在这里应该指"归宿"，即现在说的"定居"。按这种解释，牟子不是回原籍地苍梧而是去苍梧娶妻并最后定居在苍梧，这样的解释方与"避世交阯"没有矛盾。

《牟子》又称《理惑论》，分为三十七篇。称"牟子"是以作者名，称"理惑"是以宗旨名。"理惑"一语在佛教中又称"见惑"，指人生蔽于种种异见而迷于佛理，故名为"理惑"，有为人破除诸障的意思。学者一般认为，此书成书于刘宋明帝（465～472年在位）以前，其作者出于牟子，但经过了许多人的加工改造。《牟子》一书以问答体记述佛事，辩驳是非，并引老庄以申佛旨，昌言儒、道、佛三教的异同，在当时是自成体例的一套宣佛之作。

《牟子》中的答问可从以下例证中略见一斑，如问"佛为何谓"，其回答是："佛者，谥号也。犹明三皇神，五帝圣也。"又如问"何谓之为道"，其回答则是："道之言导也，导人致于无为。牵之无前，引之无后，举之无上，抑之无下，视之无形，听之无声，四表为大，绵綖（蜿蜒）其外，毫厘为细，间关其内，故谓之道。"再如针对问者指责沙门"不孝"的说法，其回答则是："沙门捐家财，弃妻子，不听音，不观色，可谓让之至也，何谓圣语不合孝乎？"对于儒、道、佛三家的思想，牟子的态度是兼收并蓄，各取所长。他认为"尧、舜、周、孔，修世事也；佛与老子，无为志也"，故二者各有所取。他还说："书不必孔丘之言，药不必扁鹊之方，合义者从，愈病者良。"强调从实际出发择善而从。从这几个例子中我们可以看到，牟子是把宗教与世俗，彼岸与此岸，儒、道、佛思想熔于了一炉，打成了一片，所以，与其说是他宣谕了佛理，倒毋宁说他是在宣佛的旗帜下表达了他对圣贤仙佛之道的通俗性的理解。

《牟子》这种宣佛理惑的方式在汉魏之时是很自然的，这恰恰证明它不是两晋之后的产物。因为在中国佛教史上的早期，佛教经典传入并不多（《牟子》中说佛经"卷以万计，言以亿数"只是就传闻而言，并非指实际传入的佛经），而且，由于缺乏与佛经相对应的语汇，故当时人们多用老庄之语，有时也用儒家语汇附会之。如佛性之"性"本有它的特殊规定性，但早期义解佛经者或用老庄"性命之理"，或用儒家思孟学派的"心性"说去解释之，所以，牟子会通三教实在有它的历史原因。除此之外，牟子以这种方式去宣佛理惑可能也有策略上的考虑。《牟子》一书毕竟是启蒙性著作，以人们相对熟悉的儒、道思想诠释相对没有那么熟悉的佛家思想，这显然是更容易被读者所接受的。

《牟子》是有很大的历史价值的。它的价值就在于它是中国第一部佛学启蒙之作，它廓清了对佛教世俗性理解中的一些迷雾，对于佛教文化作了较清楚的说明；它把佛教的一些基本原理以通俗的语言作了解释，并大致与儒、道思想划清了疆域。因此，在佛教中国化的进程中，它是一部重要的标志性著作。

与苍梧思想文化板块形成同时，岭南其他地区的思想文化也在发展，特别是南海郡（含番禺）也是文化人密集之所，当时苍梧郡的文化名人如刘熙、虞翻等也曾在此研诸经学，教授生徒，现广州光孝寺旧称"虞苑"，又称"苛林""诃林"，便是虞翻治经讲学的旧址。此外，南海杨孚作《异物志》，王范作《交广春秋》，这在岭南思想文化史上都有着较大的意义。但此期岭南其他地区的思想文化并没有像苍梧文化那样形成集团优势与板块效应，故在此就从略了。

二　韶州思想文化板块

1. 韶州思想文化板块的形成

韶州思想文化板块又可称为曲江思想文化板块，因为在历史上，韶州府所在地多在曲江（唐初称韶州为始兴郡沿用了东吴称始兴郡的旧例），故可以"曲江"而名之。

作为一个思想文化板块，韶州思想文化板块大致凝结在唐、宋时期。屈大均在《广东新语·文语》中论及刘轲时提到了曲江得天地风气之先，他说道："天地之气，自西北而东南，闽之建州，吾粤之曲江，亦西北也。汉之时，吾粤文始于西，为陈钦、陈元父子。唐之时，吾粤文始于北，为张文献与君。文献与君，其又为粤北之终而南之始者也。"在这段话中，屈大均不仅肯定了继苍梧文化板块而起的曲江（韶州）文化板块，还指出了这一文化板块在唐代的两个重要思想代表：张九龄与刘轲。在这段话中，屈大均主要从儒业上立论，故没有涉及佛、道，而事实上，除了儒业之外，慧能佛学也是这一文化板块的重要成果。自唐代形成的这一文化板块到了宋代也有发展，并有所整合与扩充，也产生了一批思想文化人物，如余靖、文偃等，就是其中的代表。

韶州思想文化板块的形成有它的历史原因，大致来说包括以下几个方面。

第一是社会比较稳定，政治经济发展状况良好。在唐、宋期间，韶州一带虽然也有一些社会动乱，但与粤中一带比较还是安定得多。据郭棐《粤大记》等著作所说，唐宋期间在岭南发生的重大战争主要有李克用力挫黄巢义军，宋军南伐平定南汉，狄青讨叛平侬志高等。这三大战争的主战场都在广州一带，在前两次战争中广州是失而复得，而后一次战争广州整整被围了数月，可见粤中地区在唐宋期间动乱不断。而比较起来韶州府基本上没有大的战事，故时局较为安定。而这个时期韶州的经济状况也很好，有关这点，我们可从当时发达的寺院经济中作侧面了解。唐宋期间韶州的禅宗，特别是云门宗香火尤盛。据普济《五灯会元》卷十五、卷十六记载，当时在韶州的云门高僧就有近三十人，占此时全部云门高僧的十分之一弱。在云门开山祖师文偃住持之时，其寺院经济非常发达。岑学间《云门山志》曰："环云门山洞数十里之田野，均为本寺所有，在偃祖时，岁赡千人。"没有发达的城乡经济就没有发达的寺院经济，一个云门寺已是如此富足，则这个时期的韶州经济可想而知。

第二是地缘交通的改进促使了大量的移民涌入，从而促使这一文化板块的形成。韶州地处粤北，有乳源、仁化、南雄等地与湖南、江西相通，由于张九龄进一步打通大庾岭，故南北交通变得更为顺畅，这就为北方移民南下岭南提供了方便。这正如郭棐在《梅岭曲江祠记》所说："初则山形嵯峨，行路崎岖，雨旸多艰，商旅告困。唐开元四年，内供奉左拾遗张九龄开凿此路无道难之叹。"故自唐代开始，粤北便涌入了大量的移民。据李庆新《荒服之善郡，炎裔之凉地——唐代粤北地区经济文化述评》[①] 一文的统计，贞观十三年（639年），粤北韶州、连州人口密度分别是每平方公里2.39人和3.76人，而到了天宝元年（742年），韶、连二州的人口密度分别达到每平方公里9.97人和17.35人，这一密度仅次于新州，位居广州和岭南其他州郡之上。人口密度的增加与经济的发展固然相关，但移民增多显然也是其中一个的重要因素。这一情况到了宋代之后依然持续，特别是南宋之后，由于偏安一隅，疆域缩小，往岭南方向的移民更是大大地增加，这也就容易形成特定的文化板块。

第三是优秀人物的精神凝聚作用。在这点上，张九龄的曲江风度尤为彰显。自张九龄出，后人以其为楷模、为旗帜，一时人才辈出。《粤大记》卷四论及韶州科第风之所以盛行，对张九龄的贤相风度给予了极高的评价：

> （张子寿）以岭海章缝，进而与天下之英抗衡，巍然为一代树赤帜，非其所自植立然哉！厥后则姜公辅之说谏，张仲方之勋业，刘瞻之耿介，咸负特伟才。而赵德以儒雅，刘轲以文藻，黄损以宏博，蔚有声称，不愧经明行修之实，又皆闻曲江之风而兴者也。若夫莫宣卿首冠于中唐，简文会夺标于南汉，岭表科目，得贤称盛，宁不彪炳万祀乎哉！

这段话极言曲江风度对唐五代岭南科第的影响，所列之官宦有的虽然不完全是韶州人，但韶州人是其中的主要代表。这一提法和后来屈大均说的"唐之时，吾粤文始于北，为张文献与君（按：指刘轲）"同声一气，说明了张九龄对韶州思想文化板块形成的重大影响。其实，张九龄作为楷模和旗帜一直影响到宋，人们论及宋代余靖，往往将曲江风度与余靖风采并议；论及宋代崔与之，则将张文献与崔清献并称为"二献"，这是因为，张九龄

---

① 文见广东炎黄文化研究会编《岭峤春秋——珠玑巷与岭南文化》，广东人民出版社，1998。

的精神已经对这些宋代名臣产生了深深的影响。

除了张九龄的精神凝聚作用之外，唐宋贬迁岭南的一批文化名人也在韶州产生了很大的文化效应。如韩愈贬潮州时经过韶州，并与刘轲有过交往，他还曾在阳山任过县令。而刘禹锡曾任连州刺史，也曾在韶州活动。苏轼虽任官惠州，但多次往返韶州，与南华寺明辨禅师是挚友。这些文化名人对韶州文化都有不小的影响。

第四是与苍梧文化的历史影响相关。在唐宋时期，虽然在名义上不存在苍梧郡了，但是岭南西部文化对韶州文化是有影响的，当时的桂林、梧州、柳州、贺州、新州、端州的经济、文化很发达，这对于韶州文化有不小的影响。如刘轲精研《左传》这实际上与苍梧文化重视《左传》研究的风气相接，而慧能虽然在韶州结出文化成果，但他来往于新洲、南海等地，与这些地区的文化也有密切的联系。

在唐、宋期间，韶州思想文化板块的思想代表及相关著作很多，其主要有慧能的《坛经》及《金刚经注》、张九龄的《曲江集》、刘轲的《三传指要》及《刘希仁文集》、余靖的《武溪集》、文偃的《云门匡真禅师广录》，其中一些著作当是后人辑录而成，但仍可以看出相关思想家的思想。而到了明清时期，韶州文化仍然继轨有人，其中尤为突出的是廖燕的《二十七松堂集》，他为人傲岸不羁，愤世嫉俗，所作诗文传奇往往直抒胸臆，颇具思想锋芒，算得上岭南文化史上的一位奇人。

2. 韶州思想文化板块的代表

从韶州思想文化板块的价值取向来看大致包括三个方面：第一是沿着汉魏时期经学研究（特别是《左传》研究）方向发展，其代表主要是刘轲的《三传指要》。第二是体现唐、宋社会的主流倾向，即重在国计民生、文韬武略的学术取向，这方面的代表是张九龄与余靖，其基本精神可用曲江风度与余靖风采概括。第三是体现岭南禅文化价值的方向，这以慧能、文偃作为代表。由于经学研究不是唐宋岭南思想文化的主流，故在此存而不论。这里着重对慧能、文偃、张九龄、余靖的思想作一简介。

慧能是中国禅宗最重要的思想代表，是禅宗南宗的创始人。有关他的生平与思想，笔者在拙著《岭南禅文化》中已作了简介。他的思想非常丰富，而其核心是"自性"论、"顿悟"论及"不二"之法。

所谓"自性"论又可以说是"真如缘起"论，它视法性为空，只肯定

自性这一心灵本体为唯一的实体,在《坛经》中,他反复强调自性是本体,是悟道的第一要务,他说:

> 见自性清净,自修自作法身,自行佛行,自成佛道。
>
> 心既是地,性即是王,性在王在,性去王无。性在,身心存;性去,身心坏。佛是自性作,莫向身外求。自性迷,佛是众生;自性悟,众生是佛。

慧能的这一思想,和传统的"佛性"论既有联系,也有区别。联系就在于,他不否定修禅是为了成佛,在他看来,佛性便包含在自性之中,与自性不可别解,只要对自性加以修持,则一切众生皆可成佛。而与传统"佛性"论不同的是,他在提供"众生是佛"的可能的同时,同时又不讳忌"佛是众生"这一可能,这一提法在很大程度上去除了佛教的宗教光芒而添加了哲学意味与现实色彩,这里就包含了慧能对传统"佛性"论的改造。

慧能立"自性"为本体的思想与《楞伽经》有很大的不同,《楞伽经》不仅视万法为空,而且视本体为空,而慧能的思想只空现象,不空本体,他重视"自性"的思想虽则有唯心论倾向,但其中表现出的清醒的自我意识与强烈的主体精神,对于人们还是有很大的启发的。

重视"顿悟"是南宗禅的特质所在,这样的说法在《坛经》中是很多的,如云:

> 闻其顿教,不假外修,但于内心,令自本性常起正见、烦恼尘劳众生,当时尽悟。又如大海,纳于众流,小水大水,合为一体,即是见性。
>
> 自用智慧观照,不假文字。
>
> 不思量,性即空疾,思量即是自化。

慧能重视内心的观照,主张不假外修,不立文字,这只能通过长期的思量而"自化",以求得一朝的"不思量",一旦达到这一境界,那也便是"顿悟"了。

慧能重视"顿悟",但并不是完全否定"渐悟"。他说过:"法无利钝,人有利钝。迷则渐契,悟人顿修,自识本心,自见本性,悟则元无差别,不悟则长劫轮回。"在他看来,修禅是用顿法抑或渐法要看人根性利钝,根性利，固然可以从顿法而入，而根性钝，则不妨由渐法而入，所以，或顿或渐，完全是因人而异的。

慧能的不二法门实际上是强调按照非此非彼，亦此亦彼的方式去作语言表达，以求学道者在是非彼此的拿捏中有所悟得。《坛经》每每要求出语"皆取对法"，强调"动用三十六对，出入即离两边"，所谓"对"是相反相成的语言范畴，所谓"即""离"则是"近""远"，所谓"不二法门"从方法论来说便是禅宗的"中观"，而从语言表现艺术的角度上说，它注重的是表达方式上的既不违背意义又不黏着于意义，而追求语言的圆活无碍，这种讲求"对法"，追求"不离不即"的方式包含着诗性思维的要素，故这一法门为后世论禅者常常采用，如宋代云门宗祖师文偃论道说法讲求"一镞破三关"，他的弟子德山缘密则进一步提出"云门三语"（即"涵盖乾坤"语，"截断众流"语，"随波逐浪"语），其中之道与慧能的不二法门是完全吻合的，至于禅子好作诗偈，那也受到这一宗风的影响。

再看张九龄与余靖。之所以将唐代张九龄与宋代余靖并议是因为他们都是曲江人，都是一代名臣，都有卓著的事功而闻名于世，都有铁骨铮铮而敢于直谏，都有儒雅高致，文藻辞采。据王仲庸《唐诗纪事》卷十五所说，张九龄辞世之后，"明皇每用人，必曰：任用官员常问：风度能若九龄乎？"故昔人常以"曲江风度"论张九龄。余靖是庆历新政的骨干，在宋仁宗时曾犯颜上表，力救范仲淹、蔡襄、欧阳修，蔡襄于是写下"必有谋猷裨帝右，更加风采动朝端"的诗句，故明代钱镛建造了"风采楼"高扬其风采。今韶关市风度路、风采楼并存，可见在历史的记忆中，这两位先贤的名字已连在一起。

作为一位名相，张九龄重视耕战兼备，扩充国家的经济实力，在《敕处分十道朝集史》①一文中，他强调"务以农桑为本"。而与此同时，他有经济开放的思想，《南雄府志》卷十三有他的《敕议放私铸钱》一文，文中主张放松私铸，其目的是为了搞活经济。此外，他还主张发展外贸，为此还实行了开凿大庾岭的壮举。张九龄的政治作风强硬而有弹性，他曾经力抗李林甫，奏斩安禄山。在军事上主张抑制边将，加强京师防卫。在人才使用上任用官员不因循资格，唯才是举。这些思想及行为风范，使之成为

---

① 《曲江集》卷四。

唐代乃至中国古代的贤相之一。

当然，张九龄的"曲江风度"主要表现在文学方面，特别指其写诗为文有才情且有节律。张九龄的诗歌自成一体，严羽《沧浪诗话》称其为"张曲江体"。"曲江体"的艺术特征就在于它既上承陈子昂诗歌的遗韵，有"风骨"与"兴寄"之旨；又有自然平淡之味，因而下启王维、韦应物的诗风。张九龄的诗歌与陈子昂有着明显的继承关系，其"风"中有着陈子昂的"风骨"，其"度"中有着陈子昂的"兴寄"，故刘熙载《艺概·诗概》将陈子昂与张九龄并议，说："陈射洪、张曲江独能超出一格，为李、杜开先。"又说："曲江之《感遇》出于《骚》，射洪之《感遇》出于《庄》，缠绵超旷，各有独至。"可见张九龄虽然承继陈子昂，但与楚骚也有源流关系。"曲江体"在唐诗中能自成一体，也有它的独特之处，这就在于其诗歌的深秀清新而自然平淡。《曲江集》卷五《题画山水障》有诗句云："变化合群有，高深侔自然"，这一以天地万有为摹写对象，以自然天成为创作原则，并力求高深的思想是很可贵的。"曲江体"之"深秀"，是指其内蕴很深且透出秀气，而其"平淡"，则指其诗出语平常如若毫不经意。翁方纲《石州诗话》卷一有云："曲江公委婉深秀，远出燕、许诸公之上，阮、陈而后，实推一人，不得以初唐论。"又称曲江不仅开"粤中流风"，还认为"曲江在唐初，浑然复古，不得以方隅论。"也就是说，"曲江体"的实际影响已经不限于初唐，也不限于岭南，而是具有相当的普遍性了。

曲江诗的艺术成就很高，谢启昆在《读全唐诗仿元遗山论诗绝句一百首》之二十一首曾这样评价张九龄的作品："小雅忧谗《海燕诗》，如君风度系相思。眼前有景谁能道，明月天涯共此时。"这里仅列谢启昆诗中提到的《归燕诗》与《望月怀远》而稍作评骘，来体味曲江风度之内涵。

《归燕诗》：
海燕虽微眇，乘春亦暂来。岂知泥滓贱，只见玉堂开。
绣户时双入，华堂日几回。无心与物竞，鹰隼莫相猜。

《望月怀远》：
海上生明月，天涯共此时。情人怨遥夜，竟夕起相思
灭烛怜光满，披衣觉露滋。不堪盈手赠，还寝梦佳期。

《归燕诗》写于张九龄罢相之前，全诗以"海燕"自况，从诗中不难看

出，此"海燕"并非我们常说的海燕，这衔泥于华堂檐下筑巢的春燕实际上是这位为王朝辛勤劳作的岭海之"燕"。据史记载，张九龄因直谏而被李林甫毁谤，于是写下此诗呈李林甫。诗中陈情表心，对李林甫不卑不亢，也流露了自己的去意。而写法不即不离，言此意彼，其委婉深秀，风度节义于中分明可见。《望月怀远》一诗也有同样的特色，而更以自然清新，余味无穷而见长。诗歌借思念情人的形式表达了自己的理想追求，全诗二联用流水对，三、四联又点化古诗，但读来却浑然不显匠心。就诗境而言，它既有"明月天涯共此时"的宏阔混茫，又有"怜光满""觉露滋"的纤细缜密。这种境界直接与盛唐、中唐相接，张九龄诗歌在唐诗中的地位于此可见了。

与曲江"风度"相比，余靖的"风采"也有独到之处。余靖在北宋庆历年间与欧阳修、蔡襄和王业并称为"四贤"，作为一个名臣，在政治经济上他主张"宽租赋，方盗贼"①，其宽租赋的目的是舒解民力，充实国库，"方盗贼"则是为了平息内乱，防止民变。他一生中曾经多次解决"蛮乱"，并参与了平定侬志高之乱。除此之外，他积极参加外交活动，曾出使契丹，并与多国使节周旋；他努力发展外贸，通过减税方式促进经贸活跃。他还曾作《海潮图序》，文中提出海潮的成因"皆系于月，不系于日"，这一结论的形成来源于他对海潮的长期观察，这种科学精神是十分可贵的。余靖的文名虽然远不及张九龄，但也有可取之处，清代何曰愈《退庵诗话》卷四称其"诗亦极清丽绝俗"，虽有溢美，但其风格归于"清丽"还是不错的。在韶州略有诗名的还有翁源邵谒，工于古调，有《邵谒集》传世。

清初的廖燕是后期韶州文化的卓越代表。他颇有胆识，因此其思想往往离经叛道，具有强烈的批判性。他曾作《习八股非读书说》，锋芒直指统治者的愚民政策和黑暗的科举制度；他曾作《汤武论》《明太祖论》，对汤武篡政、始皇焚书、朱元璋以制义取士作了大力的批评；此外，他还写了许多人物传记，评论了许多狂狷之士，歌颂那些倜傥不群、傲岸不羁的历史人物如庄子、阮籍、嵇康、金圣叹等，借此一吐其胸中的不平。在他独抒性灵的传奇剧《醉画图》中，他充当了作品的一个角色，并这样描绘了自己的形象：

---

① 《乞宽租赋，方盗贼》，见余靖《武溪集·余忠襄公奏议》卷上。

> 小生姓廖名燕，字柴舟……性喜轻狂，情憎浊俗，稜稜傲骨于山林廊庙之外。别寄孤踪，矫矫文心于班、马、韩、苏之间。独开生面，生成豪怀旷识，不必学穷子史，自然暗合古人。练就野性顽情，任教踏遍天涯，到底谁为知己！与天斗命，自甘贫贱煎熬。共数争奇，偏耐诗书赚娱。

这一形象同样出现在他的《诉琵琶》中，剧中的柴舟先生被"穷鬼"缠身，最终则是柴舟先生联合"诗伯"与"酒仙"将其驱逐。在这一独特的表现形式中我们不仅可以看出作家的匠心，也可看出他的气节操守。

廖燕的诗文俱佳，其诗偏于清，其文偏于奇，日本盐谷世弘在《刻二十七松堂集序》中曾将他与侯方域、魏禧并论，以为"朝宗为先驱，冰叔为中坚，而柴舟为大殿"。这一评价还是大致准确的。

廖燕最突出的还是他丰富的文艺美学思想，正是凭借着这点，他成了中国美学史上一个卓越的美学家。首先，他重视天地之文，并把它视为文章之"蓝本"。在《与某翰林书》中他指出：

> 文莫大于天地，凡日月星辰云霞之常变及夫雷电风雨造化鬼神之不测，昭布森列，皆为自然之文章，况山川人物与夫鸟兽鳞介，昆虫草木之巨细，刻画在人，见之以为然，不知此皆造物细心雕镂而出者，虽圣人六经，视此犹为蓝本。

这一重天地、轻六经的思想观点与庄子的见解非常接近，而所谓"蓝本"之说，肯定了文艺创作的本源，这又超出了庄子的视域。

廖燕虽然重视创作之"蓝本"，但他并不否定作家能动的创造，在《饮酒诗》中他说过"天地多缺陷，笔墨欲补之"的话，在《才子说》一文中，他又认为"才者，裁也。以其能裁成万物而辅天地所不及也"，他认为，作家的创作主体固然被天地自然所规范，但是作家又能"裁成辅相"，显现天地自然之灵妙。在文中他说道："天地附我以见""无我而天地之见不存也"，这些说法是颇为辩证的。

文艺创作不仅是表现天地自然，它同时也应该表现作家自我，所以他很强调文艺创作应该独抒胸臆，凸显自我，在《山居杂谈》一文中他认为"诗道性情，彼此移易不得，方谓之真诗"，又说"惟能评论古今，发抒胸臆，方是自家文字。"正是基于此见，他在《与魏和公先生书》中批评了"无复知有性灵文字"的明代前后七子。在《二十七松堂集自序》中他更是旗帜鲜明地提出自己的创作宣言，这就是：

> 笔代舌，墨代泪，字代语言，而笺纸代影照，如我立前而与之言，而文著焉。则书者，以我告我之谓也。

所谓"以我告我"就是彰显自我，独抒性灵，廖燕虽然生活于清初，但他的思想已有近代创作自由的思想萌芽了。

廖燕之所以重视表现自我，是因为他充分认识到创作是通往自由，通往审美的最佳手段，在他的《作诗古文词说》一文中，对此作了极精彩的论述，他指出：

> 尝以谓天下之乐莫如读书，而读书之乐又莫如作文。……方搁管构思，不无惨淡经营之状，似有时亦有不乐者，及其得意疾书，便觉鬼神与通，造物在手不难。取天地宇宙、山川人物区画而位置之，虽天地宇宙、山川人物之大且繁，亦不得不默然拱近，退而就我之范围。况此时我之为我，无父兄诗友督责于其前，又无主司取舍荣辱之虑束缚于其后，惟取胸中之所得者，沛然而尽抒之文。行舟自好，纵横任意，此为愉悦为何如者！然而文尚未成者。迨文之既成，则把杯快读，自赞自评。非者去之，不必主司之收录也。至佳者精者，则浮大白以赏之，不必主司品题，刻布、家传而户诵也以其权在己而不必俟之人也。俟之人不乐，俟之己者而尚有不乐乎！

这是一段酣畅淋漓、辞气俱佳的妙文，而它的思想也是很深刻的。在廖燕看来，在文学创作中充满了审美愉悦。这种愉悦来自自由创造中获取的创作自由，来自自我表现所带来的自我超越。这段评论与清代李渔论文学可以"自娱"似可相提并论，而说得似乎更为透彻。且其批判锋芒指向"有司"，指向科举，这就更显得可贵了。

三　潮州思想文化、梅州思想文化、罗浮山思想文化、桂林思想文化及海南思想文化述略

苍梧文化与韶州文化是岭南早期比较突出的文化板块，在这两大板块崛

起之时，岭南其他地区的文化也在平衡发展。有关广府文化的发展容后补叙，这里先看岭南东部与岭南西部文化，其结成板块的思想文化主要有潮州思想文化、梅州思想文化、罗浮山思想文化、桂林思想文化及海南思想文化等。

（一）潮州思想文化、梅州思想文化与罗浮山思想文化板块

岭南东部的思想文化主要是韩江流域与东江流域的思想文化，其中，处于韩江东溪的潮州思想文化及处于程江的梅州思想文化因分别属于潮汕方言区与客家方言区而别具特色。而处于东江流域循州（后属惠州）的思想文化也有较丰硕的历史成果，特别是罗浮山的道教文化与佛家文化在历史上比较兴盛，曾经产生不少文化名人，故而亦可大书一笔。

韩江流域思想文化的主要特色用通俗的语言来说在于"姓韩"。赵朴初《访韩文公祠口占》中说："不虚南谪八千里，赢得江山都姓韩"，潮州不仅有韩江、韩山，整个思想文化也都有着浓郁的韩愈式的儒学色彩，这就是"姓韩"所包括的思想内蕴了。韩江流域的思想文化本来就有佛、道因素，早在唐代，潮州地区就有开元寺、灵山寺等著名的佛寺，也有惠照、大颠等名僧。大颠曾与韩愈来往，据冼玉清在《广东释道著述考》所说，大颠曾经注解《般若波罗蜜多心经》一卷，见于日本《续藏经》第一辑四十二套第一册，可见其历史影响不小。而韩愈出任潮州刺史后，潮州思想文化风气则有所变化，在不废佛、道的同时更以儒风为主。屈大均《广东新语·文语》在论及赵德时引苏轼语曰："始潮之人未知学，公命进士赵德为之师。自是潮之人笃于文行，延及齐民，至于今号称易治。"赵德的学识广博，其基本的思想倾向是宗孔学、排异端，由于他的儒生风范，故被后人誉为"潮学者之所宗"，列为潮汕"前八贤"之首。延及明、清，由"前八贤"又影响到以翁方达等人为首的"后八贤"，则韩愈对潮州思想文化的贡献可想而知。北宋期间，潮州海阳王大宝以抗金直谏而有臣名，他著有《周易证义》及《诗、书、易解》等著作，颇得易学经旨，也列入了"前八贤"之中。潮汕地区的思想文化有重商、重礼仪的倾向，但古代相关的著作不多，到了近现代之后，由于岭南文化走向世界，潮汕思想文化也产生了重大的质变，涌现出了许多文化名人，取得了令人瞩目的成就。

韩江水系的支脉有程江、梅江等，在这个客家人聚集的区域中产生了梅州思想文化。梅州思想文化的大力开发大致在唐代，早在唐代咸通年间，

惭愧禅师就在阴那山创建了灵光寺①，而从唐宋至明清在梅州地区都代有人才，其中之突出者如清代著名的诗人宋湘、著名的史学家吴兰修以及近代的黄遵宪、胡曦与丘逢甲等。

宋湘是乾嘉时代著名的诗人，有《红杏山房集》等著作。《清史列传》对他的评论是："湘负绝人姿，又肆力于古，为文章醇而后肆。诗沉郁顿挫，直逼少陵。粤诗自黎简、冯敏昌后，推湘为巨擘。"② 宋湘的诗歌纵横烂漫，不拘一格，多有豪壮之势，雄直之气，如他的《大江》诗：

> 东诸侯长朝天子，百谷王门走大江。
>
> 天起风云扶气力，地开吴楚出旌幢。
>
> 无愁儿女沙淘尽，有恨英雄浪打降。
>
> 谁奏铜弦铁绰板，万山明月入船窗。

此诗出自他的《红杏山房诗钞南行草》，是他出守云南途经长江所作。此诗怀古感怀，叠用典故而令人浑然不觉，其意境阔大，气势逼人，末联直将思古之心融入无尽的月色之中，令人喟叹，也令人遐想，颇有情韵。宋湘的诗集中又有《汉书摘咏》五十五首，还有《后汉书摘咏》六十八首，以诗的形式评论了汉代历史人物近一百六十人，还有《说诗八首》等多首论诗绝句，如此活用诗歌形式表达思想意趣，这在古代是别具一格的。他的诗风直接影响了近代的梅州诗人，这是值得充分肯定的。

与宋湘大约同时的梅州诗人还有吴兰修。吴兰修善词，其《桐花阁词》蜚声词坛。陆以湉曾评论道："《桐花阁词》清空婉约，情味俱佳，可谓岭南词家巨擘。"③ 可见其词名之大。除了文学之外，吴兰修在史学方面的贡献更为突出，他著有史学著作多种，而其中《南汉纪》是一部力作。是以南汉五代国主为线索撰写的一部编年史，该书考察详尽，辨析明细，清代著名学者李兆洛曾为之作序，序文说："其为之也，十年乃成；其成之也，诸家可废。"这一评价，道尽了作者的苦心，也说出了著作的价值。

进入近代之后，西学东渐也对梅州产生了重大的影响。梅州地区也产

---

① 见李士淳编《阴那山志》。

② 《清史列传》卷七十二《文宛传·宋湘》。

③ 见陆以湉《冷庐杂识》。

生了不少有识之士，如黄遵宪借鉴日本明治维新的经验，大力提倡科学，振兴教育。丁日昌积极兴办洋务，致力于实业，这都显示了时代的新气象。而此期梅州文化最为突出的成就当是文学，产生了许多著名的文学家，其中最为著名的是嘉应三大诗人胡曦、黄遵宪和丘逢甲。

胡曦精于文史。有《湛此心斋诗集》《湛此心斋文集》及《兴宁图志》等著作多种。他的最大特点是对客家乡土文化的弘扬，这不仅表现在他对县志里史的搜集、整理、评说、议论，更表现在他的诗歌创作上。胡曦写诗兼工诸体，而他最擅长的是他的山歌体。胡曦有《莺花海》诗四卷，其中的作品绝类山歌。又曾编写《兴宁竹枝杂咏》一百首，他的诗歌创作不仅弘扬了客家文化，其创作倾向昭示了当时诗界革命的一个重要方向，对黄遵宪的诗歌创作也有很大的影响。

黄遵宪是近代诗界革命的巨子，既是著名的诗论家，也是卓越的诗人。在诗歌理论上，黄遵宪用进化的眼光看待诗歌的发展，在《人境庐诗草·自序》中说："仆尝以为诗之外有事，诗之中有人，今之世异于古，今之人亦何必与古人同。"所谓诗外"有事"，强调的是诗歌与特定的社会生活体验相关。基于这一思想，他十分强调诗歌创作要"阅世"，要"知今"，他的《感怀》诗曰："识时贵知今，通情贵阅世"，强调的正是诗歌创作要联系现实，要反映生活。而所谓诗中"有人"，强调的则是诗中"有我"。这种诗中"有我"的思想重在表现自我，彰显个性，这一思想当然不是始于黄遵宪，明清的性灵派如袁宏道主张"独抒性灵，不拘格套"；袁枚强调"著我"都具有这一性质。但黄遵宪的重我之论自有他的特色，那就是和当时的诗界革命紧密相关。这一思想有两个追求目标：一是强调创作自由，二是主张言文合一。只看他在《杂感》诗中的两句名言："我手写我口，古岂能拘牵"，这已经把诗界革命的这两大目标包容其中了。除了对诗歌"有事"的社会生活内容及"有我"的思想内容的要求之外，黄遵宪在诗歌语言形式上也提出了要求，这就是他在《人境庐诗草·自序》中说的："以单行之神运排偶之体。"在这个提法中，既包含了以文为诗的意思，也包含了叠用奇偶，以奇驭偶的意思，这一要求显然是出于叙事述史，表现自我的需要而提出的，与他说的诗中"有事""有人"的观点紧密关联。

黄遵宪诗歌创作题材广泛，众体兼善。他的诗歌无论是鸿篇巨制还是乡谣短歌都各得其妙。他的长篇诗歌完全可以称为诗史，其诗作或记载民族的灾难与耻辱，或歌颂反击外夷侵略的英雄豪杰，或宣扬西方的先进文化、新鲜事物，或描绘异域的奇异风俗，瑰丽风光。而他的小诗则无论是言志表心的律绝体，还是抒发枌榆乡情的山歌体，都自有一番韵味。其多样化的诗歌风格以至于在此很难用举隅的方法作具体的评介，仅录梁启超《饮冰室诗话》以明其梗概，一曰："近世诗人能镕铸新理想入旧风格者，当推黄公度。"二曰："公度之诗，独辟境界，卓然自立于二十世纪诗界中，群推为大家，公论不容诬也。"这些评论是深知黄遵宪者。

丘逢甲是近代著名的爱国诗人，有《岭云海日楼诗钞》传世。他的诗作以爱国情怀与民族精神为主调，有着浓郁的英雄主义情结。《饮冰室诗话》说："邱沧海其亦天下健者矣……得不谓诗界革命一钜子耶？"这也是肯綮之论。

在粤东区域，东江流域的思想文化也有不少的成果。如东莞的陈琏、祁顺的文学，东莞林光、陈建的儒学，惠阳叶春及的史学，在岭南思想文化史上都有一定的地位。

东莞是广东诗歌氛围最浓郁的地区之一，早在宋元之际，在这里就产生了一批东莞籍的诗人，仅陈永正先生《岭南文学史》所载就有刘宗、刘继、李用、李春叟、陈纪、何文季、张逊衡、蔡郁、袁玎、袁瑨、殷彦卓、许国泰等十余人①。

明代之后，这里诗社迭出不穷。屈大均《广东新语·诗语》说："明兴，东莞有凤台、南园二诗社，其诗颇得源流之正。琴轩陈公琏，尝为《宝安诗录》，自宋元以至于国初。其后祁方伯顺，赠损为《前集》；自琴轩至方伯时，为《后集》。"又说："吾粤诸邑，惟东莞诗有合集。"在这些说法中，我们一来可以看到东莞诗歌风气之盛，二来可以看到陈琏、祁顺在岭南诗史中的地位。陈琏善诗，曾以《平安南》《巡狩》《平羌》三颂以及《铙歌鼓吹曲》献上而获取功名，其古体诗颇为雄健。而他主要的贡献是和祁顺编出了《宝安诗录》，从而大致确立了"岭南诗派"的名分。祁顺在《宝安诗录序》②中说道：

---

① 见陈永正《岭南文学史》第六章，广东高等教育出版社，1993。

② 祁顺：《宝安诗录序》，见郭文炳编《康熙东莞县志》卷十三《艺文四》。日本内阁文库影印本。

　　吾宝安诗人为岭南称首，盖岭南诗派也。唐以前志逸莫稽，及宋
及元诸家相继，皆不失于源流之正。迨入国朝，气化丕隆，人才益众。
其出而用世者，咸能铺张太平，咏歌帝载。而间居巷处之士，讴吟风
化，陶遣性情，在在见之。百十年来，声诗洋溢，复有结凤台、南园
二社以大肆其鸣者，于是岭南诗派益大而远噫盛哉。

祁顺的贡献主要是首次提出了"岭南诗派"这一说法，这段话主要是赞颂
东莞（即"宝安"）的诗学传统，而在这一传统的凝聚之中，陈琏、祁顺是
功不可没的。陈琏除了重视诗学之外，还编撰了《东莞县志》《罗浮志》，
其中的《罗浮志》一书材料翔实，是研究罗浮山思想文化最重要的文献之
一。后来的真逸又作了增补，宋广业又编成《罗浮山志会编》，皆以陈琏的
《罗浮志》为本。

　　林光和陈建则是儒学的代表。林光是白沙高足，在陈白沙诸弟子中以
他见道最深。他重视"自得"，《明儒学案》则记载他的说法："所谓闻道
者，在自得耳。读尽天下书，说尽天下理，无自得入头处，终是闲也。"[1]
这种观点与陈白沙之论是十分接近的。所以他也讲求"立诚"，重视"体
认"。其创意虽然不多，但在强化并推广江门之学中他也是有贡献的。陈建
的儒学思想主要在他的《学蔀通辨》中得到体现。所谓"蔀"指的是弊障，
他认为佛学之于儒学已是一蔀，而朱熹援佛入儒又是一蔀，至于时人对于
儒学的曲解又是一蔀。他的辨析对于把握儒家义理颇具启发性。

　　至于其他方面，叶春及在史学方面是有贡献的，他曾修《肇庆府志》
二十二卷、《惠安政书》十二篇、《顺德县志》十卷、《永安县志》二卷。
这些史学著作，择例颇精，评骘得当，具有较大的史料价值。

　　在粤东地带，除了韩江流域、东江流域的文化之外，罗浮山思想文化
其价值也颇为突出，罗浮山地处广州与循州（惠州）之间，但它本身有着
独立的地位。早在魏晋南北朝时期，这里就有道教名山和佛教名山，葛洪
曾在此炼丹，慧远也曾仰慕此洞天福地而意欲前往，可见其声名之大。有
关这里的道观、佛寺，旧说是"九观十八寺"，但笔者在《岭南禅文化》中
据陈琏、真逸《增补罗浮志》一书做过大略统计，其佛教大寺小庵有近三

---

①　黄宗羲：《明儒学案》卷六《白沙学案》。

十所，道教宫、观也有十余所，可见宗教文化在这里极为兴盛。

罗浮山文化的卓越代表是葛洪、白玉蟾，他们二人分别属于外丹道教与内丹道教派系，其思想不仅影响了岭南，也影响了中国。

葛洪祖籍江苏句容，他虽然不是岭南人，但他24～36岁期间撰写、修改《抱朴子》，正是他居留在罗浮山修道的时期，故把《抱朴子》视为岭南思想文化论著亦无不可。葛洪的思想儒道互补，有关他的儒家思想前面已论及，这里再补叙他的论道哲学思想。

葛洪的哲学思想主要表现在三个方面。第一，作为秦汉以后新道家及外丹道教的代表，葛洪虽然也重视儒家，但他仍把"道"放在第一位。在《明本篇》中他说过："道者，儒之本也；儒者，道之末也。"又引司马谈《论六家要旨》语曰："唯道家之教，使人精神专一，动合无形，包儒、墨之善，总名、法之要，与时迁移，应物变化，指约而义明，事少而功多，务在全大宗之朴，守真正之源者也。"他认为在各种社会思想中，唯道家思想为先、为本，这一宗道的立场是很明确的。第二，他以"玄"作为宇宙本体。在《畅玄篇》中他说："玄者，自然者始祖，而万殊之大宗也。眇眇乎其深也，故称微焉。绵邈乎其远也，故称妙焉。"这一说法显然继承了老子视"玄之又玄"为"众妙之门"的思想。在他那里，"玄"有时又可称为"一"。在《内篇·地真》中他说："道起于一……天得一以清，地得一以宁，人得一以生，神得一以灵。"这里说的"一"来自老子，评说者或视为物质性的元气，或视为某种宇宙精神。而笔者以为，其所谓"玄"或"一"更倚重于元气，这种观念支撑着他的整个养生哲学，是其修道的一个理论基础。第三，是他的"形神"观。在魏晋南北朝，"形神"观是与"有无"观、"言意"观及"自然与名教"观并列的一个哲学命题。而葛洪从他的养生思想出发也特别关注"有无"观与"形神"观，其《内篇·至理》中说："夫有因无而生焉，形须神而立。"从这个说法来看，他所持的观点是"贵无"论、"重神"论，这与当时的主流意见如王弼的"贵无"论，慧远的"重神"论大旨相同。但葛洪的思想又有他的特异性，这首先在于他是把作为宇宙本体的"有无"论与作为生命本体的"形神"论连接在一起考察的，这样，他论"形神"就有了更宏阔的哲学基础；其次是他虽然立"无"、立"神"为本，但并没有因此而否定"有"、否定"形"，故他紧接着上引文字说："有者，无之宫也。形者，神之宅也。故譬水之于堤，堤坏则水不留矣。火之于烛，烛靡则火不居矣。"在这段话中，"无"则有待于"有"，"神"则有待于"形"了。从这些观点来看，葛洪论道哲学的这些思想代表着当时玄学中的一派思想，是有相当价值的。

葛洪不仅有其论道哲学，而且是东晋时期著名的文学思想家。首先，他重视文章的功用，在《应嘲》篇中，他强调"立言者贵于助教而不以偶俗集誉为高"，反对那种"著书者徒饰弄华藻，张磔迂阔，属难验无益之辞，治靡丽虚言之美"的写作倾向。他重视文章著述，对于子书尤为重视。在《尚博》篇中他认为"正经为道义之渊海，子书为增深之川流"，之所以如此是因为这些著作"虽津途殊辟而进德同归，虽离于举趾而合于兴化"，即有助于教化。在本篇中他还批判了那种视文章为德行之"余事"的观点，认为"文章之于德行，犹十尺之于一丈，谓之余事，未之前闻。"在《博喻》篇中他还进一步分辨了德行与文章的差异，认为"德行为有事，优劣易见。文章微妙，其体难识。夫易见者粗也，难识者精也。"这些说法重质而不废文，与孔子的文质观大体一致。葛洪还有一个突出的文学思想就是他的文学进化观，在《钧世》篇中他反对"贵远贱近"的文学观，认为文章是因时而由简朴趋于繁复的，即所谓"古者事事醇素，今则莫不雕饰，时移世改，理自然也。"把文学的发展归结为时代与社会的演进规律使然，这种看法无疑是可取的。

罗浮山的道教人物还有白玉蟾，白玉蟾又名葛长庚，南宋人，祖籍闽清，出生于海南琼山，但他学道于罗浮山，并长期在罗浮山游道，故可视为罗浮山思想文化的代表。白玉蟾其术业本于内丹道教，但也通晓外丹道教。他有著作多种，其主要有《海琼白玉蟾先生文集》四十卷、《重刻白真人集》十卷以及《海琼问道集》《海琼白真人语录》等，皆为后人所编。其中最为精妙的是收入《重刻白真人集》中的《道德宝章》（即《蟾仙解老》）。《道德宝章》有跋云："是编为真人白玉蟾所释，离章析句，稍加笺注，不费辞而理得。因知玄解者，不假言诠，读者尚于言外荐取。"又跋曰："蟾仙解老，就老氏本文，稍为隐括下一转语，大类禅旨，觉此中无言语凑泊处，其于伯阳可谓千古神遇，金针莫度者矣。"白玉蟾亦善诗，其诗作雄博瑰奇，有羽流诗的本色。

（二）桂林思想文化板块

唐宋期间岭南西部的思想文化依然绵延不绝，这一时期虽然已无苍梧郡其名，但原来苍梧郡所属的地区其思想文化仍高度活跃。如前面说的慧能就来自新州，石头希迁则是端州高要人，尽管他结庵于衡山，但受戒于罗浮山，并长期在岭南活动。他著有《参同契》，主张"参同""回互"，强调即事而真，理事圆融，对禅宗中的曹洞、云门、法眼诸宗影响较大。除此之外，其他如端州李大性著《典故辨疑》，在考据学方面也有较大价值。到了明清，粤西地区仍然有不少的文人，如明代列于"后七子"的高要梁有誉也有一定的影响。除了广东西部之外，广西东北部而今属桂林、梧州、柳州、贺州、钦州等地也是文化名人辈出。这一带秦朝时属桂林郡，汉魏时属郁林郡，唐时则属于桂州。为了统一说法，这里采用最早的说法，称之为桂林思想文化板块。桂林思想文化板块的代表人物很多，自中唐的柳宗元任柳州刺史之后，晚唐诗人有临桂的曹唐、阳朔的曹邺，宋代的名僧有桂林的景淳、滕州的契嵩等。从这些文化名人的文化取向来看，一是好诗，二是喜禅，这一取向在唐宋时期表现得很明显。

就诗而论，曹唐、曹邺与景淳都有诗名。据王仲镛《唐诗纪事》说，曹唐初为道士，后为使府从事，他著有百余篇《游仙诗》，虽得"鬼诗"的讥评，但"属对清切"，自具特色。而同据《唐诗纪事》所说，曹邺曾任洋州刺史，"能文，有特操"。他的诗歌质实，且多有讽喻之意。二曹的诗都收录在《全唐诗》中。

在桂林诗人中，桂林景淳在诗歌及诗论方面都有成就。景淳是元丰初桂林僧，谢启昆所修《广西通志》之《列传》二十二中有他的本传，传曰："景淳，桂人，规模渊源出于（文）与可。……淳诗意艰深，不可遽解。如'夜色中旬后，虚堂坐几更。隔溪猿不叫，当槛月初生'，又'后夜客来稀，幽斋独掩扉。月中无傍立，草际一萤飞'之类。"从所引诗句来看，景淳之诗实属纯粹的禅境，于寂、空、了之中透现出一种灵动之气，其功底不浅。

景淳还有诗论著作《诗评》传世。《诗评》论诗重在"缘情蓄意"，他说："缘情蓄意，诗之要旨也。"所谓"缘情"这本于陆机的"缘情"说，但出于一位诗僧之口，倒也别具一番意味。而所谓"蓄意"也就是含蓄。《诗评》中说："诗之言为意之壳，如人间果实，厥状未坏者，外壳而内肉也；如铅中金，石中玉，水中盐，色中胶，皆不可见，使天下人不知诗者，视至灰劫，但见其言，不知其意，斯为妙也。"这段话凸显了诗歌意象言表意里、言此意彼的艺术特征，与后来严羽论"兴趣"如水月镜像之语有异曲同工之妙。

桂林思想文化板块有着浓郁的佛教因素，除了名僧迭出之外，桂林地区至今还保留了不少的摩崖佛像。在桂林西山一带，有大小佛像数十龛，其中最早的是位于观音峰、立于唐高宗调露元年（公元 679 年）的阿閦佛像，此外，在伏波山还珠洞以及石鱼峰均有毗卢遮那佛像，在叠彩山风洞口也有唐宋期间的佛像。在桂东北这一文化板块中，僧名最著者莫过于滕州镡津的契嵩，契嵩是宋代禅宗史上最重要的人物之一。诚如前述，他论道重在援儒入佛，以儒论佛。但作为一名云门禅僧，他也依然是唯心是求的。他的《广原教》开宗明义地提出"惟心之谓道，阐道之谓教"的观点，把整个佛教纳入"治心"的范畴之中，他还进一步说："心乎，大哉至哉矣！幽过乎鬼神，明过乎日月，博大包乎天地，精微贯乎邻虚。"这和慧能说的"心含万法是大"在本质上一致。除了论道之外，契嵩曾勘定禅宗西天二十八祖的名位，并修改正定，编出了契嵩本《坛经》，这就奠定了他在禅宗史上的地位。契嵩亦能诗，王士祯《居易录》说他"其诗亦多秀句"，这大抵是不错的。

在明清时期，在桂东北这一思想文化板块中产生了卓越的文学家冯敏昌。何曰愈《退庵诗话》卷十二说："吾粤诗自三家而后风雅迭兴，而必推冯鱼山为最。"又说："其诗由昌黎、山谷上追李、杜，又穿穴诸家而自辟面目。生平遍游五岳，皆造巅题其崖壁，凡名山大川云烟变灭、波涛起伏之状盘薄胸次而注于笔端，浑浑浩浩，包孕万象，巍然为岭南一大宗。"这一评论大体符合实际。冯敏昌的艺术特色在于"大"，其诗作往往是大境界、大气势、大手笔，给人以开阔豪壮之感。如他的《望岱宗》："岱宗有神灵，尊为五岳独。真气所融结，万物感不肃。日月照其顶，齐鲁卫其足。十八盘冥冥，何人夜中宿。"又如他的《崧台》："天水茫茫合，群峒千里来。苍然留远影，晚色下山隈。缥缈城钟出，嵯峨羚峡开。长风吹不及，人立古崧台。"无论是古体还是近体，都有很厚的功力。只是因其"大"，有时难免失于"粗"。但总体来说，他的诗作在岭南是自具特色，颇具风格的。

（三）海南思想文化板块

海南古称珠崖，开发得比较晚。唐相李德裕贬官崖州时，海南基本上是蛮荒之地。苏轼贬官儋州给海南带来求学习儒的风气，但此期的思想文化成果依然不多。及至明朝朱元璋设立琼州府的建置，海南思想文化才得到了迅速的发展。这正如丘浚在《南冥奇甸赋》的序文中所说："吾郡之在今日，民物繁庶，风俗淳美，贤才汇兴，无以异乎神州赤县之间。"所说"奇甸"指"海甸"即今海口地区，可见到了明代，除了中部黎族居住区，海南的思想文化已经较为发达了。正是在这一背景下，涌现了一批思想家与文学家。而其中最突出的是丘浚、海瑞、邢宥、钟芳等人。

丘浚是海南思想文化的卓越代表，他撰有《大学衍义补》一百六十卷，有《丘文庄公诗文集》等著作。其《大学衍义补》为补正真德秀《大学衍义》而作，此书广采经、史、子、集，而有一己之真知灼见，曾产生很大的历史影响。弘治年间，明孝宗对此书曾有一个批答，说"卿所撰书，考据精详，论述赅博，有裨政治，朕甚嘉之"①，这一评价大体是符合实际的。在这部著作中，丘浚把《大学》"八条目"即"格物""致知""诚意""正心""修身""齐家""治国""平天下"这些内容概括为"修己治人"，所谓"修己"主要指前六项，而"治人"则偏重于后两项。而他所重点补正的正是"治国平天下"的方略。在《进大学衍义补奏》一文中，他把这些治国平天下的方略分为十二目，这分别是"正朝廷""正百官""固邦本""治国用""明礼乐""秩祭祀""崇教化""备规制""慎刑宪""严武备""御夷狄""成功化"，对此作了完备的论述，其中的主要精神就是巩固政治，振兴经济，注重教化，加强军事，尽管他的这些看法没有摆脱传统儒家的政治观，但他对国家体制建设的系统思考和全面论证在当时来说是难能可贵的，这些论述实际上开了岭南后来的政治家如洪仁玕、康有为、孙中山国家建构思想的先河，对他的这一历史贡献应该给予充分的肯定。

丘浚的经济思想也十分丰富，在《愿丰轩记》一文中，他说过"凡天下户口、边举、兵马、盐铁之事，无不究诸心意"，十分留意国计民生。他注重财富，在《大学衍义补》中他强调理财，并把财富分为"国财"与"民财"，认为"善于富国者，必先理民之财，而为国理财者次之"，主张"安富于民""藏富于民"，这一注重民间财富的思想，在当时颇具进步意义。他对财富的论述尽管不及西方亚当·斯密的《原富论》那样全面和深刻，但处在 15 世纪的中国能意识到财富在国民经济发展中的重要地位，确

---

① 见郭棐《粤大记》卷十六《献征类》。

是颇有眼光的。

丘濬能诗善文，诗风清新自然，这和他的诗论主张一致，其《与友人论诗绝句》① 云："吐语操词不用奇，风行水上茧抽丝。眼前景物口头语，便是诗家绝妙辞。"强调写诗应该平易自然，言文合一，这和他务实的人生态度完全相通。

海瑞是海南文化的重要代表，他有文名，与丘濬、邢宥、钟芳等人并列为海南四才子，后人辑为《海瑞集》。他也是岭南著名的教育家，屈大均曾将他列为广东六大教育家之首，并肯定他刚直清廉的风骨与气节，屈氏在《学语》中评论道："吾粤善司教者有六公。一曰海公瑞，其教谕南平也，以朱子白鹿洞五规乡愿忠信廉洁之。以孔子刚者之辩，孟子不见诸侯之守，日与诸生讲明。相见拜揖外，不许将一物为贽。"又在《事语》中说："若海公瑞清刚正直，又为琼之特出者。"这里说的"琼之特出者"实有深意，琼州文士大都刚直有节，屈大均《事语》有"琼人无事元者"条目，可见海南人重气节已成传统。及至明朝，如《粤大记》所述，则称丘濬"刚直"，其致仕而归，"唯有图书数万卷"。又说邢宥"秉性廉介"，并引丘濬语称其"介而有执，直而不肆"。还说邢宥不谋私利，"守志犹嫠妇"。而海瑞在清廉刚直方面比起这些海南名士更为突出，《粤大记》评论说："公意主于斥贪墨，抑豪强，革浮奢、厘宿弊，出入舆从甚简，风裁凛若，奸宄肃然。"他被百姓称为"海青天"，他的不少事迹被后世文人编成了海瑞剧，其中的海瑞斗严嵩，海瑞骂皇帝、海瑞罢官的故事在民间广为流传，其中虽有增饰，但大体还是符合人物原型的。所以，海瑞尽管没有很突出的学术思想，但他的行为风范处处显示了孔子"政者正也"的伦理政治精神，成为文士之楷模，人臣之懿范。

四　广府思想文化板块

（一）为广府文化正名

关于"广府文化"之名，现在的分歧颇大，故在此先予以正名，以期为本书中使用的这一名词作一个界定。

---

① 《万首论诗绝句》第一册，人民文学出版社，1991。

对于"广府文化",现在通行两种不同的理解。一种从语系角度并结合民系来理解,把它看作与潮汕文化、客家文化等相并列的一种文化。而另一种则从政治疆域角度并结合民系,把它看做一种特定历史形态的文化,即看作与"粤中文化"概念相近的一种文化。对这两种不同的理解,笔者不否定第一种看法具有简便明确的特点因而可以保留下来,但比较起来,笔者更倾向于从第二种角度去理解。因为实际上在广府文化中虽以广州白话语系为主,但也包含其他语系,而且,这些语系是随着历史而不断变化的,执著于语系不容易把其特点和内涵说清楚;更何况,其他地区(如广西)也有广州白话方言流行区域,以语系作为定准就缺乏严密性了。

从名称来看,"广府"是"广州府"的缩称,因此,这是一个政治建置而不能视为军事建置,这是确立其意义的前提。秦汉时,岭南的军事建置设在广信,"广信"一词有"广施恩信"的意思,但它不是"苍梧郡"那样的政治建置,故这绝不等同于"广府"。在梁、陈时代岭南设有"广州都督府",这主要属军事建置,而与当时府治所在地"南海"不同。唐代岭南道有广州南海郡,另有广州中都督府,都督府除了军事上统领广州南海郡之外,还兼统领桂州、容州、邕州、安南四府经略使,可见仍然偏重于军事。宋、元设路、州,广州是宋代广南东路路治所在地,是元代广州路路治所在地,故此时的广州已属于政治建置,但这时的广州并不称"府",而是称"路"。所以严格地说,在宋、元之前是不存在作为"广州府"意义的"广府"的。到了明、清两代设立"广州府",并把它规定为行政区域,这才有了真正严格意义上的"广府"。

现在说的"广府"其地域在历史上伸缩性很大,除了宋代的"广州路"地域大致与粤中地区相当之外,其余朝代则以粤中为主而延及粤北、粤西小部分区域。但不管何时,粤中地区始终是其稳定不变的地域,故把广府文化看作与粤中文化相近的概念是可以成立的。这个区域也可借地理术语加以表述,它大致是珠江三角洲网河区域,即西江三角洲、北江三角洲、东江三角洲的交会地带。按照约定俗成的说法,"广府"包括"上四府"南海、中山、番禺、顺德以及"下四府"台山、开平、恩平、新会,至于今广州周边的花都县(今设区)、从化县(区)、佛冈厅(或县,今设县),以及清新县(今清远市府所在地)、三水县等,也可划入广府范围,而东莞市比较复杂,它地处粤中,历史上也曾纳入广州的管辖、治理范围,但有时在历史上又属于循州,所以它有着广府文化的因素,但主要属于粤东文化区域。按照现在的行政区域,完全可以划入"广府"范围的包括整个的广州市、佛山市、江门市、中山市,至于清远市、东莞市、深圳市,也具有较多的广府文化因素。

广府文化的演进经历了一个漫长的过程,在没有严格意义的"广府"名称之前,并不等于不存在广府文化,这时的广府文化处于广府文化的形成期,可以称作"早期广府文化"或"前广府文化"。而明、清之后,这一地区的文化不仅有了"广府"之名,而且产生了重大的质的飞跃,这时的广府文化就处在它的发展期了。

在岭南思想文化的历史发展中,最重要的思想文化板块当是广府文化板块。说它重要,一是因为它影响大,由于广府地区处于岭南政治、经济、军事、文化的中心,对其他区域的文化有居高临下的统摄作用和自内而外的辐射作用。二是因为它历时最长,它的形成与发展几乎横贯、覆盖了整个岭南的历史,而且从未中断过。三是因为其思想代表人物众多,思想成果丰富。故笔者将其视为重点来细为论之。

(二) 早期广府思想文化的代表人物及成果

从先秦到宋、元之前是广府思想文化初步形成的时期。虽然此期没有"广府"之名,但是秦汉之际的番禺,魏晋南北朝的南海郡,唐、宋的广州南海郡,以及元代广州路的历史,其实就是早期广府思想文化形成的历史。

广府地区的文章学术始于楚,早在楚威王时,南海高固便以才能而入相;汉之时,赵佗曾作《上文帝书》,南海杨孚曾撰《南裔异物志》(一说《异物志》),南海张买能鼓棹为越讴;魏晋南北朝时,南海王范曾作《交广春秋》,南海黄恭亦作《十三州记》;唐朝时,南海周杰撰历算著作《极衍》;宋朝广府之著作更多,如南海冯元的《景祐广乐记》、增城崔与之的《崔清献公集》、南海梁观国之《壶教》、番禺李昂英的《文溪存稿》、顺德区适子之《三字经》,这些都产生了较大的历史影响。

在上述人物之中,值得略书一笔的是杨孚、崔与之与李昂英。

杨孚曾任南海郡官,除了有《异物志》一书之外,还有《谏用兵匈奴书》《请均行三年丧疏》等文章传世,其中表达了他反对用兵、反对短丧废礼的思想。《异物志》除了记录岭南异物外,还附有赞体韵文,颇有文藻。故冼玉清在《杨孚与杨子宅》称其"真为百粤学者之宗也",这并非没有道理。

增城崔与之在岭南史上与张九龄并称为"二献",可见他颇负盛名。他官至右丞相,在抗金平乱中屡建奇功,然为人淡泊名利,严于律己齐家。他在政治上勤政爱民,能知人善任,革除积弊,在《崔清献公言行录》卷二中有他留下的座右铭,其云:"无以嗜欲杀身,无以货财杀子孙,无以政事杀民,无以学术杀天下后世。"从中可以看出他清廉、勤勉,讲求实际,注重事功的作风。崔与之尤为可贵的是他的军事思想,面对金、蒙的军事侵略,他既反对冒险出击,又反对妥协投降,他的主张是积极防御,强调建立全面的防御体系,并有重点的布防,既要加强练兵固本,又要注重百姓协防。他的这些主张多见于《崔清献公言行录》,从中可看出他的忠肝义胆、古道热肠。

在宋代,李昴英也是早期广府文化中值得一提的人物。他是崔与之的门生,其实也是崔与之的挚友。明代黄佐《广州人物传》之《李昴英传》引用了孔子评论叔向"古之遗直"与评论子产"古之遗爱"这些说法来评论他,以为"李昴英信兼有之"。所谓"直"是说他刚直不阿,他曾经抗言圣上,力主"定国本""去权奸""斥阉寺",并上疏弹劾奸臣史嵩。所谓"古之遗爱"是说他有仁爱之心,他的诗文常常悲天悯人,多有忧世之嗟。其《文溪存稿》中除了收录他的奏议、行状、记述等各种文体之外,还有他的古、近休诗五卷,词二卷,他的文采与德行都有可取之处。

从上述人物身上,我们可以看到早期广府思想文化的特点,那就是重实际,重事功。这种特点被后人所继承与发展,成为广府思想文化最鲜明的特质。

(三)广府思想文化中的理学、经学成果略评

明清时代产生了真正意义上的广府思想文化。从文化学的意义上说,此期广府思想文化的成果不外乎儒学家与文章家两路。出自儒学家的思想成果主要是理学与经学,而出自文章家的有关成果则包含了文学、历史、政治、经济各类。这里先表儒学一支。

岭南的经学始于汉代的陈元父子等,但汉代岭南经学偏重于义解,而且其研究的对象主要限于《春秋》,其他经典研究不足,更没有很多留存至今的成果。而到了清代之后,由于一批入粤名宦的引领与督导,经学一时彬彬称盛。先是翁方纲督学经学复振两广,亲注《经义考补注》,阮元、

张之洞先后任两广总督，极力提倡朴学，这使得岭南的经学出现了热潮，这正如黄尊生在《岭南民性与岭南文化》中所说：

> 广东而能够加入中国学术的队伍，实自道光年间阮元来粤，做两广总督，开学海堂，提倡朴学，为之始。继阮元之后，而在作第二步之努力者，则为张之洞之来广东，开广雅书院。①

此期的岭南经学和各地的治经风气一样，都倚重于训诂和考辨。其中成果最丰者是番禺林伯桐，《番禺县志》列传十五有他的本传，称他治学"以宋儒为法，而研经特宗汉学"，可见他的宗风虽偏于实学，但也有一定的灵活性。他治学重文字校勘、训诂考证，他的经学著作主要有《毛诗通考》《三礼注疏考异》《左传风俗》《古音劝学》《史学蠡测》多种，其研究对象是比较广泛的，他的治学方法与治学思路与后来东塾学派陈澧很是接近，虽然成就不及，但视其为先驱似无不可。清代中叶善于治经的还有吴荣光，吴荣光从学于两广总督阮元，是清代岭南最著名的书法家之一，曾著有《辛丑销夏记》《吾学录初编》《白云山人文稿》等著作，他治经既反对汉代谶纬之学对五经的误读，又反对濂学周敦颐的"太极图说"，颇有个人的见地。

在广府文化中，在经学方面贡献最大的当是陈澧，作为朴学东塾学派的代表，陈澧治学既重视训诂考辨，又重视义理阐释。在《东塾读书记》中他解释"训诂"曰："时有古今，犹地有南北。相隔远则语言不同矣。地远则有翻译，时远则有训诂。有翻译则能使别国如乡邻；有训诂则能使古今同旦暮。"从时空角度界定"训诂"与"翻译"的差别，这一解释可说是别开生面的。看他所注的《公孙龙子》及所作的《切韵考》《声律通考》诸书，其功底被学人所折服，梁启超曾将《切韵考》与清代顾炎武、江永、段玉裁、姚文田等著名学者的音韵著作相提并论，称其为"精绝"② 之篇，这是完全符合实际的。而在义理阐释方面，他既推崇郑康成为代表的郑学，又对朱熹的朱学极为赏识。在《汉儒通义》之《自序》中他说："吾以为汉儒义理之说，醇实精博，盖圣贤之微言大义，往往而在，不可忽也。"他的治经倾向是在汉学的基础上结合宋学即"义理之学"，这种理解是符合经学

---

①　黄尊生：《岭南民性与岭南文化》，民族文化出版社，1941，第39页。

②　梁启超：《清代学术概论》十四《经史考证》。

发展义理化的基本方向的。

明清时期广府文化最大的建树在于理学方面。关于岭南理学发展的渊源，屈大均在《广东新语·学语》中有过评述，他说：

> 吾乡理学，自唐赵德先生始，昌黎称其能知先王之道，宋则梁先生观国，有《归正》一书，谓苏氏父子所为文，出入禅谛，饰以纵横，非有道者之著。胡待制寅亟称之。明兴，白沙氏起，以濂、雒之学为宗，于是东粤理学大昌。

这段话追溯了岭南儒学的"理"路一脉，但所说的赵德与梁观国，实为唐宋道学的代表之一，他们虽有论道的倾向，可以归之于儒家道学，但与理学仍然有相当的距离。所以岭南的理学，实际上还是始于陈献章。

陈献章的著作颇丰，今人孙通海点校的《陈献章集》是收录最全的版本。陈献章的理学上承朱、陆，下启湛、王，是宋明理学史上转变风气的重要人物。陈白沙的理学在本体论上与程朱理学大体保持了一致，他立"道"（或"理"）为本，把"道"（或"理"）看作凌驾于物质之上的客观精神，其《次韵张东海》诗云："道超形气元无一，人与乾坤本是三。"在这里，形、气及乾坤与人都是物质性的存在，而超越于物质之上的"道"当然就是一种绝对精神了。那么，如何把握"道"（或"理"）呢？在《论前辈言铢视轩冕尘视金玉》一文中，他提出了把握"道"（或"理"）的两种方法，一是概括，即所谓"举其一隅而括其二隅"；二是类推，即所谓"据一隅而反其三隅"，这些说法与朱熹的说法是很相近的。

陈献章不同于程朱理学的地方就在于他十分重视把握道的主观条件，在这点上他既吸收了儒家思孟学派的"存诚"思想，又接受了陆九渊"心外无理"的观点。他在《无后论》中说：

> 夫天地之大，万物之富，何以为之也？一诚所为也。盖有此诚，斯有此物；则有此物，必有此诚。则诚在人何所，具于一心耳。心之所有者此诚，而为天地者此诚也。

陈白沙由"存诚"转入唯"心"，由唯"心"更引入重"我"，在《与林郡博》一文中他说：

> 此理干涉至大，无内外，无终始，无一处不到，无一息不运。会
> 此则天地我立，万化我出，而宇宙在我矣。

这一说法与孟子"万物皆备于我"，与陆九渊的弟子杨简标榜的"唯我"论
是相当接近的。

陈献章既然重视"我"之"心"，所以在人生修养论方面便重视"自
得"。在白沙那里，"自得"与"未得"是一组相对的范畴，在《复赵提学
佥宪》一文中他说"所谓未得。谓吾此心与此理未有凑泊吻合处也"，而所
谓"自得"就是"得道""得理"，用《复张东白内翰》的话来说就是"道
也者，自我得之，自我言之。"用主观之"心"与客观之"理"是否吻合来
判断是否"自得"，这一说法却不无几分道理。

那么，如何达到"自得"的境界呢？在陈白沙看来，关键之处是在于
"静坐"，在《复赵提学佥宪》一文中他强调"舍彼之繁，求吾之约，惟在
静坐"，在《与贺克恭黄门》一文中又说："为学须从静中坐养个端倪来，
方有商量处。"这里所谓"静坐"并非如枯木之禅，兀坐而无所悟得。而是
要一心体认天理，进而达到观化见机，悟道明理的最高认识境界。

陈白沙还认为，这种静坐悟道的过程是完全自然的，在《与湛民泽》
一文中他说："此学以自然为宗者也。"所谓"自然"在陈白沙那里有双重
含义，从客观来说，"自然"就是天道物理，它是自本自根，自使之然的；
而从主观上说，"自然"则是人对于天道物理的顺应，是以物观物，坐忘无
心。后来，湛若水在《重刻白沙先生诗集序》中解释白沙这一思想时说：
"自然者，天之理也。理出于天然，故曰自然也。在勿忘勿助之间，胸中流
出而沛乎，丝毫人力亦不存。故其诗曰：'从前欲洗安排障，万古斯文看日
星。'此言乎明照自然也。"湛若水的解释正是从客观与主观两方面立论，
这是切合白沙"自然之学"的本义的。

陈献章还是著名的教育思想家。作为教育思想家，陈献章兴学重教的
思想非常突出，在《陈献章集》卷一中收录了他近十篇的学记文章，都把
兴学重教看作教育之首务。如在《新迁电白县儒学记》中他说："自古有国
家者，未始不以兴学育才为务。"又如他在《程乡县社学记》中说："社学
之兴在今日，正淑人心、正风俗、扶世教之第一义也，何可少哉，何可少
哉！"为了振兴教育，他已是在那里大声疾呼了。陈献章的教育思想有着两

大特点：其一以德育为本，其二强调"学贵知疑""循次而进"。在《送罗养明还江右序》一文中他说："君子之所以学者，独诗云乎哉？一语默，一起居，大则人伦，小则日用，知至至之，知终终之，此之为知。其始在于立诚，其功在于明善，至虚以求静之一，致实以访动之流，此学之指南也。"他认为"学之指南"在于立诚、明善、至虚，致实，而其大致又不离人伦日用。可见，德育在他的教育观中占据着首要的地位。除了重视德育之外，陈献章有一个十分可贵的教育思想，就是把怀疑看作觉悟的内在契机，把解疑视作知识长进的前提，在《与张廷实主事》一文中他说："前辈谓'学贵知疑'，小疑则小进，大疑则大进。疑者，觉悟之机，一番觉悟，一番长进。"《复赵提学金宪》还进一步提出教育的策略，他认为"求道者有先后缓急之序"，因此，在教学中便不能一蹴而就，而应该"循次而进，渐到至处"。

陈献章还是著名的诗人和诗论家。他的诗歌创作有"以道为诗"的倾向，他的诗歌理论重视以性情为本，反对过分地堆砌辞采，苛求声律，这和他重视自然之教的思想是完全一致的。其文学成就，容后面再作补叙，在此不赘。

陈献章的弟子三千有余，其中在理学方面如增城湛若水、南海张诩、东莞林光、顺德梁储、湖北李承箕、辽宁贺钦等都有突出的贡献，而由于江门学派的兴盛，又直接导致了后来香山黄佐之学的崛起。这些理学家著作颇丰，思想成果卓著，其思想传统甚至对近、现代的岭南思想家都有很大的影响。

在陈献章的弟子之中以湛若水最为突出。湛甘泉之心学与王阳明之心学齐名，黄宗羲在《明儒学案·甘泉学案一》中曾将二人做过比较，其曰："（甘泉）先生与阳明分主教事。阳明宗旨致良知，先生宗旨随处体认天理。"这里的比较虽说言语简约，但还是大致把握了其端倪的。有关"随处体认天理"的思想在《湛甘泉先生文集》中屡见，但说得最精要的，莫过于他的《示学六言赠六安潘汝中黄门》诗，诗云："随处体认天理，六字千圣周行。万里一心感应，虚灵中正观生。"在甘泉的心学思想中有着陈白沙思想的影响，所谓"随处体认天理"的提法就有陈白沙"自然之学"的思想，诗中后面所说的"万里一心感应，虚灵中正观生"与前面的"随处体认天理"其实都是一个意思，强调的都是以"存诚"作为前提，以尽心尽性作为路径，以观物观生作为目的。但和白沙的思想有别的是，湛甘泉并非一味地强调"从静中坐养个端倪来"，他说的"随处体认"不仅包括了静中悟得，也包含了动中把握；而且，当他把"观生"作为"体认""感应"的对象时，这不仅肯定了生生不息的化机，也包含了注重事物规律的思想。这和白沙求诸于"心"，求诸于"我"的倾向还是不同的。

湛若水的"随处体认天理"不仅有其哲学意义，也有它的美学含蕴。在《天华精舍讲章》中他曾这样讲述《论语》中"仁者乐山，知者乐水"那段名言，他的说法是：

> 仁者难言。仁以厚重为体，仁之体不可见，可见者山，是故拟仁之情状于山，观乎山则人之情状可见矣。知以流动为体，知之体不可见，可见者水，是故拟知之情状于水，观乎水则知之情状可见卷二矣。

这里的讲解实际上是"随处体认天理"的一个活的范例。这种以山水比德的方式实际上就是在以我观物，以物观我之中求得物我在审美境界中的齐同合一。类此之例在《湛甘泉先生文集》中还有很多，在《送大理司厅姜君实夫致仕兰溪序》中他自称"由吟弄而阅天地浑沦之体，由泉鸟鹿豕而观万物自得之象，由云山而得夫静止淡泊之理"，类此种种，便是他说的"随处体认天理"，其实也是以一种诗性思维来审度人生。湛若水的弟子有四千余人，其中的高足庞嵩创立弼唐之学，会通甘泉之学与阳明之学，一时也产生了较大的影响。

黄佐在理学上也有很大的贡献。黄佐在江门学派的历史发展中可算得上一个重要的殿军人物。他的思想虽说承继着白沙、甘泉及弼唐之学，但是自具特色。在对于宇宙本体的看法上，他的观点是理气一体，二者不可分割，黄宗羲《明儒学案·诸儒学案五》曾记载其《东廓语录·原理》，其中说道："盖理即气也，一气浑沦，名为太极；二气分判，名为阴阳……皆自吾心名之，所谓穷理也，非谓未有天地之先毕竟是理，而理在气先；亦非气以成形，理亦赋焉，而理在气后。"在他看来，理与气不能分割，且本无先后之别。作为"太极""阴阳"的载体，"理"与"气"固然是客观的，但它以"吾心名之"，又与认知主体发生联系。在这样的理解中，他已将程朱理学及陆王心学连同他先师的理学都圆融为一体。这种观点当然不能说如何正确，但这一解释还是相当精巧的。所以，《明史》其本传中称其学"以程朱为宗，惟理气一说独持一论"。黄佐的理学十分重视人生修养论，在这点上他反复强调要"博约"，《明儒学案·诸儒学案五》曾引其

《论学书·与郑抑斋书》，其中说道："生今与后进讲学，只'博''约'二语而已。读书以明之，闻见之知，研究此理，博文也；反身以诚之，德性之知，惇庸此理，约礼也。"这里所谓"博约"便是"博文""约礼"，强调的是既要广泛学习以增进学问，又要修养德性检束一己，这种观点与程朱所论相近，而对于白沙之学则有所变通。

（四）广府思想文化中文学、历史成果略评

广府文化区域的文史成果在明清时期非常突出。就文学而言，明清时期的广府文学代表了此期文学的主流：先是明代南园前、后五先生及南园十二子等文士结社酬唱，鲜明地表现了儒士气度与风雅精神；其间又有理学诸家乐道徜徉之作，在感应万物之中展示出理趣盎然。继而是明清之际遗民志士的叹喟与呼号，凸显了他们因国变而激发的胸中不平；再而是清朝盛世那中正和平、雄直雅健的升平之声，直至近代在传统与变革冲突之中形成文学变异。此期的广府文学可以说是气象万千，这里只能就其要点略作评述。

这里先看南园诸子的文学。

岭南文学的结社以南园最早，也以南园规模最大。自元末到明初，首先是孙蕡、王佐、赵介、李德、黄哲五先生的崛起。明嘉靖年间，则是欧大任、梁有誉、黎民表、吴旦、李时行"继南园以结社，振诗学于式微。"①明代末年，陈子壮"复修南园旧社，与广州名流十二人唱和"，是为"南园十二子"②。其中的后南园五先生与南园十二子又分别参与诃林净社③、浮丘社④。这批诗人主盟了明代岭南诗坛，而在其中，孙蕡、欧大任、黎遂球的

---

① 熊绎祖：《南园后五先生集序》，见《南园前五先生诗 南园后五先生诗》，中山大学出版社，1990。

② 南园十二子指陈子壮、陈子升、欧主遇、欧必元、区怀瑞、区怀年、黎遂球、黎邦瑊、黄圣年、黄秀恒、徐棻、僧通岸。

③ 陈樾的《广州城坊志》引《番禺县续志稿》曰："诃林净社，在光孝寺西廊。明中叶梁有誉、黎民表、欧大任结诗社于此。天启间，顺德梁元柱以疏劾魏阉，复与陈子壮、黎遂球、赵焞、欧必元、李云龙、梁梦阳、戴柱、梁公木开诃林净社。"

④ 浮丘社即浮丘十二子，包括陈子壮、陈子升、黎遂球、区环瑞、区怀年、高赉明、黄圣年、石佑逵、黎邦瑊、谢雪航、曾道唯等。

地位与成就显得尤为突出。

孙蕡是南园诸子的领袖，诗有《西庵集》八卷，黄佐在《广州人物传》中说他"为诗文多不属稿，开卷伸纸，立笔而就。初若不甚经意，而气象雄浑，兴喻深致，骎骎乎魏晋之风。"这一评论深中肯綮。他兼工诸体，而歌行尤善。如《南园歌赠王给事彦举》：

> 昔在越江曲，南园抗风轩。群英结诗社，尽是琪林仙。南园二月千花明，当门绿柳啼春莺。群英组络照江水，与予共结沧州盟。沧州之盟谁最雄？王郎独有谪仙风。狂歌放浪玉壶缺，剧饮淋漓宫锦红。青山日落情未已，王郎拂袖花前起。欢呼小玉弹鸣筝，醉倚庭梧按宫徵。哀弦泠泠乐未终，忽看华月出天东。裁诗复作夜游曲，银烛飞光白似虹。当时意气凌寰宇，湖海诗声万人许。酒徒散落黄金空，独卧茅檐夜深雨。分飞几载远离群，归来城市还相亲。闲来重访旧游处，苍烟万顷波粼粼。波粼粼，日将夕。西风一叶凌虚舟，犹可提诗寄青壁。

此诗兼有史料价值与艺术价值，它描绘了南园结社的时间、地点及具体情形，其中狂放不羁的"王郎"（王佐）形象刻画得十分生动，诗歌辞气健举，文笔挥洒自如，体现了深厚的艺术功底。

欧大任是南园后五先生的主盟者，他的诗歌数量较大，也时有佳作，如《镇海楼同惟敬作》，檀萃在《楚庭稗珠录》中称其"气韵沉雄，固当以此章擅场。"诗人骤栝楚汉以来帝王镇守岭南的历史，末联"朔南尽是尧封地，愁听樵苏说霸功"，诗风苍凉劲健，似有无限唏嘘其中。

在南园诸子之中，实以黎遂球的诗歌成就最高。崇祯年间，他曾赴扬州"黄牡丹会"，即席分赋《黄牡丹》七律十章，钱谦益定为第一，因而有"牡丹状元"之名。他诸体兼善，诗歌常有骚客之情，侠士之气。如《送李烟客出塞》二首：

> 行营望将旗，万里欲何之？我正怜烟客，人疑是药师。
> 谈兵奋𩨴戟，骑马策杨枝。为试登楼啸，风烟满眼悲。
> 丈夫宁惜别？一路笑桃花。下水流渐劲，临关怒木芽。
> 春情违蛱蝶，酒态在琵琶。莫动将归思，风前有暮笳。

李烟客即李云龙,与黎遂球同是诃林净社的诗友,曾参与陈子壮抗清义师,也曾追随袁崇焕为幕客,兵败而后为僧。此诗是否以李云龙出征山海关为背景也未可知。在诗中交织着英雄气与惜别情,读来可壮行色,可振士气,实为诗之上品。

再看理学家的文学。在明代广府文坛上,在南园前、后五先生之间曾经形成了一个以理学家为代表的文学群体,其主要代表有陈献章、湛若水、黄佐等。陈献章作诗、论诗的总体倾向是"以道为诗",屈大均曾将广东的诗学传统分为"以诗为诗"与"以道为诗",认为"粤人以诗为诗,自曲江始,以道为诗,自白沙始。"① 这一说法对于陈献章是很恰当的。陈献章的诗歌意境空阔,富于理趣,多得以物观物之乐,例如他的《卧游罗浮四首》之一、之二:

> 《登飞云》
> 马上问罗浮,罗浮本无路。虚空一拍手,身在飞云处。白日何冥冥,乾坤忽风雨。蓑笠将安之,徘徊四山暮。
> 《度铁桥》
> 一度一万仞,飞空本无铁。何名为飞空,道是安排绝。
> 夜久天宇高,霜清万籁彻。手持青琅玕,坐弄碧海月。

所谓"卧游罗浮"就不是实地游览,而是神游异境。在这里,"罗浮"已成了他追求的精神目标。在前诗中,他告诉你一顶蓑笠安身,超越虚空凝神的道理。在第二首诗中,他则展示了自然高妙的境界,全诗以"飞空"为诗眼,后四句则把这一境界具象化。这类诗歌,咏之愈久,则余味愈长。这其中既有禅道之理趣,也有他静坐以求自得的体会。陈献章还有一些类偈体的诗歌,虽偏重于说理,但并不枯燥,如《示湛雨》:

> 有学无学,有觉无觉。千金一瓠,万金一诺。
> 于维圣训,先难后获。天命流行,真机活泼。
> 水到渠成,鸢飞鱼跃。得山莫杖,临济莫喝。
> 万化自然,太虚何说?绣罗一方,金针谁掇。

---

① 屈大均:《广东新语·诗语》。

陈献章有"以诗传心学"的创作倾向，这首赠湛若水的类偈体诗大体概括了注重自得、自然、自由的心学观点，一直被湛甘泉视为宝训。全诗虽然重在说理，但议论辞气连贯，用典灵活，自有其特色。他的散文如同诗歌往往理趣盎然，如《大头虾说》将粤语"大头虾"的词义擘肌分理，在人生观上给人以启迪。而《祭伍光宇文》对逝者"直而不回，礼而愈光"的节操与才性给予了极高的评价，文辞写得情真意切，颇为感人。

陈献章的文学思想在明代颇为突出。他是明初性气诗派的主要代表，其论诗的观点重在"性情"与"风韵"。在《认真子诗集序》一文中他鲜明地提出"诗之工，诗之衰也"的观点，又进而阐述道："言，心之声也。形交于物，动乎中，喜怒生焉，于是乎形之声，或疾或徐，或洪或微，或为云飞，或为川驰。声之不一，情之变也。率吾情盎然出之，无适不可。有意乎人之赞毁，则《子虚》、《长杨》，饰巧夸富，媚人耳目，若俳优然，非诗教也。"这里说的"率吾情盎然出之"而不以夸饰为工的观点正是主"性气"说的基本主张。除了重"性情"之外，陈献章对于"风韵"也很看重，在《与汪提举》一文中他说："大抵论诗当论性情，论性情先论风韵，无风韵则无诗矣。今之言诗者异乎是，篇章成即谓之诗，风韵不知，甚可笑也。性情好，风韵自好。性情不真，亦难强说，幸相与勉之。"在陈献章看来，"性情"是诗歌之本，无"性情"则无诗；而"风韵"则是诗歌之标的，无"风韵"则诗歌不工。这里所谓"风韵"不是别的，正是古人经常说而白沙也多次强调过的"一唱三叹"之遗音余味。他在《次王半山韵诗跋》中说过："若论道理，随人深浅，但须笔下发得精神，可一唱三叹，闻者便自鼓舞，方是到也。须将这道理就自己性情上发出，不可作议论说去，离了诗之本体，便是宋头巾也。"在这段话中，陈白沙鲜明地提出了"诗之本体"的概念，这一提法在中国诗论史上当是首次。在这段话中，他强调诗歌理趣的表达要与性情结合起来，不要作空头的议论，这一认识无疑是深刻的。这一观点兼有后世"性灵"说、"神韵"说的思想要素，对明清文学理论产生了无形的影响。

如果说在文学本体论的问题上白沙重视"性情"与"风韵"的话，在诗歌功能论的问题上他则十分重视诗教。陈白沙很重视文学的功用，在《夕惕斋诗集后序》一文中他说："天道不言，四时行，百物生，焉往而非诗之妙用。会而通之，一真自如，故能枢机造化，开阖万象，不离乎人伦日用,而见鸢飞鱼跃之机。若是者可以辅相皇极,可以左右《六经》,而教无穷,小技云乎哉?"在他看来,"诗之妙用"既然是无处不在的,因此,无论是"人伦日用"还是"鸢飞鱼跃",都可在诗歌中得到彰显。而这也正是他在《认真子诗集序》中强调"诗教"的基本依据。白沙对诗教的重视在他的弟子湛若水那里得到了进一步的发扬,湛若水曾将陈献章的古体诗编辑成集,又作了详解,题名为《白沙子古诗教解》。在此书序文中湛若水还作了解释,他说:"夫白沙诗教何为者也?言乎其以诗为教也。"所谓"以诗为教"就是把"道理"与"性情""风韵"结合起来,以诗歌的形式显现心学的意旨。这一理解是符合陈献章施行诗教初衷的。

湛若水也善于诗文,但他最突出的仍然是他的文学思想,除了弘扬白沙诗教之外,湛甘泉的文学思想还表现在重视文学的"自然"之旨与对诗歌涵义的基本界定上。湛若水重"自然"的思想是对陈献章思想的继承和发扬,在《重刻白沙先生诗集序》中他把白沙之学称为"自然之学",又解释道:

> 夫自然者,天之理也。理出于天然,故曰自然也,在勿忘勿助之间,胸中流出沛乎,丝毫人力不存……夫先生诗文自然岂徒然哉,盖其自然之文生于自然之心胸,自然之心胸生于自然之学术,自然之学术在于勿忘勿助之间,如日月之照,如云之行,如水之流,如天葩之发,红者自红,白者自白,形者自形,色者自色,孰安排是孰作为是,是谓自然。

这里虽说评论的是白沙诗教,但其实也是甘泉先生自己的见解。基于这一观点,湛若水对陶渊明评价很高,在《慕胡陶先生漫稿诗序》中称慕胡陶之诗"率真自然,任真不先",有陶诗遗风。在《代简寄王渼陂》一文中他则批评明七子之一的王九思的拟杜诗:"渼陂名盛在,不欠杜陵诗。云山想眉宇,何似玉堂时。"对七子诗歌创作中的模拟风气颇为不满,这种以自然为宗旨,以自然为法则的思想在甘泉先生那里是很突出的。

湛若水对于诗歌的艺术特征有着清晰的认识,在《慕胡陶先生漫稿诗序》一文中他曾重申"诗言志"的标准,文中还进一步界定了诗与非诗的区别,他指出:

> ……百世之下诵其诗可以知其人,不足以知其人者非诗也,剽窃

模拟他人之陈言也。故诗可以兴，可以观，可以群，可以怨，不足以兴观群怨者非诗也，无用之虚车也。

这段话的批判锋芒很明显是针对明代复古、拟古主义文学思潮的，文中提出的界定诗与非诗的两个标准与清代王夫之以"动人以兴观群怨"的原则论诗标准一致，从中我们可以看到湛若水的艺术眼光。

黄佐不仅精通经史，也工于诗歌。他的八世孙黄培芳在《香石诗话》卷二中称其诗"独得中音正派"，又引朱彝尊的话，认为"盖岭南诗派，文裕实为领袖，其功不可泯也。"可见他对广府诗坛的影响不小。黄佐的诗歌题材广泛，或关心民瘼，或感喟人生，不论是状物即景，纪事咏史，都饶有情韵，颇具个性。这里且看他的《春夜大醉言志》：

拔剑起舞临高台，北斗插地银河回。
长空赠我以明月，天地知心唯酒杯。
门前马跃箫鼓动，栅上鸡鸣天地开。
倦游却忆少年事，笑拥如花歌落梅。

此诗气势雄壮，意象奇伟，前三联展示的英雄豪气与末联抒写的少年情怀相映成趣，体现了很深厚的艺术功底，这在岭南诗史上是不可多得的佳作。

黄佐在史学方面的贡献也很突出，他曾编撰《广东通志》《广西通志》《广州府志》《罗浮山志》《香山志》等多种岭南地方志，在人物评述，轶事搜集方面笃实而广博，具有很高的史料价值，就数量而言这在岭南史上可说是首屈一指的。

再看明清之际志士遗民的诗文。

志士遗民的诗歌与南园诸子的文学是紧密连接的。像黎遂球虽属南园诸子，但他和陈子壮等诗友的诗已经为后来志士遗民诗歌的崛起打下了基础。从甲申之变到清代康熙前期，在岭南，特别是广府地区，志士遗民的诗文成了文学的主流。这批作家之佼佼者包括邝露、陈邦彦、屈大均、陈恭伊、张穆、王邦畿等文士，以函昰为首的诗僧集团也汇入了这一潮流之中，他们相互唱和，互相激励，显现着他们不屈的气骨，结出了璀璨的艺术奇葩。

邝露有诗文集《峤雅》《赤雅》等，其中不无仰慕追随风雅之意，而他的诗风又颇近楚骚，故沈德潜在《明诗别裁》中评论他说："湛若诗原本《离骚》，五言尤胜。"他的《拟古》《咏怀》《叠彩山》，颇有楚辞及古诗的韵味，常以香草美人之喻来言志抒情，又喜好运用楚辞典故表现自己的清风亮节，然而语言偏于晦涩，有时意旨难求。而《七哀》《述征》诸篇，屈大均称"虽《小雅》之怨悱，《离骚》之忠爱。无以尚之。"① 这里且看《七哀》三首之三：

> 明月夜何长，照我西城隅。城隅切思妇，长叹充幽居。"执箕方五日，插羽征军书。良人凿凶出，锦臂帖飞鱼。西贼动盈万，我军三百余。半死桐城下，湖松尽丘墟。霊梦乘因来，阴风与之俱。念此独彷徨，彷徨方跼蹐。昔日怀春鸟，今焉失水鱼。"倾耳聆斯言，游心悲何如？

这类作品颇有老杜"诗史"之遗风，爱国爱民之心，于中分明可见，屈大均的评论绝非虚美之辞。

在志士遗民的文学中，要以屈大均、陈恭伊最为突出，他们二人与梁佩兰被称为"岭南三大家"，而实际上，三人虽私交很深，但在诗文成就与节操人格上，梁佩兰则不如屈、陈二人。

屈大均是岭南最卓越的文化代表之一，他有著述多种，广泛涉及多个学科而贡献最大仍在文学与史学两大方面。屈大均是岭南著名的诗人，生活在那个风雨飘摇的时代，他提出了"以易为诗"说：

> 吾尝欲以"易"为诗，使天地万物皆听命于吾笔端，神化其情，鬼变其状，神出于无声，鬼入于无臭，以与造物者同游于不测，其才化，而学与之皆化。②
>
> 诗有内外乎？曰：诗无内外也，在吾则有之。吾诗之"内"者，以《易》、以《书》、以《春秋》为之，其"外"者乃以《诗》为之，以诗言性与天道而与"易"相表里，诗之圣者矣。③

---

① 屈大均：《广东新语·诗语》。
② 屈大均：《六莹堂诗集序》。
③ 屈大均：《翁山诗外自序》。

这里所说的"易"指的是"易"之理，其基本涵义依古解大致有二：其一是以"变易"为"易"，二是合"日月"为"易"。因此，他所说的"以易为诗"就包含了两层底蕴：一是以诗文反映时代、国家、民族历史的剧变，表现他那明亡之悲，志士之愤。二是调动多种艺术手段，"使天地万物皆听命于吾笔端，神化其情，鬼变其状"，进而达到一个"大而化之谓圣"的最高境界。正是本着这一宗旨，他的诗歌取得了很大的成就。他的诗歌既有风雅精神，更得楚骚气骨，也有岭南的地方风情。作为一个坚守节操的志士，他的诗中充满了黍离麦秀之感，也充盈着故国山河之悲，他时而呼号奋击，时而唏嘘痛哭，因此，他的诗歌具有很强的动情力。例如他的《旧京感怀》：

> 羽翼秋高未奋飞，移家偏向帝王畿。
> 文章总为先朝作，涕泪私从旧内挥。
> 燕雀湖空芳草长，胭脂井满落花肥。
> 城边亦有阴山在，怪得风沙暗翠微。
> 内桥东去是长干，马上春人拥薄寒。
> 三月风光愁里度，六朝花柳梦中香。
> 江南哀后无词赋，塞北归来有羽翰。
> 形势只余怀土在，钟山何必更龙蟠。

"旧京"即南京。自顺治十四年至康熙元年，屈大均第二次北游岭外，他赴京城，走齐鲁，也在江浙活动过。这首诗当写于康熙元年左右。当时，屈大均与死士魏耕等人密谋在南京举事反清，不久，魏耕被捕，并受极刑。从此诗悼亡的情调来看，似与屈大均的这段经历相关。尽管辞义隐晦，但诗人那精忠大节从中分明可见。

屈大均的诗中颇有侠士精神与英雄气概，如他的《鲁连台》：

> 一笑无秦帝，飘然归澥东。谁能排大难，不屑计奇功。
> 古庙千秋月，荒台万木风。从来天下士，只在布衣中。

这首诗颇有少陵格调，青莲遗风，末联更显得警策。即使放在中国诗歌的宝库中也能辉光自显，独具魅力。

屈大均的诗歌创作受楚骚的影响极深。他常常以屈原后人自许，其姓名字号多与屈原相关①，他既学屈原其人，也学屈原其文，他有论诗绝句云："诗歌岂敢作人师，私淑如君乃不疑。风雅只今谁丽则，不才多祖楚骚辞。"② 所以我们看屈大均的诗歌特别是词集《骚屑》以及杂体诗，其楚骚的情韵是很浓郁的。例如他的《潇湘神·零陵作》：

> 潇水流，湘水流，三闾愁接二妃愁。
> 潇碧湘兰虽两色，鸳鸯总作一天秋。
> 潇水长，湘水长，三湘最苦是潇湘。
> 无限泪痕斑竹上，幽兰更作二妃香。
> 潇水深，湘水深，双双流出逐臣心。
> 潇水不如湘水好，将愁送去洞庭阴。

"潇湘神"这一词牌一般作"捣练子"，屈大均用"潇湘神"之名显然是想强化词作的楚骚风韵，读此词我们仿佛如同听到曲奏歌吟，虽然文辞不长，但总觉余音绕梁，余味无穷。

屈大均的散文也有特色。在他的《皇明四朝成仁录》中有着不少精彩的人物传记，如《夏完淳传》对夏完淳死节之事作了生动的气氛渲染和人物刻画，在他的《广东新语》中也常有叙事、抒情、议论相结合的文字，如《宫语》中的"濠畔朱楼"③ 条，写尽了西关的风情，濠畔的繁华，文末称濠畔"过于秦淮数倍"堪称点睛之笔，引起人们的回味与遐想。

---

① 屈大均曾自称"南屈""狂屈""楚之同姓"，名"大均"含"屈平"之"平"意，字"泠君"音同于"灵均"，又号称"湘累"，仍与屈原相关。

② 《西蜀费锡璜数柱书来自称私淑弟子赋以答之》四绝句之一。《屈大均全集》二册，《翁山诗外》卷十六，人民文学出版社，1996。

③ 附录《濠畔朱楼》：广州濠水，自东西水关而入，逶迤城南，径归德门外。背城旧有平康十里，南临濠水，朱楼画榭，连属不断，皆优伶小唱所居。女旦美者，鳞次而家，其地名"西角楼"。隔岸有百货之肆、五都之市，天下商贾聚焉。屋后多有飞桥流水，可达曲中，宴客者皆以此为奢丽地。有为《濠畔行》者曰："花舫朝昏争一门，朝争花出暮花人。背城何处不朱楼，渡水谁家无花楫。五月水嬉乘早潮，龙舟凤阁飞相及。素馨银串手中灯，孔雀金铺头上笠。风吹一任罗裙开，雨至不愁油壁湿。"是地名"濠畔街"。当盛平时，香珠犀象如山，花鸟如海，番夷辐辏，日费数千万金，饮食之盛，歌舞之多，过于秦淮数倍，今皆不可问矣。噫嘻！

　　诚然，像《皇明四朝成仁录》与《广东新语》这些著作，其文化学与史学的价值远远大于其文学的价值，这两部著作的内容丰富，前书保留了大量志士，特别是南明时期抗清志士的史料，而后书则可视为古代最好的关于广东的百科全书。这两部作品，在写作上不避时忌，秉笔直书，其锋芒犀利，批评大胆，所以后来均被清廷列为禁毁之书。而在史料的选择上，屈大均不以贵贱取士，不以尊卑留名，而是以忠节大义为原则来确定取舍，这也是难能可贵的。

　　作为岭南三大家之一的陈恭伊是抗清志士陈邦彦之子，故其写诗为文也如同挚友屈大均一样有着强烈的忠爱精神，其思想锋芒虽然不如翁山那样显露，但由于其含蓄多致，故读来也颇感人，如他的《厓门谒三忠祠》：

　　　　山木萧萧风又吹，两厓波浪至今悲。
　　　　一声望帝啼荒殿，十载愁人拜古祠。
　　　　海水有门分上下，江山无地限华夷。
　　　　停舟我亦艰难日，畏向苍苔读旧碑。

"厓山"是陆秀夫负帝沉海处，"三忠"是指南宋文天祥、陆秀夫、张世杰三位民族英雄，此诗说是吊宋，但也是伤明，其家国之恨，字里行间随处可见。

　　陈恭伊也有诗学思想，这在他的《张菊水诗序》等文章中得到集中的体现，文曰：

　　　　诗始于风。风者，动物也，与水遇而成澜，文之至也；与木遇而成籁，声之极也。二者皆本于自然。诗者，发愤之所为作，外物之感，哀乐有动于中，勃然而赴之，不自知其言工耶否耶，上也；称情而出之，和比其音律，引申其物类，以副吾之所怀，次也；若有意于必传，用以博当时名而趋一时之好，则其去自然也远矣。

从这段话来看，陈恭伊的诗论观点是发愤而作，自然成文。这是颇为精辟的。陈恭伊不仅工诗，也善词，散文也很出色，特别是其游罗浮的三篇游记[1]，融写景、状物、抒情为一体，写得奇险幻变，给人以丰富的审美享受。

---

　　[1]　即《罗浮黄龙溪口记》《罗浮绝顶观日记》《罗浮所游者记》。

　　同为岭南三大家的梁佩兰，虽然后来曾经仕清，但他的性情与屈大均、陈恭伊还是相通的。他的古体诗写得较为出色，沈德潜在《国朝诗别裁集》中曾称道他的《养马行》《日本军刀》诸诗。陈恭伊在《梁药亭诗序》中曾将三家的诗歌韵味做过比较，说"翁山之味醇而冽，药亭之味清而旨，予之味澹而永"，这一感悟式的评价大抵是不错的。

　　与明清志士遗民文学并行的还有一个特殊的诗僧集团的文学。这一集团在宗派上属于禅宗曹洞宗，包含了"道"（如道独）、"函"（如函是）、"今"（如今无）、"古"（如古云）等四辈诗僧，这一诗僧集团有一百二十多人，其实际首领是函是，主要人物包括函可、今释、今无等，屈大均（今种）也曾加入这一集团，名僧光鹫也与这一集团有着密切的关系。这一集团的著作很多①，其成就也很高。这里且从不计其数的诗僧作品中选其一二窥其全豹：

> 谁向峰头数劫灰，河清海竭两徘徊。
> 新亭泪尽江山在，故国歌残黍离哀。
> 落落燕泥秋社没，亭亭雁字朔风催。
> 渊明不解长林意，烂醉东篱任菊开。（函是《秋兴八首之一》）
> 惊传一纸到辽阳，旧国楼台种白杨。
> 我友尽亡惟汝在，而师更苦复余伤。
> 孤舟卧老长干月，破衲披残大漠霜。
> 共是异乡生死隔，西风吹泪不成行。（函可《弼臣病阻白门两次寄书并诗因成二章兼次其韵》）
> 地尽天穷，云寒雪重，月明画角长。荒鸡塞远，漂泊泪如霜。城

---

① 有关此期诗僧的著作，宝伐《莲西诗存》中有某金氏（名不详）所作序文，其中记叙甚详："吾粤方外士以诗鸣者，俱本正声，所以古今传诵不绝。大率明季甲申、丙戌之遗老逃于禅者多，如憨山之有《梦游集》，空隐之有《芥庵集》，正甫之有《零丁山人集》，天然之有《瞎堂集》，祖心之有《千山集》，阿字之有《光宣台集》，石鉴之有《石林堂集》，诃衍之有《雀鸣集》，真源之有《湛堂集》，切千之有《西台集》，乐说之有《长庆集》，澹归之有《遍行堂集》。自天然之开法岭南，所采阿字辈一百二十余人之集编为《海云禅藻》，大启宗风，其诗类多感时述事，所以历久而弥香。百余年来尘异、石洞、迹删诸宿著作如林，为《咸陟堂集》又数十年，则有静公《香海集》，隐公之有《竺堂集》，澄公之有《玄庵集》，涉公之有《片云集》，悉以海云为宗，海幢为派，由源溯流焉。"

　　旦鬼薪何处，学苏卿，啮雪驱羊。却从来，堪怜节烈，抵死问苍苍。

　　长城东去也，沙封白骨，雪打皮囊，更流烟短草，雁起边墙。凄断神州抛撇，龀龅间，箕子佯狂。莫回首，秦淮箫鼓，忒地又悲凉。

　　（今无《满庭芳·出山海关》）

这三首作品都写于甲申国变后不久，而且有着一定的关联度。函是是一个有气节的僧人，于明末出家，居海幢、海云诸寺。明亡之后，他收留了大量的志士遗民，汪兆镛重刻《海云禅藻序》中说："沧桑后，文人才士以及仳离故宦多皈依受具。其迹与起义诸人殊，而矢节靡同，其心则同也。"可见他其实也是志士遗民。所录这首诗感叹新亭泪尽，充满黍离之悲，第三联檃栝了旧时与文士（如陈子壮等）结交诗社之事，也含有遗民纷纷皈依的现实，末联之意其实就是《天然和尚语录》中所说的"知着落"，觅得"休歇处"，其意旨也即寻求精神安顿的意思。整首诗在诗题、风格上都可看出杜诗的影响，而其中的感受却来自国变之后的亲身经历，故读起来颇为感人。

　　函可的诗别具一番风味。函可乃函是的师弟，是中国少见的著名诗僧。在甲申之变中，他客居南京，因写了记叙南京陷落，歌颂抗清英烈的五十韵长诗《再变记》，再加上他曾经当面讥讽洪承畴负明，因而被清军抓捕，并被遣戍辽阳。所录之诗是他发配辽阳之后接到至交梁未央之函后所作，诗中充满了故国之思，故友之情，故乡之恋，其文字也显得峻拔通俗，特别是第三联不仅对仗工整，意象也十分突出，这类作品实在不逊于当时的一流文士。

　　函可被捕后，一时与广府僧众失去联系，故函是曾经多次派人寻访之。先是派今种（即屈大均）前往，不遇。后来又派今无再次寻访，终于得以会面并沟通消息。这里所录今无之词正是在此背景下写成，词中的故实虽属函可所有，而节烈之志实在也出于今无之心。这首词一气直下，有铺叙，有故实，情意并茂，且韵味凝重苍凉，是岭南词史中的极品。

　　在清初的诗僧中，光鹫也是很出众的一位。沈德潜在《国朝诗别裁》中称"本朝僧人鲜出其右"，这绝非虚美之辞。他的古体诗与近体诗都写得很出色，而他的文学理论也别出一格，能发人深省。论及诗文，他的基本宗旨是以从心适情为主，其《藏稿自序》曰："自为诗文，无所为法，第惟根于心，出诸口，发之而为声，歌之咏之，自适其情而已。"这种见解，强调创作应该存性葆真，发于自然，把创作的主、客体很好地统一起来。在他编撰的《鼎湖山志·艺文碑碣》中有这样一段话：

> 苍松古柏，文之质也；黄花翠竹，文之华也；响泉幽磬，文之韵也；云蒸霞蔚，文之态也；渊亭岳峙，文之正也；奔雷訇瀑，文之奇也。天地有自然之文章，目遇之成色，耳遇之成声，意遇之成理，神遇之成形。名山非作者无以写其真，作者非名山无以成其文，二者相得益彰，缺一不可。

在他看来，文学的秉质形态，都是天地自然的感性显现，同时也是作者主体精神的投射，因此，文学创作就自然是作者与天地自然"相得益彰"的过程，这"相得益彰"在我们今天看来不是别的，其强调的正是文学创作中的物我合一。

光鹫喜好以禅论诗，他认为诗学的理想应该是诗与禅的结合，其在《浪锡诗草序》中说过："诗贵本色：文士有风雅之气，山僧有烟霞之气，此真品也；诗贵出格：风雅中带烟霞气，烟霞中带风雅气，此妙品也；诗贵超方：风雅中无风雅气，烟霞中无烟霞气，此神品也。神品上矣，非深于道者未足语此。""真""妙""神"三品的说法吸收了中国古代画论的意见，而他对三品的解释则分别强调了诗歌的真实性、特异性与蕴藉性三大特征，这体现了他对诗歌的深刻理解。

从清代康熙后期开始，社会开始走向稳定。随着康乾盛世的到来，文人的心理创伤开始得到平复，于是诗文风气又变得中正和平起来。此期广府文坛中的作家不少，其中最为突出的当数黎简与黄培芳及张维屏。

黎简是岭南著名的画家与诗人，他平生好游山水，常常往来于东樵（即罗浮）山与西樵山之间，故自号"二樵"，并以罗浮四百三十二峰与西樵七十二峰合并，称其著作为《五百四峰堂诗钞》。由于能诗善画，故而他的画中有诗，诗中有画。其《诗钞》之末有《五百四峰堂集外诗》，其中多是题画诗，尤可看出他的诗歌特色。这里引用二首：

> 冉冉西风起皱蓝，芦花萧瑟照秋潭。
> 水光一道随船尾，问此谁家得意帆。（《题扬帆破浪图》）

> 水风葭渚碧如油，远远平田万顷秋。
>
> 好须卖却龙泉剑，归买田家稳步牛。（《题秋陇骑牛图》）

这两首诗的诗末都有款识，从中可以看出，二诗均作于丁未（1787 年）三月，当时诗人养病客居在佛山，心生归意，故作此二画。前诗重在写意，三、四句写得尤为精妙，诗人移情于物，心随船去，读后觉余意无穷。后诗重在明志，诗中写的实景未尝不也是愿景，而最终归于买田隐逸之意中。作品的设色碧蓝，取景广阔，构图平远，读诗后如观其画，堪称题画作之上品。

黄培芳是黄佐八世孙，时有文名，与张维屏、谭敬昭并称为"粤东三子"。"三子"之中，张维屏的诗文已有近代气息，而谭敬昭深于乐府，黄培芳长于五律，故谭、黄之诗依然保留古风，其中，又以黄培芳的贡献较为突出。黄培芳的诗歌写得遒劲有力，如《燕郊秋望》：

> 三辅扼雄关，苍茫秋色间。风高碣石馆，日落蓟门山。
>
> 塞马平原牧，居人古柳环。寒衣刀尺急，词客几时还。

作品融情入景，兼以用事怀古，全诗一气而成，不见斧凿痕迹，具有颇高的艺术成就。

黄培芳还作了《香石诗话》《粤岳草堂诗话》《香石诗说》等诗论著作，他论诗总各家之长，而其主见则是《香石诗话》中所说的：

> 作诗以真为主，而有六要：曰正、曰大、曰精、曰炼、曰熟、曰到。正者，取正路也。大者，法大家也。精者，戒粗腐也。炼者，去浅率也。熟者，由成章至于纯熟也。到者，由笔到臻于独到也。章法成，笔力到，犹之浅也，纯熟而独到则至矣。

这段话论述全面而有重点，其最高意旨归于"独到"，所谓"独到"他有时又称"独造"，强调的是诗人的个人风格及艺术独创性，这一说法，确实为振聋发聩之论。

张维屏善诗能文，他的诗文理论深受传统文论的影响，论诗，其《听松庐诗钞·自序》曰："人有性情，诗于是作。志发为言，声通于乐。波澜须才，根柢在学。肆必先醇，苦乃得乐。"他的诗论见解实际上是融情志、格调、才学为一体。论文，他在《松心文钞·自序》中则说："文也者，本乎道，蕴乎德，发乎古，根乎经义，周乎史事，明乎掌故，体乎人情物理。"这一文论见解也兼取义理、考据、辞章、叙史、言情众多要素。他的诗文创作题材多样化，手法灵活多变，喜好咏史，善于用典。而他的特色恐怕就在于展示了诗文的近代气息。他在鸦片战争爆发前后写的诗歌如《三元里》《三将军歌》等强烈表达了他的忧患意识，此外，他还有脍炙人口的《新雷》诗："造物无言却有情，每于寒尽觉春生。千红万紫安排着，只待新雷第一声。"此诗呼唤着社会的变革，显示了时代的新气象。

明、清广府文学经过上述一波三折的发展，至清代中叶已臻于成熟，到了近代之后，随着历史的剧变，广府文学与整个岭南文学一起进入一个变革的时代，在保留了岭南文学雄直气骨，中正风韵的同时，文学改良与文学革命也一时崛起，涌现出一批重要的文学家和文学理论家，如梁启超、吴沃尧、黄世仲、黄节、苏曼殊等。他们的作品与思想不仅在岭南文学史上有着突出的地位，就是在整个中国近代文学史上也产生了巨大的影响。

梁启超是近代思想的启蒙大师，他的成就广及整个人文学科领域，他既是一位卓越的政治家，又是一位重量级的学者，在政治学、史学、文学、哲学、宗教学等各个方面都有着突出的贡献。在这里，我们主要从文学方面看他的思想。梁启超对近代文学的贡献主要在于他发起并参与的文学改良活动。他是文学改良活动的领导者、组织者和宣传家，也是一位重要的理论家和实践者。在《夏威夷游记》中，他鲜明地提出"诗界革命"的口号，认为"支那非有诗界革命，则诗运将绝"，他还对诗界革命提出了三个要求，这就是"第一要新意境，第二要新语句，而又须以古人风格入之。"这些意见在《饮冰室诗话》中又得到了重申。而在《夏威夷游记》中他还强调了"文界革命"，所谓"文界革命"就是打破八股时文的条条框框，也破除对桐城古文的迷信，创造出那种"新文体"来。所谓"新文体"依他在《清代学术概论》中的说法便是："务为平易畅达，时杂以俚语、韵语及外国语法，纵笔所至，不自检束……然其文理明晰，笔锋常带感情，对于读者，别有一种魔力焉。"他强调的新文体不仅去除了旧文体的陈腐之质，而且达到了文与言的统一。这一主张不仅对近代语言革命有重大影响，对于后来的五四白话文运动也有很大的启迪。梁启超还提出了"小说界革命"

的主张，在《译印政治小说序》《小说与群治之关系》等文章中他彻底批判了那些以"海淫海盗"为主旨，散布腐败气息的"旧小说"，而极力推崇那种"上之可以借阐圣教，下之可以杂述史事，近之可以激发国耻，远之可以旁及夷情"的"新小说"。① 梁启超不仅在理论上鼓吹"新小说"，他还把这一主张付诸实践，他曾办《新小说》期刊，还创作了政治小说《新中国未来记》，其对"新小说"的热情是很高涨的。

梁启超关于文学改良的种种理论显然是为整治改良鸣锣开道的，因此，他的文学思想有着强烈的政治色彩，尽管他对于文学的政治功能作了夸大，但这并不意味他没有艺术眼光。梁启超喜好通俗文学，他最看重的文学是俚诗、是小说、是那些以说唱形式表达民族主义情感的戏曲如《桃花扇》等。他认为，这些通俗的文学形式能够最大限度地掌握大众，能够满足读者认识现实、追求理想的心理需求，能够陶冶情操，改造人格，特别是作为"文学之最上乘者"的小说，其能够"支配人道"，具有"熏""浸""刺""提"等艺术作用，故而得到了他的最高礼赞。

梁启超的文学改良主张对岭南近代文学家产生了重大的影响，这不仅包括了梅州诗人黄遵宪、丘逢甲等（见前），也包括了小说家吴沃尧、黄世仲等。吴沃尧的重要作品《二十年目睹之怪现状》《痛史》《九命奇冤》皆发表在梁启超创刊的《新小说》杂志上，在他的《月月小说序》中吴沃尧说："吾执吾笔，将编为小说，即就小说以言小说焉，奈之何举社会如是种种之丑态而先表暴之？吾盖有所感焉。吾感乎饮冰子《小说与群治之关系》出，提倡改良小说，不数年而吾国之新著新译之小说，几于汗万牛充万栋，犹复日出不已而未有穷期也。求其所以然之病，曰：随声附和故。"吴趼人的小说创作理论及其实践其实就在于"举社会如是种种之丑态而先表暴之"，这和梁启超主张以小说批判社会，改良群治的基本方向是完全一致的。黄世仲的小说理论与创作也曾受到小说界革命的影响，故他大力提倡"改良小说"，但除重视小说的政治功能之外，他还特别强调小说的言情、言事的功能，在《小说之功用比报纸的影响更为普及》一文中他如此论及小说："其言事也，无一不以情传之；其言情也无一不以事附之"，这一"情事合一"的观点是很有艺术眼光的。

---

① 梁启超：《变法通议》之《论幼学第五·说部书》，《饮冰诗合集》第1集，第34页。

　　近代末世的广府文学产生了黄节、苏曼殊等一批优秀的文学家，黄节精于诗学，著有《中国文学史》《诗学》与多种诗歌笺注之作，而苏曼殊不仅善诗，也曾译述雨果的《惨世界》（《悲惨世界》），创作《断鸿零雁记》等一批小说，他们的文学打上了深刻的传统烙印，但同时又有着明显的近代气息。

　　广府的思想文化除了经学与理学、文学与史学方面的成就之外，在政治学、经济学方面的成绩更是突出，特别是到了近代之后，卓越的思想家在岭南不断涌现，重大的思想成果更是层出不穷，这是颇引人注目的。

　　岭南的政治学、经济学思想在张九龄的思想中初见端倪，在丘浚的思想中略有体系，而到近代之后，这方面的思想人物及思想成果则主要产生在广府文化圈中。近代岭南的政治学、经济学思想发展端倪大致有三：一是以洪秀全、洪仁玕为代表的农民革命思想，他们在政治上宣扬"革故鼎新"与人人平等；在经济上创建天朝田亩制度，力主富国强兵。二是以康有为等为代表的维新改良思想，其核心思想是"君权变法""大同"与"兴民权"等理论学说。三是以孙中山资产阶级革命思想体系，其要点包括以民族、民主、民权为要素的三民主义及以联俄、联共、扶助农工为内涵的三大政策。这些不同性质的政治学、经济学方面的思想固然都包容了历史的传统，但更显示了岭南文化思想的更新。有关这方面的思想，本书拟在下编中再作详论，在此就不作赘述了。

第四章　岭南古代思想文化的规律与特征

一　岭南古代思想文化演变的历史动向与基本规律

从岭南古代思想文化分布格局的动态发展来看，人们不难发现其发展的大体动向，它大体上是由江河走向海洋，并由广府这一腹地向四方扩散的。从历史来看，岭南文化的最早发祥地主要在西江流域、北江流域与珠江口一带，而到了明清之后，文化便逐渐向沿海区域铺展。它的中心，确实如本书《引言》中所提到的是"一路南移"的。

岭南思想文化的"不断南移"可以从两个方面得到说明。首先，这里说的"南移"表现在各个地区文化中心的南移。就各地区而言，原来处于内陆的思想文化中心被沿海或近海的文化中心赶上甚至超出，如汕头在明、清时期崛起并不断追赶潮州，从而形成了"潮"与"汕"并举的现象。而南宁在元、明之后崛起并逐渐取代桂林，这也使得广西具有"邕""桂"并举的局面，这些地区的文化中心的确有"南移"现象。而湛江的崛起则比较特殊，湛江自清末才因法租借而崛起，在 1945 年才设立市治，相对于原来粤西地区早期文化中心合浦（今廉江）来说是在南移，而相对于中古时期的文化中心雷州来看却是在北移。但撇开南北不论，湛江的临海地位显然比廉江和雷州更为优越，湛江属天然深水港，旧称"广州湾"，又称"港城"，所以，湛江的崛起仍然符合岭南文化走向海洋的大势。其次，岭南文化的南移不仅就各个地区来看是如此，就岭南中心地带来看则更是如此，原来以广州为中心的广府思想文化到了明、清之后更是以扇形辐射之势向南部扩展，从而形成了穗、港、澳这一思想文化中心。尽管澳、港前后被葡、英割占实属国之不幸，但从另一角度来看，其作为中外经济、文化交流的窗口又带活了岭南沿海一带的思想文化，所以，数百年来这一地区始终是岭南思想文化最活跃、最富于生命力的地区。而进入改革开放之后，在穗、港、澳的历史基础上又增添了深圳、珠海、汕头、海南等特区，加上正在开发中的北海地区，整个岭南的临海地区就被全面激活，其海洋性因素更是大大加强了。

岭南思想文化发展的这一历史动向颇具历史的规律性。首先，这是岭南内向性经济逐步走向外向性经济的必然。一般地说，内陆文化、江河文化是与内向性经济相互适应的，内向性经济重在自给自足，纵然有交换也主要是区域内部的调配与调整，因此，其文化必然立足于内陆，而以江河为其滋润。尽管在整个思想文化中也会有海洋文化因素，但这些海洋因素在岭南的早期不过是起点缀作用，在整个文化中的地位并不十分突出。而外向型经济则不同，这种经济当然以外贸进出口作为基本路径，这一外贸方向固然包括岭外，但其主要的方向与出路是指向海外的，这样，为了适应经济发展的需要，文化从内陆文化、江河文化走向海洋文化就是大势所趋。

在这里，笔者不是认为岭南的经济就已经纯属于一种外向型经济，笔者只是在强调这种经济在不断走向外向型经济，强调在今天的岭南思想文化中具有比较多的外向性经济的因素。岭南经济性质转变至今仍不能说已经完成，但这一量变确实是历时恒久了。诚如前述，海上丝绸之路的开通使得岭南的对外经济交往活跃起来，这为岭南对外经济贸易埋下了种子。清朝的海禁尽管堵塞了我国其他出海口岸，而广州海外通商这一重要渠道实际上仍然保持一定程度上的畅通，这一现实状况刺激了岭南经济中的外向型因素的加快萌生，并形成了岭南对外经济的优势。而从孙中山先生的《建国方略》设想到当代的改革开放，岭南的对外经济不仅形成了很大的规模，而且有不断扩展、壮大、充实的趋势。正是由于岭南的外向型经济的因素有着这样的基础和发展动向，在这一背景下，走向海洋，对外扩展就在所难免，海洋文化的迅猛发展就势所必然了。

除了经济转型的影响之外，岭南文化的这一历史动向也有文化自身的原因，这是岭南思想文化涵化的历史必然。诚如前述，岭南思想文化的涵化包括汉化与世界化两个基本环节、两个基本阶段，在汉化成为文化发展的主要矛盾时，岭南文化的发展主要是与岭外文化如中原文化、荆楚文化、吴越文化这些先进的强势文化相互融通、互补共济并同时保持自身特色的问题，而与海外文化的沟通并不处在优先的地位。而一旦世界化作为一个问题被提出来并逐渐成为文化发展的主要矛盾时，发展海洋性文化就成了一个最重要的历史抉择。

岭南文化不断走向海洋的大趋势并不意味着要抛弃内陆文化与江河文化的因素，岭南文化本身就具有丰富多样性，单一的海洋性决不是它的全部内涵。对于岭南内陆文化、江河文化还会长久地持续下去，之所以如此，这一方面是历史积淀的需要，历史的传统需要继承，历史的形式需要借鉴；另一方面又是现实发展的需要，向现实去索取，从现实中开发是多方位的，海洋固然是一种很诱人的目标，但江河大地是人们的安身立命之所也仍然重要，所以，内陆文化、江河文化和海洋文化会作为岭南文化的永恒因素而长期存在。但是既然走向海洋的动向已经确立，这些文化在保持其基本特质的同时也会受其影响，这一趋势应该是不会改变的。

二 岭南古代文化思想的特质

在对岭南文化思想板块形成演变的考察中，不仅使人们看到了岭南思想文化发展的动向与规律，还可以使人们从中看到岭南文化思想的特质。

对于岭南思想文化的特质，当前学界仁者见仁，智者见智，往往是"横看成岭侧成峰，远近高低各不同"。这些不同的见解从不同的层面和角度揭示了岭南思想文化的某些奥秘，因而都具有合理性，都值得人们去认真思考与借鉴。实际上，任何文化思想的特征都不是单一的，而是具有多层次的丰富内涵的，论及岭南的思想文化也是如此。笔者认为，岭南文化思想的特征从大的方面来说包含了岭南思想文化的现实追求，但同时也包含了岭南思想文化的理想追求。就现实追求来说，岭南思想文化凸显出两个最重要的特质，那就是务实性与兼容性。而就其理想追求来说，我们则可以发现岭南思想文化具有自由性这一基本特征，而这一自由的特质到了近代之后又伴随着世界化的历史进程，逐渐显示出开放性，并在现当代结出了丰硕的思想成果。诚然，开放性这一特质在岭南的古代只是一种隐性性质，只是到了近代之后才凸显出来，故就整个岭南文化思想史来说，其最突出的还是务实性、兼容性与自由性这三大特征。

(一) 务实性——兼论岭南古代的民富思想

务实性是岭南文化思想最突出，也是最基本的一个特征。务实之"实"

可有二解。第一个涵义就民富而言，指的是"财物""民物"，这一理解偏物质层面，是"务实"一词的本义，《说文解字》对"实"的解释是："实者，富也。从宀，从贯，贯货贝也。"《康熙字典》引《易本义》云："乾一而实，坤二而虚。"从这些解释来看，"务实"指的是倚重物质本源的思想和行为，与民生密切相关。因此，像重商思想、农本思想都属于务实性的思想形式，扩大来说，那些重在发展经济，获取物质财富的思想都可以纳入"务实性"的范畴。第二个涵义是"现实""实际"，这一理解偏重于从物质存在与精神意识的关系上理解，它要求精神意识要正确地反映物质存在，主观应该反映客观。这一涵义明显是从第一义中衍生出来的，因为这一具有反映论色彩的思想实际上包含了对物质存在的尊重与关注。除了上述两个涵义之外，"实"还曾被儒家心性学说及心学思想视为心灵本体，但这层意思实属"务虚"，反倒偏离了"务实"，故在此不作讨论。

"务实"的这两重涵义在岭南的思想家那里都得到了丰富的体现。首先，岭南的思想家大都重视财物、民物，也有着农本思想和重商思想。而最为典型的莫过于张九龄与邱濬。张九龄的思想由于形成于唐代，故而显得比较传统，他既重视"务以农桑为本"，但同时又意识到打通南岭，发展对外经济的重要性。此外，他主张放松私铸，实行较宽松的货币管理政策，这实际上也是务实的具体表现。他的这些思想在客观上对于唐王朝走向强盛起到了积极的作用，是值得人们充分肯定的。不同于张九龄，邱濬务实的倾向既有传统色彩，又有时代的新质。诚如前述，当他声称"凡天下户口、边举、兵马、盐铁之事，无不究诸心意"时，他那种关注国计民生的倾向表现得十分强烈，而当他大力强调理财，强调理"国财"、理"民财"，强调藏富于民时，他的思想已经具有近世资本主义的思想萌芽，这就更显得可贵了。这种务实的风气不仅在那些兼济天下的政治家那里表现得很突出，甚至对于岭南佛教也产生了很大的影响，岭南佛教固然也重佛事，但同时也广置田产，大兴商业，有着很浓郁的农禅宗风。据马元、真朴《曹溪山志》所载，韶州南华寺的田产竟有190顷，而据岑学吕《云门山志》所说，当文偃开山之时，"环云门山洞数十里之田野，均为本寺所有"；至于寺院经商的情况在岭南更是普遍，一般的土特产买卖且不论，有的生意还做得相当大。如清初广州长寿寺主持大汕曾下海兴贩，他结交当时的藩臣尚可喜父子，从安南贩犀象、珠玉、珊瑚、珍宝以归，这在当时引发了议论纷纷，可见重视财富即使是僧侣也不能免。① 岭南古代重视国计民生，重视财富的思想在近代也有很大的回响，在洪仁玕的《资政新篇》，何启、胡礼垣的《新政真诠》，以及康有为诸多的上清帝书中，都包含了这方面的思想，而在孙中山的《建国方略》乃至他的整个三民主义体系中，我们都可以看到这一思想特质。他们的观点是深深植根于务实的岭南思想文化的沃土中的。

从"务实"的第二层含义上说，重现实、重实际的思想在岭南也十分普遍。陈元以"亲见事实"作为判别经典价值的基本依据这已开岭南思想家的务实之风。而牟子说："书不必孔丘之言，药不必扁鹊之方，合义者从，愈病者良。"崔与之也说："无以嗜欲杀身，无以货财杀子孙，无以政事杀民，无以学术杀天下后世。"在这些言论中都强烈地表现出岭南思想文化的务实性。从这些说法中，我们不难看出这些重现实、重实际的思想实质：这种思想特质重视行为，而不以言论为重；重视内容，而不拘泥于形式；重视实质而不仰慕虚名；重视结果，而不苛求于手段。这种思想在广府地区表现得尤为明显，白话语汇中常常以"现实""实际"代指特定价值趋求，这恰恰是这一思想特质的集中表现。

重在务实的精神也造成了一些特殊的影响，它在一定程度上促成了岭南人特别是珠江三角洲地带的人的那种"不争"的人生观。"不争"是南方人特别是沿海一带的民众常有的人格。这种思想有着浓郁的老学色彩，是老子奉为圭臬的做人宗旨，但它的形成确实是需要丰厚的物质条件的。在物产丰富的荆楚鱼米之乡，鱼米既然可以饱人口腹，不争之道还是可以实行的。岭南也是这样，在岭南特别是在广府地区经济一直非常发达，物产极为丰富，故岭南人在生活追求上往往以食为天，以利为先，饮食、娱乐等养身休闲文化在这里尤其发达。这种重"食"重"利"的人生观往往为岭南人提供了多种生存、生活的可能，不必皆以仕途为出身，以功名为事业。岭南人这种意趣与倾向造成了一种有趣的现象，就是文士的仕进之心相对淡薄，竞争意识也比较薄弱。本来，"学而优则仕"是读书人的一种梦想，恋栈于宦位也往往是人之常情，但考察岭南出身的历代仕宦，却普遍

---

① 有关岭南佛教经济的具体状况，可参见覃召文《岭南禅文化》之第二章《岭南的丛林禅院》之三，广东人民出版社，1996。

有着抽身须早，急流勇退的风气。屈大均的《广东新语·人语》"崔清献"条中把这称之为"清献之流风"，文中特别列举了崔与之八辞参知政事，十三辞右丞相的例子以及梁储、方献夫早年乞归之事，还引用了黄佐之语说："吾广带海陆为郡，山奥川豁，古称珍饶，于卷握别出堪舆然，故其民素乐清旷而恬仕进。"所谓"乐清旷而恬仕进"是指热衷于退隐，淡泊于功名，从岭南特别是广府一带的风气来看的确是这样，莫说是古代，即使在现当代，地方官员与百姓也多少有着这一心理。这种士风与民性有着两重性，当争而不争这固然有失大丈夫气概，但徜徉乐道，独善己身既然是人生的一种价值取向，这种风习其实也无可厚非。

(二) 兼容性——兼论岭南思想文化中的三教会通现象

岭南文化思想还具有兼容性。所谓"兼容"是指兼收并蓄多种要素并能很好地整合为一体。岭南文化思想并非壁垒森严，互不沟通，而是互补共济，相得益彰的。岭南思想文化在涵化的过程中，往往把不同的思想体系打通，往往三教会通，中西并存。关于中西并存，前面在阐述岭南思想文化中的世界性因素时曾经论及，这里且以三教会通现象来看岭南思想文化的兼容性。

三教会通在岭南表现得相当普遍。在很长一段历史时期，人们在阐释儒、道、佛思想时往往将其融汇甚至掺和在一起，并交相发明，互补共证。刘轲在《三传指要序》中曾说过"会三家必当之言"，所谓"必当之言"就是那些反映了普遍规律的精当言论。这一说法在岭南很有代表性，是值得人们深思的。

在三教会通这一现象中，儒佛会通更为普遍，儒学与佛学都是古代的精英文化，在岭南文化思想史上，这两种思想互补共济的情况十分突出。一方面，是佛学向儒学趋近，乃至于以儒释佛，以儒证佛；另一方面是儒学向佛学靠拢，乃至于援佛入儒，以佛释儒。

就佛学来看，早在汉魏时期就已经运用乃至套用儒学来解释其基本原理了。在汉末牟子的《理惑论》中就针对时人指责佛教不孝而发出这样的议论："沙门捐家财，弃妻子，不听音，不观色，可谓让之至也，何为圣语而不合孝乎？"用儒家的辞让原则来解释佛徒的出家行为，这实际上开了以儒释佛，以儒证佛的风气。稍后一点，曾在岭南活动的名僧康僧会也有这一类名言，他说"儒家之格言，即佛教之名训"，更是把儒佛的名理混为一谈。在佛学发展的早期，佛学处于中国化时期，故其向儒学趋近是很自然的事。但岭南以儒来论佛不仅限于早期，而是一直从魏晋南北朝延续到唐、宋、明、清。据马元、真朴等编的《曹溪通志》所说，曹溪（即南华寺）曾有一块牌匾，上面题着"禅林洙泗"四字。洙水、泗水分别是孔子、孟子的故乡，称曹溪为"禅林洙泗"那是把慧能比作孔子、孟子。从宗教哲学的意义上说，慧能的思想与儒家的主体思想相去甚远，但作为一种治心之术，它和儒家之道殊途同归。所以唐中宗很欣赏慧能的佛学，称其为"心术"[1]，宋代岭南名僧契嵩论及慧能时，也声称儒家、佛家虽一"治世"，一"治心"，但"同归于治"。这都是说到点子上的。契嵩不仅从根本上把儒、佛联系在一起，他还把这一联系普遍化，如论佛教的"五戒"："夫不杀，仁也；不盗，义也；不淫邪，礼也；不饮酒，智也；不妄言，信也。"从这些例子来看，在岭南，佛学向儒学趋近的情况是相当突出的。

就儒学方面来看，其援佛入儒，以佛释儒的情况也相当普遍。岭南的儒学始于汉魏晋南北朝，但岭南早期儒学主要是留心中州历史，故盛行的主要是春秋之学；儒学真正蔚为大观当从陈献章、湛若水开始。就白沙、甘泉二子的思想来看，其于儒家，特别与儒家思孟学派有着千丝万缕的联系。但在得儒家思想真传的同时，其与佛教禅宗思想也有着很复杂的瓜葛。关于白沙之学与甘泉之学，屈大均在《广东新语·学语》中论述得很精辟，论陈献章，他说："明兴，白沙氏起，以濂、雒之学为宗，于是东粤理学大昌。……白沙先生……其学盖本诸心，其功则得于静，故每以'静中养出端倪'教人。"论湛若水，他则引用王阳明的话说："甘泉之学，务求自得者也。世未之能知，其知者，且疑其为禅。甘泉者，殆圣人之徒也。"把陈、湛之学归结为儒学，这的确是精当的，而"疑其为禅"的说法也并非空穴来风。当时人评论陈献章有"白沙诗语似禅语"之说，而评论湛若水有类似的说法也很自然，因为湛若水是白沙诗语的拥戴者，他心仪不止，且评价最高的就是陈献章那些类同于禅偈（如《示湛雨》）的诗歌。

对陈、湛之学提出"疑其为禅"的问题有一定的合理性，在白沙、甘

---

① 见柳宗元《赐谥大鉴禅师碑》。

泉二子的思想上的确有着佛教禅宗的影响，这一点在陈献章那里尤为明显。陈献章的思想可用"自得""自然""自由"三个词概括。"自得"是悟道之入处，"自然"是悟道之方法、途径，而"自由"是悟道之去处，是追求的终极目标。这些思想都可以在禅宗那里找到理据。禅宗思想重在求诸于自己，主张不假外物，甚至不立文字，只是听凭妙悟，顺应自然人性，这和白沙的思想是契合的。白沙不喜好多读书，他早年的修养方式是独坐石棺之中冥想沉思，这显然和禅宗的修行方式相类。他不甚重视文字的诠释和解义，而是重视心心相印的"心传"，这正如其《次韵张廷实读〈伊洛渊源录〉》诗中说的："往古来今几圣贤，都从心上契心传。孟子聪明还孟子，如今且莫信人言。"这种重视"心传"的思想甚至贯穿在他对学生的教育中。湛若水在《白沙子古诗教解》中就披露了陈献章的教诗之法，这一教育法从不对诗歌的意义作任何讲解，只是叫学生反复诵读，以求久而久之"自然悟入"。这种"心传"的方式显然和禅佛的修行方式相似。从白沙追求的最高目标来看，他所神往的是那种"鸢飞鱼跃"的自由境界，在他家的碧玉楼上有这样一副对联："大海纵鱼跃，长空任鸟飞"，这副对联出自唐代禅僧玄觉的诗偈，其所标举的正是禅子每每说及的"自由分"。在这点上白沙之学与禅学又契合了。湛若水也有禅佛的思想，只看他《谒六祖》诗，其中所谓"草木皆佛性，云日超定慧"，还有"因知泥空着，无事乃大用"，那其实是很典型的禅佛思想。

岭南文化中的儒佛会通现象自有它的特殊性。这类现象在岭外也有，但远不及岭南这么普遍、恒久。在岭南，儒生和僧侣相互学习不仅是凭兴趣来往，而是形成了风气，形成了制度。在僧侣那里，学习儒业有两个途径，一是延请儒学讲师在寺院内教习，比如据马元、真朴编写的《曹溪通志》所说，明代著名禅僧德清在流放岭南期间曾大力整饬南华寺，曾延请冯昌历、龙璋、梁四等人自备束脩，"教习《四书》，讲贯义理"，并规定僧侣只有"三年有成者，乃为披剃为僧，总入禅堂，以习出家规矩"。广州光孝寺也与此相似。清代顾光在《光孝寺志序》中说光孝寺"此寺所系不啻于儒门"，庞景忠在《光孝寺志序》中说该寺"间于簪绅居士开社讲诗，其与东林十八贤仿佛近之"。除了请儒师讲习之外，僧侣到文士那里进修的情况也不少。比如李贽的《续藏书》说过湛若水接纳学僧的事，说湛若水"卜筑西樵，多士来学，支与日给钱米，开礼舍于僧寺，至斋戒三日，习礼成而后听讲；讲比端坐观心，不遽与言。"这段文字在后来屈大均的《广东新语》中也有，可见此事不虚。从这些例子来看，僧儒之间的来往是形成了风气，甚至形成了制度的。至于儒生研习佛学在岭南也极为普遍，仅就明末清初的广东来说，在当时的光孝寺、浮丘寺、海云寺、南华寺、丹霞寺诸寺，文人和僧侣论道学佛就十分普遍。仅在广州光孝寺集结的文人儒生来说，就有梁有誉、黎民表等四批数十人之多。① 在这样一个特定的环境中，儒佛会通便是极为自然的事了。

在岭南，儒佛会通还有一种特殊的形式，就是思想辩论，通过思想辩论来对思想信仰做个了断。比如据《海云禅藻集》卷二"今离"条记载，明末清初之际有一个叫黄尚源的，原本是陈白沙的信徒，"传江门之学，学者多宗之"，他听说天然和尚在光孝寺说法，于是写信要求"辩论儒释宗旨"，最后的结果是"披剥累日，不觉自屈，即日皈依落发"，法名叫做"今离"。另外据《增城县志》说，有一"周氏子"，原"师增城湛子，云得甘泉'心性图'，深窥其奥"，后来在海幢寺碰到澹归和尚，"请以甘泉、白沙之旨？"澹归和尚说，"我亦从此来"。于是交谈之后，便做了澹归的门徒，法名古云。这两例都是由儒入佛的，至于由佛入儒的也有，今种（即屈大均）之还俗大致是在佛门绕了一圈又走回原地；而刘轲"少为僧"，而中年之后走上仕途，潜心经史，则是不折不扣的由佛还儒了。

除了儒佛会通之外，儒道会同的现象在岭南也存在。葛洪的《抱朴子》一书就有这一倾向，此书写于葛洪青壮年修炼于罗浮山期间，其《抱朴子·自叙篇》说："其内篇言神仙方药，鬼怪变化、养生延年、禳邪却祸之事，属道家；其外篇言人间得失，世事臧否，属儒家。"这段表白清楚地表明了作者的思想归属。有关葛洪的论道之语且不去论，单说他的儒家思想其实也是很突出的。这主要表现在两个方面：首先，他继承儒家的文化本质观，强调文道统一，其《尚博篇》曰："筌可以弃，而鱼未获而不得无筌；文可以废，而道未行，则不得无文。"这一观点，与孔子文质观完全一致，对后世儒生的文道说产生了积极的影响。其次，他强调了儒家的文化功能观。在《应嘲篇》中他说："夫制器者珍于周器，而不以采饰外形为善；立言者贵于助教，而不以偶俗集誉为高。"在《辞义篇》中他更是明确地强调作家

---

① 参见覃召文《岭南禅文化》第一章，广东人民出版社，1996。

应该"拯风雅之流通,世涂之凌夷,通疑者之路,赈贫者之乏。"从以上论述来看,葛洪的论道之语不仅有道学之本色,也有儒学的素质。

这种以道治内,以儒治外的学术思路,对于后世文士是颇有启发性的。

而在儒生方面,对于道家、道教也是颇留心的。如陈献章、湛若水对罗浮道学都很关注,他们都写了不少盛赞罗浮山的诗歌,在陈湛理学的自然之教中就有道学"道法自然"的基本精神。

岭南文化中三教会通是三种精英文化的融会贯通,这恰恰鲜明地体现了岭南思想文化兼容性的特点。这种兼容是有目的的,它是文化思想自身优化的需要。考察三者会通的连接点,我们不难发现集中在两个方面:在本体论上说,它打破了三教的疆域和营垒,那是对心灵人格本体的尊重;而从方法论上说,在三教之间作自由的思想穿梭,则是对感悟、对体认方式的重视,而这两点归结在一起,也就是重视心灵的自由。不管是慧能的"真如缘起"论、"顿悟"说,还是陈献章标举的自得、自然、自由境界,其最终的价值都指向于此。毫无疑问,对心灵自由的追求是一种极为可贵的思想资质,有了这种资质,才会有视野的扩大、思想的解放、观念的突破。就此而言,岭南文化中的三教会通现象是耐人寻味的。

岭南文化思想的兼容性不仅表现为三教会通,中西共存上。它还内化为某种社会心理,表现为那种重在和谐、重在凝聚的君子之风上。岭南的社会心理不好争胜,很少有水火不容的那种情况,有两种文化风习体现了这种文化心理:一是好修禊,二是好结社。好修禊是兰亭之会留下来的习俗,岭南各地都有沿用此古习的。岭南修禊有修春禊与修秋禊,在修禊中不分尊卑贵贱,只以年龄排序,颇有孔子"吾与点也"那种审美追求的意味。屈大均在《广东新语·诗语》"诗社"条曾引叶春及语曰:"东广好辞。缙绅先生解组归,不问家人生产,惟赋诗修岁时之会。粤人故多高致乃尔。"所谓"赋诗修岁时之会"正是就修禊而言。修禊的规模往往很大,清代初年谭玉生、李长荣、诗僧大汕曾编撰《庚申修禊集》[①],其中记载了庚申年(1680年)在广州、番禺举行的五场修禊活动,参加的人员有文士、僧侣、官员、绅士多人,其活动的成果便是诗文三卷,有些成果至今还保留了下来,如下卷就录有陈恭伊的修禊联句:"东土耶西土耶古木灵根不

---

① 《庚申修禊集》又名《长寿寺、杏林庄、诃林、光孝寺、赏雨楼、柳堂修禊集三卷》。

二；风动耶幡动耶清池碧水湛然"，此联至今仍作光孝寺风幡堂的楹联。本来，陈恭伊等人与大汕的个人关系并不好，但在修禊活动中却也能相安共事，可见修禊这种文化习气对于文士的君子之交是有很大帮助的。除了好修禊之外，岭南文士还好结诗社。仅就屈大均在"诗社条目"中涉及的就有南园诗社、越山诗社、浮丘诗社、诃林净社。除此之外，在岭南还有西园诗社、凤台诗社，并有越台词社等重要的社团。结社最独特的莫过于函可，据其《千山诗集》所说，在遣戍辽阳期间，他曾经仿效慧远结社白莲的方式在辽阳千山以诗召僧、儒、道、俗凡三十三人，结为冰天社，诗社的成员不仅涉及多个地区与民族，甚至还包括朝鲜、"五国"①的诗人，这种跨国结社的情况在我国也不多见。这种结社的风气也具有很强的包容性和亲和性，它造成了岭南文士谦谦君子的风度，岭南文化思想之所以具有兼容性当与这些文化习气相关。

（三）自由性

岭南思想文化不仅具有务实性与兼容性等特征，它还具有自由性的特征。这一点，在慧能的禅学与陈白沙的心学中表现得尤为突出。慧能立自性为本体，他在《坛经》中说："性含万法是大，万法尽是自性。"他认为，只要破除执障，悟得自性，学佛者就能进入自由的境界。《坛经》中说道：

> 闻其顿教，不假外修，但于自心，令自本性常起正见，烦恼尘劳众生，当时尽悟，犹如大海，纳于众流，小水大水，合为一体，即是见性，内外不住，来去自由，能除执心，通达无碍，能修此行，即与《般若波罗蜜经》本无差别。

这里阐述的是禅家宗旨与《金刚般若波罗蜜经》的一致之处。其相同之处就在于《坛经》与《金刚经》的观点都具有佛教空观的思想，都认为只有悟空方能获得精神的超越。但二者也有不同之处，《坛经》的思想只是以色为空，即以现象为空，而并不空自性这一本体，这和《金刚经》把"一切有为法"（即一切现象）都看作空妄不实还是有本质区别的。

慧能对"能除执心，通达无碍"的"自由"境界的追求对其继承者产

---

① "五国"，意义不详，"五"当是音译，或指俄国，或指倭国。

生了很大的影响，后来的禅子每每把"如何得自由分"当做参究的话题，甚至当做修佛的目的，这与慧能的影响是分不开的。

陈献章的思想也有着追求自由的倾向，在他的《示湛雨》诗中，他极力标举的"水到渠成，鸢飞鱼跃"的心学路径，这恰恰是指向自由境界的。《诗经·大雅·旱麓》有"鸢飞戾天，鱼跃于渊"诗句，只是借鱼鸟起兴，并无追求自由的思想。而以"鸢飞鱼跃"表达追求自由的思想来自于唐代禅僧玄览，玄览有禅偈曰："大海纵鱼跃，长空任鸟飞。欲知吾道廓，不与物性违。"此偈的前两句成了陈献章居所碧玉楼上的联句，成了他"鸢飞鱼跃"的理想追求之所本，其精神意旨也是追求精神的自由的。

陈献章心学与禅学中追求自由的思想虽有一定的联系，但也仍有不同。首先，这种思想并不看空万物，也不违物性。玄览的诗偈已是违背禅宗本旨了，白沙借用此语表达的思想更与禅宗的空观思想有本质的区别。此外，这种思想主要是受到了儒家思孟学派"尽心""尽性"之说的历史影响，与禅宗的"自性"说并无很大关系。

岭南的文化思想既然有重在自由的特质，因此，岭南思想界往往不恪守常规，不拘泥于教条。不管是岭南的南宗禅还是陈白沙的心学都有这样的倾向。岭南的禅宗在大乘佛教诸宗中占据着突出的地位，就其修持制度来说，岭南禅文化具有简易性的特征，其持分守戒并不是很严格。在岭外的禅院中，订立了百丈清规的怀海地位很高，往往与达摩、慧能三者并祀，但在岭南的禅院中，慧能的地位往往最为突出，次之则是达摩，而怀海，往往被冷落甚至遗忘，这表明岭南禅宗不太重视清规戒律。伴随着这一现象，岭南的律宗势力也很薄弱。这从反面说明了岭南禅佛的宗风是比较自由的。陈献章的心学也有反对繁琐，追求简约的倾向。陈白沙心法的主旨主要是"静坐"，他在《复赵提学金宪》文中说："舍彼之繁，求吾之约，惟在静坐"，而在《与林友》一文中又说："学劳扰则无由见道，故观书博识，不如静坐。"这一思想的实质并不在"静坐"这一方式本身，而在这一方式背后的精神旨归，它强调的是发挥主观能动性，即通过思维的操作去把握对象，这种观点与中国哲学史上鹅湖之争中陆九渊反对"泛观博览"，力主"发明本心"的思想十分接近，其所追求的是破除书本迷信，打破思想教条，挖掘主观潜力，进而达到精神的最高境界。

岭南思想文化的这一重在自由的特征是思想解放的重要表现，尽管在古代由于历史条件的限制它还不能形成开放的思想体系，而到了近代特别是现当代之后，在社会不断掀起改革大潮，岭南文化不断走向世界的背景下，它的特质便开始产生了重大的变化。一方面，这种思想和资产阶级个人主义思潮结合起来，就演变成个人主义的自由观，它的极端形式就是刘思复的无政府主义，刘思复在《告非难无政府主义者》这篇纲领性的文章中就说过："无政府主义的妙理，就是自由两个字。"这种超越社会、凌驾于政府之上的个人主义自由观固然不可取，但在反对封建专制制度方面，它又具有一定的历史进步性，不能全盘否定。而另一方面，追求自由解放的思想一旦和进步的、先进的科学发展观结合起来，它便走向系统的开放，开始了思想系统本身的良性发展。这一点已被近代以及现、当代的岭南发展史所证明。这个问题属于岭南思想文化更新的问题，我们将在后面进一步讨论，在此不赘。

下编

近代岭南思想文化的更新

导　论

　　本书的上编，论述了岭南思想文化的古代传承。可以看出，在悠久的岁月中，岭南经历了一个以自身原生文化为基础，逐渐接受或移入中原文化及其他外来文化，进而形成独具特色的地域性思想文化的过程。随着时间的推移，岭南思想文化的发展呈现出内容日渐丰富、水平日渐提升、影响日渐扩大的趋势。像整个中国传统文化一样，岭南思想文化有其内在的精髓，成为历代岭南人进行物质生产与社会生活实践的精神动力和向导。岭南各类思想文化成果，成为留给后人的宝贵精神遗产。

　　但就其性质而言，岭南古代思想文化也属于封建主义时代的产物，因而不可避免地具有这个时代所特有的局限性。当这个时代逐渐走向没落，新的历史时代开始起步的时候，岭南古代思想文化也就开始发生历史性的重大转折，进入了逐步更新的历史时期。如果说，古代的岭南主要由于地理条件等的限制，远离王朝统治的中心，因而在思想文化上也处于边缘化地位和相对落后状态的话，那么，进入新的历史时期即近代之后，由于世界格局的重大改变和王朝本身的急剧衰落，岭南原来不利的地理等因素反而变成了某种特别有利的条件，岭南思想文化因此也一改常态，由边缘变成中心，由落后跃为一路领先。这是一个非常有意义的历史性转变。

　　本书的下编，就是要承接上编的论述，对岭南思想文化的近代更新继续加以研究探讨，以期为岭南思想文化的演变勾勒出一个比较完整的全貌。

一　更新的时代条件

　　岭南思想文化之所以发生更新，是由于时代条件的巨大变化为其提供了必要的条件。

　　鸦片战争是中国历史划分古代与近代的显著标志，也是中国文化开始近代更新的显著标志。在鸦片战争之前，中国文化因自我封闭、自我满足而处于停滞不前的守旧状态。中国人的天下观几乎将中国等同于天下（所谓"普天之下，莫非王土；率土之滨，莫非王臣"，"万方来朝"等）或至少是世界的中央，其他国家都应向中国朝贡和俯首称臣；中国的夷夏观将中国文化视为文明的最高代表，而将周边地区视为落后的蛮夷之地；中国的圣贤观认为中国文明达到了尽善尽美的境地，可以作为万世不变的最高准则。在这种文化的大前提下，中国人虽然在局部范围也有文化上的反省和变化，但难以从根本上出现文化的更新。

中国人这种独尊自足的文化心态随着鸦片战争的发生而被逐渐打破，中国人守旧不变的文化沉睡被鸦片战争的炮声所惊醒。以鸦片战争为开端，中国开始由古代进入近代，岭南文化也开始由古代传承进入近代更新时期。近代百年史与古代史相比时间虽然短暂，但其变化之大之快非过去所能同日而语。两千年延续不变的封建主义中国，百年之中，经过十分艰难曲折而又十分剧烈迅速的变革，终于成为一个性质完全不同的新中国。正是这一历史时期的种种重大变化，使岭南思想文化得以发生全方位的更新。

首先是世界格局的变化。从鸦片战争开始，中国过去对外所存在的宗主与藩属的关系发生根本改变。西方列强的入侵日渐猖獗，中国因贫弱落后而沦为半殖民地。外国侵略迫使中国朝着有利于西方资本主义的方向变化，这一方面使中国丧失越来越多的国家权益；另一方面也使封建主义逐渐在各个领域开始瓦解。外国的入侵使中国人遭受了巨大的苦难，同时也逼使他们重新认识自己与世界，一边奋起抗击侵略，一边努力学习西方。正是在与西方列强持续的较量中，中国日渐改变自己的旧貌，逐渐跟上世界发展的潮流，最终获得自己的新生。

其次是中国内部的变动。这种变动从外部条件来说与西方资本主义的入侵有着极为密切的关系，而从内部原因来说则是中国各种新旧矛盾不断激化的结果。对此变动最值得注意的是新的社会阶级的出现和各类重大社会政治运动的兴起。前者如早期买办和新式工商业主的出现，旧式士绅阶层向新式士绅阶层的转化，最后导致资产阶级的形成；早期工人阶级的出现及后来成为独立而成熟的阶级。后者如太平天国农民起义、洋务运动、戊戌维新、义和团运动和辛亥革命等等。新阶级的出现使思想文化的更新有了现实利益的根基和与之相结合的代表，而重大政治运动的兴起不仅为新思想文化的出现扫清种种障碍，而且直接对其产生迫切的需要。

再次是西学传播的迅速扩展。近代之前清朝统治者是禁止传播西学的，鸦片战争之后，随着基督教的解禁，西学的传播也逐渐扩展开来。先是传教士充当传播的主体，接着是先进的中国人成为传播的中坚，接受和相信西学的人越来越多。新式媒体如报纸杂志、出版社的出现，新式学堂的兴办，留学运动的开展，对西学的传播直接起了有力的推波助澜的作用。传播使中国人对西学的了解日益加深，从师夷长技到探寻西方富强之本，从仿照西方器物到学习西方制度，从引进西方知识体系到接受西方价值观，西学的传播对近代中国产生了极为广泛和深刻的影响。这种影响一方面猛烈冲击了中国传统的思想文化；另一方面不断促进了中西文化之间的交流融合，在冲突碰撞与交融的过程中，中国思想文化逐渐呈现新的面目。

以上几大更新的时代条件虽然是就整个近代中国而言，其实皆与岭南思想文化的更新有着十分密切的关系。因为近代中国的变动，在很大程度上是从岭南的变动开始的。鸦片战争最先在岭南打响，太平天国运动、戊戌维新运动和辛亥革命皆以岭南为最初的发源地，岭南还是西学最早的传播基地，此外其他时代性的变动，岭南无不属于得风气之先的区域之一。由于具备了这些极为有利的条件，进入近代之后的岭南思想文化就一改过去边缘、滞后的状态，迅速成为更新的代表。

二 更新的方式与内涵

在近代百年更新的历程中，从纵向来看，岭南思想文化伴随着中国社会及中国思想文化史的变化，经历了一个逐渐发展演变的过程。其主要线索大致可以按照从经世致用思潮、太平天国思潮、洋务思潮、维新思潮、辛亥革命思潮到新文化思潮等的顺序加以论述，这一工作在已经出版的一些著作中取得了显著的成果。在这些著述中，对岭南思想文化更新的内涵已有一些分阶段的论述。

在这里，本书试图着重从横向的角度对岭南思想文化的更新重新进行分析和概括，抓住一些反映更新实质的重大专题，贯通各个历史阶段，集中揭示更新的方式与内涵，以期更为深刻地展示更新的价值。基于这样的考虑，可以从以下六大方面进行概述。

1. 走向民族觉醒的文化更新

这是岭南思想文化更新的起点和持续不断的动力。在外国入侵的严重刺激下，岭南人首先以强悍的民气保家卫国、抵御外侮，进而强烈谴责列强的掠夺欺压，坚决捍卫中国的各项权益，并于外患日深之际率先发出救亡图存的呼声。岭南人的对外态度不仅与清朝统治者的软弱无能、颟顸苟且形成了鲜明的对照，而且逐渐突破传统忠君爱国观念的束缚，开始向近代爱国主义和近代民族主义思想转变。从寄希望于朝廷的变法图存，发展为唤醒民众以救亡，直至决心推翻一再丧权辱国的清朝统治，创建民族主义的国家，以与西方列强的侵略相抗争。

2. 打破自我封闭的文化更新

在坚决对抗外国侵略的过程中，岭南人对西方同时采取了主动了解、客观考察的务实态度。通过直接或间接的大量接触，他们确信西方近代思想文化具有先进性，因此变成了学习西方的积极倡导者和西方文化的热情传播者。为此，他们坚决摒弃传统的"夷夏之辨"的旧观念，大力宣扬"西学中源"、中西"暗合"、中西"会通"等新主张，为接纳西学扫除各种障碍，力求促成中西文化的结合。这种开放性的胸怀和气度，是文化更新必不可少的前提条件。

3. 推进近代变革的文化更新

通过了解西方和接纳西学，岭南人看到了一个全新的世界，很自然地被西方的富强和近代文明所吸引，由此引起对中国贫弱落后现状的反省，立志要仿照西方进行近代化的变革。他们在继承中国传统变革思想的基础上，进一步强化了变革的意识和更新了变革的内涵，变革的理念逐渐成熟。为了有效地进行变革，他们一方面潜心钻研西方的富强之道，一方面深刻反思中国存在的各种积弊，并努力结合中国的现实提出近代化变革的方案和举措。尽管由于清朝统治者的抵制和拖延，这些变革并未获得成功实施的条件，但在思想观念上仍然产生了强大的冲击力，对社会的变动发生了重大的影响。

4. 引领思想启蒙的文化更新

这是在思想文化体系和根本价值观方面的更新。对安于传统社会的中国人来说，在西方入侵的猛烈冲击下，为了御侮图存，他们可以接受西方的器物、技艺甚至某些制度，但要突破原有的思想文化体系和根本的价值观，就难免存在极大的思想阻力和心理障碍。在此方面，岭南人率先走在思想启蒙的前列。他们认可以自由、平等、民主为核心的一系列西方近代理念，以"实理公法"的形式构建新的思想理论体系，并进一步将其发展完善成为民主色彩极浓但空想性也极强的"大同"社会理想。以民主理念为武器，他们对封建纲常礼教特别是君主专制主义展开了全面系统的批判。与此同时，他们还以民众为对象，广泛进行了"开民智"和"新民"的启蒙工作。

5. 掀动革命大潮的文化更新

中国近代的革命可以分为两大类型：一种是旧式革命即农民革命；一种是新式革命即民主革命。无论是旧式革命还是新式革命，岭南都是策源地。前者为太平天国农民起义，后者为辛亥革命。由于发生于近代这一特定的历史条件下，这两类革命就不仅要以暴力推翻原有的统治政权，而且带来了文化上的更新。太平天国起义由于其本身的旧式性质，所带来的文化更新非常有限，但尽管如此，它还是在表达下层民众的愿望和规划未来社会的蓝图方面，做出了值得称道的努力。革命性文化更新的主要代表人物是孙中山，在中华民国建立前三民主义的创立和民国建立后三民主义的发展这一过程中，他对文化更新做出了有深远历史意义的贡献。

6. 借重传统之力的文化更新

文化更新离不开传统，特别是在中国这样一个历史悠久、文明辉煌的国家，传统文化更是一份弥足珍贵的精神遗产，具有永久性的品鉴弘扬的价值。岭南人在进行文化更新的过程中，根据自身的需要，对传统文化做了多种形式的改造和利用，力求在传统文化中灌注新的时代因素，同时又借用传统文化的声名为新文化的广泛传播服务。洪秀全对待儒学的态度，康有为对孔子及今文经学的重释，孙中山对传统考试制度、监察制度及其他传统文化观念的借用，都表明了这样一种努力。这些努力在一定的历史时期内发生了很大的影响，但也留下了很多值得总结和吸取的经验教训。

以上六大方面虽然可加以基本的区分，但在历史发展的实际过程中，又相互交织在一起，共同构成一个文化更新的整体，不可截然分割，特别是那些作为岭南思想文化更新主要代表的人物，他们在诸多方面都非常活跃，颇多建树，对他们也需要做整体性的观照和评判。

三　更新的主要特色

岭南近代思想文化更新是中国近代思想文化更新的一个非常重要的组

成部分，除了具有更新的一般共性之外，还具有自己的鲜明特色。

一是在更新的过程中持续领先。如洪秀全接受基督教的影响，创立拜上帝教，走在中西文化交流的前列；康有为潜心钻研西学，形成"实理公法"理论体系和"大同"理想，成为中国启蒙思想的先驱；孙中山追随世界民主的潮流，最早提出建立民国的目标和三民主义思想，成为中国民主革命的先行者等等，就是几个最为显著的事例。

二是更新的领域宽广。如前所述，在六大主要方面，岭南人都对文化更新做出了重大的贡献。这些方面几乎包含了中国近代思想文化发展演变所有需要回答的重大课题，通过对这些课题的解答，岭南人就彰显了自己在近代所处的思想文化重镇的地位。

三是聚集了新文化人的群体。岭南文化更新不仅有几个最主要的代表人物，而且有众多的新文化人的参与。在近代每一个历史时期或前述文化更新的每个方面，都可以列举出一大批知名的思想家、宣传家的名字。他们相互支持，互相唱和，相互补充，使岭南思想文化更新不是一枝独秀，而是百花盛开，形成了颇有声势的潮流。

四是产生了全国性的重大影响。无论是近代前期还是近代后期，岭南思想文化更新的成果都向全国传播辐射，并且越到后来，其传播辐射的范围越广。洪秀全的拜上帝教从花县带到天京，郑观应的"盛世危言"引起朝野上下的密切关注，康有为的维新思想在清朝统治中心北京掀起轩然大波，孙中山的三民主义在海内外华人社会都引起强烈的反响。这些都表明岭南人的思想文化更新在一定的历史时期内抓住了社会发展的焦点，因而对全国的大局具有引领或指导作用。

通过思想文化的更新，岭南展示了一个与古代完全不同的崭新面貌。

第一章　走向民族觉醒的文化更新

岭南思想文化的更新，大致是从鸦片战争时期开始的。被战争炮声所惊醒的岭南人，最先直接想到的当然还不是文化问题，而是要守边御侮，抗敌自卫，保卫家园。

然而，战争的冲击很快就导致或者说转换成文化的冲击。"蛮夷"的持续入侵、战场较量的一再失败和一系列不平等条约的相继签订，使岭南人不得不进一步对来敌和自己进行反思，重新认识中国与世界、中国与万国的关系。于是，近代意义上的国家意识和民族意识开始萌发生长，维护民族权益成为日益强烈的呼声。随着外患的不断加深，岭南人进一步产生了前所未有的救亡图存思想，它已突破传统忠君爱国观念的局限，上升到近代民族主义和爱国主义的高度。

这种勇敢面对外国资本主义入侵挑战的精神，就成为岭南近代文化更新的动力和起点。

一　自卫御侮精神的高昂

广州是鸦片战争前清朝唯一允许对外开放的通商口岸，因此以广州为中心的岭南地区也就成为西方殖民主义扩张和资本主义入侵首先要进攻的目标。鸦片走私贸易在岭南广大的沿海地带异常猖獗，鸦片泛滥的毒害在岭南也最为严重，而禁烟斗争在岭南也最为复杂激烈。紧接禁烟斗争之后，岭南成为鸦片战争的爆发之地和主战场，岭南人比中国其他地区的人民更早和更多地体验到了战争之痛。

中国近代社会以鸦片战争作为开端，而鸦片战争的炮声首先是在岭南地区打响的。这场战争对于岭南不啻是一股强大的冲击波，在社会各界引起了极为强烈的反响，并逐渐形成了岭南近代的第一个社会思潮——御侮拒外思潮。

所谓御侮拒外，就是抵御外国侵略者凭借武力所施加的种种欺侮，拒斥西方资本主义国家扩大侵略权益的一切企图和行为。这一思潮随战争的爆发而起，却不随战争的结束而落，相反还在战后不断出现高潮，一直持续到1850年代初才渐渐平息。在此期间，围绕御侮拒外这一核心内容，岭南诞生了数以百计的表达民众对待中外关系、中外战争、中外冲突的态度和认识的文献，构成了思潮的主体。

这一思潮从源头上看，是岭南历来就有的强悍民气在新的历史时期的延续和重现。保家卫国、绝不屈服于外力压迫，是长期蕴含在岭南民众中的传统精神。在中外和平相处的时候，这一精神潜藏于民心之中而并未彰显。一旦外患来临，战争烽烟突起，自身的生命财产受到严重威胁时，岭南民众就奋勇而起，表现出不畏强暴、坚决与侵略者斗争到底的顽强精神。随着斗争的持续进行，这种精神也不断得到锤炼和提升，逐渐加入时代的新因素。

（一）御侮拒外思潮的出现

从历史上看，广州很早就是中国海上对外贸易的中心。即使是清朝乾隆年间实行闭关政策，关闭了漳州、宁波、云台山（今连云港）等三个通商口岸后，广州仍然作为特许的通商之地而对外开放。由于中国人对外的友好态度，广州在招徕远人方面是颇有成绩的，云集广州的外国商人曾达十万人之多。赴广州贸易的外国商人们，不管是较早的阿拉伯商人、东南亚商人，还是较晚的西方各国的商人（除开纯粹抱着掠夺目的来华的海盗式殖民主义者和从事非法贸易的商人），普遍对广州的通商环境和条件给予很高的评价，将其视为安全有保障、容易做生意的地方。除非中国政府自己断绝与外国的贸易，否则来广州的外国商人总是络绎不绝。

广州独特的对外贸易优势，对岭南文化和岭南人的心理产生了重要的影响。相对于全国其他地方而言，岭南文化中更富于与外来文化相调和的因素，岭南人对外国人亦见多不怪，虽然将其视为"蛮夷"，实际上却能待之以友好而宽容的态度。这表明，鸦片战争前，岭南有的只是对外和平通商、友好相处的历史，而没有拒外排外的传统。

然而，在鸦片战争中和鸦片战争后，御侮拒外思潮却在岭南以异乎寻常的声势发展起来。在同样受到外国侵略的东南沿海各省中，独有岭南的御侮拒外思潮存在得最久，表现得最为充分。例如，当五个通商口岸中的四个（厦门、福州、宁波、上海）都接纳外国人入城之后，广州还始终发出反入城的强烈呼声，终于令外国人几次入城的企图都不能得逞。御侮拒外思潮与岭南对外通商传统之间的巨大反差，昭示出前者的出现必定有深刻而复杂的原因，值得深入加以探索，作出合理的解释。这里，着重对西方资本主义国家的侵略导致御侮拒外思潮出现这一首要和根本的原因进行分析。

早在鸦片战争正式爆发前，岭南人就酝酿着对外国人不法行为的不满情绪。这种情绪主要是由两方面的不法行为引起的。

一方面是非法的鸦片走私贸易。

岭南是鸦片走私的大本营，鸦片商贩在这里活动最为集中、最为猖獗，岭南人受鸦片的祸害也最早最深。时人写诗揭露说："鸦片入中国，尔来百余载，粤人竞啖吸，流毒被远迩。"[1] "我所畏者鸦片烟，杀人不计亿万千！君知炮打肢体裂，不知吃烟肠胃皆熬煎；君知火烧破产业，不知买烟费尽囊中钱。"[2] 如果说，当1800年鸦片的输入还停留在四千多箱水平时，岭南人就已经受害匪浅、心生怨恨的话，那么，随着鸦片输入量的迅速增长（1830年增至近两万箱，1838年突破四万箱大关），以及由此引起的银贵钱贱、人的精神变得颓废、人的健康被严重损害等社会问题也日益严重，岭南人的不满情绪就不可遏制地表露出来了。

一位对鸦片贸易极为厌恶的外国人在致《中国文库》（旧译《澳门月报》，由美国传教士裨治文在广州创刊并担任主编，1832年创刊，1851年停刊）编辑的信中评述说："你的通讯员推论鸦片好像对大多数中国人真正有利，而仅对少数'鸦片滥用者'有害。现在广州有人相信这一说法吗？……你的通讯员说，近二十年来中国皇帝和他的总督们已闭目不看这个问题。这是事实吗？若是真的，为什么闭着眼睛呢？所谓'无害的奢侈品'使他们闭目塞听吗？不，编辑先生，他们的眼睛曾睁大来看，他们的耳朵也竖起去听，来自国内每个角落反对'洋夷毒物'危害的呼喊已使他们震耳了。

---

① 朱琦：《感事》，广东省文史研究馆编《三元里人民抗英斗争史料》，中华书局，1978，第307页。

② 陈澧：《炮子谣》，《三元里人民抗英斗争史料》，第307页。

因此那巨大的激愤，他们的骚动几乎要把我们任何人都从中国的寓所赶出去；也由此我们被迫往来于公行，坐在那里去看那使我们羞惭满面的可怜景象，被刑讯的'亚明'（指鸦片走私犯——引者按）在重担之下蹲伏着，他正在受因我们的贪婪所诱给他的罪。"① 信中所形容的反对鸦片贸易的"震耳"欲聋的呼声，显然有很大一部分是由岭南人发出的。

这一呼声在 1838 年终于化作了对外国支持鸦片贸易的群众性的公开抗议活动。同年的 12 月 12 日，在广州的清朝官吏要在美国商馆前的广场上绞死一个烟贩，有七八十名外国人从商馆冲出来制止执行，横暴地捣毁绞架，驱逐清朝官吏和附近的中国人。这一野蛮举动引起了广大群众的回击，约有八千到一万名中国人在当天下午包围了商馆，用石头、瓦片袭击商馆门窗。后来，群众被广州知府派兵用鞭子驱散。这一事件表现了岭南民众对外国侵略者的极大愤慨，也反映了岭南民众禁烟的强烈要求。②

随后，林则徐奉命到广州查禁鸦片，之所以能够在短短的三个月内全面查清鸦片走私贩卖的情况，迫使英国交出两百三十多万斤鸦片，并胜利地在虎门海滩将其彻底销毁，除了其他原因外，岭南广大民众对鸦片贸易早已不满，积极支持和配合禁烟运动是一个重要的因素。

另一方面是外国非法的军事活动及暴力伤害活动。

用武力保护和扩大本国的在华贸易（包括鸦片贸易），并企图用武力迫使中国改变现行的外贸政策，进而打开中国闭关锁国的大门，这是英国等西方资本主义国家对华的基本政策。因此，他们经常派军舰来岭南进行炫耀武力的活动，制造了一个又一个事端。

1808 年 8 月，英国以英法在欧洲作战、防止法国侵占澳门为借口，派军舰在澳门登陆，强占澳门。两广总督下令断绝英国贸易，英人便派 3 艘军舰闯入黄埔，英军 200 多人乘坐舢板在广州登陆，寄居商馆。1834 年 7 月，两广总督因英国驻广州商务监督律劳卑违反清朝规定直接赴广州要求与官方会面，下令封舱，停止英商贸易。律劳卑随即命令两艘军舰强行驶入珠江，轰击虎门炮台，近泊黄埔，并由军舰派出海军陆战队 16 人

---

① 广东省文史研究馆选译《鸦片战争史料选译》，中华书局，1983，第 109 ~ 110 页。
② 见中国史学会主编中国近代史资料丛刊《鸦片战争》第 1 册，神州国光社，1954，第 261 ~ 263 页。

坐舢板在广州登陆，住进外国商馆。1838 年当广东采取严厉措施禁烟、驱逐了 9 名外国烟贩后，英国政府派海军少将马他伦率舰队来华，驶抵虎门附近的穿鼻洋面进行军事讹诈和挑衅。1839 年虎门销烟后，英国政府又派"窝拉疑"号等军舰到达广东洋面，多次进行武装挑衅，先后与中国水师发生了九龙之战、穿鼻之战和官涌山之战等激战，实际上已拉开了对华战争的序幕。[①]

从英国人这些非法的无视中国主权的军事活动中，岭南人不难感受到其恃强凌弱、视武力远比视道义更为重要的特性，并初步领略到英国新式武器咄咄逼人的气势。对于一直作为东道国而与外国人进行和平友好通商的岭南人来说，这一连串的露骨的军事施压行为不能不引起他们的忧虑和愤懑。

与此同时，在岭南的外国人对华人的暴力伤害事件时有发生。1800年、1807 年、1810 年、1821 年均发生过英国水手、水兵残杀中国民众的事件。由于英方极力加以袒护，杀人凶手无法受到中国法律应有的制裁，使中国受害者的利益得不到保护。1839 年 7 月，英国水手在尖沙咀村行凶，将村民林维禧打成重伤致死。事后义律蓄意掩盖事实真相，拒不交凶。这类事件的一再发生，无疑都只会培养起岭南人对英国人厌恶和憎恨的情感。

如果说，鸦片战争前岭南人对英国人不法行为的不满还只是局部的、就事论事的，因而是较有限度的话，那么，由于鸦片战争的爆发，岭南人的不满情绪就被充满英国军人战争罪行的战火而燃烧得分外炽烈起来，不满变成了对所有英国人势不两立的仇恨。

从 1840 年 6 月英军封锁珠江口开始，到 1841 年 8 月英国扩大侵华战争之前，岭南一直是鸦片战争的主战场。在一年多时间的战争状态中，岭南人对英国人为了夺取他们认为应该从中国获取的利益，而可以蛮横凶恶、肆无忌惮到何种程度，有了相当多的感性认识。他们不仅耳闻目睹了英国人袭击、占领和毁坏中国众多的炮台，造成包括水师提督关天培、副参将陈连陞父子在内的数千清朝官兵的阵亡，强占中国领土香港，通过《广州和约》勒取六百万元赎城费等直接的侵略战争罪行，而且更亲身受到英国

---

① 参阅蒋祖缘、方志钦主编《简明广东史》，广东人民出版社，1993，第 426～435 页。

侵略军种种野蛮行为的极大伤害。① 根据当时多种史书的记载、外文资料及后来所搜集的流传下来的口碑材料，英军直接对民众所犯下的罪行主要有以下几项。

1. 焚烧房屋

焚烧民房之事发生在 1841 年 5 月 21 日靖逆将军奕山令清军袭击英军之后。英军从 5 月 22 日起开始反攻，直到 5 月 26 日奕山派广州知府余保纯求和为止，每日都有不少民房被烧毁。关于民房被烧情形，各种史料中有大量记载，这里只摘引一些综合性的记述：如《王廉访（廷兰）致闽中曾方伯（望颜）信》言："五、六、七三日（即 5 月 25 ~ 27 日——引者注）以来，夜间贼用火箭、火弹，直打城中，城外东西南三处，火光烛天，烧去民房千余，呼号之惨，不堪言状"，②《颜伯焘奏探闻广东情形折》言："初三四五等日……被烧房屋甚多"，③《道光朝留中密折·佚名附片》言："自初二日起至初六日止，共被夷匪烧去行店铺户居民约有千户。近省居民连日由陆路扶老携幼，沿途号泣，逃至佛山者，每日到有数千人"，④ 等等。从这些记载中不难看出，广州城外民房被烧者极多，昔日鳞次栉比的商铺和生机盎然的民居，今朝竟变成了遍地废墟。这种毁灭性的破坏，对岭南民众的伤害无疑是非常严重的。

2. 掠夺财物

在围攻广州城期间及撤围之后，英军掠夺民众财物的行为时有发生。

---

① 英国侵略军对民众的直接伤害，是从 1841 年 5 月下旬兵集广州城下之后明显开始的。在此之前，英人为了稳定粤民的情绪，并争取粤人在物质供应、充当向导和翻译等方面的帮助，比较注意限于与清朝军队的作战，而不扰及民众，并制造出英兵纯粹与官对抗，而不伤害民众的舆论。关于这种变化，有这样一些记载："……英夷初不杀粤民，所获乡勇皆释还，或间攻土匪，禁劫掠，以要结民心，故虽有擒斩逆夷之赏格，无一应命。当夷兵攻城，居民多从壁上观。……而夷兵亦日肆淫掠，与粤民结怨。"（《夷艘入寇记》，《三元里人民抗英斗争史料》第 20 页）"夷兵中率有多年市粤者为之领导，民与夷习。义律初发难，时时以'缴烟断市，万里亏缺'为不得已之词，谓：'兵来但与官为难，而无与民户，为与市者诉。'其资市为生者，半出番禺、香山、新安之市井无识，否即疍民、渔民，未明大义，以为害不及民，窃私怜之。"后来由于英军屡侵民众，对义律"百姓已见而切齿"（《夷氛闻记》，《三元里人民抗英斗争史料》第 37、39 页）。

② 《三元里人民抗英斗争史料》，中华书局，1978，第 50 ~ 51 页。

③ 《三元里人民抗英斗争史料》，第 114 页。

④ 《三元里人民抗英斗争史料》，第 128 页。

不少史料都言及英军在城外附近各乡村及珠江两岸各处的掠夺，被掠的有耕牛、衣物、资财等等，甚至在掳掠财物时，"逼民搬运，如违拗即被杀"。① 关于英军掠夺财物的情况，在 1840 年随军来华参加侵略战争的英国军医麦华生的笔下亦有不加掩饰的记述："当我们离船登陆时，没有打算到我们在高地（指广州城北的各炮台——引者注）上的逗留会超过一天或两天，所以部队对于这样长的时期的逗留准备的极不够。……幸而在敌人炮台里发现大批米粮，而我们的粮草征发队有时也满载而归。……粮食征发队远去搜索，满载各种家畜回来。由于整天的工作而致疲累……有一天，看见两个兴高采烈的水兵，赶着两头猪，行近防线……"② 这段记述确切地证明英军不仅掠夺了乡民的财物，而且掠夺的数量相当之多。

3. 淫辱妇女

言及英军淫辱妇女的史料像言及英军掠夺财物的史料一样众多，但大都概而言之，极为简略，如"夷兵亦日肆淫掠，与粤民结怨"，③ "逆夷在三元里一带，恣其淫掠，人人为之发指"，④ "该夷自占炮台之后，掠夺乡民资财，淫辱各村妇女"⑤ 等。也有些史料记载得略为详细一些，如《夷匪犯境见闻录》记：（5 月 24 日）"沙洲头有渡船数只被夷拉去，逼客为汉奸，并有妇女数人，老者抛溺水中，少者留于夷船奸污"，"闻初九日，守台逆兵闯入各乡奸淫妇女，辱污而死及被逆劫去者共计一百数十口"，⑥ 等等。

如果说，上述焚烧房屋、掠夺财物、淫辱妇女等侵害行为都是发生于广州城外，主要影响于岭南乡民的话，那么，居住于广州城内的居民则是以另一种方式饱受着英军炮火围城的煎熬。当英军（四月初五日）攻城之时，城内发炮，互相攻击，火箭频发，"是日也，内外居民，目怆有天，穴钻无地，衢路彷徨，庭堂瞻企，竹杖老羸，弓鞋幼女，莫不惨目伤心，摧肝切齿，较前此之仳离，岂倍蓰之可比，真为目不忍见，耳不忍

---

① 《夷匪犯境见闻录》，《三元里人民抗英斗争史料》，第 67 页。

② 《在华二年记》，《三元里人民抗英斗争史料》，第 326 页。

③ 《夷艘入寇记》，《三元里人民抗英斗争史料》，第 20 页。

④ 《平海心筹》，《三元里人民抗英斗争史料》，第 26 页。

⑤ 《骆文忠公自定年谱》，《三元里人民抗英斗争史料》，第 76 页。

⑥ 《三元里人民抗英斗争史料》，第 65～67 页。

闻，大可哀也"，① "斯时城内人民，惶恐呼号，西跑东走，其惨凄之形难言也。"② 当时占领广州城外炮台的英军目睹了广州城内居民惊恐逃难的惨状："我们从高地上见到城内大多数居民正在逃亡。挤拥的人群把财物背在肩上，通过大街，用最快的速度向离我们阵地最远的城门仓皇出走。跟着这些人群看去，便可以看到成千成万的人流冲出城门而奔散到环城的村落中去。城里传来一种经久不息的喧嘈声音。马儿、牛儿、轿子和各种可用的搬运工具，好像都全被搜寻出来了，妇女和孩子们遭受着逃命狂奔的人群的践踏。"③ 亲身经历了这一战乱巨大苦楚的粤民会对英人产生何种痛恨的情绪，完全是可想而知的。

正是这些发生于战争期间的侵害行为和灾祸，④ 特别是那些被时人评价为"令人发指"的罪行，完全改变了岭南民众对英国人历来的态度。虽然英军在与清朝官方达成和议后很快就撤走了，但他们的恶行已使岭南人刻骨铭心，这给岭南人在战后多年对英人持何种态度定下了一个基调。

（二）御侮拒外思潮的内容

这里所说的岭南民众，不仅指广大的下层劳动群众，而且包含一般的士绅阶层，他们相对于官府而言，可以说都是民人。如前所述，在鸦片战争前后，岭南民众开展了持续不断的反对外国（主要是英国）侵略的斗争，

---

① 《广东军务记》，《三元里人民抗英斗争史料》，第55页。
② 《平夷录》，《三元里人民抗英斗争史料》，第70页。
③ 麦华生：《在华二年记》，《三元里人民抗英斗争史料》，第323页。
④ 上述所引英军对民众侵害的史实要准确地进行核实，例如弄清究竟烧毁了多少间房屋，掠夺财物的种类和件数，遭受淫辱妇女的姓名和被害程度等，已经是不大可能了。并且，由于这些史料大多并非根据亲眼所见记载下来，而是多方了解打探的结果，因而自然在不同程度上存在着不够准确甚至很不准确的情况（参见茅海建《三元里抗英史实辨正》，《历史研究》1995年第1期）。既然研究英军的侵害不是为了对侵害者进行法律意义上的审判，而是要研究它在被侵害者的情感上导致了何种结果，那么，侵害的量由于历史原因而无法准确无误地判定，就已不是一个重要的问题。重要的是，现存几乎所有谈到这一时期中英战争的史料（当然主要是中方文献），都记载着英军对民房的焚烧，对财物的掠夺，对妇女的淫辱，记载着岭南民众对英军侵害的极为强烈的反应，这不能不说充分证明了英军侵害行为及其对岭南民众极大伤害的确凿性。鸦片战争结束后，英国人对岭南民众的侵害也并未中止，而是以一系列新的方式表现出来。

这些斗争并非盲目无意识的举动，而是有着相当稳固的思想基础，其中心之点就是坚决主张御侮拒外。

表现这一思想的语言文字形式是多种多样的，概括起来，主要有三种。

第一种是通俗化的宣传张贴的文字形式，有告示、公檄、宣言、揭帖、规条等。它们大都篇幅不长，有的甚至只有四言八句，其共同的特点是反侵略的态度非常鲜明，言辞十分犀利，字里行间渗透着浓烈的歼敌除奸、报仇雪恨的情绪。这些宣传文字虽然都出自士绅之手，但从整个思想内容来看，实际上反映了岭南广大民众特别是下层民众的普遍认识。在随着鸦片战争而猝来的严重外侮面前，坚持反侵略立场的士绅与下层民众是团结在一起的，士绅充当了御侮斗争的倡导者和组织领导者，而下层民众则起着斗争主力军的作用。与此相一致，士绅在御侮拒外思想上自然也就充当了下层民众的代表。

第二种是作为文学形式的诗歌。在鸦片战争前后，岭南诗人写下了为数不少的热情歌颂爱国官兵和民众抗英斗争，揭露外国侵略者罪行，痛斥清朝官员腐败无能的诗歌。其中最突出的是歌颂三元里人民抗英斗争的诗歌，充满了卫我中华、卫我家乡的激情，再现了一百零三乡人民奋勇抗敌的场面，生动刻画了惧敌求和之辈的丑态。不少诗歌流传一时，脍炙人口。这些诗歌一方面鲜明地表达了爱国士绅对民众抗英斗争肯定和支持的态度，另一方面也反映了他们自身对时局时事的认识，是御侮拒外思潮的一种重要表现形式。

第三种是某些专门的著作。岭南士人之中历来有经世致用的传统。面对鸦片战争如此巨大的事变，特别是堂堂天朝大国败于蕞尔小夷的奇耻大辱，先进的士人不会不想到探究其发生的原因，总结其经验教训，寻找克敌制胜的方略。本着这样的宗旨，岭南士人写出了一些专门性的著作或文章。这些著述并非专门阐述御侮拒外思想的作品，但其中往往包含着不少这方面的见解。它们的数量不多，但有前两种文献所不及的系统性，在思想认识上也逐渐深化。

以上三种形式的文献虽然各有其特点，所表达的御侮拒外的基本思想却是一致的。它们通过各自的渠道、在各自的影响范围内进行传播，互相影响，互相补充，形成了一股强劲的思潮。

对这一思潮，过去往往只是一般性地提及它的某些文献和某些词句，而没有对其内容作系统深入的分析。事实上，这一思潮的内容尽管不像岭南后来形成的维新思潮或反清革命思潮那样具有理论性和系统性，但也包含着丰富而复杂的思想因素。通过深入分析，可以帮助我们充分认识岭南地区在进入近代之初关键性的十余个年头中，一般民众政治思想和文化思想的特质及其水平。

综合起来考察，这一时期御侮拒外思潮有如下几方面的基本内容。

1. 对英军侵略行为的极大义愤

英国侵略者对岭南民众从生命安全、财物保障乃至精神依托、文化观念上所造成的极大伤害，是岭南御侮拒外思潮产生的根本原因。因此，在各类文献中，都毫无例外地表现出对英军侵略罪行的强烈愤慨情绪，从各方面加以揭露和声讨，这部分内容占有相当大的比重。

有的谴责英人素来贪得无厌，为了牟取暴利而不守天朝的法度和礼义，从中国进口茶叶、大黄等货物不但不思报恩，反而加害于中国，向中国大量走私鸦片，"勾串粤省奸商，私往粤洋岛上贩卖鸦片，毒我生灵，伤民命奚止数百万众？耗民财奚啻数千万金？并敢屡杀唐人，匿不交凶抵命，万众痛心疾首，盖数十年于兹，而夷之窥视天朝，其所由来者渐矣"，① 既揭示了岭南民众如此强烈地愤恨英人的历史原因，又揭示了英国侵略者由贪图一般商务之利发展到特别贪图非法鸦片贸易之利、发动战争蓄谋已久的历史过程。

有的是对鸦片战争时期英军在岭南地区所犯罪行的控诉，如占据土地，杀害百姓，掠夺资财，奸淫妇女，勒索赔款，甚至掘棺毁尸，破坏寺庙神佛等，"盖暴其罪状，罄竹难穷，洗我烦冤，倾海莫尽，实神人所共愤，覆载所不容。"②

还有的是对鸦片战争结束后，英国人凭借不平等条约所赋予的特权，在岭南地区继续扩张其势力，如急切要求进入广州城、强行租赁土地等行为的抨击。

应该肯定，岭南民众对英国侵略者的义愤是完全正义和完全正当的。英国对中国所发动的战争是一场不义的战争，英军在战争中所表现出来的贪婪、凶残、肆无忌惮地胡作非为，是岭南民众绝对不能忍受的。

除直接抒发义愤之情外，有的还表示了对五口通商、国门开启之后，外侮将日渐加重的深切忧虑："兹闻逆夷将入诸海口，创立马（码）头，不

---

① 见《全粤义士义民公檄》，《鸦片战争》第 3 册，神州国光社，1954，第 353~355 页。

② 见《全粤义士义民公檄》，《鸦片战争》第 3 册，第 353~355 页。

惟华夷为可杂居，人畜不堪并处；直是开关揖盗，启户迎狼。况其向在海外，尚多内奸，今乃逼近榻前，益增心患。窃恐非常事变，诚有不可言语尽者。若他国群起效尤，将何策以应？是则夷不平，诚为百姓之大害，国家之大忧。惟不共戴此天，方无愧于血气，如甘履斯土，是真全无心肝。"①

征诸鸦片战争后中国近代社会演变的史实，"开关揖盗，启户迎狼""他国群起效尤"不但确非虚语，而且是相当清醒的远见，与清朝统治集团战败后仍然盲目虚骄、全然不思振作的愚昧态度形成了鲜明的对比。当然，闭关是不可能的，"不共戴天"也不现实，坚闭固拒只能延宕中国由古代跨入近代、卷入世界资本主义潮流的时间，并且事实证明已无法做到，而开启国门又面临着外患无已、神州陆沉的严重威胁，需要付出极为沉重的代价。岭南民众提出了问题，限于历史条件却还不能有效地解决这一问题。

2. 表示誓死保家卫国、将侵略者逐尽灭绝的决心

对依仗船坚炮利，在岭南大地横冲直撞、气势汹汹的英国侵略者，岭南民众的态度是不怕恐吓，不受欺骗，针锋相对："尔（指英军——引者注）既言战法，与尔陆战，或阵战，或马战，或水战，或步战，尔仗火炮狂烈，则尔炮几下，我炮几下，两下对放，看谁炮厉害。其余排刀枪，亦可两下对仗，看是谁胜，若言水战，则尔等将船退出虎门，候我百日后，造就船只，与尔海外对仗，果能胜我，方为利害。"②

从实际情况来看，岭南民众并无文中所言的全面作战能力，文中所表述的，乃是一种缘于历史和文化的强悍民气。三元里反侵略斗争，在很大程度上就是这股敢于反抗外来侵略欺侮的民气的高度发扬。正因为如此，岭南民众对三元里斗争的获胜颇为自豪："我等爱国乡民，奋不顾身，围义律于北门，斩伯麦于南岸。此时若非我府尊劝谕乡民撤退，解此重围，试问此辈能逃生于船上者有几人乎？"③ 也正因为如此，岭南民众对于自己的力量充满了信心，在长达十余年的反侵略斗争中，都始终一贯地强调自己组织起来，依靠自身的力量与英国侵略者对抗到底。

---

① 《全粤义士义民公檄》，《鸦片战争》第3册，第355页。

② 《尽忠报国全粤义民申谕英夷告示》，《鸦片战争》第4册，第13页。

③ 《升平公所绅耆宣言》，〔英〕麦克耐尔辑《中国近代史文选》，转引自华南师院历史系中国近代史教研室编《中国近代史参考资料》上册，自印本，1979，第76页。

1841 年当英军遭到三元里人民打击，撤出广州四方炮台，但继续占据虎门，并威胁岭南民众今后不要再与英人相对抗，否则不再"宽容"的时候，岭南民众严正警告英军说："我现在全粤乡民数千百万之多，大村富厚者，接济小村兵粮饷草，亦有义士将资备器械，有熟悉水势陆路者，各有百万之众。志切同仇，恨声载道。若不灭尽尔畜，誓不俱生。尔若不退出虎门，自有千百烧船妙法，烧尔片帆不返。不但现在船上畜类，全行烧尽，兼要灭尔狗国。我义士爷爷，不论男女，每出钱十文，便足以造船只、修战具，灭尔等有余矣。……不用官兵，不用国帑，自己出力，杀尽尔等猪狗，方报我各乡惨毒之害也。"① "尔如今如此可恶，我们痛恨已极，若不杀尽尔等猪狗，便非顶天立地男子汉。我们一言既出，万不折回，一定要杀，一定要砍，一定要烧死尔等。就请人劝我，亦必不依，务必要剥尔之皮，食尔之肉，方知我们厉害也。"②

1847 年，英人在广州附近一带强行霸占土地，修建夷馆、礼拜堂及炮台等，中国"百姓稍有议论，即开枪轰击伤害，从此无法无天，万民无不切齿痛恨。"针对侵略者的强盗行径，广州、佛山两地泥水木匠两行经过"大众公议"，作出决定："将来红毛如敢在省兴工，建造楼屋，我两镇工役头人，不许承接包办。如香港、澳门、黄浦〈埔〉有人胆敢承办，我两行必将此项工人，按名搜杀，并传之其乡，将承办工人之屋宇，立即烧毁，断不稍容。……此系通省百姓忠义之心，即皇上闻知，亦必别有嘉贺。我等务宜齐心报仇，勿生疑心，贪此叛逆之财也。"③ 用禁止中国工人为洋人"建造楼屋"的方式来"报仇"，在某种程度上已带有从经济活动领域抵制侵略的意义，开近代反侵略"罢工"斗争之先河。

1849 年，当鸦片战争结束七年之后，岭南民众反侵略的坚强意志仍未尝稍减，坚持不让已获得五口通商权的英人进入广州城。一份由三元里和南岸九十二乡"绅耆"代表发表的宣言宣告誓灭不共戴天的英夷，表示："我各乡村爱国勇士，计算不下十万人，而爱国士绅皆争相捐助军用物品；

① 《尽忠报国全粤义民申谕英夷告示》，《鸦片战争》第 4 册，第 14 页。

② 《尽忠报国全粤义民申谕英夷告示》，《鸦片战争》第 4 册，第 15 页。

③ 《广东省佛两处泥水木匠规条》，黄元颐编《夷物杂录钞本》，转引自华南师院历史系中国近代史教研室编《中国近代史参考资料》上册，第 80 页。

荷锄负铲之乡人，皆是强兵壮勇，各乡壮丁都随时准备战斗；因此，对彼反复不定之叛番，无须恐惧。水陆已有准备，彼虽凶恶，于我何伤？此辈叛徒，虽船坚炮利，但吾人意志坚若长城，非彼辈所能抗拒也。倘各国与彼辈朋比为奸，则吾人惟有奋不顾身而扑灭之。吾人对此辈畜类，恶毒无赖，必须全数驱逐使其无法生存，片帆不返。……从此以后，我国臣民必须同仇敌忾，以求国泰民安。吾人希望全体士绅，以及爱国人民，同心合力，以竟全功，使升平气象，百世同庆；而吾人之功，将永垂史册，流芳万年，此是千载一时之时，愿共勉之。"[1]

应该说，岭南民众有如此不屈不挠地反抗外敌侵略的精神，能够看到自己组织起来的力量，并且在政府一再采取妥协态度，业已签订和约的情况下，主动商筹御侮的方案，发出拒敌的号召，表现出历史的主动精神，是十分可贵的。一个国家、一个民族（尤其是一个弱国弱族）要在列强环伺、外患濒临的国际环境中生存，决不能缺少岭南民众所表现的这种精神。

问题在于，民众自发的反侵略精神需要加以引导，使其克服某些盲目性和局限性，并由精神力量转化为现实力量，真正发挥维护国家利益和民族利益的作用。在当时的历史条件下，这一引导的工作本来是应由政府担负的。然而，作为封建地主阶级总代表的清朝政府由于在现实利益上与广大民众的潜在冲突，在思想观念上受传统而陈腐的封建主义的束缚，加上在整体国力上的衰弱没落，因而不可能真正认可岭南民众强烈的反侵略精神，更不可能从更高的程度加以指导，致使岭南民众的强悍之气终究不能为国所用，不能发展提高，最后渐行涣散。

3. 痛斥清朝官员对外敌畏惧妥协、对民众一味压制的卑劣态度

从御侮拒外的立场出发，岭南民众对鸦片战争中力主罢战求和、对民众抗英斗争持反对态度的清朝官员是十分痛恨的。

有两份匿名揭帖这样写道："赃官误国，甘丧廉耻，从夷所欲，天实厌之。倘夷入城，鸣鼓攻之。"[2] "若要享太平，先杀潘仕成；选定弓箭手，埋

---

① 《升平公所绅耆宣言》，〔英〕麦克耐尔辑《中国近代史文选》，转引自华南师院历史系中国近代史教研室编《中国近代史参考资料》上册，第76～77页。

② 佐佐木正哉编《鸦片战争后の中英抗争》资料篇稿，近代中国研究委员会，1964，第269～270页。

伏射耆英；破了黄烟筒，自后不劳兵。广东多扰乱，总系这龟精，治鬼无方法，剥民有才情。倘欲除番狗，不离社学丁，义勇齐心力，尽忠答天庭，（蹻）跃向前进，万古标姓名。"① 潘仕成是洋行商人，与外国侵略者打交道甚多；耆英于 1842 ~ 1848 年在岭南历任广州将军、钦差大臣和两广总督，战争中力主对英人妥协屈服，战败后代表清政府一手签订了《南京条约》《五口通商章程》《望厦条约》和《黄埔条约》，在广州民众反入城斗争中实行"抑民奉外"的方针，允诺英人进入广州城；"黄烟筒"是民众给广东巡抚黄恩彤起的绰号，此人曾参与签订不平等条约，主张"欲禁外侮，先防内变"，对岭南民众反侵略斗争多有诋毁。深受外国侵略之害的岭南民众对此三人恨之入骨，是不奇怪的。

除耆、潘、黄等三人外，岭南民众还斥责当时任钦差大臣的琦善为"贪相"，一再受英人蒙骗，自撤藩篱，不准抵抗，致使侵略军窜入内河。② 在《全粤义士义民公檄》中，更进一步将中国的战败与文武大员的软弱无能、畏敌如虎联系起来，言辞十分尖锐："夫夷不过荒外一岛夷耳，其来动劳数万里，其众不满数万人，我天朝席全盛之势，灭其跋浪幺魔，何啻长风扫箨，奈何疆臣大帅，惜命如山，文吏武臣，畏犬如虎，不顾国仇民怨，遽行割地输金，有更甚于南宋奸佞之所为者，诚不可解者也！尝历观其奏牍，夷本无能也，而张大其强横；兆民本奋勇也，而反谓之涣散；无非胁我君王以必和之势，而得倖逃其欺君误国之愆。"三元里民众奋勇抗敌，正当一举欲将困守在四方炮台中的侵略军歼灭之际，清朝官员却出面解围，正可谓"困鱼入釜，抽薪来五马之官；放虎还山，曳甲夺万民之气。一日纵敌，数省祸延，兴言及此，直可为伤心痛哭者也！"③

岭南民众的这些痛斥之语，虽然不尽准确（如说英人之无能，天朝之全盛），但对惧外仇民的清朝官员的心态及其行为所造成严重后果的揭示，的确是切中要害的。当时负责办理"夷务"的几位清廷要员之所以力主对外妥协，并不是因为在敌强我弱的态势下，出于策略的考虑暂且退让，待战争过去之后再图自强，而是一开始就被英人军事力量的强大所吓倒，对

---

① 佐佐木正哉编《鸦片战争后の中英抗争》资料篇稿，第 286 ~ 287 页。

② 《尽忠报国全粤义民申谕英夷告示》，《鸦片战争》第 4 册，第 12 页。

③ 《鸦片战争》第 3 册，第 353 ~ 354 页。

自己失去信心，并无长期与敌斗争的决心和打算，以苟安于目前为目的。

例如1840年9月被派往广州与英人继续议和的钦差大臣琦善，一到广州就先行自动裁撤自己方面的武装，镇压抗英民众，重用汉奸鲍鹏，曲意迎合英军。他在呈给朝廷的一份奏折中力陈中方"不堪作战"，理由是岭南地势无要可扼，论军械则无利可恃，论兵力则涣散不固，论民情则易惑不坚。他所看到的都是自己的弱点，看不到任何有利的因素。这些弱点有些是客观存在，不容讳言，但有的显系偏见。如奏折中说："……粤省民风，浇薄而贪，除业为汉奸者更无庸议外，其余亦华夷杂处，习见为常，且率多与夷狭洽，非如定海之素无噢夷，人咸知为异类。若该夷诈行小惠，妄施机巧，正恐咸被诱惑，必不能如定海民心之固持不屈，其势尤为可虑。此民情之不坚也。"①

琦善并没有以事实作根据，而是仅凭"华夷杂处"就推断岭南民众会"咸被诱惑"，这不仅完全不符合实际，而且表现了他与岭南广大民众的隔膜和对英军的惧怕。就在琦善作出这一"预见"不到四个月，岭南就发生了三元里人民抗英的斗争，给侵略者以有力的打击，证明琦善的理由不过是些苟且偷安的借口。岭南民众对这类清朝官员的所作所为进行义正词严的声讨，是完全在理的。

在痛斥拒外仇民的清朝官员之时，岭南民众也表现出思想上所存在的弱点，这就是对官员的妥协行为严加指斥，对皇帝的妥协决定却加以回护，认为"圣天子英明神武，洞照诸臣之无能，念士民之忠愤，暂为羁縻于目前，而亟图振发于事后，将示天下以不测之神威也"，"惟我大皇帝手握金镜，心秉玉衡，循'以大事小'之义，而由'顺于天防'，非挟逼处之嫌，而密为之备，恭绎丝纶，照如日月"，②对皇帝存在美妙的幻想，寄托无限的希望，这在视君国为一体，忠君观念牢不可破的时代，是毫不奇怪的。

二　救亡图存主旋律的形成

随着外患的日渐加深，岭南人的爱国意识和民族意识也日渐发展，逐

---

① 《琦善奏义律缴还炮台船只并沥陈不堪作战情形折》，《筹办夷务始末》道光朝第2册，中华书局，1964，第778页。
② 见《全粤义士义民公檄》，《鸦片战争》第3册，第353～355页。

渐脱离其原来的自发性和逐渐克服传统忠君爱国思想的局限，形成了以救亡图存为主旋律的近代爱国主义精神和近代民族主义观。

（一）"兵战""商战"并举论

如前所述，对于西方列强在各个方面侵害掠夺中国权益的行径，岭南人以强烈的维权意识加以抨击。但由于外国侵略者的紧逼和清朝统治者的无能，这些侵害掠夺日益加剧，从总体上对中国的生存发展造成越来越大的威胁。对于这种严重的态势，岭南人有着敏锐的察觉和清醒的认识，率先发出要在更大规模和更深层次上与外国侵略者对抗的呼声。郑观应所提出的"兵战"与"商战"并举，尤其要以"商战"为重的主张，就是这一呼声的最初表现。

所谓"商战"，是指中国与西方各国在商业贸易方面的竞争。郑观应明确指出，自中外通商以来，外国是在两个领域与中国进行作战。一个是军事方面的兵战，一个是商贸方面的商战。两者相较，商战要比兵战厉害得多。这是因为"彼之谋我，噬膏血非噬皮毛，攻资财不攻兵阵，方且以聘盟为阴谋，借和约为兵刃。迨至精华销竭，已成枯腊，则举之如发蒙耳。故兵之并吞祸人易觉，商之掊克敝国无形。"① 这段话中包含两层意思：一是商战更为根本，它所攫取的是一个国家的"膏血"和"精华"，而兵战只是表层的东西；二是兵战祸人容易引起警惕，而商战造成的危害不易被人察觉。

郑观应还将兵战比之为"形战"，将商战比之为"心战"。所谓"形战"，就是以枪炮、兵舰这些有形之物作战，而所谓"心战"，则是以无形的心力所进行的较量。西人的心力，就集中表现在对"商"的讲求之上，他们"壹志通商，欲益己以损人，兴商立法则心精而力果。于是士有格致之学，工有制造之学，农有种植之学，商有商务之学，无事不学，无人不学"，因而商务格外兴盛发达。中国过去只知"形战"（兵战）而不知"心战"（商战），是"舍其本而图其末，遗其精义而袭其皮毛"。中国要图富强，就需要同时与西方展开兵战和商战，一方面"亟宜练兵将、制船炮，

---

① 郑观应：《盛世危言·商战上》，王贻梁评注《盛世危言》，中州古籍出版社，1998，第292页。

备有形之战以治其标"；另一方面"讲求泰西士、农、工、商之学，裕无形之战以固其本。"① 不过两者相较，商战还是比兵战更为重要，所以郑观应又强调说："习兵战不如习商战。"②

商战思想的提出，反映出郑观应对西方资本主义入侵有了更为深入的认识。在古代，中国人所熟悉和需要应对的只有兵战。近代之初，目睹两次鸦片战争的惨败和西方列强的纷至沓来，一些有识之士作出了中国已面临"数千年未有之变局"和"数千年未有之强敌"的清醒判断。但这一"变局"究竟变在哪里，这一"强敌"究竟强在何处，人们的认识是逐渐加深的。正如郑观应所说，中国一直以来还只是重视兵战，其实商战才更为根本，只有打赢了商战，中国才能真正遏止西人的"贪谋"，③ 免受外国的欺凌。将应对外国入侵的重点从军事的战场转移到经济（商务）的战场，更多地通过经济（商务）的强大来战胜敌人，这在思想认识上是一个重要的转折。

（二）上书朝廷疾呼救亡

郑观应是以一个工商企业家的眼光来观察时局，极力主张以"商战"来遏制外国入侵，避免中国走向危亡境地的。与此同时，康有为作为岭南觉醒的士人，对国家局势的危迫从民族生存的大局上有更加痛切的感受，直接上书皇帝，发出极为强烈的救亡呼声。

1888 年，当京师还是一片"醋嬉偷情，苟安旦夕，上下拱手，游宴从容"的奢靡景象时，康有为在上书中就对"外夷交迫"的危局作了十分清醒的估计："自琉球灭、安南失、缅甸亡，羽翼尽剪，将及腹心。彼者日谋高丽，而伺吉林于东；英启藏卫，而窥川滇于西；俄筑铁路于北，而迫盛京；法煽乱民于南，以取滇粤"，"国事蹙迫，在危急存亡之间，未有若今日之可忧也。"他还对日本的侵华阴谋进行预言："日本虽小，然其君臣自改纪后，日夜谋我，内置兵饷，外购铁舰，大小已三十艘，将翦朝鲜而窥我边。"④ 不过六年，

① 《盛世危言·商战下》，第 297 页。

② 《盛世危言·商战上》，第 292 页。

③ 《盛世危言·商战上》，第 292 页。

④ 《上清帝第一书》，汤志钧编《康有为政论集》上册，中华书局，1981，第 55、52～54 页。

这一预言就变成了甲午战争的现实。

1895年甲午战争刚刚结束，瓜分狂潮便渐露端倪。针对许多人存在的"和议成后，可十数年无事"的苟安心理和"上下熙熙，苟幸无事，具文粉饰，复庆太平"的麻木状况，康有为又率先在上书中敲响救亡的警钟："甲午以前，吾内地无恙也，今东边及台湾一割，法规滇、桂，英规滇、粤及西藏，俄规新疆及吉林、黑龙江，必接踵而来，岂迟迟以礼让为国哉？况数十国逐逐于后乎？……外患内讧，祸在旦夕，而欲苟借和款，求安目前，亡无日矣，今乃始基耳。"并触目惊心地大书"瓜分""瓦解"的字眼："窃近者朝鲜，日人内犯，致割地赔饷，此圣清二百余年未有之大辱，天下臣民所发愤痛心者也。然辱国事小，外国皆启觊觎，则瓜分之患大，割地之事小，边民皆不自保，则瓦解之患大，社稷之危未有若今日者。"① 以此来唤起最高统治者的严重危机感。

在同年所作的《京师强学会序》中，康有为结合世界诸多"守旧之国"兴亡史，将中国在列强包围之下若不变法只有沦亡一途的悲惨前景描绘得异常清晰而可怖："俄北瞰，英西睒，法南瞬，日东眈，处四强邻之中而为中国，岌岌哉！况磨牙诞舌，思分其余者，尚十余国。"昔名国如印度，大国如土耳其，小国如安南、缅甸、高丽、琉球、暹罗、波斯、阿富汗、俾路支等，"凡千数百计，今或削或亡，举地球守旧之国，盖已无一瓦全矣。"中国若守旧不变，国土将遭分裂，人民将沦为异族奴隶，"肝脑原野，衣冠涂炭。嗟吾神明之种族，岂可言哉！岂可言哉！"② 康有为将中国置于世界万国之中，论强国之威逼，叹守旧国之沦亡，忧中国土地、人民、文明、种族的前途命运，其中包含了相当鲜明的近代国家与民族意识。

1897年，以德国强占胶州湾为嚆矢，列强对中国的瓜分掀起高潮。康有为面对"外衅危迫，分割洊至"的险恶时局，再次上书清帝，用极为惊心动魄的语言描绘了瓜分在即、国亡在即的可怕情景："万国报馆议论沸腾，咸以瓜分中国为言。若箭在弦，省括即发……瓜分豆剖，渐露机牙，恐惧回惶，不知死所。……二万万膏腴之地，四万万秀淑之民，诸国眈眈，朵颐已久……唾手可得，俯拾即是，如蚁慕膻，闻风并至，失鹿共逐，抚

---

① 《康有为政论集》上册，第114、139、115、139页。
② 《康有为政论集》上册，第165~166页。

掌欢呼。"他将聚焦点集中在外国一旦得逞，中国可能陷入丧权亡国的惨况："教堂遍地，无刻不可起衅，矿产遍地，无处不可要求。骨肉有限，剥削无已。且铁路与人，南部咽喉已绝；疆臣斥逐，用人之大权亦失。浸假如埃及之管其户部，如土耳其之柄其国政；枢垣总署，彼皆可派其国人；公卿督抚，彼且将制其死命；鞭笞亲贵，奴隶重臣；囚奴士夫，蹂践民庶，甚则如土耳其之幽废国主，如高丽之祸及君后；又甚则如安南之尽取其土地人民，而存其虚号，波兰之割宰均分，而举其国土……"他将外国将要攫取的经济大权、政治大权、领土大权乃至国人生存之权等一项项列举出来，就是要用极为严峻的现实，唤醒统治者的国家权力意识，而这种意识在中国古代专制大一统的格局和观念中，是极为薄弱的。康有为还以极为强烈的愤激之情对统治集团发出最严重的警告，指出如果还不救亡，听任列强瓜分，清朝将会走到绝路："皇上与诸臣，虽欲苟安旦夕，歌舞湖山而不可得矣，且恐皇上与诸臣，求为长安布衣而不可得矣"，"沼吴之祸立见，烈晋之事即来，职诚不忍见煤山前事也。"① 胆敢将皇帝和朝廷可能的前景预言得如此凄惨可怖，如果不是把国家和民族的命运看得比自己生命还重的人，是决然做不到的。

（三）宣传民众投入救亡

岭南人士救亡图存呼声中所内含的近代国家民族意识不仅在上书中已有相当清楚的显示，而且在康梁等人"变于下"的活动中，表露得更加直白无隐。

所谓"变于下"，就是在士绅或士大夫阶层中进行变法的宣传组织活动，通过在下面造成变法的声势，推动朝廷"上面"的变法，或者在朝廷迟迟不变的情况下，先从下面变起，以挽救迫在眉睫的民族危机。康梁等人办报刊、开学会、办学堂等，都属于"变于下"的活动。

1897年德国强占胶州湾事件发生之前，康梁等人在"变于下"的宣传中，主要还是以"合群"为宗旨，政治动员的意味比较明显，意在从观念和组织上突破以往对集会结社的厉禁，将历来散漫的士绅阶层结成有一定社会性、政治性的团体，以便对变法起到一定程度的实际作用。

---

① 《康有为政论集》上册，第 201～203、209～210 页。

胶州湾事件发生后，康有为积极发动成立保国会，并为这一团体确定了"保国保种保教"的宗旨：保国就是保全国家之政权土地，保种就是保人种之独立，保教就是保圣教（孔教）之不失。"合群"之论进一步发展为人人发愤知耻救亡论，加强了对近代国家民族观的宣扬。

为了使人们（主要是士绅阶层）都能明了这一宗旨，康有为在宣传中极力将中国面临的瓜分危机与四万万人的生死存亡和前途命运紧密联系起来："举四万万圆颅方趾聪明强力之人，二万万方里膏腴岩阻之地，而投之不测之渊，掷之怒涛之海，悬诸绝岸之下，施以凌迟之刑，羁以牛马之络，刓之缚之割之鬻之，而是四万万之人者，寝于覆屋之下，锁于漏舟之中，跃于炎炎薪火之上"，① "如笼中之鸟，釜底之鱼，牢中之囚，为奴隶，为牛马，为犬羊，听人驱使，听人割宰，此四千年中二十朝未有之奇变。加以圣教式微，种族沦亡，奇惨大痛，真有不能言者。"② 梁启超亦写道："敌无日不可以来，国无日不可以亡。数年以后，乡井不知谁氏之藩，眷属不知谁氏之奴，血肉不知谁氏之俎，魂魄不知谁氏之鬼。……今夫西人不欲分裂中国斯亦已矣，苟其欲之，如以千钧之弩溃痈，何求不得，何愿不成。"③

根据这些描述，中国的危机就不再只是朝廷、皇族、官府的危机，而且更是全体人民的危机、每个人的危机乃至"种族"的危机，换言之，国家也就不仅是朝廷、皇族和官府的国家，而且更是全体人民、每个人乃至全民族的国家。因此，以往所发生的"割地失权"之事，每个人都有不可推卸的责任。

康有为甚至这样写道："孟子曰：'国必自伐，然后人伐之。'故割地失权之事，非洋人之来割胁也，亦不敢责在上者之为也，实吾辈甘为之卖地，甘为之输权。若使吾四万万人皆发愤，洋人岂敢正视乎？而乃安然耽乐，从容谈笑，不自奋力，非吾辈自卖地而何？故鄙人不责在上而责在下，而责我辈士大夫，责我辈士大夫义愤不振之心，故今日人人有亡天下之责，人人有救天下之权者。"④ 康有为不责在上而专责在下，看似偏颇，实则用心

① 《保国会序》，《康有为政论集》上册，第230页。
② 《京师保国会第一集演说》，《康有为政论集》上册，第237页。
③ 《南学会叙》，梁启超著《饮冰室合集》文集之二，中华书局，1989，第65~66页。
④ 《京师保国会第一集演说》，《康有为政论集》上册，第240页。

良苦。究其实质，就是要唤起人们还非常缺乏的国家责任心和民族责任感，使每个人都将救亡图存当做自己的神圣权利和责任。如果人人都能有此觉悟，那么就能对在上者形成强大的压力，而国家的救亡也就有了牢固的基础。

对于人人都应立足于国家和民族的立场发愤救亡，梁启超也做了很有影响力的宣传。他着重揭露和谴责了两种对救亡图存十分有害的表现。

一是不知耻。甲午战败签订和约后，很快就忘记"国之耻，君父之难，身家之危"，不信瓜分之祸迫在眉睫，仍然照旧生活，歌舞升平，互相争斗，"譬犹蒸水将沸于釜，而儵鱼犹作莲叶之戏，燎薪已及于栋，而燕雀犹争稻粱之谋，不亦哀乎。"① 由于不知耻，于是皆变成"无耻"之徒，有无耻之官，无耻之士，无耻之商，无耻之兵，无耻之民，因无耻而导致无数卑劣、恶劣的行为，从而使得身废家破国亡。梁启超认为有耻并不可怕，可怕的是有耻而不知耻，因此愿以知耻号召于天下，"愿吾侪自耻其耻，无责人之耻。贤者耻其大，不贤耻小，人人耻其耻而天下平。自讳其耻，时曰无耻；自诵其耻，时曰知耻。启超请诵耻以倡于天下。"②

二是束手待亡。表现为虽忧瓜分惧为奴，但"……求其所以振而救之之道，则曰天心而已，国运而已。谈及时局，则曰一无可言，语以办事，则曰缓不及急。千臆一念，千喙一声，举国戢戢，坐待刲割。"梁启超抨击道："吾中国之亡，不亡于贫，不亡于弱，不亡于外患，不亡于内讧，而实亡于此辈士夫之议论、之心力也。"好比患病，虽知其病却不求药治之，一心等待死亡的到来，这种心态实在比疾病本身更为可恨。指出中国兴亡与否并非定数，而在人为，"今数万里之沃壤，故犹未割也，数万万之贵种，固未絷也，而已俯首帖耳，忍气吞声，死心塌地，束手待亡，斯真孟子所谓是自求祸也。……夫天下事可为不可为，亦岂有定哉！人人知其不可而不为，斯真不可为矣。人人知其不可而为之，斯可为矣。"③ 像康有为一样，梁启超也寄希望于士大夫层和广大民众的觉醒，期盼他们摆脱麻木不仁的状态，把国家的耻辱当做自己的耻辱，奋起寻求挽救国家危亡的办法，以此应对日益深重的民族危机。这种知耻以救亡的意识，实际上是对国家民

① 《南学会叙》，梁启超著《饮冰室合集》文集之二，第65~66页。
② 《知耻学会叙》，梁启超著《饮冰室合集》文集之二，第67~68页。
③ 《保国会演说词》，梁启超著《饮冰室合集》文集之三，第27~28页。

族意识的启蒙。它启示人们认识到"人人"即每个人对于国家所负的责任，以及这种责任对于国家所能起到的巨大作用。这样在无形之中，就降低了君主及朝廷的分量，而提升了民众自身在国家中的地位。

至于民众怎样发愤救亡，康梁等人提出了一些虚实交织的设想。

一是增加心之热力。这是根据"万物之生，皆由热力"的自然之理所得出的救亡之法，虽然每个人的热力微小，但若人人奋力增其热力、合其热力，就足以增光日月，汇成江河，"果能四万万人人人热愤，则无不可为者，奚患不能救。"① 这也就是要求人人都为国家的安危着想，将国家的存亡置于心中最重要的地位，保持一种高昂的救亡图存的斗志。

二是万众一心自振自保。其核心策略是"齐万而为一"，也就是要通过设立学会而使全国上下从各方面凝为一体，这样才能称得上有国，才能求得自强。梁启超特别解释"国"的意义就在于有君、有官和有士、农、工、商、兵，他们应该"万其目，一其视；万其耳，一其听；万其手，一其足，一其心；万其力，一其事……万其涂，一其归"，只有实现这种高度的统一，才能称之为国家。这显然已经不是君主和朝廷就可以代表一切的古代国家，而是君主、朝廷与民众必须相互保持一致的、具备了浓重近代意味的国家。梁启超认为，由于中国之大，积弊之久，要一下子通过成立学会实现全国的联合是很困难的，所能做的是就是仿效日本的榜样，先从数省做起。在此数省中，梁启超尤其寄希望于湖南。他设想，以湖南为基地，"先合南部诸省而讲之，庶几官与官接，官与士接，士与民接，省与省接，为中国热心之起点，而上下从兹其矩絜，学派从兹而沟通，而数千年之古国，或尚可以自立于天地也。"② 这是一个非常大胆的设想。按照这一设想，民间的、地方的学会就成了连接社会各阶层的枢纽，成了有可能维持中国"自立"的关键。民众通过自身的联合而自觉负起救亡的责任，君主和朝廷的威权作用不但等而次之，而且可说是退而隐之了。

三是人人"行其分内所得行之事"。这就是上与下、疆臣与朝廷、州县与督抚、士民与有司互不推诿怪罪，而是皆以真心忧国忧天下，"如真忧之，则必无以办事望人焉，以望诸己而已；必无以办事责人焉，以责诸己

① 《京师保国会第一集演说》，《康有为政论集》上册，第 240 ~ 241 页。
② 《南学会叙》，梁启超著《饮冰室合集》文集之二，第 64、66 ~ 67 页。

而已。各有不可诿之责分，各有可得为之权限"，"愿我士我大夫，皆移其责望人之心，以自望自责，则天下事之可为者，未有量也。"① 人人都负起救亡的责任，人人都有救亡的"权限"，这势必就要求人人都是自主自立自为之人，而不是依赖于朝廷、官府或他人。在这种"自望自责"主张中，已隐隐包含了一种近代公民意识在内。

整个来看，康梁等人所发出的救亡图存呼声对抵御外侮和维护权益的要求做了很大的提升，近代国家和近代民族意识已清晰可见。当朝廷迟迟不肯毅然变法以救亡的时候，他们主观上也想策动地方士绅负起主导的责任，其思想观念中已经具有了相当激进的因素。然而，他们此时的救亡图存观还不能突破朝廷观的束缚，即使朝廷迟迟不肯变法救亡，他们也要苦苦地等待。他们还没有形成自己独立政治势力的条件，也还没有做好摆脱朝廷为国家民族自谋出路的思想准备。

（四）鼓吹"反满"以救亡

将康梁等人的救亡图存思想进一步向前推进的是另一位岭南人孙中山。

就在康有为策动著名的"公车上书"之时，孙中山在美国檀香山成立了以"驱除鞑虏，恢复中国，创立合众政府"② 为宗旨的革命组织兴中会。像康梁等人一样，孙中山对中国日益加深的外患也是痛心疾首，并由此激发起强烈的爱国意识和民族意识，力图加以挽救。

在兴中会成立的章程中，对中国的危亡处境有这样痛切的描述："中国积弱，非一日矣！上则因循苟且，粉饰虚张；下则蒙昧无知，鲜能远虑。近之辱国丧师，剪藩压境，堂堂华夏不齿于邻邦，文物冠裳被轻于异族。有志之士，能无抚膺！夫以四百兆苍生之众，数万里土地之饶，固可发奋为雄，无敌于天下。乃以庸奴误国，涂［荼］毒苍生，一蹶不振，如斯之极。方今强邻环列，虎视鹰瞵，久垂涎于中华五金之富、物产之饶。蚕食鲸吞，已效尤于接踵；瓜分豆剖，实堪虑于目前。有心人不禁大声疾呼，亟拯斯民于水火，切扶大厦之将倾。用特集会众以兴中，协贤豪而共济，抒此时艰，奠我中夏。"③

---

① 《保国会演说词》，梁启超著《饮冰室合集》文集之三，第28页。
② 《檀香山兴中会盟书》，《孙中山全集》第1卷，中华书局，1981，第20页。
③ 《檀香山兴中会章程》，《孙中山全集》第1卷，第19页。

对照康有为上清帝书等文献可以看出，孙中山对中国民族危机的深切感受与康梁相同，主要着眼于国家和民族利益而救亡图存的决心相同，但他们选择的救亡道路和方式有很大的差别。康有为等人将救亡的希望主要寄托于朝廷的变法，他们所进行的一切活动包括设学会、开学堂、办报刊等等，总体上都是为了达到推动和促使朝廷尽快变法的目的，而孙中山则对清朝完全失去了信心。他不仅不相信清朝能够变法救亡，而且认定清王朝本身就是导致中国危亡的祸根，因此，若要救亡，根本的办法就是先将清朝推翻。

在兴中会章程中，孙中山提出要"振兴中华、维持国体"，"联络中外华人，创兴是会，以申民志而扶国宗"。① 单看这里所说的"国体""国宗"，似乎与清朝还未完全划清界限，但如果联系兴中会同时制定的秘密誓词一起来分析，就可以清楚地知道，孙中山所要维护的国家是将清朝统治者排除在外的国家，他所表达的民族意识，是以汉民族为主体的中华民族意识。这种民族意识有特殊性，也有局限性，在当时历史条件下，它代表了先进中国人近代民族意识的重大觉醒。它在本质上是要求中国国家和中华民族的独立，但由于中国正处于清朝统治的特定时期，于是本来针对外国列强的民族独立意识，就转化成了以"反满"为特征的民族观念。

孙中山与康梁等人所代表的两种大不相同的救亡图存之路，在当时都有存在的理由，并且都对中国人的民族觉醒起了积极的作用。但两者起作用的范围不同，发生影响的程度不同，最后取得的效果也不同。仅就近代国家与民族意识的生长而言，康梁等人的思想显然还处于从传统的朝廷观向近代国家民族观过渡的阶段，而孙中山的思想则更多地具备了近代国家民族观的形态。随着时间的推移，康梁与孙中山的近代国家民族观后来都得到了很大的发展。

---

① 《檀香山兴中会章程》，《孙中山全集》第 1 卷，第 19 页。

第二章　打破自我封闭的文化更新

西方资本主义的入侵给岭南带来了巨大的苦难和深重的忧患，同时也使岭南人开始接触一种与中国传统文化差异甚大的新文化。对于这一文化采取什么态度，对岭南人的文化心理既是一种检验，又是一种挑战。

鸦片战争前，岭南虽然也有与外国频繁通商的历史，但由于朝贡体制和闭关自守政策的限制，西方文化的传播还十分有限。加之在古代以来长期的历史发展中，西方文化并没有表现出有多少优越性，因此，岭南人对西方文化所持有的还是传统的观念，即多以奇技淫巧或奇谈怪论视之。鸦片战争后，西方文化通过多种途径和多种形式蜂拥而入，引起了岭南人的极大关注。近代西方文化无可置疑的先进性使他们受到强烈的震撼，传统的中西文化观招致严重的质疑并逐渐发生深刻的改变。

在这一文化转型的艰难过程中，为了克服"夷夏之辨"之类顽固拒外的心理，为西方文化的登堂入室寻找充分的依据，并最终达到中西文化融合的目的，岭南人费尽心机进行了多层面多角度的深入探索，表现了矢志不移地追求先进文化、不断锐意进取的精神和对外来文化诚心相待、坦然接纳的开放心态。这是一个充满思想勇气而又难免存在认识误区的复杂过程，是一个对中西文化两者的认识都不断深化和升华的发展过程。

以往学术界在概述近代中国学习西方历程之时，往往采用梁启超的说法，将其归纳为从学习西方器物到学习西方制度再到学习西方价值观这样三个演变阶段。这从整个近代中国宏观历史的发展（从洋务运动、戊戌维新和辛亥革命到新文化运动）来说，是颇有见地的。但具体到岭南人学习西方、融合中西文化的思想探索，这一概括就显然有不合适之处。岭南人对于中西文化，较多整体性的思考和辨析，在某种程度上，可以说是对中西文化一开始就进行了全方位的评估和对接（当然在不同的人那里仍有侧重点的差别或者说有不同的局限性），这表明了岭南人学习西方的鲜明思想特色。

一 破除"夷夏之辨"的顽固拒外心理

了解西方是文化开放的第一步，对了解到的西方采取何种态度，这是实现开放性文化更新所面临的更为关键性的问题。要解决这一问题，就必须突破传统文化观长期所形成的"夷夏之辨"这一重大思想障碍。

所谓"夷夏之辨"，是中国思想文化史上长期延续的一种看待中外关系的根本观念。按照这一观念，只有中国文化才是天下先进文明的代表，而外国则是根本不能与中华相提并论的蛮夷之邦，其文明程度远逊于中国，其文化对于中国人没有任何值得关注的价值。因此，只能以中国文化去同化外夷，而不能以外夷文化来退化中夏，中外在文化性质和文明程度上隔着一道不可逾越的鸿沟。这样一种中国文化优越论和中外文化隔绝论，就成为中国人根深蒂固的文化心理。

鸦片战争之后，在时变的巨大冲击和事实的有力证明下，先进的中国人开始改变"夷夏之辨"的传统文化心理。从魏源主张"师夷长技以制夷"，冯桂芬力倡"鉴诸国"，到清朝兴起以学习西方"求强求富"为宗旨的早期近代化运动——洋务运动，"夷夏之辨"的堤防逐渐被冲开了很大的一个缺口。但尽管如此，西学仍然受到许多人的坚决抵制，"今之自命正人者，动以不谈洋务为高，见有讲求西学者，则斥之曰名教罪人、士林败类。"① 这类正人君子不去了解西学究竟值不值得讲求，而是仅凭其有西学这一历来犯禁的名称，就搬出"名教"这一神圣之物来加以压制，将西学归之于不可接触的异类。

要破除这种蛮横但又似乎正气凛然的顽固之见，最简便有力的方法就是将西学与中学有机地连接统一起来。为此，岭南人对中西文化的一体性进行了多方论证。

（一）"西学中源"论

所谓"西学中源"，意思是西学源于中学。中国是世界最早的文明古国之一，早在夏商周和春秋战国时期就已经形成发达成熟的文明，在大量的典籍文献中，记载了古人在自然和社会各个领域的发明创造及相关知识

---

① 郑观应：《盛世危言·西学》，第73页。

和学问。由于它们出现于文明初曙的特殊时期，无不具有令人惊叹的历史原创性，因此一直被中国人视为值得骄傲自豪的文明源头和文化遗产。

当热心讲求西学的岭南人希望为西学洗刷异端之名的时候，自然会将西学与这些关于中国上古时代的记载进行比较。比较的结果，是在两者之间发现了从形式到内容的种种相似性的关联。因为中国古代文明在时序上远远领先，因而便被顺理成章地说成是西方文化的历史源头。

郑观应对此有颇为详尽的论述。他明确指出，只要查阅诸子之书、列朝之史，就不难知晓西学并非创自西人，而是来源于中国古代文明。中国上古的圣贤（如神农氏、轩辕氏等）很早就从无到有地创造了历法、农具、文字、衣冠、兵器、飞车、弓矢，"惊人耳目，各树神奇"。很多学问也在这一时期开始萌生首创，如"星气之占"（观测天象之学）、勾股之学、地图之学、"九章之术"（数学）、地圆之说等。上古及其后一段历史时期内，中国文明仍曾继续领先于世界。中国人曾制作出浑天仪，成为天体测量的先驱；制作能御的木人，能飞的木鸢，能操纵的木牛流马，成为制造机器的先驱；制作不借风力，自备机械动力而能行驶迅捷的千里船和楼船，成为制造轮船的先驱；设有专管不同语言交流的官员，成为开展翻译工作的先驱；利用太阳和月亮的能量取火取水，成为"格物"（物理实验）的先驱。不仅如此，古籍中的许多记载还清楚地证明，举凡今日西学中的化学、重学、光学、气学、电学等等，无不出自中国古代之学。[1]

郑观应还具体指出了中学传至西方的途径及其导致的后果："自《大学》亡《格致》一篇，《周礼》缺《冬官》一册，古人名物象数之学，流徙而入泰西，其工艺之精，遂远非中国所及。盖我务其本，彼逐其末；我析其精，彼得其粗；我穷事物之理，彼研万物之质。秦、汉以还，中原板荡，文物无存，学人莫窥制作之原，循空文而空谈性理。于是我堕于虚，彼征诸实。不知虚中有实，实者道也；实中有虚，虚者器也。合之则本末兼赅，分之乃放卷无具。"[2]

郑观应的论述几乎涉及了西学自然科学与技术科学的各个领域，在

---

① 见郑观应《盛世危言·西学》，第75页。
② 郑观应：《盛世危言·道器》，第57页。

"西学中源"说方面很有代表性，并具有丰富的内涵。按照郑观应的说法，所有现今先进的西学，其实都是源自中学，大量的事实可以充分证明这一点。中学是西学的源头，西学是中学的发展，两者一脉相承，本来同属于一个文化体系。它们之间在时序上有古今先后的不同，在文化取向上有本末、精粗、理质、道器的差异，但原本皆为圣人之学，不存在什么"夷夏之别"。"工艺"这部分原本的圣人之学在西方得到了极大的发展，而在秦汉之后的历史演变中，中国倒完全丢弃了自己的"名物象数之学"，结果使中学由精深变得空虚。结论就是只有将道与器即中学与西学结合起来，圣人之学才能完整无缺，否则就会名不副实。这个结论对于传统的夷夏观来说，具有革命性的颠覆作用。

（二）"西学即墨学"论

郑观应在论述"西学中源"时，主要还限于西方的"工艺"之学与中国古代"名物象数之学"的源流关系，虽然在谈到西方的学校、议院等制度时，也会将中西观念做一些联系和比较，但还未置于源流论之内。黄遵宪将"西学中源"的范围进一步加以扩大，成为此说在岭南的另一主要代表人物。他对中西文化之间的源流关系作了全方位的考察，认为西学在立教、制度、格致之学等方面对中学都有继承性。

首先，西方立教源出于墨子，西学即墨子之学，这是黄遵宪对西学渊源及其性质的总概括。对此，他作了颇为系统的论证："余考泰西之学，其源出于墨子。其谓人人有自主权利，则墨子之尚同也；其谓爱汝邻如己，则墨子之兼爱也；其谓独尊上帝、保汝灵魂，则墨子之尊天明鬼也。至于机器之精、攻守之能，则墨子备攻备突、削鸢能飞之绪余也。而格致之学，无不引其端于墨子经上下篇。"[①] 这里所说的"泰西之学"，包括政治社会之学、宗教之学、工艺之学、格致之学，范围非常广泛。

为什么是墨子而不是其他百家诸子传入西方呢？黄遵宪作了这样的解释："当孟子时，天下之言半归于墨，而其教衍而为七，门人邓陵、禽猾之徒且蔓延天下。其入于泰西，源流虽不可考，而泰西之贤智推衍其说，

---

① 黄遵宪：《日本国志》卷三十二，上海图书集成印书局光绪二十四年版，沈云龙主编《近代中国史料丛刊续编》第十辑，台湾文海出版社，1974～1982，第787页。

至于今日，而地球万国行墨之道者，十居其七。拒之辟之于二千岁之前，逮今而骎骎有东来之意。呜呼，何其奇也。"① 这就是说，墨子是因为当时有很大的影响力，而且门徒又特别多，所以才流传到西方各国。两千年之前，孟子曾站在儒家的立场上拒墨辟墨，使墨学在中国渐成绝学。两千年之后，墨学却在世界各国大行其道，并以西学的身份重新东来中国，这不由得使黄遵宪感到十分惊奇。也可以说，他对两千年中墨学在中西所招致的截然不同的命运，还不能给出说明。

为什么黄遵宪认定西学就是墨子之学呢？他进一步陈述了自己思考的过程，对自己所了解的西学作了更多的介绍："余足迹未至欧洲，又不通其语言文字，末由考其详。顾余闻东西之人盛称泰西者，莫不曰其国大政事、大征伐，皆举国会议，询谋金同而后行；其荐贤授能、拜爵叙官，皆以公选；其君臣上下无疾苦不达之隐，无壅遏不宣之情；其人皆乐善好施，若医院，若义学，若孤独园，林立于国中。其器用也，务以巧便胜；其学问也，实事求是，日进不已。其君子小人，皆敬上帝，怵祸福。其法律详而必行，其武备修而不轻言战。余初不知其操何术致此，今而知为用墨之效也。"② 此时黄遵宪还未亲临西方作实地考察（他后来被派至欧洲任驻外使节），也未能直接阅读西书作深入研究，他是将自己所得到的关于西方的听闻与自己所熟知的中国文化相比较，因而得出了西学即墨学的结论。这种认识方式，其实也是当时许多先进的中国人了解西方的共同特征。这种方式带有较大的主观性，但同时也表现了中国人急于借鉴西方的迫切心情。

黄遵宪在文化价值观上以儒学为根本立场，认为墨学虽与儒学有某些相似之处，但其立教之要旨则大异，"流弊"不可胜言。因此，他对与墨学一脉相承的西学在根本宗旨上也持批评态度。

除了在总体上判定西学为墨学外，黄遵宪还指出西学与其他中国古学有十分密切的渊源关系。

一是在法制、官制、行政制度等方面，西方与中国多有相似之处，"其用法类乎申韩，其设官类乎《周礼》，其行政类乎《管子》者，十盖七八。"③

---

① 黄遵宪：《日本国志》卷三十二，第 787 页。

② 黄遵宪：《日本国志》卷三十二，第 787 页。

③ 黄遵宪：《日本国志》卷三十二，第 807 页。

他考证说，《周礼》设官之繁、赋敛之重，常为儒者所疑，但证之西方各国，其官制、赋税制皆同于《周礼》之制，并取得了良好的治国效果，由此可知《周礼》所记不容怀疑。又如在设官立政的许多规定上，西方与《周礼》竟相似到惊人的程度，"其官无清浊之分，无内外之别，无文武之异，其分职施治有条不紊，极之至纤至细，无所不到，竟一一同于《周礼》，乃至卝人之施金锡，林衡之施材木，匡人、撣人之达法则、诵王志，为秦汉以下所无之官，而亦与《周礼》符合，何其奇也。"① 《周礼》是儒家经典，《管子》是法家经典，它们像墨学一样，都成为西方的文化源头，这同样使黄遵宪感到很惊奇。

二是西方一切"格致之学"，多散见于"周秦之书"。黄遵宪列举了很多具体的材料，说明中国古书的记载实为"化学之祖""重学之祖""算学之祖""光学之祖"，最早发明"机器攻战"之器，最早提出"地球浑圆、天静地动"之说，最早"言电气"等等，"凡彼之精微，皆不能出吾书也"。之所以如此，是因为中国文明发展最早，当中国数千年前开国之时，环四海而居者都还只是些未开化的"蛮夷戎狄"，而中国圣智辈出，学问无所不备，因此"西人之学未有能出吾书之范围者也"。可惜的是，中国人未能将这些"实学"继承下来，"三代以还，一坏于秦之焚书，再坏于魏晋之清谈，三坏于宋明之理学，至诋工艺之末为卑不足道，而古人之实学益荒矣。"②

根据这些论述，西学就不仅在整体上，而且在各个部分上，都来源于中学，或者说，与中国古代的圣贤之学完全一致。尽管黄遵宪对墨学立教的根本宗旨并不赞同，因此也就对西学的许多基本观念持保留或批评的态度，但这并不妨碍他认定西学与中学的源流和一致性关系。在此基础上，黄遵宪明确提出应坚决抛弃传统的"用夏变夷"之说，大力学习先进的西方文化，用以自强，并赶超万国。他在一段很长的论述中特别强调：百年以来，西国日益强，西学日益盛，这正是中国人借以考求失传的古制，并在新的基础上发扬光大的好机会。如果不知西学源于中学，将其视为"异类"而弃之，以通其艺为辱，效其法为耻，那是非常狭隘的做法。今日时

---

① 黄遵宪：《日本国志》卷十三，第353～354页。
② 黄遵宪：《日本国志》卷三十二，第807～808页。

势已与往昔不同，不能再固守古人的"用夏变夷"之说。相反，在西人凭借富强之势纵横于四海，并挟其所长，日以欺侮凌逼中国之际，欲捍卫中国之道，就必须借助于西法以为辅助。以中国之才智，不出数年，"即当远驾其上，内则追三代之隆，外则居万国之上"。西方"格致之学"即使非中国所固有，也应降心相从，"况古人之说明明具在，不耻术之失其传，他人能发明吾术者，反恶而拒之，指为他人之学，以效之法之为可耻，既不达事变之甚，抑亦数典而忘古人实学、本朝之掌故也已。"① 不难看出，"夷夏之辨"仍然是阻碍中国学习西方的最顽固的传统心理，而西学中源说就是黄遵宪用以打破这一心理的利器。

黄遵宪论"西学中源"论比郑观应扩大了范围，但也作了一个特别的限制，就是将西学在总体上定位于墨学。这就是说，他虽然认为西学皆源于中学，但它的源头有其特殊性，即整个源于墨学，部分也源于儒学或其他周秦之学。这当然是基于黄遵宪的学术比较和判断，但也与他的儒家文化立场密切相关。由此，他对于西学中与儒学一致的"格致之学"或"实学"部分，是极力主张学习接纳的，而对于西学中源于墨学但与儒学显然相悖的内容，他是持拒绝或质疑态度的。这种情况到了康有为等人那里，起了一个很大的变化。

（三）中西文化"暗合"论

康有为较少使用"西学中源"的说法，他用的是中西文化暗合论或相似论。暗合论或相似论比较容易立论，其实际含义则与起源论并无大的差别。与黄遵宪相比，康有为论中西文化的一致性，已没有儒墨不同的特殊性限制，而是将西学与整个中国之学混为一体，不仅像郑观应、黄遵宪一样，肯定中西文化在格致、工艺、实学等方面的一致性，而且深入更为核心的文化层面，肯定中西文化在道德、纲常、人心风俗等方面的一致性。

第一，在"义理"及各种做人的美德方面，中西既然皆为人类的一部分，则必然遵循共同的准则："若乎义理之公，因乎人心之自然，推之四海而皆准，则又何能变之哉？钦明文思、允恭克让之德，元亨利贞、刚健中

---

① 见黄遵宪《日本国志》卷三十二，第808～809页。

正之意，及夫皋陶之九德，《洪范》之三德，敬义直方，忠信笃敬，仁义智勇，凡在人道，莫不由之，岂能有中外之殊乎？"① 康有为所提到的德行，皆为中国文化中最高的美德，按照传统的观念，这些美德多为圣贤之人才会具有，一般的中国人都很难达其高度，何况居于蛮夷之地的西方人。但康有为别出新论，将这些美德放在"人心"和"人道"的新基点来考察，进而得出了只要为人，就不会不奉行这些属于人类之公德的结论。

第二，在作为"中国之大教"的"三纲五常"方面，也不能说中国独有，西方所无，根据对法国法律的考察，西方对"纲常"的规定亦比比皆是。例如，关于君臣，法国民律第一条规定："此律例系由国王颁定，凡列名于法国版图中者，无一人不应钦遵谨守。"第十八条规定："凡形同叛逆，欲行谋害国王者，照弑父大逆重案科罪。"关于父子，第三百七十一条规定："凡一切子女，无论其人何等年岁，须于其父母有恭敬孝顺之心。"第三百七十二条规定："凡一切子女，为其父母所管属。"第三百七十四条规定："凡为子女不能擅离父母之家，除有父命令其前往某处者，始可挪移。"关于夫妇，第二百一十三条规定："凡为妇者，应为其夫者所管属。"第二百一十五条规定："凡一切妇人不能自主作为，即事中见证，须有其夫之命，始得前去。"康有为感叹道："由斯观之，岂非庄生所谓'父子天性也，君臣之义无所逃于天地之间，凡人道所莫能外'者乎！"②

第三，在"人心风俗""礼义廉耻"方面，西方亦不可能有别于中国："……《管子》所谓'四维不张，国乃灭亡'。由国有家，莫不同之，亦无中外之殊也。……彼惟男女之事，不待媒妁，稍异于吾道，自余皆无之。"③

此外，甚至西方基督教《新约》《旧约》虽然"浅鄙诞妄"，根本不能与中国六经的"精微深博"相比，但"其最大义，为矫正上天，以布命于下，亦我'六经'之余说，非有异论也"，④ 可见仍有相同之处。

康有为论证最多的，是西政西学与中国经义的"暗合"。在《上清帝第四书》中，康有为总结了西方之所以富强的三个原因即尊贤保民、立科以

---

① 《答朱蓉生书》，《康有为全集》第 1 集，上海古籍出版社，1987，第 1038 页。

② 《答朱蓉生书》，《康有为全集》第 1 集，第 1038~1039 页。

③ 《答朱蓉生书》，《康有为全集》第 1 集，第 10389 页。

④ 《答朱蓉生书》，《康有为全集》第 1 集，第 1040 页。

励智学和设议院以通下情，然后紧接着指出："然孟子云：'国家闲暇，明其政刑，尊贤使能，大国必畏。'《易》称：'开物成务，利用前民，作成器以为天下利。'《洪范》称：'大同逢吉，决从于卿士庶人。'《孟子》称：'进贤杀人，待于国人大夫。'则比族实暗合经义之精，非能为新创之治也。"① 在《上海强学会章程》中讲到"开大书藏"时，康有为更加明确地写道："近年西政西学，日新不已，实则中国圣经，古孔子先发其端，即历代史书，百家著述，多有与之暗合者，但研求者寡，其流渐湮。今之聚书，务使海内学者知中国有穷理之学，而讲求实用之意，亦未遽逊，正不必惊望而无极，更不宜划界以自封。"② 所谓划界自封，指的正是传统的夷夏之辨观念。康有为提出"暗合"论，其主要目的就是要打破这一根深蒂固的界限。为此，他搬出了圣人孔子、孟子，搬出了儒家经典，还搬出了历代史书和百家著述，千方百计要证明西政西学并非离经叛道的新奇之说，而是中国古已有之。

康有为关于西政西学与中国经义及中国文化"暗合"说，在其所编撰的《日本书目志》一书中形成了相当系统的论述。该著将日本书目分为十二个门类，在为每个门类所写的按语中，都对中西之间的相合作了详尽的论证，其对中西各类相合的论述各有特点、精彩纷呈，充分显示康有为所具有的广博学识和极为丰富的联想力。由于内容过多，对这些论述难以一一俱引，以下仅列其中西比较的纲目，以见其概貌。③

生理——西方生理学与《素问》的关系，解剖学与《内经》的关系；

理学——西方历书与孔子"三正"的关系，气象学与《史记·天官书》"望气"的关系，博物学与中国古代圣人以万物为师的关系，心理学与儒家心学的关系；

政治——西方议院与中国古代"议院"的关系，岁计学与中国古代税法、岁计法的关系，监狱法与先王施仁政的关系，经济学与儒家经世学的关系，统计学与《王制》统计之义的关系；

---

① 《上清帝第四书》，《康有为全集》第 2 集，上海古籍出版社，1990，第 170 页。

② 《上海强学会章程》，《康有为全集》第 2 集，第 197 页。

③ 见《日本书目志》卷一、卷二、卷五、卷六、卷七、卷八、卷十、卷十二、卷十五按语，《康有为全集》第 3 集，上海古籍出版社，1992。

法律——西方法规与《春秋》之法的关系；

农业——西方农学与中国古代农学的关系，农业化学与《周礼》土化之法的关系，土壤学与《管子》《周礼》等书的关系，圃业学与周代"老圃之学"的关系，农历学与中国古代历学的关系，畜牧学与孟子之说的关系；

工业——西方工学与诸葛亮治蜀及中国古代"劝工"之义的关系，建筑学与中国古代"明堂"之制的关系，匠学与中国古代匠学的关系；

教育——西方道德修身之学与中国礼义廉耻之学的关系，报馆与《诗经》采风的关系；

文字语言——西方修辞演说与孔子"四科"（即德行、言语、政事、文学）之学的关系，速记法与中国草书的关系；

兵书——西方马政与《月令》《周官》的关系。

几乎可以说，没有一项西政西学，康有为是不能从中国经义、中国文化中找到源头之先或"暗合"之义的。这些考求的主要用意，是要彻底打破以夷夏之名将中西之学绝对分割的界限，以史实证明中国经义中本来蕴藏着西学的根本精神，而这种精神后来被中国人自己所丢失，反而在西方得到传承和发展，因此，学习西方不仅与遵循经义毫无抵触，而且是弘扬经义的最好办法和必由之路。当然，从学术上看，康有为考求的可议之处和牵强附会之处甚多，其意义主要在思想方面而不是在学术方面。

作为康有为最得意的弟子，梁启超论西政西学与中国之学完全一致的观点与康颇为相似，但又有自己的引申和发挥。他直接驳斥学西方是"用夷变夏"的指责，指出孔子早就有"天子失官，学在四夷"的训导，而《春秋》之例也是"夷狄进至中国，则中国之"，可见古之圣人并不以为学于人有什么不好。何况西政西学种种，原本就为中国所固有，其时与西方并无任何关系，后来才在西方流传发展。梁启超禁不住反问道："故夫法者天下之公器也，征之域外则如彼，考之前古则如此，而议者犹曰彝也彝也而弃之，必举吾所固有之物，不自有之，而甘心以让诸人，又何取耶。"①他站在"天下之公器"的高度来看中西之学的一致性，其见解应该说已达到一定的深度。沿着"公器"的思路，梁启超进一步发挥道："政无所谓中西也。列国并立，不能无约束，于是乎有公法；土地人民需人而治，于是

① 梁启超：《变法通议》，《饮冰室合集》文集之一，第6~7页。

乎有官制；民无恒产则国不可理，于是乎有农政、矿政、工政、商政；逸居无教，近于禽兽，于是乎有学校；官民相处，秀莠匪一，于是乎有律例；各相猜忌，各自保护，于是乎有兵政。此古今中外之所同，有国者之通义也。"① 这段话表达了一个重要的思想，即在中西之政之间，并不存在一道不能逾越的鸿沟。相反，无论是公法、官制、农矿工商诸政，还是学校、律例、兵政，中西立政的出发点和目的性都是相同的。既然如此，就不能以中西来划界线，以中西来分优劣，而是要用同一尺度来衡量中西之政的得失长短，并在此基础上进行中西之间的交流互补。这就完全否定了"夷夏之辨"的陈旧之见。

以上诸种说法的目的都在于为西学正名，摘掉西学异端的帽子，将西学说成中学，接纳西学不过是恢复祖宗之旧，所谓礼失还诸野，其中还包括中西文化久有交流，人类文化具有共通性、普适性等道理，有显著的积极意义。这些说法一方面提高了西学的地位，过去的蛮夷之学成为中国圣贤之学的一个组成部分；另一方面，这些说法又挖掘和革新了古老的中学，在不同程度上赋予其新的近代观念的意义。

但中西文化的源流或相合性问题本身是一个学术性极强、对学理性要求极高的问题，岭南人出于思想文化论争的需要所作的论述，还远远不能解决这一问题。事实上，他们的论述正如他们对西学的了解一样，还停留在比较表面化的层次。西学中源这一命题在理论上并不能成立，他们所说的许多相合之处其实非常有限。随着西学传播的扩展和中西文化交流的深入，"夷夏之辨"已完全过时，西学中源或相（暗）合论也完成了其历史使命。

二　深入进行中西文化比较

通过破除"夷夏之辨"的传统心理为西学正名只是一项前提性的工作，其目的是要为引进西学创造条件。在正名的基础上，岭南人进一步进行中西文化对比，得出了中国文化事实上已经远远落后于西方文化的结论。这个结论是逐渐展开的。

他们的共同点是首先大致以秦代为界限，将中国文化分为前后两大时

---

① 梁启超：《西政丛书叙》，《饮冰室合集》文集之二，第62页。

期。指出前一时期中国圣贤之学在文明史上起源最早，成就最大，远非西学所能相比。但这一文化遗产在后一时期却未能继承下来，反而逐渐丢失殆尽，中国文化变得越来越乏善可陈，甚至与上古文化精义处处相反。这实际上是以古代圣贤之学的名义，对秦代以来占统治地位的专制主义文化进行了相当程度的否定。反观西方文化，在承接中学之源后，迅速发展，日渐精致完善，特别是近百年来突飞猛进，将中学远远地甩在了后面。

在此基础上，他们进而从不同的层面对中西文化进行比较，得出各有特色的认识，从中可以看出各人不同的中西文化学养和不同的文化追求旨趣。

（一）"极致"之誉与"道器"之析

郑观应是较早对中西文化进行系统比较的代表。

他旗帜鲜明地对"自命正人者"坚决不言洋务、"见有讲求西学者，则斥之曰名教罪人、士林败类"的顽固态度进行了抨击，指出这些正人君子看起来忠诚于名教，实际上完全背离了儒家精神。因为按照古训，"通天地人之谓儒"，"一物不知，儒者所耻"，而西学正是在天学、地学、人学等方面均已达到极致，因而值得中国人大力讲求，而不是盲目拒绝。

他这样阐述道：

> 今彼之所谓天学者，以天文为纲，而一切算法、历法、电学、光学诸艺，皆由天学以推至其极者也；所谓地学者，以地舆为纲，而一切测量、经纬、种植、车舟、兵阵诸艺，皆由地学以推至其极者也……所谓人学者，以方言文字为纲，而一切政教、刑法、食货、制造、商贾、工技诸艺，皆由人学以推至其极者也，皆有益于国计民生，非奇技淫巧之谓也。①

又说：

> 论泰西之学，派别条分，商政、兵法、造船、制器，以及农、渔、牧、矿诸务，实无一不精，而皆导其源于汽学、光学、化学、电学，

---

① 郑观应：《盛世危言·西学》，第73～74页。引者对引文的部分标点有改动。

以操御水、御火、御风、御电之权衡，故能凿混沌之窍，而夺造化之功。①

所谓"极者"，就是说达到了最高的境界，而能"夺造化之功"，亦充满了神奇的意味。这对西学而言是极高的评价，等于对西方各种学问包括"政教、刑法"这类政治性的学问，作了全盘肯定。尽管按照前述"西学中源"的说法，西学始出于中学，但这只能证明中国人曾经起步在前，而并不能成为中国人可以天然有文化优越感的理由。

郑观应进一步分析道，中国上古本来有"实征诸事，非虚测其理"的传统，可惜后世完全丢弃了这个传统，"自学者务虚而避实，遂以浮华无实之八股与小楷试帖之专工，汨没性灵，虚废时日，率天下而入于无用之地，而中学日见其荒，西学遂莫窥其蕴矣。不知我所固有者，西人特踵而行之，运以精心，持以定力，造诣精深，渊乎莫测。"②

这就是说，中国之学在科举制的束缚下，由古代优良的务实之学，变成了"浮华无实"的虚理之学，而西学却在中国古学的基础之上，进一步发扬光大。一方面是中学的荒废，另一方面是西学的精深莫测，可见两者之间的优劣反差非常之大。

除此之外，郑观应还从"道器"关系的角度对中学与西学作了另一种比较。

他主要依据《易经》的理论，认为道器关系是存在于宇宙万事万物之中的一种最为普遍也最为根本的关系。道是万事万物的本源，而器是道的具体体现。中国古代圣人很早就认识到道器之间的关系，作了多方面的论述，特别是提出了"致中和，天地位焉，万物育焉"的经典论断。所谓"中"，是指处于原初情形时的"道"；所谓"和"，是指万事万物与"道"相符时的状态。这一论断就是说，如果一切能够依"道"而行，天地（自然界）就可以有条不紊地运作，万物就可以毫无阻碍地生长。郑观应盛赞这一论断为"中国自伏羲、神农、黄帝、尧、舜、禹、汤、文、武以来，列圣相传之大道，而孔子述之以教天下万世者也。"③

---

① 郑观应：《盛世危言·西学》，第 73~74 页。
② 郑观应：《盛世危言·西学》，第 75 页。
③ 郑观应：《盛世危言·道器》，第 56 页。

而对比之下，"西人不知大道，囿于一偏"，基督教缺少精义，浅薄鄙陋，教派众多，矛盾百出，根本不能与中国圣人之道相比。在中国圣人之学中，本来既有论道之学，又有论器之学，两者本末一体，虚实相宜，完美无缺。但后来论器之学（"形器之学"或"名物象数之学"）流入西方，在西方得到很大发展，在中国却反而失传。于是原本浑然一体的圣人之学就一分为二，论道之学与论器之学在中西两地分途演变，出现了"我务其本，彼逐其末；我析其精，彼得其粗；我穷事物之理，彼研万物之质。秦、汉以还，中原板荡，文物无存，学人莫窥制作之原，循空文而空谈性理。于是我堕于虚，彼征诸实。……合之则本末兼赅，分之乃放卷无具"的结局。因此，西学所长者在"器"，而中学所长者在"道"；今西学东渐可视为"西人由外而归中"，中西结合就可以做到"本末具，虚实备，理与数合，物与理融"，如此再过数百年，"其分歧之教必寝衰，而折入孔孟之正趋；象数之学必研精，而潜通乎性命之枢纽，直可操券而卜之矣。"①

从中西学相比较的角度分析，这些论述中有以下几个要点。

第一，中学在性质上仍然占有优势。中学为论道之学，而西学为论器之学，"夫道弥纶宇宙，涵盖古今，成人成物，生天生地，岂后天形器之学所可等量而观"，②由于研究的对象不同，由于"道"如此神奇无比，加上论道、传道者为中国历代圣人，因而论道之学也就自然比论器之学优越，中西学之间也就有了所谓本与末、精与粗、理与质的区别。

第二，这种优势实际上只有非常相对的意义。这是因为，中学由于流失了论器之学，所以并不完备，有很大的缺陷。更重要的是，三代之后，古代圣人们留下的论道之学也在很大程度上变成了"空文"与"空谈"，成了"虚"化之理，这与西方论器之学以"实"见长、日益精致、远超中国相比，已经谈不上有多大优越之处。

第三，中西之学、道器之学必须而且可以相互结合。仅有西人论器之学固然不可，仅有中国论道之学也同样不行，定要两者"合之"，才能达到完美无缺的境界，也才合乎圣人创教的初衷。

道与器必须结合是郑观应关注的重点。他在《盛世危言》"道器"篇后

---

① 郑观应：《盛世危言·道器》，第57页。引者对引文的部分标点有改动。
② 郑观应：《盛世危言·道器》，第57页。

所增写的附言中，对道器两者相互依存的关系作了更加明确的论述：一方面，道是器的本源，"器固不能离乎道""器非道则无以资其生"；另一方面，器是道的体现，"道又寓于器中矣""道非器则无以显其用"。两者是并立互存，相互一致，缺一不可的关系。他批评道器分离是中国的大弊："溯自三代以上，君师合一，政教并行。三代以降，君师判位，政教殊途，不讲精一执中之旨。名曰教师孔、孟，政法唐、虞，实则徒托空言，未能躬行实践，岂但失《周官·考工》之政而已哉！"① 这就是说，中国不仅丢失了工艺之"器"，而且剥离了其他各类之"器"，从而使中学只剩下了"道"的"空言"，这与前面说的"循空文而空谈性理"是同一个意思，不过把话说得更重。

尽管重在批评中学，力主道与器亦即中与西的结合，郑观应还是希望要守住中国圣人之道的优势。他强调圣人之道"为万世不易之大经大本"，"法可变而道不可变"；当中西结合之时，"惟愿我师彼法，必须守经固本；彼师我道，亦知王者法天。彼此洞识阴阳造化之几，形上形下之旨，无分畛域，永息兵戈，庶几一道同风之盛，不难复见于今日。"②

郑观应坚守中国圣人之道其实不难理解。首先，《易经》《大学》《中庸》等儒家经典和老庄之学中对"道"及"道器"关系等的论述，的确具有极大的原创性和深刻的哲理性，经过历代相传和阐释发明，其核心观念得到了中国一般知识界的认可，"圣人之道"几乎成了中国传统文化精粹的代名词。对于当时文化人来说，中国圣人之道中确有值得坚守的东西。其次，在郑观应当时所接触的西学中，除了宗教之外，都是"形而下"的论器之学，而没有"形而上"的论道之学，这就愈显得中国圣人之道的高明和可贵。既然西方论器之学都要广为接纳引进，那么中国固有的论道之学当然更应该保持和坚守。最后，按照中国传统观念，道器关系是本与末、体与用、精与粗的关系。也就是说，尽管道器皆不可少、互不能离，但"道"总是更为根本、更居主导的东西。在必须接纳西方先进的论器之学，同时西方的入侵业已对中国造成重大威胁的情况下，坚守圣人之道就不仅是为了做到"本末兼赅"，而且还具有坚守民族文化本位立场、捍卫民族文

---

① 郑观应：《盛世危言·道器》，第 58 页。
② 郑观应：《盛世危言·道器》，第 57~58 页。

化精粹的意义。

对郑观应所说的"法可变而道不可变""守经固本",还值得进一步加以分析。

过去往往将这一说法与"中体西用"论连在一起,认为其中所说的"道"就是指"中学",甚至就是指封建主义的纲常之道。这样一来,"道不可变"就显得极为保守,甚至对学习西方大有阻碍。其实不然。

郑观应所说的"道",主要有两种含义:一是指道器关系之"道",二是指中国圣贤之人关于此道的论述。这从《盛世危言》"道器"篇的论述中可以看得很清楚(参见前文引证)。它不能等同于整个"中学",也不能与所谓封建纲常画等号。因此,它与西法并不是截然对立的关系。如前所述,郑观应对"道"的坚守有多方面的原因,从其出发点来看,都不是为了妨碍西学的引入,而是为了使西学的引入不致丢弃"道"的精义和偏离"道"的正轨。而实际上,所谓"道不可变",在很大程度上只是一种虚理。从"道"的第一种含义来说,"道"是生成宇宙万事万物的本源,先天地人类而存在,它不受任何东西的操控和影响,无所谓可变不可变的问题;从"道"的第二种含义来说,它是中国圣人对本体之"道"的认识,如形上形下之说、一阴一阳之说、致中和之说、性情之说等等,其言说限于"道"的抽象理论层面,其"不可变"只是表明圣人对"道"的认识已经臻于极致,后人已经无法超越(这种看法显然有很大的局限性)。这个"不可变"其范围非常之小,距离现实也非常之远。

如果进入现实生活层面,那么相对于本源之"道"而言,其他一切都可以称为"器",而"器"则都是"可变"的东西。如何变呢?那就是"我师彼法"。对于"彼法",郑观应提得较多的是"工艺之学""形器之学"或"象数之学"等,但实际上,差不多在所有的社会生活领域,他都主张要师法西方。如前所述,他认为西方在"天学""地学"和"人学"等方面都达到了极致,远超过中学,既然如此,当然也就应该在所有这些方面都向西方学习。

就整体来说,所谓"法可变而道不可变"是"道"虚而"法"实,守圣人之道最后必须落实到师西人之法,所表达的仍然是道器结合、中西结合的根本思想。

（二）区分中西文化性质的差异

郑观应的中学西学虚实、道器论一方面充分肯定了西学所具有的巨大优越性；另一方面却仍然将中学西学置于同一个文化体系之下。也就是说，本来在源头上只有虚实合一、道器一体的中国圣人之学，但后来中学日渐虚化，西学却承继中国的器数之学得到了极大的发展。现在的任务就是要将中国的形上之道与西方的形下之器重新结合起来，以求中西"一道同风之盛"。① 这种中西学性质同一的观念，在黄遵宪、康有为等人进行中西差异比较时，发生了明显的变化。他们逐渐清楚地认识到，中西之间所存在的差异，其实是两大根本性质不同的文化体系之间的差异。

在明确提出中西文化性质不同之前，黄遵宪开始是从中西某些传统思想相异的角度进行比较的。

例如关于国债，他指出中国皆以负国债为耻，而西方对负国债则习以为常，各国"莫不有国债"。西方借国债并不是因为"府藏空虚，国计窘迫"，而是出于暂纾国家安危之急和为国民兴办重大公益事业这两大原因。黄遵宪认为国债如果不是出于"治穷无术"则不应举，但如果是因军事或公益而借，则"偶一为之不妨也"，而西方由于君臣上下一致，不仅借债不难，而且通过举借国债进一步加强了上下患难与共、忧乐与共的意识。②

又如刑法，中国士人重道德而以刑法为卑，西方论者则专重刑法。中西立论之所以相背驰至如此者，"一穷其本，一究其用故也"，而证之中国历史，愈到后世，立法愈密，乃不得不然之势，这表明西人所说"民智益开，则国法益强"是有道理的。黄遵宪称赞西方立法精密，又称赞西人好论权限，以法治国，"余观欧美大小诸国，无论君主、君民共主，一言以蔽之曰：以法治国而已矣。自非举世崇尚，数百年来观摩、研究、讨论、修改，精密至如此，能以之治国乎。嗟乎！此固古先哲王之所不及料，抑亦后世法家之所不能知矣。"③

通过国债和刑法两个问题，黄遵宪指出了中西自古以来就存在着文化

---

① 郑观应：《盛世危言·道器》，第 59 页。
② 黄遵宪：《日本国志》卷十八，第 508～510 页。
③ 黄遵宪：《日本国志》卷二十七，第 683～684 页。

价值取向上的深刻差异。他显然赞赏西方的做法和观念，并且明确说明西方的这些观念并不在中国圣人之道的范围之内，可见圣人之道也不是可以用作判断一切的标准。

康有为将中西之异的辨析，扩大到对中西文化整体上的比较。

1891年，康有为写了《与洪右臣给谏论中西异学书》，与京都谏官洪良品讨论如何看待中西文化的差异。在康有为看来，"中西之本末绝异"者有二：一曰势，二曰俗。

所谓势异，是指时势（国情政情等）及其所决定的治法的不同："中国自从三代故为一统之国，地广邈，君亦日尊。以一君核万里之地，而又自私之，驾远驭，势有所限，其为法也守，其为治也疏，听民之自治。然亦幸赖其疏且守，若变而密，则百弊丛生矣。泰西自罗马之后，分为列国，争雄竞长，地小则精神易及，争雄则人有愤心，故其君虚己而下士，士尚气而竞功，下情近而易达，法变而日新。此势之绝异也。"

所谓俗异，是指义理（政治和伦理观念等）及其所导致的风俗的不同："中国义理，先立三纲，君尊臣卑，男尊女卑，积之久，而君与男子，纵欲无厌，故君尊有其国，男兼数女。泰西则异是。君既多，则师道大行，而教皇统焉，故其纪元用师而不用君。君既卑，于是君民有平等之俗。女既少，则女不贱，于是与男同业，而无有别之意。此俗之绝异也。"

由于这种"绝异"，就导致了两种截然不同的结果：中国势俗导致的结果是日弱，而泰西势俗导致的结果是日强，"夫中国之教，所谓亲亲而尚仁，故如鲁之秉礼而日弱。泰西之教，所谓尊贤而尚功，故如齐之功利而能强。所以至此者，盖由所积之势然，各有本末，中国、泰西，异地皆然"。对于中西之间的差异，不能简单地断其是非，更"不能以中国之是非绳之也"。①

在康有为的中西差异论中，有几个要点是值得注意的。第一，中西文化在源头上就存在着"本末"的不同。这种不同并不是某种程度的差异，而是在许多方面都截然相反。第二，中西差异不是由于文化本身的优劣造成的，而是客观历史条件起了决定作用。相对于中西各自的条件而言，中西文化的特质都有其合理性和适合了当时各自的需要，因此不能简单地作出是非判断。第三，尽管从源头来看不存在谁是谁非的问题，但从引致的

---

① 《康有为全集》第1集，第535~536页。

结果和发展的趋势来看，中国文化就显得弊端重重，越来越陈旧落后，而西方文化则充满生机，显示了广阔的发展前景。康有为像郑观应一样充分肯定了西方文化的先进性和优越性，但又突破了郑观应的中西道器论，因而在中西文化比较的深度上有了更大的拓展。

对中西文化两者的利弊，康有为还针对洪良品提出的两个观点，作了进一步的辨析。

一个观点是"中饱之说"，认为中西强弱之故在于中国中饱之事多而泰西中饱之事少。康有为分析这只是现象，而"所以然之故"是在于"势与俗"所造成的利弊不同。中国之势俗弊端甚大，"中国以一君而统万里"，权力高度集中，官吏的设置和法令的设计都是为了保证君权对全国的控制，结果就使人人无自主之权责，"粉饰"和"中饱"也就完全不可避免。泰西则不然，"政事皆出于议院，选民之秀者与议，以为不可则变之，一切与民共之，任官无二人，不称职则去，故粉饰者少，无宗族之累，无姬妾之靡，无仪节之文，精考而厚禄之，故中饱者少。"康有为特别强调"泰西非无贪伪之士，而势有所不行；中国非无圣君、贤臣精核之政，然而一非其人，从弊百出，盖所由异也。"① 所谓"势有所不行"，是说议院等制度性的规定有效地限制了个人的"贪伪"行为，而中国得其人则治，不得其人则乱，终究不能稳固地保证政治的良善。

另一个观点是认为"西国之人专而巧，中国之人涣而钝"，所以有强弱之别。康有为指出"此则大不然"。就聪明而言，中人决不下于西人，"凡西人所号奇技者，我中人千数百年皆已有之。泰西各艺皆起百余年来，其不及我中人明矣。"那么，为什么泰西能"以器艺震天下"而中国却不能呢？根本原因还是在于"政教之异"（此为势俗之异的另一种提法），泰西对器艺能大加鼓励，"其设学以教之，其君、大夫相与鼓励之，其士相与聚谋之，器备费足，安得而不精"，而中国"聪明之士，则为诗文无用之学，以其愚下者为之，即有精巧者，又未尝鼓励也，则安能致巧。"② 中国人虽然像西方人一样聪明，但由于"政教"的误导，聪明没有用对地方，因此难以像西方一样强大起来。这既表现了认识上的深刻性，又表达了中国人的自信心。

---

① 《康有为全集》第1集，第535～538页。
② 《康有为全集》第1集，第535～538页。

可见，康有为不同意将中西强弱的不同归之于某些具体的弊端或某种抽象的人性，而是主张要从中国文化的根本问题上查找原因。换言之，也就是要从根本上找到中西之间所存在的差距，从而真正有效地向西方学习。

三　力倡学习西方、中西结合

既然西学有极大的优越之处，接纳西学、学习西方就势在必行。力倡西学成为先进的岭南人的共识，其倡导之声亦越来越强烈。岭南人虽大力倡导西学，但并不主张以西学取代中学，而是主张中西文化的结合。在此方面，郑观应、康有为等人都提出了颇有见地的主张。

（一）教养为纲、格致为本论

郑观应将学习西方看成是事关"教养"的重大问题。他认为："夫天生民，以教养托之于君，故有国家天下者，其责无过于教养。"可见，教养是君主和国家最重大的责任。然而，正是在这一重大问题上，中国出现了极为严重的危机，十分迫切地需要向西方学习。

他回顾了人类教养之道起源的历史，指出中国文明本来在世界上出现最早，唐虞三代之时教养之道已臻于极盛。但三代之后，由于群起争雄、人各自私，特别是暴秦"焚书坑儒，务愚黔首"，明代科举制"锢蔽"天下人才，中国教养之道便"渺矣无闻，政治民风江河日下"。时至今日，重振教养之道就成了一个十分紧迫的任务："方今时事日非，国势益促，外有强邻环视，内有伏莽堪虞。倘仍因循苟且，粉饰欺蒙，而不上下一心，力为图治，亟行教养，则他日之事岂忍言哉！夫以上古游猎之时，犹尚教养，况于今日地球之中已患人满，弋猎固无以为粮，而耕牧犹虞不给，教养讵可废乎？"① 郑观应几乎将中国所有的问题都聚焦于"教养"之上，解决"教养"问题也就成了一大关键。

怎样解决教养问题呢？只有一个办法，那就是学习西方。对此，郑观应作了非常明确的论述。

他指出，现今世界上有两类国家：一类是因教养有道而"勃然而兴"，一类是因教养失道而"忽然以亡"，西方各国就属于前一类国家。

---

① 郑观应：《盛世危言·教养》，第221页。

对西方国家的教养有道，郑观应赞不绝口：

> 试观英、德、法、美诸邦崛起近世，深得三代之遗风，庠序学校遍布国中，人无贵贱皆有所教。凡天地万物之理，人生日用之事，皆列于学校之中。……其所教由浅而深，自简及繁。故人之灵明日启，智慧日积，而人才济济，国势以强也。是故人材众则百事兴，举凡机器、制造、轮船、火车皆巧夺天工，日新月盛，而农政、商务亦日增新法，日为推广，市无游民，廛皆食力。如是则士得教而民有养，甚至疲癃残疾、贫老孤婴亦皆有院以周恤之，无一夫不得其所。此教养有道，而英、德、法、美诸邦勃然隆盛也。①

作为鲜明的对比，郑观应列举了印度、安南、缅甸、暹罗等国教养失道的乱象："上失教养之方，下无奋兴之士，繁法严刑，横征暴敛，无异虐秦。贿赂公行，买官鬻爵，奸恶诈伪，上下相蒙，加之河渠不治，田畴日芜，士无所学，民多好闲，农工废业，商贾乏资，百姓流离，盗贼遍野。此其教养失道，国势凌替，而先后沦亡如出一辙也。"②

从这些论述中可以看出，郑观应所说的"教养"，是一个含义相当宽广的概念，它以民生为主体，而涵盖了教育、经济、社会乃至刑法、吏治、赋税等各个领域。在所有这些领域中，西方的"教养有道"都取得了成功的经验，值得中国仿效，因此，必须全面地向西方学习。与此同时，西方的"教养之道"，又是以学校培育人才为起点和中心，由于学校培养了众多的人才，于是各行各业得以兴旺发达，各种民生问题也就得到了妥善的解决。因此，学习西方的教养之道，关键又在于学习西方的立学之道。

对此立学之道，郑观应有一个非常独特的见解，就是将"格致"摆在其中更为核心的位置。他论述说：

> 学校者人材之本，格致者学问之本。
>
> 故西人广求格致，以为教养之方。盖世界由弋猎变而为耕牧，耕牧变而为格致，此固世运之迁移，而天地自然之理也。顾格致为何？

---

① 郑观应：《盛世危言·教养》，第221页。引者对引文的部分标点有改动。
② 郑观应：《盛世危言·教养》，第221页。

穷天地之化机，阐万物之元理，以人事补天工，役天工于人事。能明其理，以一人而养千万人可，以一人而养亿兆人亦无不可。我中国生齿四万万人，人民甲于五大洲，子此元元，可不亟图教养之方哉？今日之计，宜废八股之科，兴格致之学，多设学校，广植人才，开诚布公，与民更始。庶百王之弊可以复起，而三代之盛可以徐复还也。不然，则天生斯民而托以教养之责，不独不能行，反暴敛以困之，势利以诱之，而犹欲以空名自跻于三代之隆，则吾谁欺？①

这是一段极为重要的论述，对于郑观应学习西方的主张而言，包含了若干深刻的思想内容，并具有纲领性的意义，值得细加分析。

其一，郑观应将"格致"的重要性提升到了一个前所未有的高度。它与"世运"联系了起来，像"弋猎"（渔猎）、"耕牧"（农耕）一样，成了一个大历史时代的称号。② 这对于格致的意义来说，是一个很有深度的拓展，本来纯属于自然科学或科学技术领域的格致被赋予了极高的社会科学和人文精神的价值。它与天地万物的根本之理联系了起来，被视为洞悉造化、破解万物的非常精深神奇的东西，这不但彻底摒弃了守旧者的"奇技淫巧"之说，而且使人对其不能不怀有仰慕敬畏之心。它还与"千万人"乃至"亿兆人"的生计联系了起来，只要掌握了"格致"之理，人类的生养这一头等的难题就迎刃而解，——郑观应可能没有意识到，他在无意中对科学伟力作了一次最具想象力的赞颂。

其二，正是基于格致的重要，郑观应将"兴格致之学"当成了振兴中国的枢纽，作为当时头等重要的任务。要实现"百王之弊"、复"三代之盛"这些极为宏伟的文化理想和政治目标，首先都要从"兴格致之学"及采用"西人教养善法"③ 做起。由兴格致以奠学问之基，到办学校以育所需之才，再到振工商农兵以求国家富强，济贫扶困解难以改善民生，这就是郑观应学习西方所形成的一条完整思路。这种"格致"为本的思想，在某

---

① 郑观应：《盛世危言·教养》，第222页。
② 今人通常将"农耕"之后的社会称之为工业社会，郑观应则将其称之为"格致"社会，其含义已颇为相近，因为工业社会对于"格致"有很大的依赖性。郑观应的说法不但抓住了工业社会的关键，甚至还有点超前的意味。
③ 郑观应：《盛世危言·教养》，第222页。

种程度上开了后来"科学救国"思想的先河。单靠"格致"或"科学"当然不能强国、富国或救国，但相对于当时中国学习西方大多还停留在器物的表层，对西方格致之学及教养之法还极为忽略的现实，对注重"格致"的大声疾呼是很有必要的。如果从长远来看，五四新文化运动的纲领性口号之一就是"科学"，此后科学思想不发达也一直是中国难以实现现代化的一大瓶颈。郑观应较早就对"格致之学"如此重视，应该说是一种远见卓识。

近代"格致之学"属于西学。既然要以格致之学为本，那么，"格致之学"与中学是什么关系，就成了郑观应不能不回答的问题。对此，郑观应有过一段简要的论述。但以往学界在对其进行解读之时，似多有误判之处，有必要重新加以评析。

为方便起见，先将这段话引述如下：

> 尤有进焉者，国于天地，必有与立，究其盛衰兴废，故各有所以致此之由。学校者人才所由出，人才者国势所由强，故泰西之强强于学，非强于人也。然则欲与之争强，非徒在枪炮战舰也，强在学中国之学，而又学其所学也。今之学其学者，不过粗通文字语言，为一己谋衣食，彼自有其精微广大之处，何尝稍涉藩篱？故善学者必先明本末，更明所谓大本末而后可。以西学言之，如格致制造等学其本也（各国最重格致之学，英国格致会颇多，获益甚大，讲求格致新法者约十万人），语言文字其末也。合而言之，则中学其本也，西学其末也。主以中学，辅以西学。知其缓急，审其变通，操纵刚柔，洞达政体。教学之效，其在兹乎。①

这段话认为国家的"盛衰兴废"和西方强大的根本都在于"学"，认为欲与西方争强既要学西学、又要学中学，认为西学有本有末即格致之学为其本、语言文字为其末，这些在解读上都没有歧义。容易引起歧义的实际上只有这样几句话：善学西学者"必先明本末，更明所谓大本末而后可"，而所谓"大本末"，即"合而言之，则中学其本也，西学其末也"，因此应该"主以中学，辅以西学"。这几句话通常被论者放在"中体西用"的模式内，解释为强调中学比西学更为重要、更为根本，是要用纲常为本的中学

---

① 郑观应：《盛世危言·西学》，第76页。

来制约格致为本的西学，反映了郑观应作为早期改良思想家的局限性。如果表面地、孤立地看待这几句话，"中本西末""中主西辅"的确言之凿凿，原有的解释似乎并无大碍。但实际上，倘若结合《盛世危言·西学》全篇及与之密切相关的该书《道器》《教养》《学校》《藏书》等篇一道分析，就不难看出郑观应真正的用意与以往的解读其实大相径庭。

问题的核心在于，郑观应所说的本末、主辅，究竟是什么含义？

首先要指出的是，"中学其本，西学其末"与"主以中学，辅以西学"这两句话，看起来意思相同，实际上其立论的角度和具体的含义差别很大。前一句是说，如果将中学与西学合为一体的话，那么在这个联合体中，中学居于"本"的地位，而西学只能居于"末"位。这是对客观对象或客观事实所作出的一种判断。后一句是说，面对中学与西学，要以中学为主导，而以西学为辅助，表示的是一种主观态度。① 因此，有必要对两句话分别进行辨析。

先看"中学其本，西学其末"。郑观应在提出这一命题的时候，没有具体说明"本"为何意，"末"又为何意，为何中学可以居于"本"，而西学只能居于"末"。笔者以为，这并不是郑观应的粗疏含混，而是他认为其含义可以不言自明。因为在书中其他的地方，他已经对中学与西学的基本关系从两个层面作了清楚的论述：一个是源与流的层面，提出了"西学中源"论；另一个是道与器的层面，提出了"中道西器"论。② 而"中学其本，西

---

① 过去往往还将"本末""主辅"等同于"体用"，将郑观应视为"中体西用"论的主要代表人物之一，结果造成的混淆更多。事实上，郑观应并没有说过"中学为体，西学为用"，他说的是"中学其本，西学其末"，所表明的是一种客观判断即事实上是怎么样，而不是一种主观态度即应该怎样去做。"其"与"为"虽然只有一字之差，却存在着基本出发点的差别。因此，郑观应的"中本西末"，即使在字面的意义上，也不能与"中体西用"置于同一系列而相提并论，以免造成两者的混同。至于"本末""主辅"或"体用"的确切含义，则更需要置于具体的语境和语义中去判定，而不能仅根据字面的相似就作出结论。后文的辨析将表明，郑观应所说的"本末"与"主辅"，其含义各不相同，与"体用"当然也不是同等的概念。

② 所谓"中道西器"，其比较准确的含义应是"中学为论道之学，西学为论器之学"。这一命题不能简单地说成"中学为道，西学为器"。"道"与"器"都是客观存在之物，而中学与西学则皆为人的认识。尽管人们常将中国圣人之道与本体之"道"混为一谈，但两者毕竟不是同一个东西。所以严格说来，"中学为道，西学为器"是一个不通的说法。它与"中体西用"也同样不能归为同一类概念。

学其末"，就是对此两种基本关系的综合；此论中的"本末"，同时包含了"源流"和"道器"两个层面的意思。

从第一个层面来看，所谓"中学其本"，就相当于说"中学其源"，而所谓"西学其末"，大致也就是"西学其流"之意。对于这层含义，从郑观应的相关论述中几乎可以直接推导出来。

比如，郑观应明确指出，西法并非创自西人，而是创自中国圣贤之人，只是由于后世学者务虚避实，才使得中学日荒，而西学反得以日精；现引进西学，正是"礼失而求诸野……以中国本有之学还之于中国，是犹取之外厩，纳之内厩"，如果"尚鳃鳃焉谓西人之学中国所未有，乃必归美于西人"，"西人能读中国书者不将揶揄之乎?"① 既然西学原来就是"中国本有之学"，那么，定位中学为西学之"本"，西学为中学之"末"，当然也就没有什么不妥。

又比如，郑观应认为学校制度也是"西学中源"的一个典型例子。中国上古本有非常完善的学校制度，可惜后世全被废除，反而"今泰西各国犹有古风，礼失而求诸野，其信然欤"。西方将中国古代学制发扬光大之后，不私不秘，又通过书籍而传回中国，其原因就在于"彼实窃我中国古圣之绪馀，精益求精，以还之中国。虽欲自私自秘焉，而天有所不许也"，而"彼泥古不化，诋为异学，甘守固陋以受制于人者，皆未之思耳"。② 西学本为中学，所以不能说成是"异学"；但相对于中国古圣之学来说，西学又只能算作"绪馀"。所谓"绪馀"，也就是"末"学之意，而"本"学自然就是中学了。

再比如，郑观应在《盛世危言·藏书》篇中亦论及"西学中源"的话题："今天下竞言洋学矣，其实彼之天算、地舆、数学、化学、重学、光学、汽学、电学、机器、兵法诸学，无一非暗袭中法而成，第中国渐失其传，而西域转存其旧，穷原究委，未足深奇。若合天下之才智聪明，以穷中外古今之变故，标新领异，日就月将，我中国四万万之华民，必有复出于九州万国之上者。苟强分畛域，墨守规为，固陋昏蒙，甘受人制，则印度、琉球、越南、缅甸之续耳。前车已覆，来轸方遒，有识之君子将何择焉!"③ 所有的"洋学"即西学皆"暗袭中法"，西学的"原""委"就是

---

① 郑观应：《盛世危言·西学》，第 75～76 页。
② 郑观应：《盛世危言·学校上》，第 60、62 页。
③ 郑观应：《盛世危言·藏书》，第 93 页。

中学，这其实都是"中学其本，西学其末"的意思。

这些论述除了清楚地表明"中本"即"中源"，"西末"即"西流"的意思外，还有一个共同之点，就是论证"西学中源"的主要目的，都是为了对顽固拒斥西学者进行劝诫，希望他们改变视西学为"异学"的立场，把西学当成中学一样来欣然接受。这样，所谓"中学其本，西学其末"，看起来是要区分中西之异，而实际上是重在论证中西之同，用"源流"一体来证明西学本来就是中学，用"本末"兼赅来表示西学应像中学一样受到重视。当然，在"西学中源"和"中本西末"论中，也隐含着为中国文化具有大源大本地位而自豪，相信以中国人的聪明才智必能赶超西人的意思，这与"源流""本末"论的基本立意并不矛盾，而是一种相得益彰的补充。

从第二个层面来看，所谓"中学其本"，就相当于说"中学为论道之学"，而所谓"西学其末"，大致也就是"西学为论器之学"的意思。关于郑观应的"道器"论，前文已作过详细分析，这里只结合"本末"的概念，简要作些解释。按照郑观应的"道器"论，"道器"本来就有"本末"之义："孔氏云：'物有本末……'既曰物有本末，岂不以道之为本，器之为末乎？"① 这是就客观之"物"而言，有道本、器末之说。由此引申，中学论道与西学论器也分别被赋予了"道本"与"器末"的意义："盖我务其本，彼逐其末……我穷事物之理，彼研万物之质。……昔我夫子不尝曰由博返约乎？夫博者何？西人之所鹜格致诸门，如一切汽学、光学、化学、数学、重学、天学、地学、电学，而皆不能无所依据，器者是也。约者何？一语已足以包性命之原，而通天人之故，道者是也。今西人由外而归中，正所谓由博返约……由是本末具、虚实备……"② 这段话以中学为"道本"，以西学为"器末"，与前面以客观之"物"为立论对象是不同的。有了这种引申之后，郑观应再说"中学其本，西学其末"，就只不过是对"中道西器"换了一种说法，其含义自然非常清楚。

综合起来说，郑观应所言的"中学其本，西学其末"，不能按一般字面上的意思理解为中学为根本与西学为枝末的关系，得出中学之本比西学之末更为重要、西学之末要服从于中学之本的结论。按照上述特定语境中的

---

① 郑观应：《盛世危言·道器》，第56页。
② 郑观应：《盛世危言·道器》，第57页。

特定含义，郑观应的"本末"论并不是要定中学西学地位的高低轻重，而是要阐明中学西学之间密不可分的源与流、道与器的关系。如果要说有所偏重的话，那么郑观应更为重视的是如何才能更快更好地引进西学，用西学兴盛之"流"，去回续中学已竭之"源"，用西学精深之"器"，去填充中学虚化之"道"。

正如郑观应在《盛世危言·西学》篇附言中所感叹的那样："方今各国之人航海东来，实创千古未有之局。……而犹拘守旧法，蹈常习故，其将何以御外侮、固邦本哉？……是以时文不废，则实学不兴；西学不重，则奇才不出。必以重时文者移之于重西学，俾人人知所趋向鼓舞而振兴之。"学西学不能只是"粗习皮毛"，而要"悉照西法认真学习""专精研习"，以求"有杰出之士，成非常之才"，"呜呼，亚洲之事岖矣！强邻窥伺，祸患方萌，安可拘守成法哉？"① 在此短短一段话中，郑观应两处谈到要破"成法"，要重"西学"，虽然直接针对的是八股时文，但从其言"千古未有之局"，言"御外侮、固邦本"，言祈求非常杰出之人才的立足点来看，他在总体上对西学比对中学更为器重、对用西学救国强国抱有更大的期待是显而易见的。这与他说"中学其本，西学其末"并不矛盾，反而正是其题中应有之要义与深意。

再看"主以中学，辅以西学"。既然接纳西学比拘守中国"成法"更为重要，那么，郑观应为什么还要以中学为"主"，而以西学为"辅"呢？笔者以为，这是由郑观应所持的民族主义立场决定的。

关于这一立场，他在书中作过明确的论述。他说：

今西人由外而归中，正所谓由博返约，五方俱入中土，斯即同轨、同文、同伦之见端也。……届计数百年后，其分歧之教必寝衰，而折入孔孟之正趋；象数之学必研精，而潜通乎性命之枢纽，直可操券而卜之矣。《新序》曰："强必以霸服，霸必以王朝。"今西人所用，皆霸术之绪馀耳。恭维我皇上天亶聪明，宅中驭外，守尧舜文武之法，绍危微精一之传，宪章王道，抚辑列邦，总揽政教之权衡，博采泰西之技艺。诚使设大小学馆以育英才，开上下议院以集众益；精理商务，

① 郑观应：《盛世危言·西学》，第77页。引者对引文的部分标点有改动。

藉植富国之本；简练水陆，用伐强敌之谋；建皇极于黄、农、虞、夏，责臣工以稷、契、皋、夔；由强企霸，由霸图王，四海归仁，万物得所，于以拓车书大一统之宏规而无难矣。①

这是一段很有意思的话。郑观应将西人入华、西学东渐，都说成是西方文化对中国文化的回归，坚持孔孟为"正趋"，"性命"为"枢纽"，中国君主应该"宅中驭外""抚辑列邦"，充当未来统治全世界的王者，这些"豪言壮语"都将其民族主义的立场表露无遗。"主以中学，辅以西学"，就正是站在这一立场上对中学西学所表明的文化态度。

采取这一立场是有道理的。作为一个中国人，在中西交流之时，难道不应以中国为主、以中国文化为主吗？接纳西学，难道不是为了对中国和中学起辅助作用吗？尤其是当西方处于强势对中国肆意进行欺压、对中国造成极大威胁的时候，强调要以中国和中学为主更有理所当然之处。但与此同时，郑观应这一立场的局限性也非常明显。他所宣扬的中西一统论，还是传统的中国宗主论，即中国不仅是天下文化的宗主，而且是天下政治的宗主，天下的一统，就是以中国为主的一统，这已经是一种相当落后的天下国家观和中外关系观，毫无现实性可言。

不过，好在郑观应只是把传统的宗主观视为一种未来的理想，而把必须学习西方当做眼下的要务。表面上，他将西学称为"霸术之绪馀"，称之为"技艺"，似乎都只是些轻飘飘的东西，但只要认真琢磨其论述就不难看出，西学在郑观应的心目中其实有着相当重的分量。要实现一切王道的理想或梦想，都必须以兴学育才、开设议院、发展商务、训练军队等为前提，而这些正是西方富强之本，也是中国重振的必由之路。这些举措都非常实在，相比之下，所谓"建皇极""责臣工"之类，看起来庄严神圣，反倒像是些不着边际的东西。

所以，说到底，郑观应提出"主以中学，辅以西学"，所谓主、辅只是一种文化立场，如果要论轻重，也仍然是以学习西方、接纳西学为重心。

（二）深度交融的中西"会通"论

像郑观应一样，康梁等人也是力倡中国必须学习西方。他们的主张与

---

① 郑观应：《盛世危言·道器》，第 57～58 页。引者对引文的部分标点有改动。

郑观应有类似之处，又有显著的发展。这就是在力主学习西方的基础上，进一步提出了中西"会通"论，主张中西文化在更深的层次上进行交融。

中西"会通"论的前提是必须向西方学习。郑观应主张学习西方之时，立足于"教养"这一重大问题，而康梁等人同样也是以宏观视野指出中西存在极大的强弱、优劣差异，学习西方已是势在必行。不同的是，康梁等人对中西差异揭示得更为直接而尖锐。

在写于1891年的一封信中，康有为就对中西之间的现实反差作了鲜明的对照，对学习西方进行变法的必要性作了充分的肯定。他指出今之西方与历史上的魏、辽、金、元、匈奴、吐蕃等所谓"蛮夷"之国已完全不同，西方数十国"其地之大，人之多，兵之众，器之奇，格致之精，农商之密，道路邮传之速，卒械之精炼，数十年来，皆已尽变旧法……日益求精"，而中国却"尚谨守千年之旧敝法……未肯少变。……衣重裘而行烈日，披葛縠而履重冰，其有不死者乎？"康有为回顾了自第一次鸦片战争时期香港被割占至中法战争留给中国满目"疮痍"的列强入侵史，并举出土耳其因守旧不变而沦为列强属国的前车之鉴，驳斥欲守中国旧法不变者是"持虚说"而守"虚名"，力主通过学习西方而避免亡国亡教之祸。①

随后，康有为又以西方作为新时世和新治法的代表，与中国自古以来的旧时世和旧治法之间的优劣差异进行了相当广泛的比较：

> 泰西大国，岁入数十万万，练兵数百万，铁船数百艘，新艺新器岁出数千，新法新书岁出数万，农工商兵，士皆专学，妇女童孺，人尽知书。而吾岁入七千万，偿款乃二万万，则财弱；练兵铁舰无一，则兵弱；无新艺新器之出，则艺弱；兵不识字，士不知兵，商无学，农无术，则民智弱；人相偷安，士无侠气，则民心弱。②

根据这些比较，中国要想图存，只有一条道路可走，那就是学习西方，"尽革旧习、变法维新"。③

---

① 《答朱蓉生书》，《康有为全集》第1集，上海古籍出版社，1992，第1037~1038页。
② 《上清帝第五书》，《康有为政论集》上册，第203页。
③ 康有为：《外衅危迫，分割洊至，急宜及时发愤，大誓臣工开制度新政局折》，《杰士上书汇录》，故宫博物院藏本。

应该怎样学习西方呢？在康、梁等人看来，最好和最有效的途径，就是讲求西学。

对于讲求西学的重要性，康有为也像郑观应一样高度重视，认为西方之所以强大，根本原因就在于有西学："……然泰西之强，不在军兵炮械之末，而在其士人之学、新法之书。凡一名一器，莫不有学：理则心伦、生物，器则化、光、电、重，蒙则农、工、商、矿，皆以专门之士为之，此其所以开辟地球，横绝宇内也。"相反，中国在所有的领域中都没有"专学新书"，"……吾数百万之吏士，问以大地、道里、国土、人民、物产，茫茫如堕烟雾，瞠目拓舌不能语，况生物、心伦、哲、化、光、电、重、农、工、商、矿之有专学新书哉！……故欲开矿而无矿学、无矿书，欲种植而无植物学、无植物书，欲牧畜而无牧学、无牧书，欲制造而无工学、无工书，欲振商业而无商业（'业'似应作'学'——引者注）、无商书，仍用旧学而已"，这样只能导致中国的"亏败"。对西学的"精详"，康有为极为推崇，以为绝不能舍西学而别讲他学："泰西于各学以数百年考之，以数十国学士讲之，以功牌科第激励之，其堂室门户条秩精详，而冥冥入微矣。吾中国今乃始舍（'始舍'似应作'始，舍'——引者注）而自讲之，非数百年不能至其域也。彼作室而我居之，彼耕稼而我食之，至逸而至速，决尤舍而别讲之理也。"他预测中国只要大力讲求西学，人才就会不可胜用，于是"言矿学而矿无不开，言农工商而业无不新，言化、光、电、重、天文、地理而无之不入微也。以我温带之地，千数百万之士，四万万之农、工、商更新而智之，其方驾于英、美而逾越于俄、日，可立待也。"①

可以看出，对西学的新奇精妙极为崇信，将西学作为改造中国的基点，通过讲求西学而培养人才，通过人才的培养而振兴中国，康有为的思路与郑观应非常相似。不同的是，康有为所介绍评述的西学比郑观应有进一步的扩展。郑观应着重关注的是西方的"格致"之学，②而康有为对西学则作了全方位的推介。他曾花费数年时间收集日本书目，于1898年编成《日本

---

① 《日本书目志·自序》，《康有为全集》第3集，上海古籍出版社，1992，第583～584、586页。

② 郑观应也提到西学在天学、地学、人学诸方面均已登峰造极，但其着力主张学习的还是西方的"格致"之学。

书目志》，欲通过比较容易翻译的日文之书来了解西学的概貌。在这部书中，康有为共辑录书籍 7768 种，分为生理、理学、宗教、图史、政治、法律、农业、工业、商业、教育、文学、文字语言、美术（方技附）、小说、兵书等 15 个门类，每个门类之下又分出若干细目，林林总总，包罗万象，蔚为西学之大观。

既然讲求西学如此重要，那么是否意味着中学就可以受到轻视呢？康、梁等人并不这样认为。他们主张中西文化必须有机地结合起来，以西学弥补中学的不足，以中学作为接纳西学的根基；拒绝西学而固守中学，或摆脱中学而单采西学，都是不可取的。对于中西结合，他们在具体论述中采用了一个当时常见的说法，即"中体"而"西用"。他们所说的"中体""西用"有自身特定的含义，与学界通常所说的洋务运动时期的"中体西用"论有很大的区别，值得仔细加以讨论和辨析。

先看康有为。

他指出对西学不能采取"不大斥之，则大誉之"的态度，而主张以"体""用"的形式相结合，"故仆以为必有宋学义理之体，而讲西学政艺之用，然后收其用也。故仆课门人，以身心义理为先，待其将成学，然后许其读西书也。"①

康有为在这里预设了两个前提：一个是理论前提，即"义理"为学问之体，而"政艺"为学问之用，只有先打下了"义理"的基础，才能发挥"政艺"之用；另一个是事实前提，即中国以"义理"见长，而西学以"政艺"为优。根据这样两个前提，自然就得出了应以中学为体而以西学为用的结论。

康有为所说的"义理"相当于伦理和哲理，而"政艺"则相当于各门应用性较强的学问，抽象来说，以前者为"体"即作为理论指导，而以后者为"用"即作为具体知识，是有道理的。② 康有为对中西优长的判断则与他对西学还了解不多有关，事实上，西学也有其比较纯粹的"义理"部分，不过，这部分在中国的传播介绍远比西学"政艺"的宣传为晚。因此，康有为的"中体""西用"论主要是依据一般学理及中西文化特长所提出的一

---

① 《答朱蓉生书》，《康有为全集》第 1 集，第 1038～1040 页。
② 康有为标明"宋学"并不是实指"宋学"本身，而是借此代表"义理"的意思。似不能以此就推论康有为所说的"中体"，就是指以"宋学"为代表的封建纲常礼教。

种中西结合的模式，其中并不包含对中学或西学的轻重褒贬之意。

再看梁启超。他对中西如何以"体""用"的形式结合作了更为详细的论述。

一方面，他发挥康有为上述"体""用"的说法，强调中西两学缺一不可，必须紧密结合，彼此"会通"：

> 要之，舍西学而言中学者，其中学必为无用；舍中学而言西学者，其西学必为无本。无用无本，皆不足以治天下。虽庠序如林，逢掖如鲫，适以蠹国，无救危亡。①
>
> ……中国人才衰弱之由，皆缘中西两学不能会通之故，故由科举出身者，于西学辄无所闻知，由学堂出身者，于中学亦茫然不解。夫中学体也，西学用也，无体不立，无用不行，二者相需，缺一不可。今世之学者，非偏于此即偏于彼，徒相水火，难成通才……泯中西之界限，化新旧之门户，庶体用并举，人多通才。②
>
> 近年各省所设学堂，虽名为中西兼习，实则有西而无中，且有西文而无西学；盖由两者之学未能贯通……考东西各国，无论何等学校，断未有尽舍本国之学而能讲他国之学者，亦未有绝不通本国之学而能通他国之学者。中国学人之大弊，治中学者则绝口不言西学；治西学者，亦绝口不言中学；此两学所以终不能合，徒互相诟病，若水火不相入也。夫中学体也，西学用也。二者相需，缺一不可，体用不备，安能成才。……今力矫流弊，标举两义，一曰中西并重，观其会通，无得偏废；二曰以西文为学堂之一门，不以西文为学堂之全体，以西文为西学发凡，不以西文为西学究竟。宜昌明此意，颁示各省。③

另一方面，对中西如何结合，从"兴政学""经世"和"穷理"等三个视角提出明确而具体的建议。

---

① 《西学书目表后序》，梁启超著《饮冰室合集》文集之一，第129页。
② 《奏请经济岁举归并正科并各省岁科试迅即改试策论折》（代宋伯鲁拟），《康有为政论集》上册，第294页。此折为康有为授意，梁启超起草。
③ 《筹议京师大学堂章程》，中国近代史资料丛刊《戊戌变法》第4册，神州国光出版社，1953，第488~489页。此章程系梁启超代拟，见《戊戌政变记》，梁启超著《饮冰室合集》文集之一，第27页。

在《变法通议·学校余论》中，以"兴政学"为题，提出在"治天下之道""治天下之法"和"治今日之天下所当有事"等三方面，都应以"中"为本，而以"西"为辅："今中国而不思自强则已，苟犹思之，其必自兴政学始。宜以六经诸子为经……而以西人公理公法之书辅之，以求治天下之道；以历朝掌故为纬，而以希腊、罗马古史辅之，以求古人治天下之法；以按切当今时势为用，而以各国近政近事辅之，以求治今日天下所当有事。"只有这样，才能真正造就"今日救时之良才"。①

在《湖南时务学堂学约》中，以"经世"为题，重申了上述治道、治法、治事三者皆需中西结合之意，但提法略有改动，将西学西政直接纳入"经""纬""用"之中，加强了中西结合的密切程度："居今日而言经世，与唐宋以来言经世者又稍异。必深通六经制作之精意，证以周秦诸子及西人公理公法之书以为之经，以求治天下之理；必博观历朝掌故沿革得失，证以泰西希腊罗马诸古史以为之纬，以求古人治天下之法；必细察今日天下郡国利病，知其积弱之由，及其可以图强之道，证以西国近史宪法章程之书及各国报章以为之用，以求治今日天下所当有事，夫然后可以言经世。"②

在《万木草堂小学学记》中，以"穷理"为题，用"公理之学"亦即"实学"的概念将中国先王之义与西方穷理之风统一起来：

> 法必变，所以立之故不变。六经诸子，古者皆谓之道术，盖所以可贵者，惟其理也。故曰：法先王者法其意。西人自希腊昔贤，即讲穷理，积至近世，愈益昌明。究其致用，有二大端：一曰定宪法以出政治，二曰明格致以兴艺学。挽近公理之学盛行，取天下之事物，古人之言论，皆将权衡之，量度之，以定其是非，审其可行不可行。盖地球太平大同之治，殆将萌芽矣。学者苟究心此学，则无似是而非之言，不为古人所欺，不为世法所挠，夫是之谓实学。③

康有为的弟子刘桢麟就中西如何结合，提出孔子之道和西学皆需"大

---

① 梁启超：《饮冰室合集》文集之一，第63~64页。
② 梁启超：《饮冰室合集》文集之二，第28页。
③ 梁启超：《饮冰室合集》文集之二，第34~35页。

明"，才能使西学行之无弊和使孔子之道发扬光大，并对此作了较充分的论证："孔教者，我中国立国之命脉也。必孔子之道大明，然后西学乃行之而无弊；必西学大明，然后孔子之道乃比较而愈显。何也？孔子制作六经，其义理制度、大义微言，实足以范中外而治万世，其道不明，则世之见西学者，或震其精深，而以为不可学，或鄙其怪异，而以为不屑求，而不知反之诸经秘纬，皆吾教中所自有，是于孔子既有割地之憾，而于新政必有阻碍之端。新政不行，于是西学不明，则彼中之良法美意吾既无所取裁，而彼教之条理，凡有合于我孔子与不及我孔子者，吾更无从考见，而孔子范围中外之教法暗昌不彰，坐令彼族雌黄，列中国为半教，訾儒者为无用，甚乃以中国科举之流弊，学校之痼习，而归咎于儒书之未善。如是，则彼教乃愈张而愈广，吾教乃愈抑而愈隘，是固可为大忧者也。夫兵家之义，知己知彼，百战百胜。……今日之言西学，亦犹是也。不特此也，彼教之盛也，固由其人传道之坚毅，亦由其国政之能自强，故有恃而无恐。吾既惧吾教之陨坠，正当取师于彼，以强其国力，即以强其教宗。是西学不特为吾教借鉴之资，亦实为保守吾教之具也，夫又何疑欤。"①

四 对西方富强之道的认识由浅入深

岭南人所宣扬的近代化变革理念与传统变法思想之间最大的区别之一，就是这一理念所主张的变革，是以西方国家为榜样、为模式的变革，它所指向的一个最基本的目标，就是要通过近代化变革，使中国变成像西方一样富强的国家。

为此，岭南人在倡导近代化变革的同时，就不断对西方进行认识，总结西方国家之所以富强的经验，力图抓住变革的根本和关键，以作为中国变法的借鉴，使中国的变法能够顺利开展，并迅速取得成效。这些认识和总结是逐渐深化的。

（一）从"师夷长技"到学习西方富强之本

在两次鸦片战争期间，中国人对西方富强的认识，大致还停留在"长

---

① 刘桢麟：《论西学与西教无关》，《知新报》一，澳门基金会、上海社会科学院出版社，1996，第 622～623 页。

技"论的水平，即认为西方国家之所以富强，主要是由于它们在器物和技艺等方面比较先进。尽管魏源、徐继畲、梁廷枏等人在他们介绍西方国家历史、地理和社会的著作中，已经用不少篇幅写到西方国家的民主政治制度及其他制度，并明显地表示出羡慕之情和赞赏之意，但都还未与西方的富强有机地联系起来，或者还未纳入中国人可以师法的范围。冯桂芬写《校邠庐抗议》时，对"长技"开始有所突破，但对西方富强之道的认识仍然还很有限。

郑观应对西方富强之道的认识比前人有了明显的发展。他对于探求西方富强之道有很强的自觉意识，下了很大的工夫。

他批评自鸦片战争以来，中国人面对万国通商的时局，或言维新，或言守旧，或言洋务，或言海防，但不是是古而非今，就是逐末而亡本，没有几个人能够洞见本原、深明大略，于是自己"学西文，涉重洋，日与彼都人士交接，察其习尚，访其政教，考其风俗利病得失盛衰之由"，这才认识到"其治乱之源，富强之本，不尽在船坚炮利，而在议院上下同心，教养得法。兴学校，广书院，重技艺，别考课，使人尽其才；讲农学，利水道，化瘠土为良田，使地尽其力；造铁路，设电线，薄税敛，保商务，使物畅其流。凡司其事者，必素精其事，为文官者必出自仕学院，为武官者必出自武学堂，有升迁而无更调，各擅所长，名副其实，与我国取士之法不同。"①

为了证明自己看法的可靠性，他引用了曾任两广总督的张树声的一段话："西人立国具有本末，虽礼乐教化远逊中华，然而驯致富强亦具有体用。育才于学堂，论政于议院，君民一体，上下同心，务实而戒虚，谋定而后动，此其体也。轮船火炮，洋枪水雷，铁路电线，此其用也。中国遗其体而求其用，无论竭蹶步趋，常不相及，就令铁舰成行，铁路四达，果足恃欤！"郑观应称赞这段话"诚中的之论也"。他还结合清朝当局的洋务举措和外国人的评价进一步论述道："年来当道讲求洋务，亦尝造枪炮、设电线、建铁路、开矿、织布，以起而应之矣。惟所用机器，所聘工师，皆来自外洋，上下因循，不知通变。德相卑士麦谓我国只知选购船炮，不重艺学，不兴商务，尚未知富强之本，非虚言也。"②

---

① 郑观应：《盛世危言·自序》，第50~51页。引者对引文的部分标点有改动。
② 郑观应：《盛世危言·自序》，第50~51页。引者对引文的部分标点有改动。

郑观应这些论述的中心之点，是批评洋务运动中只注重引进西方的船、炮等器物而不知学习西方富强之本的偏向，并就何为西方富强之本发表自己的看法（包括引用他人之语以表达己见）。仔细分析这些论述，可以看出"议院上下同心，教养得法"这两句话是郑观应所总结的西方富强之本的纲领。前一句是指西方所设立的议院政治制度，它使君民一体，上下同心，是国家获致富强的根本保证；后一句的所谓"教养"，是指作为国家基本大政的教民和养民之策，只有"教养得法"，富强才能落到实处。

在此纲领之下，"教养得法"又可分列为几大要点：一是兴办学校以培养人才，这是讲重视教育、知识和学问；二是改良耕作以尽地利，这是讲打好农业这个国家经济的基础；三是经营工商以使物畅其流，这是讲把作为国家经济枢纽的工商业全面充分地发展起来；四是实现各类官员的专业化和专职化，这是讲保证政府官员都是高素质的管理人才。

把民主性的政治制度和近代化指向的大政方针作为国家富强的根本，这表明郑观应对西方的认识已达到相当准确而深入的程度，尽管他的实践活动还未超出洋务运动的范围，但在思想认识上已经走在社会思潮发展的前头，为洋务运动向维新运动的转变提供了思想准备。

除了整体性概述外，郑观应还在《盛世危言》中对西方富强之本的各大要点分专篇进行了具体的论述，从中可以更加清楚地看出他对西方认识的程度。从各相关篇章的内容来看，被郑观应作为西方富强根基之点来论述的主要有议院、吏治、学校、商务、农功、工艺等六大议题，形成了其西方富强观中的议院观、吏治观、学校观、商务观、农功观、工艺观等核心观念。

1. 关于议院的论述

先进的中国人关注议院制对西方富强所起的重要作用，大约在洋务运动已经兴起的 19 世纪 70 年代之后。最早谈论者有郭嵩焘、王韬、文祥等人，随后，议院制引起中国思想界的普遍重视，对议院制的各种议论见于各类著述之中，形成了当时变革思潮中一个十分重要而且突出的内容。在这些论者之中，郑观应不仅是最早的论述者之一，而且对议院持续论述的时间最长，论述的内容最充分。在一段较长的时期内，郑观应的议院观具有很强的代表性。

议院作为一种政治制度，具有何种性质，这是郑观应论述得最多的一个问题。

对此，他下了一个最简单的定义："议院者，公议政事之院也。"① 郑观应所说的"公议政事"，看起来一目了然，其实所包含的内涵要比字面之义丰富得多，需要根据他对议院制的论述作出具体的论析。

首先，所谓"公议"，主要是指民众之议。议院在本质上是民众表达政见的场所，通过议院就能"集众思，广众议，用人行政一秉至公"，如果无议院，则"君民之间势多隔阂，志必乖违"。② 这里的被"乖违"之"志"，显然不是君志，而是民众之志。

郑观应的另外几段话将议院代表民意、民志的意思表达得更加清楚："泰西各国咸设议院，每有举措，询谋佥同，民以为不便者不必行，民以为不可者不得强，朝野上下，同德同心，此所以交际邻封，有我薄人，无人薄我。人第见其士马之强壮、船炮之坚利、器用之新奇，用以雄视宇内，不知其折冲御侮，合众志以成城，制治固有本也"，"即英国而论，蕞尔三岛，地不足当中国数省之大，民不足当中国数省之繁，而土宇日辟，威行四海，卓然为欧西首国者，岂有他哉？议院兴而民智合、民气强耳"，"中国户口不下四万万，果能设立议院，联络众情，如身使臂，如臂使指，合四万万之众如一人，虽以并吞四海无难也。……故议院者，大用之则大效，小用之则小效者也。"③ 这几段话分别以泰西各国、英国和中国为例，明确指出了议院以民为本、以民为体的根本性质。正是因为通过议院凝聚了民众的意志，一个国家（无论是大国还是小国）才会具有强大的力量。

其次，作为议院成员的议员（主要指下议院议员），是由民众公举出来的民意代表，由他们议政才算得上是真正的"公议"。

关于这一点，郑观应亦有详尽的论述："议院为国人所设，议员即为国人所举。举自一人，贤否或有阿私；举自众人，贤否难逃公论。"为了杜绝可能存在的滥选滥举的弊端，保证选出真正的贤者，规定选举者必须为"入本籍至十年以后，及年届三十，并有财产身家，善读书负名望"之人，否则不得出名保举议员。议员选出之后，其在议院发表政论要继续接受民众的监督，"议员之论刊布无隐，朝议一事，夕登日报，俾众咸知，论是则

---

① 郑观应：《盛世危言·议院上》，第 95 页。
② 郑观应：《盛世危言·议院上》，第 95 页。
③ 郑观应：《盛世危言·议院上》，第 95、96、96～97 页。

交誉之，论非则群毁之。本斯民直道之公，为一国取贤之准"，这样就能使
"天下英奇之士、才智之民，皆得竭其忠诚，伸其抱负"。① 这也就是说，无
论是选前还是选后，都要采取有效的措施，以确保议员是民众优秀的代表。

为了说明"公举"必须以民众的选择为立足点，郑观应专门辨析了这
样一个问题，就是今日西方国家的议员，不能等同于中国历史上"汉之议
郎，唐、宋以来之台谏御史"。这是因为"爵禄锡诸君上，则不能不顾私
恩；品第出于高门，则不能悉通民隐。而籍贯不可分，素行不可考，智愚
贤否不能一律，则营私植党，沽名罔利之弊生焉。何若议院官绅均匀，普
遍举自民间，则草茅之疾苦周知，彼此之偏私悉泯；其情通而不郁，其意
公而无私，诸利皆兴，而诸弊皆去乎？"② 在选举产生的议员与非选举产生
的官员之间，郑观应划出了一条鲜明的界线：前者因为出于民，所以就能
真正做到"公"而无弊，而后者因为与民隔绝，即使他们为君上所选用，
也难免私心甚重，弊端重重。换言之，议员在本质上不能是君主属下的官
员，而应该是对于君主保持着独立性的民意代表。

最后，在议院的"公议"与君权之间，存在着相互制约的政治关系。

这种相互制约主要通过议院本身的结构及"国事"如何决定的程序而
表现出来。根据郑观应的考察，各国议院大都分为上下两院，"上院以国之
宗室、勋戚及各部大臣任之，取其近于君也；下院以绅耆、十商才优望重
者充之，取其近于民也。……遇有国事，先令下院议定，达之上院；上院
议定，奏闻国君，以决从违。如意见参差，则两院重议，务臻妥协而后从
之"。③ 按照这种体制和议事规则，"国事"的处理是君、民双方协商一致的
结果，君主已经失去原所具有的绝对统治权，民众（通过下议院）的参与
已成为政治决策中不可缺少的一环。不过相比之下，君主仍占有明显的优
势，因为上议院"近于君"，而君主又具有最后决定"从违"的权力。

议院与君主相互制约的结果，必然导致君民双方对国家权力的重新分
割，形成新的权力对比关系。郑观应将此关系分为两种情形：一种是美国、
法国式的民主议院制，在这种制度下，国家权力集中掌握在议院所代表的

---

① 郑观应：《盛世危言·议院上》，第 97 页。
② 郑观应：《盛世危言·议院上》，第 97 页。
③ 郑观应：《盛世危言·议院上》，第 95 页。引者对引文的部分标点有改动。

民众手里，即所谓"权偏于下"。他认为这还不是一种理想的政治制度，批评美国议院"民权过重"，法国议院"不免叫嚣之风"。另一种是英国、德国式的"君民共主"议院制，这种制度非常完善适中，在君权、民权之间能够做到"权得其平"。这种君权与民权的平衡，郑观应列举了多种表现。比如，议事决策之时，"凡事虽由上下院议定，仍奏其君裁夺：君谓然，即签名准行；君谓否，则发下再议。其立法之善，思虑之密，要皆由于上下相权，轻重得平，乃克臻此"；又比如，君主与民众之间有对权力的分享，"凡军国大政，君柄其权；转饷度支，民肩其任"，"凡军国大政，其权虽决于君上，而度支转饷，其权实操诸庶民"，等等。① 从这些表现来看，君主与民众的确各有其权。不过仔细权衡，郑观应所说的"共主""平"权仍然只有相对的意义。比起君主专制之下民众毫无"公议"之权来，民众能以议院的形式参与国事的"议定"，并在"度支转饷"即赋税征收方面起某种程度的决定作用，已经是一个重大的转变。但是，以民众所具有的权力与君主的"裁夺"之权和决定"军国大政"的权力相比，民众在权力的博弈中显然还是处于弱势。

对于郑观应而言，这种英、德式的议院制已经非常理想。他盛赞这一制度"适中经久"，"其立法之善，思虑之密，无逾于此"。对其所起的作用作了高度的评价："盖有议院揽庶政之纲领，而后君相、臣民之气通，上下堂廉之隔去，举国之心智如一，百端皆有条不紊，为其君者恭己南面而已。故自有议院，而昏暴之君无所施其虐，跋扈之臣无所擅其权，大小官司无所卸其责，草野小民无所积其怨，故断不至数代而亡，一朝而灭也。"② 郑观应所说的议院作用，本来应该是对西方国家历史的总结，但看起来更像是针对中国君主专制之弊所开出的一剂良药。君相、臣民之气不通，上下堂廉阻隔，昏暴之君施虐，跋扈之臣擅权，大小官司卸责，草野小民多怨，王朝往往数代而亡、一朝而灭，这些正是中国专制历史上屡屡发生的通病。郑观应肯定议院能够有效医治这些通病，在很大程度上是对议院的功用作了一种中国化的理解。

---

① 见郑观应《盛世危言·议院下》《盛世危言·议院上》《盛世危言·公举》，第100、95~96、104页。

② 见郑观应《盛世危言·议院上》，第96、98页。

郑观应以中国化的方式来理解西方议院，还突出表现在他对应该设立议院所作的带有理论性的诠释。他引证中国历史典籍中关于君民关系的精辟传世之语，写道：

> 中国历代帝王继统，分有常尊，然而明良喜起吁咈赓歌，往往略分言情，各抒所见，所以《洪范》稽疑谋及庶人，盘庚迁都咨于有众。盖上下交则为泰，不交则为否。天生民而立之君，君犹舟也，民犹水也，水能载舟，亦能覆舟，伊古以来，盛衰治乱之机总此也。……孙子曰："道者，使民与上同欲"，"可与之死，可与之生，而不畏危也"。[1]

郑观应所引证的这些话，一些与他同时期的先进的中国人也常会引用，以表达君主应该抑尊重民的思想。用中国传统的（当然也是有积极价值的）君民关系论为西方近代议院制做理论依据，这在当时是一种特定的思想文化现象。它一方面是由于西学的传播程度还非常有限使然，另一方面也真实反映了在各种因素的制约下，这一时期中国许多先进人物所只能达到的思想理论高度。

将西方议院中国化的结果，就使开设议院的期望更加充满理想化的色彩。照郑观应的话来说就是，实行议院制可以同时满足君民双方的意愿和符合君民双方的利益，"君不至独任其劳，民不至偏居其易，君民相洽，情意交孚。……四海之大，万民之众，同甘共苦，先忧后乐，若理一人，上下一心，君民一体，尚何敌国外患之敢相陵侮哉。"[2] 议院制成了紧密联系君民双方的纽带，它使君民双方在"共主"国政、各有其权（如前所述）的政治格局之下，能够做到彼此相安无事、亲密无间、一致对外。这种理想化当然并不现实。从西方近代议院制的演变史来看，议院之权从来就是民众的代表，具有与君权根本对立的性质，并在与君权的斗争中逐渐战胜乃至取代君权。失去统治大权的君主可以与掌握统治大权的议院共存，但这并不表明双方对国事可以"共主"，而从中国君主专制的历史和现状来看，要想君主在仍然握有"裁夺"权和"军国大政"权的情况下，能够与民众"权得其平"，那更是难以想象之事。

---

① 郑观应：《盛世危言·议院上》，第96页。
② 郑观应：《盛世危言·议院上》，第97页。

对于这种本不现实的议院理想，郑观应却仍然倾心相求，这与他希望设立议院的目的密切相关。对此目的，郑观应作过一段比较完整的论述："故欲行公法，莫要于张国势；欲张国势，莫要于得民心；欲得民心，莫要于通下情；欲通下情，莫要于设议院。中国而终自安卑弱、不欲富国强兵为天下之望国也则亦已耳，苟欲安内攘外，君国子民，持公法以永保太平之局，其必自设立议院始矣！"① 郑观应建立了一条因果链：要行公法，就要张国势；要张国势，就要得民心；要得民心，就要通下情；要通下情，就要设议院。这条因果链也可以反过来说，即设议院就能通下情，通下情就能得民心，得民心就能张国势，张国势就能行公法。通下情是设议院最直接的作用，而行公法则为设议院所要达到的最终目的。

对郑观应所说的"行公法"有必要作进一步的解释。在《盛世危言》中，郑观应有专章对"公法"进行论述。他认为："公法者，万国之大和约也。"中国过去自以为自己就是"天下"，其实也只是"天下之一国"，因此也需要按照"公法"来行事。"公法"具有两种作用：一是万国之间通过通使、通商和结盟立会等办法来相互"维系"，以保障"是非好恶之公"；二是确认各国主权不相"统属"，皆归其自有，"他人不得侵夺"，因而国与国之间有均势之法和互相保护之法。由于有此作用，"公法"就成为万国的行为准则和彼此和平相处的保证。与此同时，郑观应对"公法"存在的虚假性也看得很清楚，这就是"公法"表面上看起来公平合理，实际上还是以国家的强弱作为基础。"公法"制约不了强者，"公法"也帮助不了弱者；在"公法"的名义之下，以强凌弱之事比比皆是，列强对待中国的态度就是一个典型的例证。由此，郑观应得出的结论是："公法仍凭虚理，强者可执其法以绳人，弱者必不免隐忍受屈也。是故有国者，惟有发愤自强，方可得公法之益。倘积弱不振，虽有百公法何补哉？"②

根据这些论述，可以确定郑观应所说的"行公法"的意思，就是指我应以"公法"待人，同时也希望别人以"公法"待我。换言之，就是指中国应以独立主权国家的身份，在世界上获得与各国平等的地位。而要做到这一点，关键是要能"张国势"，也就是要使国家强大起来。由此可见，郑

---

①　郑观应：《盛世危言·议院上》，第97页。引者对引文的部分标点有改动。
②　见郑观应《盛世危言·公法》，第146~148页。

观应注重议院制，其根本的出发点还是国家的利益。既然以国家的强大为主，那么君主与民众的协调一致就非常重要，而"通下情""得民心"也就成了议院的标志性功用。郑观应虽然注意到了君权与民权的轻重问题，也提出了"君民共主""权得其平"的口号，但从其基本论述来看，他对议院的追求和认识还缺乏强烈的民权意识。

2. 关于吏治的论述

郑观应所说的"吏治"，指的是国家选拔和使用官吏的各项制度。他认为官吏队伍的状况如何，与国家的治乱关系极大："地方之治乱，视官吏之贤否为转移；朝廷求治，亦视用人何如耳。一县得人则一县治，一郡得人则一郡治，一省得人则一省治，天下得人则天下治。"① 可见只要官吏选拔使用得好，从地方到整个国家的治理都有了可靠的保障。基于这一认识，郑观应针对中国官吏制度方面存在的各种严重弊端，从西方国家的做法中寻找和总结可资借鉴的经验。

一是为官必须学有专长，长期专任专用。这本来就是中国上古时代的做法，"溯唐、虞之世，设官分职，各有专司，不相兼统，如契为司徒、皋陶为司寇、伯夷作秩宗、夔典乐之类，皆以其所优为者任之。未闻以敷教之事强皋陶，以刑名之事强伯夷，以典礼之事强夔也。是以百职庶司，皆能各称其职"，而中国后人已经丢失，在西方国家却能发扬光大，如规定"户部人员不能调刑部，陆路提镇不能调水师。学古入官，量才授职，自何部何署出身，日久升迁，终于为此部之首领而已。爵可崇，俸可增，而官不迁移"，因此就能"职既专而事无旷废，任愈久而识更精深"。郑观应称赞说："富强之原，实基如此。"②

二是应由议院来掌管官吏的选拔和使用大权，并派人参与和监督官吏的政事活动。与中国官吏选用之权掌于君主及其所控制的吏部手中不同，西方国家"独无吏部之设，无诠选之条，百僚升降权归议院，期会之令出自君主，选举之政操自民间"。这就意味着任何官吏的任职都要得到民众的认可，而官吏日后的前程如何必须由议院来把关，这就势必改变官吏原来只对君主和朝廷负责的性质。与此同时，在官吏审案时，实行陪审制度：

---

① 郑观应：《盛世危言·吏治上》，第119页。
② 郑观应：《盛世危言·吏治上》，第120页。

"听讼之事，派以陪审，而肆威作福之弊祛；列以见证，而妄指诬隐之弊绝。所谓爵人于朝，与众共之，刑人于世，与众弃之，兼听则明，偏信则暗者，昔闻其语，今见其事。"① 无论是"爵人"（授人官职），还是"刑人"（定人之罪），都能公之于众，将官吏置于民众的掌控和监督之下，这本来是见之于中国经典中的治世理想，在郑观应看来，其在西方却变成了现实。这是一种很高的评价。

三是用当地人（"土人或久居其地者"）为官，"无回避本省之例"。"回避本省"是中国实行的一种制度，而西方的做法恰恰与此相反。郑观应引西人之语介绍说："泰西地方官非土人不用，非土人不举者，恐其不能尽知风土人情利弊。凡属身家清白有产业者，均许保举人材，考察录用，与中国上古行乡举里选之例无异。" 又引述著名学者俞樾对回避制弊端的批评："今州、县吏乃若佣力者然，计一岁之利，任一岁之事。其地诚肥饶耶，上之人不欲使久擅其利，满一岁率去之；其地诚瘠薄耶，其人又不待一岁而亟亟以求去。以故贤者莫能有所施设，而不肖者惟知饱其私囊。官与民漠不相习。一旦有急，城非不高也，池非不深也，米粟非不多也，兵甲非不坚利也，委而去之，疾视其长上之死而莫之救。然而曰吾将自强，正不知果在何日也。"而郑观应自己对西方任官做法的评论是："盖既洞悉其风土人情，自收驾轻就熟之效也。"② 综合来看，郑观应希望中国任官也应像西方那样，了解和顺应民情，使官民结为一体，这样才能达到"自强"的目的。

除此之外，郑观应还对英、法等国在"吏治"方面的其他做法作了不少介绍，可见他对官吏必须"得人"的高度重视。

3. 关于学校的论述

对于学校，郑观应也像议院和官吏问题一样非常重视，认为"学校者，造就人才之地，治天下之大本也。"③ 他进一步强调说："国于天地，必有与立，究其盛衰兴废，固各有所以致此之由。学校者人才所由出，人才者国势所由强，故泰西之强强于学，非强于人也。"④ 也就是说，有学校才会有

① 郑观应：《盛世危言·吏治上》，第 120 页。
② 郑观应：《盛世危言·吏治上》，第 120 页。
③ 郑观应：《盛世危言·学校上》，第 60 页。
④ 郑观应：《盛世危言·西学》，第 76 页。

人才，而有人才才会有国家的强大，所以学校就具有了立国、强国乃至"治天下"之大本大源的重要地位。

郑观应指出早在中国上古，学校就是如此，"古者家有塾，党有庠，州有序，国有学，比年入学，中年考校。一年视离经辨志，三年视敬业乐群，五年视博习亲师，七年视论学取友，谓之小成。九年知类通达，强立而不反，谓之大成。而又教以弦诵，舒其性情。故其时博学者多，成材者众也。"他进一步阐释说："先王之意，必使治天下之学皆出于学校，而后所设学校非虚，其法始备，此学所以为养士之要，而上古人才所以出于学校者独盛也。"① 这就不仅展示了中国上古学校体制的完美，而且将学校的重要性提升到了"先王之意"的高度来加以肯定。可惜的是，学校制度在中国后世遭到破坏，结果就使得国家无有用之学和可用之才。

中国丢失了的学校制度和立学精神，在西方却得到了传承和发展，"今泰西各国犹有古风"，② 并且在宏大精深的程度上远远超过了中国上古。对于各国学校制度，郑观应作了多方面的详细介绍。他特别强调西学为西方学校的精华，它是西方国家"萃数十国人才，穷数百年智力，掷亿万兆资财而后得之"的文化硕果，值得中国引进接受。如果能将"西国有用之书"一一译成华文，颁行国内各书院，使人人得而学之，那么，"以中国幅员之广，人才之众，竭其聪明才力，何难驾西人而上之哉"。③ 他更希望中国能像西方一样，尽快建立起发达的学校制度以培养人才，因为"中国二十三行省，地土之大，人民之多，当此之时，需才之急，较泰西各国犹众"；欧美两洲的大国如英、俄、法、德、美等，小学各有数万所，中学逾千所，大学虽数量少而规模广大，各国对学校皆投入了巨额经费，这都是中国学习的榜样，"如我国能仿俄国或日本，衰弱之时痛除积痼，幡然一变，各省亦援照西法，广开学堂书院，认真讲求……则各艺人才何患不出？自足与泰西争强竞胜矣"。④ 在这些论述中，贯穿着要学习西方先进文化的精神，同时也非常清楚地表明了要赶超西人的勇气和信心。

---

① 郑观应：《盛世危言·学校上》，第 60 页。
② 郑观应：《盛世危言·学校上》，第 60 页。
③ 郑观应：《盛世危言·学校上》，第 62 页。
④ 郑观应：《盛世危言·学校上》，第 64 页。

4. 关于商务的论述

郑观应对商务的论述，是从对"商战"的认识（参见前论）入手的。既然要进行商战，根本的落脚点就是要将商务发展起来。而在这方面，西方是中国学习的最好榜样。郑观应以其多年来对西方发展商务的观察和了解，以及自身从事经商活动的实际体验，从多方面论述了西方如何重商强商的经验。

其一，国家将商务置于非常重要的地位。

在商与国的关系上，"商务者，国家之元气也；通商者，疏畅其血脉也"。[①]"元气"和"血脉"都关系到国家的根本，所以，中国以农立国，而外洋是"以商立国"。商务的重要作用表现在"各国并兼，各图利己，借商以强国，借兵以卫商。其定盟立约，聘问往来，皆为通商而设。英之君臣又以商务开疆拓土，辟美洲，占印度，据缅甸，通中国，皆商人为之先导。彼不患我之练兵讲武，特患我之夺其利权。凡致力于商务者，在所必争"。可见，商务不但是西方国家立国的基础，而且是其对外扩张的强大动力。因此，"欲制西人以自强，莫如振兴商务"。[②]

在商与民的关系上，商一方面与士、农、工"互相表里"，即需要相互依赖，缺一不可，而另一方面，商又显示出独特的重要作用，"士无商则格致之学不宏，农无商则种植之类不广，工无商则制造之物不能销"。由此得出的结论就是"商贾具生财之大道，而握四民之纲领也"。[③] 在中国传统观念中，从来都是"士"居四民之首，而"商"居四民之末。郑观应将这个顺序颠倒了过来，将商摆在最重要的位置，这不仅表明了他重商的立场，而且说明他对近代商人群体兴起所具有的政治意义，开始有了某种自觉的认识。

其二，国家对商务采取了非常有力的发展措施。

对此，郑观应有一段集中的论述：

> 盖西人尚富强最重通商，其君、相惟恐他人夺其利益，特设商部大臣以提纲挈领。远方异域恐耳目之不周，鉴察之不及，则任之以领事，卫之以兵轮。凡物产之丰歉，出入之多寡，销数之畅滞，月有稽，

---

① 郑观应：《盛世危言·商务一》，第 299 页。

② 郑观应：《盛世危言·商务三》，第 309 页。

③ 郑观应：《盛世危言·商务二》，第 303 页。

岁有考。虑其不专，则设学堂以启牖之；恐其不奋，则悬金牌以鼓励之。商力或有不足，则多出国帑倡导之；商本或虞过重，则轻出口税扶植之。立法定制必详必备，在内无不尽心讲习，在外无不百计维持（各国每埠皆设有商会，京都设商务总会，延爵绅为之领袖。其权与议院相抗，如有屈抑，许诉诸巴力门衙门。故商人恃以无恐）。①

这段话包含了非常丰富的内容：有政府设国内专管商务的官员——商部大臣，设国外重点管理商民的官员——领事，及保护商民的武力——兵轮；国家对商务有统计考察，设学校专门研究，发奖牌给以鼓励；商力不足国家出钱资助，商本过重国家减税扶持，为商务立法定制务求详备并切实施行；商人普遍设有自己的组织商会，拥有足以维护自身利益的权力。

这些纲领性的内容，郑观应在论商务的各专篇中还有很多具体的阐述和发挥。其总的精神，就是国家应全力讲求和发展商务，尤其是要为商民开展商务活动提供最有利的条件和最有力的保障。

其三，发展商务需要把握和利用各种条件。

郑观应以孟子所言"天时不如地利，地利不如人和"一语为纲，对商务何以兴旺的条件进行了论析。

他先以英国这一著名的"商国"为例，将其兴旺的原因归结为十三条，并与中国进行比较："窃尝究英国商务之所以兴旺者，其故有十三端。有为中国之可及，亦有为中国之难骤及者。曰地气清和，曰矿产甚富，曰国内水陆便利，曰海口多，此四者中国固有之，无不可及者也。曰百工技艺娴熟，曰首创机器擅利独多，曰资本甚巨，曰程法尽善、用人得宜，曰商船多，曰五大洲皆有属地，曰言语为商务通行，曰通商历年最久，曰近日出口货无税、进口货亦不尽征，此九者他国亦有难兼，中国所未能骤及者也。"② 如果套用天时、地利、人和的讲法，前四项可归之为天时和地利，而后九项则属于"人和"。中国不缺天时地利，所缺者还是在人的因素方面。这既是对英国商务成功经验的总结，从中又可看出中国所存在的重大差距。

---

① 郑观应：《盛世危言·商务二》，第 303 页。
② 郑观应：《盛世危言·商务四》，第 314 页。引者对引文的部分标点有改动。

除英国外，郑观应还从全球的角度论述了发展商务的条件。在天时与地利方面，要明了"大地贸易兴旺之故"和"城镇口岸兴旺之故"。前者是讲一国或一省因所处地理位置不同，其物产也就有明显的差别，商人要据此而"讲求天生物产、百工技艺两大端"。后者是讲地势之利对形成"商埠要区"所起的作用，为商者应善于利用这种地利条件，"有识者固思捷足先得，亦惟多财者乃能力着先鞭也"，① 既要有远见卓识，同时还要有财力作为后盾，这样才能确保商务的兴旺发达。在"人和"方面，商务的盛衰往往与"国法"如何规定以及律令的宽严、捐税的轻重、"运脚"（运输成本）的多寡等因素，都有密切的关系。

因此，"贸易之道"不能只知道如何进行物资的交换，还要懂得"国政民情"与商务相"维系"的道理，"明乎此而后商务可得而言矣"。② 这实际上就把商务的发展与整个国家的发展连在了一起，也就是说，只有使国家的各项事业都兴盛起来，商务的兴盛才有可靠的保证。

5. 关于农功的论述

郑观应论农功有一个根本的出发点，就是君主和朝廷对民众应负起教养之责。他立论说："盖天生民而立之君，朝廷之设官以为民也。"上古之时帝王设有地官司徒之职，"实兼教养"；孔子主张，"富之教之"；其时任地方官者，"劝农课耕"，卓有成效，而"近世鲜有留心农事者"。不仅不留心，而且是漠不关心，"今之悍然民上者，其视民之去来生死，如秦人视越人之肥瘠然"，由此就导致"天下流亡满目、盗贼载途"的严重后果。要解决这一问题，郑观应提出的办法是："以农为经，以商为纬，本末具备，巨细毕赅，是即强兵富国之先声，治国平天下之枢纽也。"③ 这就将农耕之业与国家的富强紧密联系在了一起。

郑观应认为，搞好农耕之业的根本在于人力的"勤惰"，只要充分发挥人的作用，就足以弥补自然条件不好所造成的缺陷，而西方国家的务农之法正是这方面的榜样。

他详加介绍说：泰西农政皆设农部总揽大纲，各省设农艺博览会一所，

---

① 郑观应：《盛世危言·商务四》，第315页。
② 郑观应：《盛世危言·商务四》，第314页。
③ 郑观应：《盛世危言·农功》，第404、403、405页。

集各方之物产，考农时，与化学诸家详察地利，各随土性，分种所宜。每岁收成自百谷而外，花木果蔬以至牛羊畜牧，胥入会考察优劣，择尤异者奖以银币，用旌其能。……事事讲求，不遗余力。先考土性原质，次辨物产所宜，徐及浇灌、粪壅诸法，务欲各尽地利，各极人工。所以物产赢余，昔获其一，今且倍徙十百而未已也。……其尤妙者，农部有专官，农功有专学，朝得一法，暮已遍行于民间。何国有良法，则互相仿效，必底于成而后已。民心之不明，以官牖之；民力之不足，以官辅之；民情之不便，以官除之。此所以千耦其耘，比户可封也。除此之外，郑观应还对西方农业的"粪壅之法""用电之法"选种之法等作了更具体的说明。[①]

总括其论述，西方务农之法可归结为两大要义：一是政府对农事非常重视，所谓"事事讲求，不遗余力"，从各方面充分发挥了指导、支持和促进的重要作用；二是大力采用科学方法务农，郑观应笔下虽然还没有出现"科学"一词，实际上他所说的"良规""良法""专学"等，都已属于农业科学的范畴。有了这两方面的结合，农业的发展卓有成效自然就没有疑义。

6. 关于工艺的论述

工艺也称为技艺。在中国传统观念中，工艺的地位极低，与国家富强更谈不上有何关系。针对这种偏见，郑观应十分明确地指出，不论是在当今西方各国，还是在中国上古，工艺都是国家富强的根本，受到高度的重视。

他介绍西方说："夫泰西诸国富强之基，根于工艺。"[②] 如英国，在西方各国中堪称技艺"最精"。该国设有"工匠学堂"，令学工艺者读工程专书，研究机器之理，然后各就所业，结果就能"变化神明"，使工艺巧夺天工，"小可开工商之源，大可济国家之用"；特开"艺术大会"，对技艺出类拔萃者皆给予文凭以证其学问，对"能造灵妙机器有利于人"者则奏准朝廷奖其才艺，从而使"各人乐从，皆自出才力心思以博荣名"；实行专利制度，凡能创新法有益于世者，皆准其享专利若干年；筹集巨款，专为扶掖、奖

---

① 郑观应：《盛世危言·农功》，第402～403页。引者对引文的部分标点有改动。"千耦其耘，比户可封"一句，是说尽管务农者人数众多，由于得到政府的大力扶持，故每户都可获得富足。

② 郑观应：《盛世危言·技艺》，第389页。

赏工艺人才之用，"如心思灵巧能制新物，或累于家贫未能竟业者，并资以经费助其成功"，其厚待人才如此，就使得"民风国运……隆然兴起"。[1] 又如美国，也像英国一样注重工艺，"艺院日多，书物日备，制造日广，国势日强。凡有新出奇巧之物，绘图帖说，进之当事，验其确有实用，即详咨执政，予以专利之权，准给执照，并将名姓图说刊入日报，俾遐迩周知。所以有美必彰，无求不得，殚精竭虑，斗巧争奇，莫能测其止境也。"[2] 郑观应还根据西方报刊所载资料，列举了英、俄、德、法、奥、美等六国富强的概况，以具体数据证明六国之所以富强，工艺发达是主要原因之一，而"其工艺之多，土产之盛，国人之富，亚洲远不及也。"[3] 这些评介极有说服力，可以说完全颠覆了将工艺视为末务末学甚至"奇技淫巧"的陈腐之见，为国人重新认识工艺的重大作用打开了眼界。

谈及中国上古，郑观应同样充分肯定"工艺一道，为国家致富之基，工艺既兴，物产即因之饶裕。中国文明早启，向重百工"，这在《周礼》《考工记》等典籍中都有明确记载，由此促成了三代之治，国家兴隆富足，"蒸蒸日上"，可惜后世"固步自封，罕有竭耳目心思以振兴新法者，何怪乎国中贫惰而外侮日乘也"。因此，"欲救中国之贫，莫如大兴工艺"。[4] 他对中国后世丢掉上古重工艺的传统尤为痛惜，对此段历史专门作了批判性的回顾总结：

> 自《大学》亡《格致》一篇，《周礼》阙《冬官》一册，秦汉以后，佛、老盛行，中国才智之人皆驰骛于清静虚无之学，其于工艺一事简陋因循、习焉不讲也久矣。夫制器尚象，古圣王之所由利用而厚民也。日省月试，既禀称事，劝工之典，并列九经。乃后世概以工匠轻之，以舆隶概之，以片长薄技鄙数之。若辈亦自等庸奴，自安愚拙，无一聪明秀颖之士肯降心而相从者。无惑乎器用朽窳，物业凋敝，一见泰西之工艺而瞠目咋舌，疑若鬼神也。[5]

---

① 郑观应：《盛世危言·技艺》，第 390～391 页。
② 郑观应：《盛世危言·技艺》，第 391 页。
③ 郑观应：《盛世危言·技艺》，第 393 页。
④ 郑观应：《盛世危言·技艺》，第 394 页。引者对引文的部分标点有改动。
⑤ 郑观应：《盛世危言·技艺》，第 389 页。引者对引文的部分标点有改动。

郑观应以"古圣王"的名义，重新定义了工艺利国厚民的重大作用，并将其置于经典教义的崇高地位；对中国"才智之人"和"聪明秀颖之士"皆不愿研习工艺，以致中国工艺日渐衰落，表示了极大的不满。这种反省，已在一定程度上触及了文化的根底，其认识富有远见性。

郑观应将西方富强之本归结为议院、吏治、学校、商务、农功和工艺等数项举措，可谓抓住了西方建设近代化国家的重大关键之点。这种认识在当时的中国思想界，应该说很有见地，对于学习西方富有启发性和指导性意义。

（二）对西方富强之道的系统总结

究竟什么是西方富强之本，这是一个很有探索意义的前沿性课题。郑观应的论述应该说交出了一份很有分量和价值的答卷。与郑观应同时及在他之后，岭南还有黄遵宪、康有为、梁启超等人也在不断对西方富强之道进行总结。他们的认识与郑观应有许多共同之点，但又在新的思想基础上取得了新的进展。他们对洋务运动学习西方的片面性和肤浅性作了更加尖锐的批评，对西方富强之道的认识视野更加广阔，程度更加深入，思路更加清晰，并能更加明确地突出重点要点，形成了系统全面的论述。

第一，西方诸国并立之势令各国励精图治，互相交流而又互相竞争，因此日渐富强。这是从国家所处的外部条件对国家内部机制的制约方面所作的总结。

较早指明这一点的是黄遵宪。他在《日本国志》中论"交邻之益"即国与国之间互相交往的好处时写道：

> 余闻之西人欧洲之兴也，正以诸国鼎峙，各不相让，艺术以相摩而善，武备以相竞而强，物产以有无相通得以近地利而夺人巧。自法国十字军起，合纵连横，邻交日盛，而国势日强，比之罗马一统时，其进步不可以道里计云，其意盖谓交邻之有大益也。①

"交邻之有大益"是黄遵宪听人介绍的一种认识，而他对此是大为赞同的。他认为中国战国时期的情形就与此略同，当时七雄并峙，竞争不已，

① 黄遵宪：《日本国志》卷四，第133页。

因而造就了一大批名家，如德行家孟子、荀子，刑名家申不害、韩非，纵横家苏、张，道德家庄子、列子，异端学家杨子、墨子，农学家李悝，工学家公输般，医学家扁鹊，商学家计然、范蠡，治水家郑白、韩国，兵法家司马、孙吴，辩说家驺衍、公孙龙，文词家屈原、宋玉，这些杰出之才皆成为"后来专家之祖"。他还举出日本作为交邻有大益的例子：日本本来是孤悬海上的岛国，自从隋唐时期与中国"通使"之后，礼仪文物居然大备，因而有了"礼义君子"之名。近世以来，日本更加注重"竞争外交"，因此进步更快，乃至具有了与列强各国"争衡"的实力。日本的进步使黄遵宪感慨良深："向使闭关谢绝，至今仍一洪荒草昧未开之国耳，则信乎交邻果有大益也。"①

黄遵宪所说的"交邻"，包括广义的文化交流和外交等各个方面。他用中外古今的事实，充分肯定了"交邻"的众多好处，而对闭关自守的做法明确予以否定。

为什么"诸国鼎峙"就重视"交邻"，而"一统"之治就信守"闭关"呢？黄遵宪对此作了一个初步的总结，这就是"一统贵守成，列国务进取；守成贵自保，进取务自强，此列国之所由盛乎。"② 这个总结还比较简单，但指出了"一统"与"列国"之间的一个重要差别，这就是前者奉行"守成""自保"的治国方针，而后者则以"进取""自强"为立国的根本精神，这样就导致了强弱盛衰的不同结果。

康有为对诸国并立之势与西方富强的关系论述得更为明确。他对"泰西所以致强之由"进行了考察，将"诸国并立"列为首条，认为西方"千年来诸国并立，若政稍不振，则灭亡随之，故上下励精，日夜戒惧，尊贤而尚功，保民而亲下。其君相之于一士一民，皆思用之，故护养之意多而防制之意少；其士民之于其君其国，皆能亲之，故有情而必通，有才而必用。其国人之精神议论，咸注意于邻封，有良法新制，必思步武而争胜之，有外交内攻，必思离散而窥视之。盖事事有相忌相畏之心，故时时有相牵相胜之意，所以讲法立政，精益求精，而后仅能相持也。"③ 康有为将"诸

---

① 黄遵宪：《日本国志》卷四，第133～134页。
② 黄遵宪：《日本国志》卷四，第134页。
③ 《上清帝第四书》，《康有为政论集》上册，第149～150页。引者对引文的部分标点有改动。

国并立"这一外部条件看得很重，认为正是因为在各国的激烈竞争中时时有"灭亡"的危险，所以一国内部才能上下团结一致，共同努力进取，不断创新改革，以立于不败之地。

这一认识对于中国人改变长期以来所形成的"大一统"观念和"闭关锁国"心态有特别的意义。事实上，自从鸦片战争以来，中国就已经进入了一个新的"诸国并立"的时代，迫切需要有清醒的意识加以应对，否则就会陷入极大的被动之中。中国在列强的入侵中一败再败，从某种程度上说，就是由于对列国竞争的大格局缺乏足够的认识。

第二，西方在农、工、商、金融财政等方面皆有系统而成熟的新法，成为国家得以富强的根本保障。这是着重从经济方面对西方富强之道所作的总结。

黄遵宪特别关注西方国家的"理财之道"，赞扬西人在此方面"尤兢兢致意，极之至纤至细"。他将其主要做法概括为六条：一是"审户口"，查清游民与业户人数，以作为筹划理财的基础；二是"核租税"，制定合理的租税制，以便更好地以天下财治天下事；三是"筹国计"，权衡岁入岁出，量入为出，量出为入，保证收支平衡，上下流通，无壅无积；四是"考国债"，不怕负债，但要仔细考量利息的轻重，是内债还是外债，权衡利弊，趋利避害；五是"权货币"，处理好金银铜币与纸币的关系，尤其是将纸币的发行流通与民众的需求紧密联系在一起；六是"稽商务"，对海关商品的输出输入和通商市场的利来利往严密稽查，以堵塞漏卮。对此六条，黄遵宪总结说："六者兼得则理财之道得，而国富矣。六者交失则理财之道失，而国贫矣。"[1]

从这些论述中，可以看出黄遵宪对西方资本主义制度下金融财政运转的机制有相当系统和相当清楚的认识。这是一种全新的"理财之道"，尽管黄遵宪根据"西学中源"说，称西人之法"大率出于《周礼》、《管子》"，[2]但事实上，西方建立在资本主义经济基础之上的理财之道与中国建立在封建经济基础之上的理财之道是有本质差别的。中国在进入近代历史新时期后，要想取得富强，就必须学习黄遵宪所率先介绍的这种新的理财之道。

---

① 黄遵宪：《日本国志》卷十五，第429页。
② 黄遵宪：《日本国志》卷十五，第429页。

康有为在经济方面对西方富强之道做过更多的探究，形成了比较全面而具体的认识，大致可分为农、工、商三个方面。

一是农业方面。西方国家的重要经验是设立农学会对各项农事进行讲求，"城邑聚落皆有农学会，察土质，辨物宜。入会则自百谷、花木、果蔬、牛羊牧畜，皆比其优劣，而旌其异等。田样各等，机车各式，农夫人人可以讲求。鸟粪可以肥培壅，电气可以速长成，沸汤可以暖地脉，玻罩可以御寒气，刈禾则一人可兼数百工，播种则一日可以三百亩。择种一粒，可收一万八百粒，千粒可食人一岁，二亩可养人一家。瘠壤变腴壤，小种变为大种，一熟可为数熟。"① 这里所讲的都是农业科技问题。由于有了农学会，农业的各个领域就可以出现很多意想不到的发明创造，由传统的简单耕作、靠天吃饭，发展到人对土地和农作物生产的自主改造控制，从而有效解决民众吃饭这一重大问题。这种农业科技的进步，在近代以前是难以想象的。

二是工业方面。机器制造业的兴起和发达是"欧洲所以骤强"的重要原因。在明朝永乐年间，西方国家本来还像中国一样贫穷，但自从此时英国人培根订立"劝工之法"之后，西方各国就迅速走上了富强之路。按照培根之法，凡是工人能创新器新法者，皆赏功牌文凭，许其专利，于是举国趋之若鹜。国人贡献新法者，美国每年有三千余人，英国有千余人，法国有八百余人，德国、奥地利有六百余人，意大利、比利时有四百余人。于是各种发明创造层出不穷，如轮舟、轮车、电灯、电报、电话等新器具不断涌现，地球日益得到开辟，所有这些"皆工之为之也"。工业不仅本身是致富之源，还能有效地解决贫民问题，"泰西机器一厂，养贫民以万千计。士农商之业俱穷，正宜大辟工业，以养无限之贫民。上以开新艺，下以销乱源。"② 康有为还作了一个有趣的历史对比：根据《清会典》记载，各"蕃国"来华朝贡，泰西之国所贡者为"量天缩地之尺"、地球仪、显微镜等物，"皆人工者，无一天产之物也"，而缅甸、安南等国所贡者则为象

---

① 《上清帝第二书》，《康有为政论集》上册，第126页。又见《请开农学堂地质局折》，《杰士上书汇录》。

② 见《日本书目志》卷八，《康有为全集》第3集，第863~864、881页。参见《上清帝第二书》，《康有为政论集》上册，第127页。

牙、玉器等物，"皆天产之物，无一人工者也"。这种有工业与没有工业的差别，居然导致了国运截然相反的结果，缅甸、安南被列强吞灭，而泰西诸国则"横绝地球"。康有为禁不住感叹："呜呼！强盛弱亡之故，以工占之。"① 近代工业是西方资本主义国家经济的主干，工业化是实现近代化的主要标志之一。康有为反复强调发展工业的重大意义，可谓抓住了西方富强之道的根本。

三是商业方面。西方国家采取了很多重大措施来发展商业，"在其国有商学以教之，有商报以通之，有商部以统之，有商律以齐之，有商会以结之，有比较厂（即博览会——引者注）以厉之，有专利牌以诱之。及其出国也，假之资本以厉之，轻其出税以便之，有保险以安其心，有兵船以卫其势，听其立商兵商轮以护其业。又有领事考万货之精，以资其事，官商相通，上下一体，故能制造精而销流易，视万里重洋若枕席，情信洽而富乐多。"由于商业发达，"故筹兵饷重款若探囊，民足而君足，国富而势强。"② 从这些论述看，康有为对西方国家重商的做法有非常全面的了解，对发展商业与国家富强的关系也认识得十分清楚。在中国传统观念中，商业历来地位不高，"重农轻商""农本商末"的思想一直占据着主导，这对中国走上富强之路是一个很大的阻碍。康有为对重商之道的宣扬具有鲜明的针对性，实际上提出了中国要从传统的小农经济向近代市场经济转型的根本要求。

第三，西方国家对从文化、教育和科技方面开启民智、奖励创新极为重视，这是它们之所以富强的根源之一。

黄遵宪曾对"工艺之事"作过专门的探讨，认为"工艺"在中国上古时代是很受重视的，能"开物成务"者被尊奉为"圣人"。但后世之人丢掉了这个传统，"士夫喜言空理，视一切工艺为卑卑无足道"，于是将所有的制器造物之事都由"细民末匠"去做，而士大夫不再参与，从而使"古人之实学荒矣"。与中国后世截然相反的是，西方对"工艺"（即科学技术）讲求极精，成效极大：

① 见《日本书目志》卷八，《康有为全集》第 3 集，第 882 页。
② 《请立商政以开利源而杜漏厄折》，《杰士上书汇录》。参见《上清帝第二书》，《康有为政论集》上册，第 128 页；《日本书目志》卷九，《康有为全集》第 3 集，第 890～891 页。

今欧美诸国崇尚工艺，专门之学，布于寰区。余尝考求其术，如望气察色，结筋搦髓，破腹取病，极精至能，则其艺资于民生；穷察物性，考究土宜，滋荣敷华，收获十倍，则其艺资于物产；千钧之炮，连环之枪，以守则固，以战则克，则其艺资于兵事；火轮之舟，飞电之线，虽千万里，顷刻即达，则其艺资于国用；伸缩长短，大小方圆，制器以机，穷极便利，则其艺资于日用；举一切光学、气学、化学、力学，咸以资工艺之用。富国也以此，强兵也以此。其重之也，夫实有其可重者在也。……今万国工艺以互相师法，日新月异，变而愈上。①

可以说，黄遵宪对西方重视讲求科学技术的价值作了极高的评价和深刻的揭示。他清楚地看到科技与民生、物产、兵事、国用、日用等一切社会生活领域皆有十分紧密的联系，对其进步发展起着巨大的作用。无论是富国还是强兵，科学技术的发达都是一个不可缺少的关键性条件。在当时整个中国社会还轻视甚至鄙视"工艺之事"的氛围下，黄遵宪对科学技术的重要性有如此透辟的认识，是相当难能可贵的。

像黄遵宪一样，康有为对西方科技也非常重视。他将西方科技的发展与西方国家的立学、开智、奖新等做法连在一起，深入探讨其对西方富强所起的重大作用，先后有过一系列明确的论述。

早在《上清帝第二书》中，康有为就指出西方之所以富强，"不在炮械军兵，而在穷理劝学"。西人自七八岁皆入学，有不学者责其父母，其各国读书识字者，百人中达到七十人。其学堂经费，美国达八千万；其大学生数，英国达万余人；其每岁著书，美国有万余种；其各地藏书，英国达到百万余册。因此，西方国家"开民之智亦广矣"。②

随后在《上清帝第四书》中，康有为将"立科以励智学"作为"泰西所以致强"的三大原由之一，并追源溯流，谈古论今，对其作了详细的论述：

泰西当宋元之时，大为教王所愚，累为回国所破，贫弱甚矣。英

---

① 黄遵宪：《日本国志》卷四十，第987~988页。
② 《康有为政论集》上册，第130页。

人倍根（即培根——引者注）当明永乐时，创为新义，以为聪明凿而日出，事物踔而增华，主启新不主仍旧，主宜今不主泥古，请于国家，立科鼓励。其士人著有新书，发从古未创之说者，赏以清秩高第；其工人制有新器，发从古未有之巧者，予以厚币功牌，皆许其专利，宽其岁年；其有寻得新地为人迹所未辟，身任大工为生民所利赖者，予以世爵。于是国人踊跃，各竭心思，争求新法，以取富贵。各国从之……至近百年来，新法益盛。……合十余国人士所观摩，君相所激励，师友所讲求，事无大小，皆求新便，近以船械横行四海。故以薄技粗器之微，而为天下政教之大。人皆惊洋人气象之强，而推所自来，皆由立爵赏以劝智学为之。①

撰写《日本书目志》时，康有为更是反复强调西方强盛的"本原""关键"不在于器物（兵器、机器等）的精巧，而在于科学的发达、教育的发展和对创新精神的奖励。

百日维新期间，康有为在所上的《请以爵赏奖励新艺新法新书新器新学折》中，再次重申了"欧洲富强之源，由于厉学开新之故……皆由立爵赏以劝智学为之"的观点，并在前引《上清帝第四书》有关论述的基础上，补充了大量西方近代科技史发展的材料，以说明奖励创新对于国家富强的确极为重要。②

第四，设立学会、社团乃至政党是西方得以富强的一个极为重要的因素。这是从社会力量进行有组织的集结的层面所作的总结。

黄遵宪对此作过颇有概括性、代表性的论述。

他首先提出了"联合力"这一概念，认为这是世界上最为巨大，且为人所独有的力量。人类飞不如禽，走不如兽，而世界却以人为贵，就是因为人类能够将个人之力联合为众人之力。这种联合之力，就像集炭火于一炉，其势炎炎，不能靠近；又像将数十百支筷子捆为一束，虽壮夫拔剑砍之，亦不易断。凡世间物，力皆有尽，"独联合力无尽，故最巨也"。接着，他指出西方之所以强盛，就在于形成了以联合之力行事的习惯。从国家行

---

① 《康有为政论集》上册，第150页。引者对引文的部分标点有改动。

② 见《杰士上书汇录》。

政到商人营业，从敢于冒"排山倒海之险"到能够创"轮舶电线之奇"，"无不借众人之力以成事"。其之所以能横行于世界而无人能抗拒者，也是由于凭借联合之力。以"会""党"形式进行联合已形成西方的"国俗"，"无一事不立会，无一人不结党。众人习知其利，故众人各私其党"。黄遵宪虽然肯定"联合力"有巨大作用，但同时也指出西方立会结党存在着很多弊端，如政党之间各以联合之力激烈竞争，各政党争夺执政之权时相互攻讦，一党获胜掌权后将旧党官吏全部废弃不用，执政党一变而政体、政令亦为之一变等等。他认为这些弊端"譬之汉唐宋明党祸，不啻十百千倍"，是了解西方政党政治时"不可不知者也"。①

　　黄遵宪将多党制之弊比之于中国历史上的"党祸"，显然并不恰当，因为两者的性质和内涵存在根本差别，没有多少可比性。但是，他看到了西方以政党政治所表现出来的"联合力"既有大利又有大弊，这无疑是一种清醒的认识。他大力赞美"联合力"给西方带来了富强，而又对这种"联合力"的"流弊"深怀忧惧，表明了中国人在文化深层上学习西方时的犹疑和矛盾态度。

　　与黄遵宪所说的"联合力"相类似，康有为、梁启超提出了"合群"的观念。他们对"合群"之义从理论上作过不少阐述，认为"群者，天下之公理也"，"合群"是人类生存最善之道，世界的发展必然是"群术"战胜"独术"，最后达到"天下群"即"大同"的境界。②康、梁"合群"的理念主要来自对西方富强之道的思考探索，来自对西方国家"合群"实践的总结。

　　在戊戌维新期间，康、梁等人尚未明确认识到西方政党的作用，其主要关注点还在于学会这一组织形式，着重强调学会可以培养人才，拓展学识，从而收到富强之效。

　　康有为在1895年所写的三篇强学会序文中，都谈到了学会对于西方富强所起的作用。《京师强学会序》指出："普鲁士有强学之会，遂报法仇。

---

① 黄遵宪：《日本国志》卷三十七，第913～914页。

② 《说群序》，梁启超著《饮冰室合集》文集之二，第3～4页；《变法通议》，梁启超著《饮冰室合集》文集之一，第31页。参见《京师强学会序》《上海强学会序》《上海强学会后序》，《康有为政论集》上册，第166、169、171～172页。

日本有尊攘之徒，用成维新。"《上海强学会序》更为明确地表述道："尝考泰西所以富强之由，皆由学会讲求之力。"《上海强学会后序》则举出美国之例："美人学会繁盛，立国百年，而著书立说多于希腊、罗马三千年，故兵仅二万，而万国莫敢谁何，此以智强也。"①

梁启超将学会称为"群心智之事"，赞扬欧洲人百年以来办学校振之于上，立学会成之于下，故能"以心智雄于天下"。西人"有一学即有一会"，因此学会繁多，有农学会、矿学会、商学会、工学会、法学会、天学会、地学会、算学会等等，"乃至于照相、丹青、浴堂之琐碎，莫不有会"。入会之人亦十分普遍，"上之后妃王公，下及一命布衣，会众有集至数百万人者，会资有集至数百万金者"。会中有书以便翻阅，有器以便试验，有报以便布知新艺，有师友以便讲求疑义。由于有了学会，于是"学无不成，术无不精，新法日出，以前民用，人才日众，以为国干，用能富强甲于五洲，文治轶于三古。"②

康有为、梁启超所论的立学会与黄遵宪所论的政党政治有一个明显的不同，即政党属于政治组织，其活动关系到政权的变动更替，而学会属于学术组织，以推动学术的发展进步为职志。但两者也有一个很大的共同之处，就是都以民众的联合为基础，是近代社会民众具有基本民主权利的鲜明表征。而这种权利在中国封建社会中是受到严格限制的，立会、结社、组党的行为——不论是具有政治性还是具有学术性，从来都犯统治者的大忌。因此，将立学会这一西方富强的经验介绍到中国来，实际上对于改变传统的禁锢之风，也有着很大的冲击力，是正处于转化之中的旧式士大夫阶层权力意识逐渐觉醒的一个重要标志。

第五，设议院以通下情、尊民权，是西方得以富强的根本保证。

关于西方议院制度，郑观应作过相当详尽的介绍，并积极主张应当在中国实行。康有为、梁启超等人同样非常重视议院制，他们的议院观与郑观应有很多相似之处，但又有进一步超越的地方。相似之处是他们都将议院视为西方根本的政治制度，确信议院制对于西方富强起了巨大的作用，值得中国学习仿效。超越之处在于，郑观应宣传倡导议院制，其立足点还

---

① 《康有为政论集》上册，第 166、169、171 页。
② 《变法通议》，梁启超著《饮冰室合集》文集之一，第 31、33 页。

局限于通上下之情和服务于强国御侮的目的，而康、梁除此之外，还更加注重议院所具有的代表民权的性质，将议院的建立作为中国未来从君主专制转变为民主制的努力方向。

康有为、梁启超等人对西方议院制的认识经历了一个演变过程。在维新运动开展之初，康有为谈到西方议院制时，还只是注重其"通下情"等作用。他在《上清帝第四书》中明确写道："尝考泰西所以致强之由……在设议院以通下情也。筹饷为最难之事，民信上则巨款可筹，赋税无一定之规，费出公则每岁摊派。人皆来自四方，故疾苦无不上闻；政皆出于一堂，故德意无不下达；事皆本于众议，故权奸无所容其私；动皆溢于众听，故中饱无所容其弊。"① 议院的功能主要表现为众人参政议政，开诚布公，集思广益，沟通上下联系的渠道，对营私舞弊行为起监督防范作用。这种认识虽然反映了议院制的部分重要特征，但还没有揭示这一制度的根本性质。

随着变法运动的深入和变法思想的发展，康、梁等人对议院制有了新的认识，逐渐跳出以"通下情"为议院主要功用的窠臼，越来越明确地将议院制与"民权"挂起钩来。

梁启超在《变法通议》中宣扬"合群"论，认为"国群曰议院"。② 其中包含了将议院视为全国民众的政治集合体的意思。在《古议院考》一文中，他直接挑明了议院与民权的关系："问议院之立，其意何在，曰：君权与民权合，则情易通，议法与行法分，则事易就，二者斯强也"，"议院者，民贼所最不利也"。③ 议院被当作对付"民贼"的利器，同时以君权为一方，以议院所代表的民权为另一方，形成了一种并重与合作的新关系。这对于历来占统治地位的君主专制主义思想来说，是一个有力的冲击。在随后写给严复的信中，梁启超对西方议院制与君权、民权的关系作了更加深入的探讨，表示"民权之说"为当今社会发展的"不易之理"，国家的强弱皆根源于"民主"，民主的确是"救时之善图也"。④ 这就从理论价值和现实功

---

① 《康有为政论集》上册，第149页。

② 梁启超：《饮冰室合集》文集之一，第31页。

③ 梁启超：《饮冰室合集》文集之一，第94页。

④ 梁启超：《与严幼陵先生书》，《饮冰室合集》文集之一，第109~110页。

用上对西方民主制作了充分的肯定，事实上宣告了君主专制终将被取代的历史命运。不过，梁启超并不主张中国马上直接设立议院、实行民权，因为中国今日"民智极塞，民情极涣""民义未讲"，还不具备行民权的条件，应当先借助君权进行变法，等条件成熟之后再开设代表民权的议院。

康有为重新认识议院制是与他对日本明治维新史进行比较深入的考察研究紧密联系在一起的。自从《马关条约》签订后，日本的强大更加引起康有为的关注。① 出于寻求切实可行的变法维新之路的迫切需要，他开始大搜日本书籍，对日本如何迅速崛起的历史进行系统详尽的了解和认识。经过近三年的努力，康有为编成了"专明日本变政之次第"的《日本变政考》一书。通过考察日本变政的历史，康有为对议院制度有了比较全面、深入的了解，其议院观较之以前发生了重要的变化。这一变化表现在他不再将"通下情"视为议院的主要功能，而是对议院所具有的代表"民权"的性质有了相当清楚的认识。

首先，在议院与"民"的关系上，议院出自民选，赋有变"人主之治"为"民选之治"的意义："日本变法，以民选议院为大纲领。夫人主之为治，以为民耳。以民所乐举乐选者，使之议国政，治人民，其事至公，其理至顺。……开诚布公，与国人以选官之权，使民知国与己相维系，必思合力保卫之。万民一志，其势必强。"② 所谓"人主之治"，即为君主的专制，它与"民选议院"之治是两种完全不同的政治制度。君主的"为民"，本质上还是对人民的统治（这点康有为没有指出来），而以民选议院掌管国政，实质上就将"治民"变成了"民治"。

其次，在议院与君主的关系上，君犹"脑"也，议院犹"心"也，"脑有所欲为必经心，心斟酌合度，然后复于脑，发令于五官四肢也。苟脑欲为一事，不经心议决，而率然行之，未有不失过也。"③ 这段话中关于"脑"和"心"的比喻并不恰当，因为"心"并不是一个可以思考作决定的生理器官（古人所谓"心之官则思"是一种误断）。但通过这一比喻所表达的意思很清楚，就是君主应在议院的指挥下发号施令，议院显然比君主更为

---

① 《上清帝第五书》，《康有为政论集》上册，第208页。

② 康有为：《日本变政考》卷六按语，故宫博物院藏本。

③ 康有为：《日本变政考》卷十一。

重要。

最后，在议院与政府的关系上，"立法属议院，行政属内阁政府。议院不得权过政府，但政府不得夺议院之权。……此宪法之主义也。"① 议院掌握立法权，并受到"宪法"的保障。凡有政事提出，皆由议院主持议决："日本有议院以议事，故以议院受建白之书，与众议员共决之，登日志，公评之，则下情可通，而众议皆集矣。"② 同是"通下情"，这里所显示的是议院而不是君主的权力。

从这些论述中，可以看出议院已经是一种典型的资产阶级民主制度。如果只是或者主要是起"通下情"的作用，议院制还只能算作君主专制的附庸，而一旦以行民权为主导，议院就势必将君主置于自己的制约之下，并最终取代君权。康有为向往议院的民权之治，但他也像梁启超一样，反对中国立即开设议院，其理由同样也是中国的"民智"未开："盖民权之收效，如是之可贵也。然必自大开民智始。民智不开，遽用民权，则举国聋瞽，守旧愈甚，取乱之道也。故立国必以议院为本，议院又必以学校为本。"③ 康有为所言并非完全没有道理，如果民众所受教育没有达到必要的程度，议院即使开设，的确也只会徒具形式。但康有为的主要目的，还是在于推行其所信奉的"君权变法"思想，即采取说服君主的办法，进行自上而下的变法，等到变法成功之后，再最后由君主将权力交到"民智"已开的民众手里。在某种程度上，"君权变法"也可看作一种"开君智"的努力。这样一种设计和选择，显然有很大的局限性，但在当时历史条件下，仍有其重要的价值。

（三）对日本变政经验的深入考察

前述康有为议院观的变化，只是他研究日本变政史所得思想收获的一个很小的部分。实际上，康有为之所以如此重视考察日本变政的历史，是因为此时他对探索西方富强之道的认识发生了一个显著的变化，即着重总结和阐明日本变政的经验，在很大程度上以直接学日本来代替以往的直接

---

① 康有为：《日本变政考》卷十一按语。
② 康有为：《日本变政考》卷四按语。
③ 康有为：《日本变政考》卷十一按语。

学西方。

他确认"今日泰西之法，实得列国并立之公理"，但又认为"泰西国数极多，情势各异，文字政俗与我迥异，虽欲采法之，译书既难，事势不合，且其富强精巧，皆逾我百倍，骤欲致之，下手实难"，注意到中西国情的差异，承认对西方了解得不够。因此，转而主张直接学习文字政俗皆与中国相同，而以三十年时间追慕泰西新法、惟妙惟肖的日本。他确信中国只要以日本为前进的向导，为仿效的榜样，就一定能"一举而规模成，数年而治功著，其治效之速非徒远过日本，真有令人不可测度者。"① 可见，康有为对日本通过变政而富强的经验极为重视。从系统总结西方各国的富强之道，到着重深入考察日本变政的个案，以使中国有一个切实可学的样板，这表明康有为对学习西方非常用心。

康有为对日本变政经验的总结和阐述主要见于《日本变政考》一书。这部书是康有为根据翻译过来的日文书而编纂的日本明治维新史，曾先后两次进呈光绪帝。书的内容大致可分为两部分：一部分是日本明治维新的史实，另一部分是康有为以按语及序、跋形式对明治维新史所作的评论。康有为所总结和阐述的日本变政的经验，就集中体现在这后一部分的论述之中。归纳起来，康有为总结了日本在十大方面通过变法取得成功的经验。

1. 变法总体方面

一是以全变为目标。最重要的工作是"改定国宪"即制定宪法，以便能够"总摄百千万亿政事之条理，范围百千万亿臣民之心志"；制宪的要义是因时而定，改变过时的旧法，并以欧美之法为借鉴。② 这就意味着国家和国民有了必须共同遵守的根本准则，君主个人的旨意便失去了专制的效力。与此同时，日本变法既变其一，又变其百，"精与粗而并举，小与大而皆立。自官制、兵制、禄制、学制、礼制、赋制、刑制诸法度，莫不屡变屡易，精益求精，至并法律命令之格式亦舍旧图新，制为定例"，③ 这充分表明了变法的彻底性。

二是变法有总纲次第。

---

① 见康有为《译纂〈日本变政考〉成书，乞采鉴变法折》，《杰士上书汇录》。

② 见康有为《日本变政考》卷七按语。

③ 见康有为《日本变政考》卷十按语。

三是解决好变法的几个关键问题。首先是申誓，由君主宣布维新的誓言，表示厉行变法的决心，使全体国民的思想和行动统一在变法的宗旨之下，这是"维新自强之大基"。① 其次是得人，既重用支持变法的藩侯，更大力保护和鼓励下层"维新义士"，从而形成坚强有力的变法中坚力量。② 最后是果断施行，"勇于去弊，毅于兴新"，不仅君主"决之极早，施之极勇"，而且各级官员亦能迅速将新法付诸实施，所以变法能速见成效。③

2. 君臣关系方面

一是君主纡尊降贵。由原来"国主至尊"，变为与臣民结为一体，"见农商，问父老，巡幸国中，颁像天下，召见各臣，晏语终日，会集草茅微士，细心咨度"，从而对实现"维新之治"起有力的促进作用。④

二是君主破格大用贤才。敢于破除各种资格的限制，大量起用有真才实学的草茅之士，使大批"处士"在倒幕尊王、经世治邦的变革历程中建功立业，发挥重大作用，成为维新速收成效的关键性因素。⑤

3. 政治改革方面

一是官制改革。这是政治改革最主要的内容。日本以改革官制为变法之本，下力甚大。其改革的头绪繁多，经验丰富。其主要经验有：将议政与行政及司法分开，也就是实行西方"三权分立"的政体；官员实行专任专责制，以清除旧制之下官兼数职、层层阻隔、诸事久拖不办的积弊；改革县制，提高知县的地位，减少其上通下达的层隔；改革各种旧制陋习，如废藩、废冗衙、改则例、除虚礼、弃虚文省冗费等；对官员重选拔、厚俸禄，重选拔的目的是为了改变仅以资格任职的做法，使所用官员具有真才实学，而厚俸禄则是为了使官员无后顾之忧，真正做到清廉守法；实行官爵（或官差）并行的制度，官用以任事奉职，爵用以崇功优旧，以旧官为爵，以新政之差为官，以此既可不遗勋旧，又可任官得人，从而确保变法的推行。⑥

① 见康有为《日本变政考》卷一按语。
② 见康有为《日本变政考》卷二下按语。
③ 见康有为《日本变政考》卷二、卷十按语。
④ 见康有为《日本变政考》卷一、卷四按语。
⑤ 见康有为《日本变政考》卷一按语。
⑥ 见康有为《日本变政考》卷一、卷九、卷四、卷五、卷六、卷三按语。

二是听取公议众议。以"公议"二字为重,"国家之事,人皆得而议之",举凡租税、驿递、货币、权量、结约、通商、拓疆、宣战、讲和、招兵、聚粮、定兵赋等重大政事,皆付之天下庶人贤士议论。其采取的做法有立对策所、公议所广通下情,君主凡举新政必策问臣僚士庶、博采众议,通过议员和议院通达民情等。①

三是设立民选议院。

4. 民事改革方面

一是重视民事。将民事作为变法之先务,变法之始,不先买枪炮,不先置轮船,不先练洋操,而是先留意户籍、地图、备荒、赏罚、学校、商业等事。政府设置民部专理民事,并为通达民情而排除各种障碍。②

二是爱民保民。将民众作为高度重视和密切关注的对象,为民众更好地生存发展提供良好的条件。其举措主要有:废除民众的流品之别以及改造乞丐,设测候所、劝农局、植物图以便民,修路施医以保民,为民预防水旱饥馑,与民同乐等。③

三是除弊兴利以养民。这是指用积极的办法解决民众的生计问题,以防因贫困而导致的民乱。其法有两种:一种是拓地移民,以解决人口日渐增多的问题;一种是置劝业专官,将使用机器与增加地力结合起来,使民众皆能就业。④

四是将国事公之于民以开民智通下情。国外方面,由领事将对外考察报告登于官报局布告全国,以开启民智;国内方面,政府将赋税收支情况公之于众,做到家国一体,上下一心。⑤

5. 经济改革方面

一是讲求农商。以农商为立国的基础,采取许多有效的措施加以讲求,

---

① 见康有为《日本变政考》卷一、卷二按语。康有为虽然十分赞赏日本的公议众议,但认为由于"中国风气未开,内外大小,多未通达中外之故",所以一时还难以仿效,只能将以君权雷厉风行与通下情结合起来(见《日本变政考》卷一按语)。这与前述他对开设民权议院的态度是一致的。

② 见康有为《日本变政考》卷二、卷三按语。

③ 见康有为《日本变政考》卷三、卷四、卷五、卷十按语。

④ 见康有为《日本变政考》卷一、卷七按语。

⑤ 见康有为《日本变政考》卷一、卷十按语。

如设农商局对农商之业进行劝导帮助，立商社研讨商务，设劝业赛珍会（即博览会——引者注）以促进农工商百业不断进步等。①

二是善理财政。坚持两条总的原则：一条是利权操之国家，不能听任"市侩"操纵金融市场而国家不予过问；一条是以本地之财济本地之用，则虽有大政事、大工程也能"举重若轻"。其具体经验则包括设立银行、发行纸币、改革税制、募集国债、搞好预算和统计、统一权量等。②

6. 文教改革方面

一是广兴学校。日本能充分认识学校与培养人才的密切关系，以兴学作为开启民智的必由之路，"限民六岁入学，男女并教，无一人之遗"。其学制美，学校多，学费充足，教科书精详，教法先进。尤其能重视女学，"女生徒至二百余万，女教习至千余员，女学校至千余所"。至今经过三十年兴学的努力，取得了极为显著的成效，"人才蒸蒸，著述如林。农工商兵皆已有学，故耕植、制造、转运之业日益精新，骤强之故由此哉。"③

二是译书编书。兴学离不开译书，"有学校而不译书，则不知泰西新政、新学、新法，无以为教之地"。译书的办法是开局编译，"妙选通才领之，并听其以书局自随，所以优待儒臣、广求新学至矣。"④

三是多派游学。派游学是学习西方、造就变法之才的捷径，日本派亲王、故藩及群臣留学，并多派及大臣，故归而百政俱举，诸学并通。游学的内容极为广泛，而每项内容又非常专门，从议院、学校、军制、电信、铁道、邮政、工艺，到官禄、礼刑制度、宪章、历法、权量、货币、衣服，"莫不摹拟欧风，是效是则，而其一法一制未尝约略形似，皆有专员查考，归而施行。"⑤

四是设立学会。设立学会可以弥补游学人数的不足，进一步广开民智，"合大众之聪明才力，同讲一艺，精益求精，合大众之心思才力同举一事，则尽善尽美。"⑥

---

① 见康有为《日本变政考》卷三、卷六、卷七按语。

② 见康有为《日本变政考》卷七按语。

③ 见康有为《日本变政考》卷四、卷五、卷三按语。

④ 见康有为《日本变政考》卷五、卷一按语。

⑤ 见康有为《日本变政考》卷二下按语。

⑥ 见康有为《日本变政考》卷五按语。

五是奖励创新。奖励创新是西方学术繁荣发达、国家富强的重要原因，日本同样如此，能保护版权，广设书藏，开博览会，对毫末新学皆有重赏，因而"其工艺之盛，将夺欧美。"①

六是重视地图学和医学。地图学对于国政至为重要，日本维新之始，就着手绘制全国地图，据以实行划府县、均地租、筑铁路等各项新政，"诚知要矣"。医学中国不修而日本重之，"领以文部省，与诸学同科，国家重之，医者亦自重之矣。"②

7. 社会改革方面

一是立士民之会。士民之会是政治性的团体，与前述学会不同。立士民之会有多种重要作用，可激发砥砺士气，可聚民得民，有利于新政的施行，能推动国家进步和增强君国实力。士民之会的主要任务是议论朝廷大政、变法大事，"听士大夫日日讲求而朝廷采用焉"。国家对士民之会有律法约束和警察署监督，但不禁止。因此，日本会党至盛，而其士民益智，其国益强，其主益尊，未闻有一酿乱之事。③

二是设置巡捕。这是变法新政在基层社会得到有效实行的保障。城邑镇市每数十户设一巡捕，其职责是整肃街衢，巡禁盗贼，其效果能使"弊绝风清"。④

三是改造华族。华族是日本的贵族，在历史的发展过程中已变成一个无德无学、无用无知，严重阻碍社会进步，而又享有种种特权的特殊群体。日本在变法中制定改造华族之法，主要是使其与平民通婚，修士农工商之业，讲有用之学，以此改变华族的面貌。⑤

四是改僧侣制。日本在东方各国中"世家释教"最盛，其占据田园土地甚多，"耗有用之财以养无用之人"，是社会一大弊端。日本维新之后对此进行改造，其办法是收其田产，令僧侣归俗，于是"骤增养数百万人之财产，而去数十万无业之民也，诚得生众食寡之义，筹饷之善经矣。"⑥

---

① 见康有为《日本变政考》卷二按语。
② 见康有为《日本变政考》卷六按语。
③ 见康有为《日本变政考》卷六、卷八、卷九、卷十、卷十二按语。
④ 见康有为《日本变政考》卷四、卷六按语。
⑤ 见康有为《日本变政考》卷九、卷三按语。
⑥ 见康有为《日本变政考》卷七按语。

五是广通婚姻及易服断发。日本广通婚姻是因为知道在"万国交通"的形势下，一国不能独立，既然不闭关而采西法，"故并婚姻一例通之"。易服断发则是通过礼服、发式皆用西式的举措，以示与西人相亲。[①]

8. 法律改革方面

其根本精神是要重教轻刑，减轻刑律。作为亚洲国家来说，减刑轻律与改变治外法权的不平等有密切关系。欧美与亚洲国家通商时，之所以享有治外法权，一个重要原因就是这些国家的法律过于"严酷"，因此"欲免不平而去大辱，则减轻刑律而已"。从中日比较来看，中国刑律最重，"监狱污秽，狱卒酷暴，有司以醉饱之余，肆用威福，榜掠非刑。故无论良歹，一至讼堂，如入地狱，地球各国未有如此之酷毒者"，而日本为了免除治外法权的耻辱，于是"力整国政，博采宪法，大改欧风，广兴教育，用代言人，设陪审员，免拷问及口供，编布民法、商法、刑法、裁制所控诉法"，取得显著成效。[②]

9. 军事改革方面

主要做法是实行"民兵"制："三代以前，皆民兵也。……至光绪四年，地球各国皆变民兵矣。日本当同治十四年，即变民兵，其法度之密可见。今惟我中国未变耳。然官制学校不变，遽变兵制，亦无用也。"此外，陆军将领"皆游学欧西"，而"军将则非从武备学出者不得充，此其兵所由强也。"[③]

10. 外交改革方面

中心内容是废除治外法权，其办法是能有效而合理地管辖和保护外人。日本通商之始，英、法等国因日本兵政不修、刑律未改而皆享有治外法权，其国人不受日本管辖。为改变这一状况，日本"乃亟亟治镇台，设巡捕，而西人受其保护矣；改刑律，除酷法，而西人归其审讯矣。欲收管辖外人之权，必先尽保护外人之责，日本之自强，诚足法哉"。另外，参用民权对外交有很大作用，"日本外交参用民权，故其国势大振，能与泰西各国更定

---

① 见康有为《日本变政考》卷五按语。康有为在此按语中还接着写道："我中国地大物博，一变法便能自立，原不待衣服之变，亦不必曲示相亲，但孔子明新王改制必易服色、异器械，意者以移易人心耶。"强调如果中国变法易服色，则是为了"移易人心"。

② 见康有为《日本变政考》卷八、卷十一按语。

③ 见康有为《日本变政考》卷四、卷十按语。

条约，渐复本国自主之权，盖民权之收效如是其可贵也。"但要用民权必先开民智，"民智不开，遽用民权，则举国聋瞽，守旧愈甚，取乱之道也。"①

康有为总结的以上十大方面的经验，基本上囊括了日本明治维新时期变法的主要做法，对一个传统的东方君主专制国家如何实现近代化转型、走上西方式的富强之路这一带有普遍性意义的时代课题，作出了非常确切的回答，提供了一个很有说服力的典型个案。

需要进一步指出的是，康有为在总结日本变法经验时，除了对日本本身的做法进行评述外，还表现出两个特定的思考视角。

一是将日本变法的经验与西方富强之道紧密联结在一起，互相补充和互相演绎。一方面，将日本变法经验作为西方富强之道的具体运用和验证，通过两者在基本理念或根本精神上的完全一致，充分证明西方富强之道所具有的全球普适性。另一方面，也清楚地显示出日本在进行近代化变革的过程中，能根据自身的国情、民情和文化传统，对西方富强之道加以有创造性的转换，将变法落在实处。

二是将日本变法的经验与中国圣人经义及中国社会现实紧密联系起来。一方面证明日本变法经验无不符合或"暗合"于中国圣人之道，采用日本变法经验也就是遵循中国的圣贤之道行事；另一方面，对照日本找出中国存在的巨大差距，表明变法势在必行和急不可缓。

根据这些认识，康有为就将学西方定位于学日本，日本的变法经验实际上也就成了康有为百日维新时期所提出的变法主张的蓝本。通过学日本来学西方，这是康有为探求西方富强之道和中国近代化变革之路过程中的一个飞跃。其意义就在于他对西方近代普适性"公理"或法则在万国的采用推广，还必须与一个国家的实际情况相结合有了进一步的认识。正如康有为所说，中国之所以需要和可以通过学日本来学西方，就是因为中国与日本在历史传统、文化渊源乃至地理环境等方面有许多相似之处。中国学日本不仅可以有共同的基础，取得同样的成功，而且因有日本的经验在先，中国可以少走弯路，更早更快地取得成功。可是，日本与中国的相同或形似只是一个方面，日本与中国还有很多不相同的地方。对于这些不同之处，康有为有所认识，但总体上还认识得很不够，这也是日本的变法经验终究

---

① 见康有为《日本变政考》卷六、卷十一按语。

难以在中国实现的重要原因之一。

对西方富强之道的千方百计、坚持不懈的探求，就使岭南人所倡导的变革的近代化色彩异常鲜明，表明他们对中国社会必须实现从古代社会向近代社会的转型认识逐渐明确，决心日益坚定。尽管他们的认识还带有很多过渡性的特征和印记，还没有完全完成由古代思维向近代思维的转变，也还没有看到西方富强之道并不是可以到处简单套用、包治一切贫弱之病的药方，但他们的取向无疑代表了当时先进的中国人对未来发展方向的共识，具有很大的导向作用。

第三章　推进近代变革的文化更新

开放的眼光使岭南人看到一个日新月异、富强繁荣的西方，在大量确凿无疑的事实面前，他们不能不彻底改变中国传统文化中将西方视为"蛮夷"的过时印象，由对西方漠然视之变为前所未有地重视之。同时很自然的是，新西方不能不引起他们对于旧中国的反思和比较，而对西学的接纳使他们逐步受到西方近代思想文化的洗礼，希望中国也像西方一样进行近代化革新。简要地说，就是接纳西学、学习西方催生了岭南人的近代化意识。

所谓近代化，就其实质而言，是一个社会转型的概念，即由古代社会形态转变为近代社会形态。其主要标志为社会生产力层面的工业化，社会制度层面的民主化，社会思想文化层面的自由化。走向近代化是世界各国历史发展的必然趋势，但实现近代化的具体道路、具体方式以及具体过程是各不相同的。中国社会的近代化转型从总体上说，是由外国资本主义入侵的刺激所启动的，不过也必须看到，中国社会在长期的历史发展过程中，特别是在明清以来的社会演变中，逐渐生长和积累着有利于社会转型的因素，在某种程度上为社会转型准备着条件。

应该说，这种准备在岭南地区表现得相当明显。由于地处东南沿海，岭南地区一直是中国海外贸易重要的集散之地，商品生产和商品交换活动相当活跃。特别是广州，代表中国对外通商的历史自古以来就绵延不断，在国内受到历朝重视，在国外享有盛誉，常年保持商贸兴旺的繁荣景象，成为中国少有的一座商城。在这种历史背景下，岭南重商、求新、重利、图变意识在全国显得相当突出，这是岭南人产生近代化意识的历史有利因素。在西学东渐之前，这些因素在主流意识的重压下难以顺利生长和转变为近代新观念。随着西学东渐历程的开始，岭南人的观念优势终于有了发生质变的机会。岭南人立足于近代化的文化更新是围绕变法这一主题口号而展开的。

一　变革理念的重新提出和发展成熟

（一）传统变革思想的传承与转向

变法是一个古老的口号。在中国传统文化中，有着非常丰富的变法思想资源。特别是在社会剧烈变动的春秋战国时期，主张变革成为当时一种占主导性的思想特征，许多重要的思想家如孔子、墨子、荀子、孟子、韩非子、商鞅等都在社会变革问题上发表过不少深刻而精辟的言论，作为儒家经典之一的《易经》以变易为思想精髓，被后人视为变革思想的宝库。秦代建立专制主义中央集权的统治后，由于中国封建社会的根本性质和根本特征所决定，变革思想不再占据社会思想的主流地位，而且总是尽量被统治者所回避或压制，但每当社会发生动荡、动乱甚至危机来临之时，变革的思想又会不期而至地被召唤出来，活跃起来，成为救一时之弊的良方。明末清初思想界震荡性的波动，鸦片战争前后士林思想文化取向的重大转变，都表明了中国传统变革思想在特殊历史关头的不绝传承。

鸦片战争前后的经世致用思潮是中国近代变革思想最近的源头或最早的表现。这一源头或表现的两个最著名的代表人物分别是浙江的龚自珍和湖南的魏源。

龚自珍认定晚清社会已进入封建时代的末世，对其存在的严重积弊进行了极为尖锐的揭露和极为严厉的抨击，十分鲜明地提出了"更法"的主张，预测并期盼着没落的衰世会迅即发生一场重大的变革。龚自珍是著名的诗人和文学家，他的变革主张也抒发得文采斐然，极有感染力，以致令后人有"触电"之感。但可惜他去世在鸦片战争的前夜，他的变革思想还未能与马上就要传入的西方文化发生联系，这就使他思考中国如何变革之时，不能不受到很大的局限。用他自己的话来说，就是"药方只贩古时丹"。他把上古的宗法制请出来，把中古最有影响的改革家之一的王安石的变法举措请出来，把在中国传统文化中根深蒂固的均平主张请出来，希望统治者能重新采用，这当然不会有多大价值，也不可能起到振衰救弊的效果。

魏源的变法思想不像龚自珍那样激昂，但同样主张中国的出路在于除弊图变。他比龚自珍优越的地方在于，他不仅在鸦片战争期间参加了抵抗英国侵略者的斗争，而且在战后对西方国家潜心进行了了解和研究，从而得以提出"师夷长技以制夷"这样一个具有时代意义的口号。从形式上说，这不是一个变法的口号而是一个御侮的口号，但在实际内涵上，它对于变法又具有很大的意义。从严划"夷夏之辨"的界限、决不学习西方到应该以夷人为师（哪怕还只是师其"长技"），这本身就是中西文化观的一大变革，而更重要的是，只要开始学习西方，也就意味着中国源远流长的变革思想开始有了崭新的方向，即近代化的方向。魏源不是岭南人，但他提出师夷新思想离不开当时岭南社会时局及岭南文化氛围对他的影响，从这个意义上说，魏源的新思想也可视为岭南近代化文化更新的最初表现之一。

沿着魏源师夷新思想的思路，变革思想开始了新一轮的生长。在此过程中，传统的变革思想逐渐向近代变革思想转变，旧的变革理念逐渐变为新的变革理念，即以近代化为核心的变革理念。

从全国范围看，冯桂芬具有代表性。冯桂芬在 1861 年写成的《校邠庐抗议》一书中，将师夷之长的口号拓展深化为"鉴诸国"的思想，明确主张要以西方国家的富强之术，来弥补中国尧舜文武孔孟之道的不足，对中国种种落后的现状进行变革。尽管他所开出的变革药方中仍有不少"古时丹"的成分，但它们已经与加入的西方新因素一道冶炼，并且后者显然更加代表着今后变革的方向。

从岭南看，容闳和洪仁玕是产生近代变革理念的先行者。容、洪二人可以说像魏源一样主张师夷，但所师的内容要比魏源丰富得多，而师夷的落脚点也从直接御侮变成了对中国的变革。

（二）近代变革理念的初步探索

容闳变革思想的形成与他所受的西方教育密切相关，他是最早在中国境内接受西方教育的中国人之一，也是最早出国留学接受西方教育的中国人之一。多年的西方生活、西方教育使他对西方国家和西学有了相当深入的了解，由此不能不对清朝的腐败落后产生极大的厌恶和反感，而强烈的爱国之心又促使他尽自己的一切可能，以西方为榜样，为变革中国而努力。

他先是向太平天国的干王洪仁玕献策，希望天朝能在用人、军事和教育等方面仿效西方进行变革。洪仁玕接受了他的建议，但限于时局条件，还不可能马上采用实行。随后他寄希望于曾国藩等清朝的洋务大臣，大力主张派遣留学生出国，为中国培养近代化的人才，终于得到朝廷的批准，中国的留学生事业得以破冰起步。师夷由民间口号变成了朝廷决策，变成了堂堂天朝之人不远万里奔赴蛮夷之国虚心求教的实际举动，其反映文化观念变动的意义之大，不难想见。可惜在守旧势力的阻挠破坏下，当时三批留美学生的学习都半途而废。

容闳此时的变革理念应该说已经有了宏大的整体目标，就是要将贫弱落后的旧中国逐渐变为像西方一样富强先进的新中国，但审时度势，他还只能就范围十分有限的变革发表自己的意见，并积极推动其实现。随着时势的变化推移，容闳的变革理念逐渐显示出其广泛的包容性：他不仅积极支持和参与后来的维新运动，而且在孙中山所领导的推翻清朝的辛亥革命中，也对革命派倾心相助，发挥了重要作用。这可以说是容闳变革理念的独特之处。

像容闳一样，洪仁玕变革理念的形成也有其特殊性。其最显著的特征是受到西方传教士和基督教的重大影响。

早在鸦片战争之前的禁教时期，岭南的澳门和香港就与南洋地区连为一气，是西方传教士的集结之地。鸦片战争之后，随着教禁的解除和不平等条约的保护和推动，岭南的传教活动也格外活跃起来。正是在这样的氛围和条件下，洪仁玕才有可能与传教士和基督教发生密切的接触。但值得注意的是，洪仁玕并不是一开始就直接接受传教士和基督教的影响，他最初接受的是洪秀全的拜上帝教以及发动太平天国起义、开创新朝的思想。

拜上帝教虽然在宗教内容上与基督教有千丝万缕的联系，但其实质是完全不同的。基督教是单纯的西方宗教（尽管它可以被各种不同的人所利用），而拜上帝教则是一种将基督教教义与中国传统的儒家思想乃至各种民间文化观念混杂在一起的结合体。在决意发动太平天国起义之前，它是洪秀全个人的宗教化理论，主要表达的是洪秀全的政治抱负、道德观念及社会改造愿望；在决意发动太平天国起义之后，它就成了为起义服务的宗教性思想理论工具。这也就是说，洪仁玕先是具有了与洪秀全一致的太平天国起义思想（拜上帝教包括在内），然后才因为多次未能赶上起义队伍这一偶然的原因，不得不待在香港等待时机，因而有了深入了解和钻研基督教义及西方文化的机会。

正是这一偶然性，就使洪仁玕眼界大开，超越了洪秀全的思想而具有了新的变革理念。他历经艰险终于从香港到达天京之后，被封为总理朝政的干王，为了不负洪秀全的知遇之恩和振兴已是危机四伏的太平天国，洪仁玕一心想在天朝的变革上有所作为。在变法理念上，他主要提出了两个观点。

一是立国行政要因时制宜，审势而行。认为事有常变，理有穷通，因此凡事有今不可行而可预定者，为后之福，也有今可行而不可永定者，为后之祸。祸福的判定，"其理在于审时度势与本末强弱"，而本末是强是弱，皆决定于能否依照时势的变通来行事，只要照此而行，则无论今后、小事或大政、地方或中央、一国或万国，都没有行不通的事，而其关键之点就在于"因时制宜、审势而行而已"。① 根据时势而变通，也就是要能够顺应历史的变化，跟随时代的潮流，而不要一成不变、僵死守旧，善变则本末皆强，不变则本末皆弱。什么是当时的时势呢？洪仁玕没有明论。但从他所撰写的《资政新篇》中可以明确地看出，这一时势实际上就是世界近代化的潮流。《资政新篇》之所以为"新"，主要就是新在这一点上。

二是变革要求得全新。洪仁玕对此并没有什么集中的论述，而是结合某些具体的变革之事，发表过一些相关的议论。如在谈到变革科举取士之法时，认为"值此天命维新之会，道既切乎性命身心，制自超乎古今前后，岂若承讹袭谬、因陋就简之所为哉"；在谈到变革历法之时，主张"凡一切制度考文，无不革故鼎新，所有邪说异端自宜革除净尽"，"我天朝开国之初，百度维新，乌可不亟为订正以醒愚俗而授民时哉"，"兹我天朝新天新地新日新月，用颁新历以彰新化，故特将前时一切诱惑之私、迷误之端，反复详明以破其惑，庶几人人共知天国新历光明正大，海隅苍生咸奉正朔"。他还对为何天朝之人都喜欢说"新天新地新人新世界"作了这样的解释："所谓世之变革者，以真圣主天酉年转天时（指洪秀全1837年做'异梦'之事——引者注）受天新命，食天新果，饮天新汁，因有自新之学，用以新民新世。今又蒙天父天兄下凡，带真主幼主作主，而天地更新也。"②

---

① 洪仁玕：《资政新篇》，中国史学会主编中国近代史资料丛刊《太平天国》（二），上海人民出版社、上海书店出版社，2000，第523~524页。

② 洪仁玕：《钦定英杰归真》，《太平天国》（二），第576、587、588~589、589页。

这都表明洪仁玕追求变革之"新"的意识非常强烈,其变革旧事物、旧世界的抱负非常宏大。他也许是最早在中国近代文献中使用"革故鼎新""百度维新""新民新世"等命题的先觉性人物,就中国近代社会思潮的发展而言,这些命题直到19世纪八九十年代,才逐渐引起思想家们的关注,并成为风行一时的变革主题。

但洪仁玕的变革理念有很大的局限性。一方面,他的变革思想在很大程度上从属于太平天国的纲常,他所主张的变革都以维护天朝纲常为前提和目的,这既是一个明显的矛盾,又是一种很大的制约。另一方面,基督教是其变革思想的一个主要理论出发点,浓重的宗教性对于本质上属于现实世俗生活的变革来说,不能不起很大的虚幻甚至窒息作用。

（三）全面变革理念的基本成型

继容闳和洪仁玕之后,岭南变革理念在郑观应等人那里得到了显著的发展。

郑观应早年是位洋行买办,随后自己投资于实业,成为民族资本家,并积极参与各项洋务事业的举办,受到李鸿章等洋务大员的重用。像他这样一位具有杰出的经商投资才能、又与清政府保持着密切关系的实业家,本来其关注之点会局限于其所擅长的经济领域。难能可贵的是,在中国外患日逼的艰危时局的刺激和救世救民之心的驱使下,郑观应一直极为留心社会问题,并极力思索解决的办法。他将这些思考不断地著述成文,又不断地补充修改。从最初撰写《救时揭要》,随之撰写《易言》,到最后扩充为《盛世危言》,其思想成果硕然可观,成为当时影响极大的著作家。郑观应这些著作的中心内容,就是主张中国实行近代化的变革。

不少学者正是据此对郑观应的著作（主要是《盛世危言》）进行了深入研究,认为书中已形成了维新变法的思想理论体系,这是很有道理的。不过,对郑观应的变法思想体系究竟如何准确把握和概括,还值得进一步加以探究。

纵览《盛世危言》全书,总论或专论变法的篇章笔墨并不多,绝大部分内容都是就某项变革专题展开论述,而以强烈的变革精神贯穿其中。如果从总体上进行概括,可以将郑观应的变法理念归结为必须仿效西方进行全面变革的思想。这一思想主要通过以下两个方面表达出来。

第一，通过说明著书缘起和目的，强调中国时局日渐危急，中西利弊日益显现，变法势在必行。

郑观应回顾他最初开始关注国家大政，就是因为"愤彼族（指侵华的西方各国——引者注）之要求，惜中朝之失策"，因此一心寻求行之有效的"安危大计"，积多年之力写成了《易言》一书，并将原来"杞忧生"的笔名改为"慕雍山人"，意为期望通过朝廷的变革（当时中国正在开展洋务运动），再见雍熙之世。但不料过了不到二十年，时局却变得更为严峻，"屏藩尽撤，强邻日逼，西藏、朝鲜危同累卵。而我国工艺之精，商务之盛，瞠乎后于日本"，[①] 这使郑观应感触更深，耿耿不能释怀，于是将《易言》一书进一步增补为篇幅宏大、言辞"愤激"的《盛世危言》。该书于1894年出版时正文57篇，附录30篇，共87篇。次年因受中日甲午战争清朝惨败的刺激，眼见"时势变迁，大局日危中西之利弊昭然若揭"，[②] 便又埋头挥毫对此书再作大量增订，增加正文43篇，附录70篇，使全书篇目达200篇，堪称宣传变法的鸿篇巨制。

他在卷首所作的说明中明确表示，此书就是要专讲时务，讲清中西利弊情形，以破泥古之士的似是而非之说和当局者的懵懂无知，以使"天下人于中外情形了如指掌，勿为外人所侮"，"以期草野咸知，及时兴起，免成风痹不治之症"，而最大的愿望就是希望朝廷变法。他对自己的主张作了这样的表述：

> 惟今昔殊形，远近异辙，海禁大开，梯航毕集，乃数千年未有之变局。我君相同德，上下一心，亟宜善承其变而通之，仿泰西，复三代之法，广开民智，以御外侮。去秦以下弱民之政，勿羁縻英雄以愚黔首。
>
> 伏冀庶司百职，上体天心，下恤舆情，变法自强，百废俱举。除积习，戒因循，黜浮文，崇实学，大改上下蒙蔽泄沓之风。不限资格，因材器使，发愤为雄。[③]

① 郑观应：《盛世危言·自序》，第50、51、52页。
② 郑观应：《盛世危言·增订新编凡例》，第54页。
③ 郑观应：《盛世危言·增订新编凡例》，第53～54页。

这两段话专论变法，对于全书具有提纲挈领的意义，其中包含了丰富的内涵，而主要表达了必须变法以及应全面变法的思想。

第二，设置内容极为丰富的篇目，每篇都可视为一个不同的变法专题，它们汇集在一起，共同体现了全面变法的思想。

这些篇目几乎包括了当时所能提出的所有变法的课题，堪称变法主张的集大成之作。对每一个变法的课题，郑观应几乎都是采用理论与实际相结合的方式，阐明必须变法的道理，并通过中西比较，介绍西方成功的经验，分析中国存在的弊端，提出如何变革的办法，其中充满了对于各项变法的真知灼见，不愧为变法思想主张的宝库。如果按照郑观应书中的设想实行，中国就应在社会生活的所有领域中进行变法。

郑观应虽然形成了必须仿效西方进行全面变革的思想，但从其理论性、系统性的阐发来说，还存在着明显的不足。他的长处主要表现为变法视野极为广阔和对于每个具体变法课题的详尽议论之上，而在对变法本身的总体性认识方面，还论述得很少。可以说，他更为关注的是研究各个具体的变法问题以及如何逐项取得变法之事的实际成效，而不是如何构建和宣传一套重在鼓动人心、引导舆情乃至影响时势的变法理论。

与此同时，郑观应在表达变革理念时，还提出了一个带有指导性意义的命题，就是器可变而道不可变。

他对道器关系看得很重，将《道器》篇列为《盛世危言》全书的首篇，并加以解释说："或问书中皆言时务，何以首列《道器》？余曰：道为本，器为末，器可变，道不可变，庶知所变者富强之权术，非孔孟之常经也。"[1]可见，道器关系的确定是进行变革应该遵循的一个基本原则。

在《道器》篇中，郑观应从中西文化比较的角度对道器关系进行了具体的论述，认为：中国圣贤之学为道，西方格致之学为器；中国本来道器皆备，可惜后来器学流失于西方，在西方得到很大的发展，在中国反而失传；现在急需通过学习西方使器学重归中国，实现道器一体，但这种变法只是变器，而不是变道。他的结论就是：

> 然尧、舜、禹、汤、文、武、周、孔之道，为万世不易之大经大

---

① 郑观应：《盛世危言·增订新编凡例》，第55页。

本，篇中所谓法可变而道不可变者。惟愿我师彼法，必须守经固本；彼师我道，亦知王者法天。彼此洞识阴阳造化之几，行上形下之旨，无分畛域，永息兵戈，庶几一道同风之盛，不难复见于今日。①

以往学术界在评价郑观应的道器论时，比较笼统地当作"中体西用"论的局限性来批评，认为在这点上郑观应与其他"中体西用"论者也没有什么不同。这种看法还值得进一步加以分析。

从根本精神来说，郑观应的道器论是为他所主张的变法服务的。在他那里，不可变之"道"与可变之"器"是一个统一的整体，"器固不能离乎道"，但"道又寓于器中矣"，② 也就是说，变法固然不能超出"道"的范围，但"道"也必须通过变法才能体现出来，两者应该相互一致并相互促进。并且，郑观应论道器关系主要着眼于中西学的对比，在很大程度上所表现的是一种以中国为主体、以中学为本位的文化心理，而不是要对变法加以限制。因此，郑观应的道器论与同一时期张之洞在《劝学篇》中所发表的纲常论是完全不同的。

但郑观应的道器论的确又有其局限性。他对中学之道即"孔孟常经"还怀抱着一种盲目尊崇的心理，而将西学完全限制在器学的范围之内。这就使他既不能从思想体系上突破传统价值观特别是纲常观的束缚，也不能进而深入探求西学中以民主主义为核心的文化思想。由于这种局限，郑观应就未能从近代化变革思想的基础上，进一步上升到启蒙思想家的层次。

(四) 维新变法论的系统化

郑观应在变革理念上所存在的不足和局限，在康有为、梁启超等人那里得到了较好的克服。

康有为等人与郑观应生活在同一个历史时期，但他们所走的人生道路有很大的不同。郑观应一生经商办实业，其主要精力用于经济活动领域，其变革理念的形成及其特点也与他的经济活动实践有密切的关系，而康梁等人则主要从事于著述及教育、学术研究，长于理论的探讨和观念的思

---

① 郑观应：《盛世危言·道器》，第58～59页。
② 郑观应：《盛世危言·道器》，第58页。

辨。这种不同就使他们在变法理念上产生了重大的差异：一方面，康、梁等人突破了变法只可变器、不可变道的局限，对传统的"大道"从多方面进行否定和批判，并力图重建新的思想体系，从而发生了由传统士人向启蒙思想家的转变（此点将在下一章中论述）。另一方面，他们对变法从多种角度进行了深入的探究和充分的论述，形成了比较系统全面的变法理念。

这一变法理念是逐渐展开和成熟的。早在中法战争结束后不久，康有为就在他所撰写的《实理公法全书》《康子内外篇》《教学通义》《民功篇》等几部早期著作中，初步表达了比较完整的变法理念。主要有宇宙进化论、启蒙价值论、地势决定论、祖法必变论等。随后，从 1888 年起直到 1898 年，康有为开始了长达十年的变法实践活动，一面直接上书清帝请求朝廷变法，一面在士绅阶层中广泛进行变法的宣传鼓动工作，对在全国范围内掀起变法维新运动起了极大的倡导和推动作用，并成为这一运动的主要领袖人物。在此过程中，康有为的变法理念在早期的基础上有了很大的完善和发展，不仅在系统性、全面性方面得到了显著的加强，而且在现实针对性和认识深刻性方面有了长足的进步，呈现出成熟的形态。这一理念主要通过康有为的上书上奏及其弟子梁启超等人的变法宣传表达出来。从主张近代化变革的角度来考察，其基本观点可概括为必变论、全变论、速变论、变政论和君权变法论。

1. 必变论

所谓必变论，包括康有为对变法必要性的一系列论述，可分为理论和现实两个层面。

在理论层面上，康有为主要依据万物变化论、历史变迁论和中国传统变易论阐明必须变法的道理。这一阐释集中见于康有为 1895 年所撰写的"朝考卷"《变则通通则久论》一文中。关于万物之变，康有为以天、地、人作为万物的大宗，通过举出大量变化的现象，论证了"天久而不弊者，为能变也"，"地久而不弊者，为能变也"，人之变"无须臾之停也"的客观必然性。关于历史之变，康有为以他所熟知的史实为据，提出了历史"千年一大变，百年一中变，十年一小变"的见解。关于传统变易之论，康有为引用了孔子的《春秋》"改制"观、《易》经"变通"观，伊尹的"用新去陈"之术，董仲舒的为政应善于"更张"之义，以圣人之道的名义来增加变法论的分量。①

现实层面是康有为论述变法必然性的重点。

对此，他首先指出西方列强日益加紧的侵略已对中国造成了极为严峻的生存危机，只有变法，中国才能避免被吞并瓜分的命运。这一方面的论述很多，其中特别值得注意的是，康有为在力陈西方侵略的严重态势时，并未仅将西方列强视为中国的大敌，而是同时亦将其视作中国应当学习的榜样。他以西方入侵为界限，将历史划分为"平世"与"敌国并立之世"这样前后两大不同的时代，认为处于前一时代可以采用"守成之势"和"一统垂裳之势"治天下，处于后一时代就应以"开创之势"和"列国并立之势"治天下，②而西方正是后一时代新的治世之法的代表。这一新的治法比中国旧的治法具有极大的优越性，中国要想图存，就必须仿效西方，"尽革旧习、变法维新"。③

其次，他认为中国本身存在着极其严重的积弊，只有通过变法才能加以清除，从而获得生机。对这些积弊，他作了很多揭露和抨击，指出"今天下法弊极矣"，各种法例虽号称承列圣之旧，其实"皆六朝、唐、宋、元、明之弊政也"，正是这些弊政，使得中国"国势贫弱"，乃至陷入"危迫"之境。④ 在《上清帝第五书》中，康有为甚至用弱、昧、乱、亡四字来概括中国社会极为衰败的现状，发出"生机已尽，暮色凄惨，气象如此，可骇可悯，此真自古所无之事"的沉重感叹，重申中国图存的唯一办法就是"发愤维新"。⑤

2. 全变论

所谓全变，就是要彻底变法，从根本上变法，而不能只变枝节，或者只变其一，不变其二。在此方面，康有为提出了一系列重要的观点。

一是中国积弊太深，如不全变大变将毫无成效，难救危亡。他批评清廷办洋务就是因为不变根本而弊端百出，只能起到"补苴罅漏，弥缝缺失"

---

① 见《康有为政论集》上册，第 110～111 页。

② 见《上清帝第一书》《上清帝第二书》，《康有为政论集》上册，第 59、122～123 页。

③ 见康有为《外衅危迫，分割洊至，急宜及时发愤，大誓臣工开制度新政局折》，《杰士上书汇录》。

④ 见《上清帝第一书》《上清帝第三书》，《康有为政论集》上册，第 57～58、140 页。

⑤ 见《康有为政论集》上册，第 203～205、208 页。

的作用，而中国社会已是"千疮百孔"，表面的粉饰修补已无法解决问题。要想取得变法的成功，就必须"尽弃旧习，再立堂构"，从根本上变起。①

二是变法之事互相关联，欲变此则必变彼，否则皆难成功。比如欲救贫弱，就要开矿、制造、通商、练兵、选将、购械，而科举不改，人们就不会由追求功名转为投身实业，"舍所荣而趋所贱"；欲改科举、精学业，就必须开学会；欲开学会又必须改官制。即使官制已改、诸学遍立，还必须去君主之"独尊"，密切君主与臣民的关系，这样变法自强最终才有保障。② 在必变各事中，康有为对变君主"独尊"尤为重视。他明确指出上下隔绝，特别是君主与臣民隔绝，是中国首要的、根本的大病，中国之所以"败弱"，之所以"百弊丛积"，都是由"体制尊隔"造成的。③ 如果不改变君主独尊、太尊的状况，不仅不能变法自强，而且还会"近之有土地不守、人民不保之患，远之有徽钦蒙尘、二世瓦解之祸"，④ 后果不堪设想。为避免祸患，求得自强，他要求君主师俄国彼得大帝变政之榜样，鉴缅甸、越南亡国之覆辙，"纡尊降贵"，下决心改变君权太尊的体制，以便与"天下贤士"相接，实现"大变"的目的。⑤

三是新旧两大时代、新旧两大治法截然相反，变法只能全部用新，不能丝毫照旧。康有为对此说得很坚决："既以今为列国竞长之时，则必以列国竞长之法治之，而不可参以分毫大一统之旧。"⑥ 又说，"一统"与"竞长"两种治法如"冰炭相反……裘葛不能两存"，变法务必"尽涤旧制，尽除旧俗，不留毫厘以累新政"，必须懂得"不变固害，小变仍害，非大变全变骤变不能立国也。"⑦ 在距离戊戌政变不到一个月所上的一份奏折中，康有为再次向皇上发出了必须彻底变法的呼吁：

　　　　既以诸国并立之势治天下，则当全去旧日一统之规模；既以开创

---

① 见《上清帝第四书》，《康有为政论集》上册，第 152 页。
② 见《上清帝第四书》，《康有为政论集》上册，第 154～158 页。
③ 见《上清帝第二书》《上清帝第四书》《上清帝第七书》，《康有为政论集》上册，第 134、156、219 页。
④ 《上清帝第四书》，《康有为政论集》上册，第 157 页。
⑤ 见康有为《译纂〈俄彼得变政记〉成书，可考由弱致强之故折》，《杰士上书汇录》。
⑥ 康有为：《译纂〈日本变政考〉成书，乞采鉴变法折》，《杰士上书汇录》。
⑦ 康有为：《推行新政，请御门誓众开制度局折》，《杰士上书汇录》。

维新之势治天下，则当全去旧时守成之面目。百度庶政，一切更始，于大东中开一新国，于二千年成一新世，如新宫之作金碧辉煌，如新衣之服色样整洁，分毫旧料皆弃而勿用，然后国势巩固，民气昌丰。……故不变则已，一变则当全变之，急变之。①

3. 速变论

所谓速变，就是要迅速变法，不能犹豫徘徊、拖延不决，而应当机立断，雷厉风行。

对于变法，康有为的基本理念是必须循序渐进。在早期变法理论中，他曾对循序渐进的理念专门作过论述。这一理念在维新时期对康有为仍从根本上起着指导和制约作用。他划定了一个以"君权变法"为主导的变革范围，其关于变法"总纲"和"次第"的种种设计，都没有超出这一范围。对有些激进的维新派想立即开国会、立宪法，将"君权变法"为主导变为以"兴民权"为主导，超越顺序而行，康有为表示坚决反对。

但是，当时变法面临的主要问题并不是变得太快，而是变得太慢，甚至根本不变。在这种情况下，康有为强调得更多的就不是循序渐进，而是要迅速变法。在每次上书上奏请求皇上变法时，康有为几乎都会疾呼速变。之所以需要速变，一是由于外部强敌逼迫，二是由于内部动乱威胁，而两者之中前者更为紧要。目睹瓜分狂潮的兴起和阵阵冲击，康有为要求速变的心情是极为迫切的。他以为，变法"及今为之，犹可补牢"，若迟迟不变，就会坐失时机，等到"事变"发生后再后悔改作，则"大势既坏，不可收拾，虽有圣者，无以善其后矣。"②类似这样的语句，一再出现在康有为的各次上书之中。

康有为关于必须速变的一段最为详尽的论述，见于戊戌年七月所上的《恭谢天恩，并陈编纂群书，以助变法折》。该折总结了波兰因迟迟不肯变法以致终于被人"分灭"的惨痛历史教训，回顾了清廷变法之机一失再失、主权利权越丢越多的沉痛历程，指出现今皇上明确下诏宣布变法是"第三次机会"，必须"全变之、急变之"；如果仍然犹疑不决，便会再失良机，一旦强敌借端要挟，则"将为波兰之续，虽欲变而不能矣"。③ 这种急迫的

---

① 康有为：《恭谢天恩，并呈编纂群书，以助变法折》，《杰士上书汇录》。
② 《上清帝第二书》，《康有为政论集》上册，第 135 页。
③ 《杰士上书汇录》。

变法态度，是对当时中国所处严峻时局的清醒反应，同时也是以康有为为代表的维新派勇于领变革潮流之先的实际表现。

4. 变政论

"变政"论的提出，是康有为1895年之后深入考察日本明治维新史的结果。

在此之前，康有为曾四次上书清帝，但都未得到朝廷的积极反响。这促使他一方面改变策略，加强下层的变法宣传组织活动；另一方面着重钻研日本变法的历史，希望从中找到"君权变法"的新思路。通过钻研，日本"变政"的经验给康有为留下了非常深刻的印象，他认定中国变法如要取得成功，就应"以日本明治之政为政法"，① 走日本式的"变政"道路。他编成了"专明日本变政之次第"② 的《日本变政考》一书，在多封上书奏折中，极力推荐日本变政的做法，并提出以"开制度局"为核心内容的新变法纲领，作为变政的中心。

从理论层面看，变政论主要包含这样几个重要思想。

一是三权分立思想。康有为将制度局（亦称之为"立法院"）之设与西方"三权鼎立之义"和"定宪法"直接联系在一起，将制度局之人称为专管立法改制的"议政之官""论思之官"，认为有此专官，变法就能"规模既定而条理出，纲领既举而节目张"。③

二是维新派直接参与最高层权力决策的思想。制度局设于内廷，"妙选天下通才十数人"为基本成员，派王大臣为总裁，"体制平等"，每日共同讨论，皇上亲临定夺，将旧制新政宜改宜增之事"草定章程，考核至当，然后施行"。④ 这显然意味着制度局实为领导新政的最高决策机构，而"通才"们正是维新派的代表。

三是大力削减原朝廷中枢机构和地方大员权力的思想。制度局的设立，将六部、军机处、总署这些原中央权力机构全部排除在新政的讨论决策之

---

① 《上清帝第五书》，《康有为政论集》上册，第208页。

② 《上清帝第五书》，《康有为政论集》上册，第208页。

③ 代宋伯鲁拟《请讲明国是正定方针折》，《康有为政论集》上册，第262～263页。参见康有为《日本变政考》卷一按语。

④ 康有为：《外衅危迫，分割洊至，急宜及时发愤，大誓臣工开制度新政局折》，《杰士上书汇录》。

外，而新政的推行，中央交给新成立的"十二局"施行，地方则交给新成立的"新政局"和"民政局"施行，原有的中央机构和地方大员皆不能插手。①

变政论集中代表了维新派政治制度改革的诉求。康有为等人通过变法运动的实践已经看得很清楚，在当时所有的改革中，政治制度的改革才是最为关键的改革。如果政治制度不改，朝廷决策就只会有君主的独断专行，而没有分权体制下的集体智慧；只能听任旧官僚机构的照常运行，而不可能真正实现自上而下的全面革新。更重要的是，如果制度照旧，维新派就无法进入最高权力圈之内，发挥自己的主导作用，而变法假如没有维新派的指引，仅仅依靠一帮老朽昏庸的大臣，即使有所举措，也不会取得实质性的成效，甚至越改越乱。

力主变政固然在很大程度上是因为受到日本明治维新史的启发，但从更深层的原因来看，同时也相当鲜明地表现了维新派政治权力意识的觉醒。他们已不满足于仅仅充当变法的建言人，而且更渴望成为变法决策的参与者。这种觉醒本身，就是维新派正在由传统士人向具有近代政治思想观念的新型知识分子转化的重要表征。

5. 君权变法论

康有为早期变法理论中的君权变法论被照搬移植，同时又以"抑君尊"的论述对其作了重要补充和完善。

在整个维新时期，康有为都坚持必须以君权变法的立场。对早期所提出的君主应将"势"与"术"结合起来实行变法的观点，他在给皇帝的上书上奏中又以大致相同的语句进行了宣扬，如说"以皇上之明，居莫强之势，有独揽之权，不欲自强则已耳，若皇上真欲自强，则孔子所谓欲仁仁至、孟子所谓王犹反手。盖惟中国之势为然"，② "夫爵赏者，奔走天下之具，人主操之以控天下，如牧者之驱群羊，视鞭所指，南北东西，莫不如意。齐桓公好紫而一国皆紫，楚灵王好细腰而宫中饿死，城中广袖城外全帛，风行草偃，有必然者"，③ 等等。

---

① 见康有为《外衅危迫，分割洊至，急宜及时发愤，大誓臣工开制度新政局折》，《杰士上书汇录》。

② 《上清帝第四书》，《康有为政论集》上册，第153页。

③ 康有为：《请以爵赏奖励新艺新法新书新器新学折》，《杰士上书汇录》。

康有为极力渲染君权的威力，其实质并不是要重新肯定君权独尊的合理性，而是要让独尊的君权为变法服务。为达此目的，就不仅要借用君权，而且还要改造君权，抑制君权的独尊，这样才有可能使君主倾听到维新派的变法呼声，并按照维新派的设计彻底变法。因此，在这一时期的君权变法论中，康有为加进了大量关于"抑君尊"的内容。这充分说明君权变法不能简单地等同于尊君权，而应该说是对君权的借重甚至是利用。当然，君权变法论本身是存在矛盾的，而且清朝君权的实际状况要比康有为想象的复杂得多。君权变法尽管在理论上有一定的合理性，但终究难以变成成功的事实。

二　对中国积弊的深刻反省和广泛揭露

岭南人对西方富强之道的探求在使他们认清近代化变革的方向和目标的同时，也促使他们对中国贫弱现状进行更加深刻的反思。通过反思对中国存在的积弊加以广泛的揭露和批判，成为岭南文化近代化变革精神的一个重要体现。

（一）从"四不如夷"到"危言"自省

在中国传统文化中，本来并不缺乏自我反思和自我批判的精神。但这种精神在专制主义思想占统治地位的情况下，长期受到严重的压制而得不到弘扬和发展，歌功颂德、文过饰非、自我陶醉、甘当"乡愿"成为朝野上下占主流的风气。尽管历代都有敢于向皇帝进谏，直言反映时弊甚至批评朝廷过失的骨鲠之臣，但这种谏议的范围和程度都很有限。

晚清以降至鸦片战争前后，随着清朝专制统治的衰败，各种社会矛盾日渐加剧，外国资本主义的入侵更是对中国社会形成了强有力的冲击。在这种形势的刺激下，中国文化中原有的反思精神逐渐变得活跃起来，形成了以经世致用为主旨的社会思潮。这一思潮的重要内容之一，就是从各个方面针砭时弊，批评朝政。从贺长龄、魏源等人主编的《皇朝经世文编》等文献中可以看出，这种批评所涉及的领域已相当广泛。在私人著述中，以龚自珍为突出代表，对朝政的批评已达到相当尖锐的程度。不过，此时经世致用思潮对社会的反思有一个很大的不足，就是缺少先进的西方国家作为参照物。经世致用思想家们的参照体系还是传统的三代之治、圣贤之道或汉代文景、唐代贞观、清代康乾之类的盛世，这使他们的反思受到传统思维模式的限制，达到一定层次后就很难再深入下去。对照西方反思中国的缺失以魏源等人为嚆矢，他们从西方的船坚炮利中，看到了中国在器物上的落后。

在此基础上，冯桂芬大进一步，以独到的眼光和非凡的勇气，首次直接将中国朝政与西方国家相比，明确指出中国有"四不如夷"。如果深究起来，这四个不如真还触及了清朝弊端的要害之处，对自以为天朝尽善尽美的传统观念具有很大的杀伤力。但冯桂芬很小心，在往前跨出了一大步后又退缩回来，表示在这些不如的方面并不需要学习西方，只要"反求"于中国的三代之道就可以了。不过，冯桂芬在具体论述如何"反求"之时，并没有完全照搬三代之道，而是在一定程度上渗入了他所了解的西方近代文化精神。

岭南思想家一方面继承了到冯桂芬为止的文化反思精神，一方面由于对变法有了更加强烈的紧迫感和对西方国家的富强之道有了更加深入的认识，因而就能在新的历史条件下将这一反思精神进一步发扬光大。

郑观应所撰《盛世危言》的每一篇目都建立在对照西方、反思中国积弊的基础之上，达百篇之多的篇目，可以说是对清朝积弊的一次相当全面的清算。由于采用了西方国家这一参照物，郑观应的反思就在很多方面比前人有了显著的进步。除此之外，他还专门列出《革弊》篇，对清朝在政治方面的积弊作了系统的揭示。

（二）"法弊极矣"与"弱、昧、乱、亡"

康、梁等人在反思方面与郑观应有很多共同之点，但又具有自己的特色。主要表现在他们能更多地抓住清朝专制统治的要害，重点进行剖析批判，不仅在认识的深度上有明显的突破，而且其思想锋芒更加尖锐，因而对清朝积弊的打击更加有力。在康有为等人论及时事的各种著述中，都有对这些积弊的无情揭露，涉及的范围极为广泛，使用的言辞亦极为尖锐。

康有为将清朝的积弊归结为"法弊"，早在《上清帝第一书》中就指出"今天下法弊极矣"，着重列举了官制和吏治方面的各种弊端，并认为它们由来已久，"今之法例，虽云承列圣之旧，实皆六朝、唐、宋、元、明之弊政也"。①

---

① 《康有为政论集》上册，第 57~58 页。

在《上清帝第二书》中，康有为对"法弊"的表现作了进一步的补充，由官制、吏治扩展至工农商学兵等各方面："伏念国朝法度，因沿明制，数百年矣。物久则废，器久则坏，法久则弊，官制则冗散万数，甚且鬻及监司，教之无本，选之无择，故营私交贿，欺饰成风，而少忠信之吏。学校则教及词章诗字，寡能讲求圣道，用非所学，学非所用，故空疏愚陋，谬种流传，而少才智之人。兵则绿营老弱，而募勇皆乌合之徒。农则地利未开，而工商无制造之业。其他凡百积弊，难以遍举。"①

在《上清帝第三书》中，康有为更是一言以蔽之曰："夫中国二千年来，以法治天下，而今国势贫弱，至于危迫者，盖法弊致然也。……若非大变讲求，是坐待自毙也。"②

梁启超在《变法通议》中承接康有为的思路，对清朝的"积弊""法弊"有更为具体生动的描述。他指出："中国立国之古等印度，土地之沃迈突厥，而因沿积弊，不能振变，亦伯仲于二国之间。"印度、突厥都是当时有名的弱国、穷国，遭受西方列强的占领和分割，中国与这些国家沦为一类，可见积弊之严重。梁启超所描述的积弊包括地利不辟、工艺不兴、商务不讲、学校不立、兵学不研、官制不善等数项，文中感叹道："法弊如此，虽敌国外患，宴然无闻，君子犹或忧之，况于以一羊处群虎之间，抱火厝之积薪之下而寝其上者乎？"③

麦孟华在《论中国宜尊君权抑民权》一文中，则以中西对比的方式，对中国的各种弊端作了十分鲜明的揭示：西国重视登记稽查户口，中国则"自生自死自养自息，国家莫得而过问也"；西国继承遗产必须报告纳税，中国则"任意授受，国家莫得而稽也"；西国儿童必入学读书，否则罪其父母，中国则"惰窳顽犷不识字者十居七八，国家莫得而劝也"；西国当官皆需先经学校培养，中国则"朝为市奴，夕挂金紫，国家莫得而节制也"；西国币制全国统一，中国则"十八行省币货各异，币式各异，民间自安其所习，国家莫得而整齐也"；西国纸币流通亦全国统一，中国则"各省票号各埠钱庄自为之，而自行之，国家莫能而查禁也"；西国房屋建筑查验甚严，

① 《康有为政论集》上册，第122页。
② 《康有为政论集》上册，第140页。
③ 梁启超：《饮冰室合集》文集之一，第3~4页。

中国则"任意筑樏，虽有破绽，国家莫得而督责也"；西国道路宽敞整洁，中国则"都会康庄溲溺狼籍，丐殍载道，国家莫得而驱逐也"；西国医生必由医院学成之后领凭照执业，中国则"学书不成改而业此，庸医充斥，杀人如麻，国家莫得而刑也"；西国邮递业政府掌管，中国则"民局遍地，国家莫得而统一也"；西国对商务有专官管理，有专利保护，中国则"奸商充斥，展转冒效，百物滥劣，国家莫得主持也"；西国筑铁路、开矿产顺利无阻，中国则"旧党鼓噪，钳于大计，国家莫得而惩也"；西国林业、渔业皆设官管理，中国则"麓泽无主，民间任意蹂躏，国家莫得而知也"；西国度量衡皆由政府统一制定，中国则"库平、漕平、市平、工部尺、市尺，户异其制，人用其私，国家莫得而厘定也"。总而言之，"凡百庶政，罔不类是，千舌万笔，非可殚论。"①

到撰写《上清帝第五书》时，康有为对清廷迟迟不肯变法已是悲愤交加，书中用了弱、昧、乱、亡四字来概括中国社会极为衰败的现状：弱——财弱、兵弱、艺弱、民智弱、民心弱。昧——早在咸丰、同治之时就因"昧不知变"而屡遭挫折，中法、中日战争又因"昧不知变"而有今日之危，"无一事能究其本原，无一法能穷其利弊，即聋从昧，国皆失目。……夜行无烛，瞎马临池，今日大患，莫大于昧"。乱——自台湾被割让之后，"天下皆知朝廷之不可恃，人无固志，奸宄生心"，民乱、教乱、匪乱层出不穷，"加以贿赂昏行，暴乱于上，胥役官差，蠹乱于下，乱机遍伏，即无强邻之逼，揭竿斩木，已可忧危"。亡——举朝上下皆知"沦亡"不可避免，"生机已尽，暮色凄惨……公卿士庶，偷生苟活，候为欧洲之奴隶，听其犬羊之刦缚；哀莫大于心死，病莫重于痹瘰；欲陨之叶，不假于疾风，将萎之华，不劳于触手；先亡已形……"康有为引《仲虺之诰》中"兼弱攻昧，取乱侮亡"一语，问道："吾既自居于弱昧，安能禁人之兼攻？吾既日即于乱亡，安能怨人之取侮？"唯一的办法就是"发愤维新"。②

三 实施变革的方案和举措

岭南思想家坚信中国一定要仿效西方进行近代化的变革，但这一变革

---

① 《戊戌变法》第 3 册，第 111～112 页。
② 《康有为政论集》上册，第 203～205、208 页。

究竟如何进行，还需要提出具体的方案和采取具体的措施。这些方案及举措不仅受制于改革思想家的变法理念，体现了他们对近代化的认知水平和对中国社会的了解程度，而且受到实施改革的各种可能的现实条件的制约，特别是思想家所期待的改革主体者状况的制约。在不同的历史时期，岭南人所设计的变革方案及举措各不相同，表现出不同的时代特点和个人特点。总的来说，随着近代历史的演进发展，这些变革方案及举措也不断得到改进，逐渐变得比较完善。

（一）《资政新篇》的早期蓝图

洪仁玕的改革方案是在《资政新篇》中提出来的。这篇作品是洪仁玕1859 年被封为干王之后，向天王洪秀全提交的一份政纲式的文件。它并非洪仁玕一时心血来潮之作，而是他来天京之前，在香港就已经深思熟虑的治国"方策"。

洪仁玕提交这份政纲的目的是"以广圣闻，以备圣裁，以资国政"，也就是要用它来开阔洪秀全的眼界，为其提供立政的依据，以帮助太平天国搞好国家的治理。政纲的指导思想是"因时制宜，审势而行"，其内容则主要来自洪仁玕境外生活的"见闻"，这些见闻与中国以往的治国旧法截然不同，因此构成了"新篇"。① 这是洪仁玕期望用以对太平天国进行全面改革的蓝图。

洪仁玕的这份政纲共有四部分的内容。

1. "用人察失类"，即关于朝廷如何用人的设想

这在洪仁玕看来，是搞好国政的前提和关键。这部分内容不多，只提出了一条方策，就是要"禁朋党之弊"。② 此策虽然重要，但基本上还是传统的旧策，没有什么新意。从太平天国的实际来看，结盟联党似乎也不是一个突出的政治问题。

2. "风风类"，即关于民间风俗的革新

洪仁玕列举了很多民间的陋俗恶习，如"男子长指甲，女子喜缠脚，吉凶军宾，琐屑仪文，养鸟斗蟋，打鹌赛胜，戒箍手镯，金玉粉饰之类"，

---

① 见洪仁玕《资政新篇》，《太平天国》（二），第 524 页。
② 洪仁玕：《资政新篇》，《太平天国》（二），第 524 页。

又如"演戏斗剧，庵寺和尼"等等。对这些流行广泛的习俗，洪仁玕认为不能用强制的办法禁止，而是要自上而下地进行教化，使之逐渐得以清除。

在此部分，洪仁玕着重对中西习俗进行了比较，分出所谓上宝、中宝和下宝三个等级。上宝是三位一体的基督教，中宝是西方的各种有用之物如轮船、火车、钟表等，而中国习俗中以之为宝的东西，如骄奢之习，或美艳的诗画、精奇的金玉等，只不过是"宝之下者也"。

他还进一步从多方面对中国文化进行反省批评，而对基督教大加赞美，认为"谈世事足以闷人心，论九流足以惑众志，释聃尚虚无，尤为诞妄之甚，儒教贵执中，罔知人力之难，皆不如福音真道，有公义之罚，又有慈悲之赦，二者兼行，在于基督身上担当之也。此理足以开人之蒙蔽，以慰其心，又足以广人之智慧，以善其行。人能深受其中之益，则理明欲去而万事理矣"，并极力称颂天父上帝之名代表着"至大、至尊、至贵、至仁、至义、至能、至知、至诚、至足、至荣、至权"。[1] 这种完全倒向西方宗教文化的立场，显然有很大的偏颇，但其中所包含的对中国传统文化的反省精神，仍然是很有价值的。

3. "法法类"，即为国家的各项大政立法

这是《资政新篇》的主体部分。

洪仁玕认为立法非常重要，只有"立法善而施法广，积时久而持法严，代有贤智以相维持"，才能使"民自固结而不可解，天下永垂不朽矣"。但要立好法用好法也很不容易，需要立法之人的磨炼，立法之后的及时修订和奉法、执法、行法之人的认真等。

洪仁玕还通过总结世界各国的经验，得出一个结论，就是凡纲常大典、教养大法，"必先得贤人创立大体，代有贤人继起，而扩充其制，精巧其技，因时制宜，度势行法，必永远不替也"，可见立法是一个需要代代相承的历史性任务，而不是在短期内就可以做到尽善尽美的权宜性工作。

在此部分，洪仁玕共列出了28条方策。概括起来，可归纳为以下几个方面。

（1）文化方面。准卖报纸和设检举箱（称"暗柜"）。此举最有利于权力的统一和行使权力的畅通无阻，通上下之情而去壅塞之弊。设新闻馆以

---

① 见洪仁玕《资政新篇》，《太平天国》（二），第525～526页。

报道时事；各省设新闻官，专收各省及万方报刊要闻，以资圣鉴，使善恶难逃人心公议。

（2）交通方面。陆路兴车马之利，以利便轻捷为妙。如有人能造火车，准其专利。为此，先通各省、各郡、各县镇、各大乡村道路，水路兴舟楫之利，以坚固轻便捷巧为妙。其动力可用火、用气、用力、用风，"任乎智者自创"，首创至巧者赏以专利。如果能造出航速极快的大轮船，于国于民将有极大之利。

（3）金融方面。兴银行发行纸币，银行可三四富民共请立，也可一人请立，"此举大利于商贾士民，出入便于携带"。

（4）制造业方面。兴器皿技艺，有能造精奇利便之器物者，准其获专利自售。

（5）采矿业方面。凡有民探出矿产，准其禀报，爵为总领，准其招民开采，所采之矿，总领获十之二，国库获十之二，采者获十之六。

（6）通信业方面。兴邮亭以通朝廷文书，设书信馆（即邮局）以通各色家信。邮亭由国家设立，书信馆则准富民纳饷禀明而设。各处道路沿途每20里设一书信馆，"以为四方耳目之便，不致上下梗塞、君民不通也"。

（7）行政管理机构方面。设省郡县钱谷库，负责支付文武官员俸禄和其他公费开销；设"市镇公司"，负责收取工商水陆关税；设丈量官，负责治水修路及确定屋宇规模、田亩面积等。

（8）地方自治方面。设乡官，公义者司其任，以理一乡民情曲直吉凶等事，并设乡兵听其调派，搞好乡村各种事务的管理。

（9）社会公益和保障方面。设市民公会，以拯困扶危，并从事教育等事；兴办医院，以济疾苦；兴办鳏寡孤独院，准仁人济施，生则教以诗书各法，死则怜而葬之；介绍外国保险业的做法，凡屋宇、人命、货物、船等，皆设立保险，以提供保障，减少损失。

（10）移风易俗方面。禁溺子女，溺者罪之；禁卖子女为奴，准富者请人雇工，不得买奴；禁酒及一切生熟黄烟鸦片；禁庙宇寺观；禁演戏修斋建醮；革阴阳八煞之谬；除九流惰民不务正业者，准其归于正业；屋宇不得雕镂刻巧，类似王宫朝殿，应方正，不得迷信风水；禁私门请谒，以杜卖官鬻爵之弊。

（11）外交方面。实行"柔远人之法"。凡外国人技艺精巧、国法宏深者，宜先许其通商，但不得擅人旱地。惟许牧师及教技艺之人等入内地教导我民，只准其为国献策，不准诽谤国法。凡于往来言语文书，可称照会交好、通和、亲爱等意，其余万方来朝、四夷宾服及夷狄戎蛮鬼子等一切轻污之字，皆不必说。因为这些轻污字样只是口角取胜之事，不是经纶实际，并且招祸。洪仁玕还表示中国要有"与番人并雄"的气魄，敢于与外国展开竞争，以我之兴盛，造成彼之衰败，使之不能"久居"于中国，而不要害怕与外国人交接。①

4. "刑刑类"，即关于刑法的规定

此项共3条：一是善待轻犯；二是勿杀；三是确因大罪宜死者，可施以绞刑。②

纵观《资政新篇》全文，有以下几个显著的特点。

第一，以全面学习西方文化为导向。洪仁玕对待中西文化的态度非常鲜明，对中国文化立足于反省批判，对西方文化则表现出极为崇尚的态度。他最为崇尚的当然是基督教，但与此同时，他对西方国家的富强、重智创新和民主法制建设等也是非常羡慕的。在这篇纲领中，有不少文字专门介绍世界各国的情况，特别是重点介绍了英国、美国和欧洲各国的历史和现状，充分肯定了其文明发展的先进性。事实上，《资政新篇》所提出的各项方策，主要就是以西方国家的做法为蓝本而设计的，是一个要求全方位学习西方的纲领。

第二，以发展资本主义、建设近代化国家为主干。发展资本主义、实现近代化是《资政新篇》全部内容的核心，洪仁玕的目标，就是要使中国变成像西方一样文明发达的国家。在此政纲中，重点是发展资本主义的经济，但也广泛包含文化、社会、行政、外交以及政治领域的近代化举措，虽然许多内容还很单薄，甚至只能算是略有涉及，但在当时洋务运动都还未起步的历史条件下，这一政纲无论是在思想观念还是在具体举措上，都是富于远见和具有超前意识的。

第三，充满了革新精神。既然要以资本主义精神和近代化精神立政，就不能不革除与此精神相抵触、相违背的传统旧习。《资政新篇》在此方面的态

---

① 见洪仁玕《资政新篇》，《太平天国》（二），第527～538页。
② 见洪仁玕《资政新篇》，《太平天国》（二），第537～538页。

度也十分鲜明,从多个层面对以往的种种弊端进行了批判,如君民上下之间的隔绝壅塞,人心的蒙昧,各种迷信和陋习,浮华的文风,闭关锁国的心理,夷夏之辨的意识等,在某些方面开了后来维新思想的先河。此外,《资政新篇》对太平天国原有的占主导地位的思想观念也有重大的革新和突破。它主张财产的私有制,提倡大力发展大机器生产,鼓励人们的自主创造性和为自己谋利益的积极性,希望建立全国乃至全球新的广泛联系和沟通,这些都说明它比起拜上帝教和《天朝田亩制度》来,已经前进了一大步。

对于洪仁玕进呈的《资政新篇》,洪秀全在总体上是完全赞同的,批示"此篇传镌刻官遵刻颁行"。他还对此纲领的具体内容写下了许多批语,绝大部分为"是""此策是也"和"钦定此策是也",① 表示赞许之意。

只有两项内容,洪秀全有不同的看法。

一是关于准卖报纸和设立"暗柜"及新闻官。洪的批语是"钦定此策杀绝妖魔行未迟","此策现不可行,恐招妖魔乘机反间。俟杀绝残妖后,行未迟也"。② 洪仁玕力主办报是希望广泛传播信息,开启民智,并发挥舆论的监督作用,而洪秀全所担心的是敌人借此施行反间之计,这种担心虽然不无道理,但主要反映的还是一种传统的封闭心态。不过,洪秀全并没有完全否定这一条,只是要推迟实行。

二是关于勿杀。洪的批语是"爷今圣旨斩邪留正,杀妖杀有罪,不能免也","爷诫勿杀,是诫人不好谋害妄杀,非谓天法之杀人也"。③ "勿杀"本为拜上帝教《十款天条》中的一条,用以约束信教之人的个人行为。洪仁玕提出"勿杀"并不是反对战场杀敌,也不是一概反对死刑,而是针对太平天国死罪过多且行刑过于残酷的情况,希望有所改进。洪秀全没有充分领会洪仁玕的用意,在此问题上缺乏近代意识。

在这两个问题上的差异,并不影响洪秀全对《资政新篇》整体的赞同。这表明,洪秀全的思想也是不断变化发展的。尽管没有足够的理由可以说,洪秀全赞同《资政新篇》就意味着他改变了原来在《天朝田亩制度》中所表达的社会理想,但可以看出他并不反对建设一个资本主义的近代化社会,

---

① 见洪仁玕《资政新篇》,《太平天国》(二),第 523、524、532、535 页。

② 见洪仁玕《资政新篇》,《太平天国》(二),第 532、534 页。

③ 见洪仁玕《资政新篇》,《太平天国》(二),第 538 页。

其思想观念大体上能够跟随时代潮流而前进。

然而，《资政新篇》对于太平天国而言，并不是一个现实的政纲。它像《天朝田亩制度》一样，是关于天朝今后社会制度的设想和规划，而不是马上可以付诸实施的举措。它的实行需要一个根本性的前提，就是太平天国能够真正稳固自己的政权，并进一步建立起全国性的或至少在一个相当大的区域里的统治。而当时太平天国所面临的形势是，它与清朝还处于军事上的严峻对峙之期，取得战场上的胜利才是太平天国的头等大事。事实上，太平天国起义并没有取得最后的胜利，反而被清朝统治者镇压下去。这样，《资政新篇》当然也就完全失去了实行的条件。

以一份改革政纲的标准来衡量，《资政新篇》已达到了很高的水平。它对中国社会近代化全面变革所做的提纲挈领式的明确设计，在一段较长的历史时期内都没有人能够超越。但由于只是政纲，它在改革的具体内容上还显得相当单薄，还只是一些粗略的构想；限于太平天国政权的性质，它对政治改革还很少涉及。这些局限性，在随后其他岭南人所提出的改革设想中，开始不同程度地有所克服。

（二）相继而起的变革大计

紧接着洪仁玕提出改革设想的岭南人是容闳，其依托的改革主体也同样为太平天国政权。容闳与太平天国没有隶属关系，但出于对清朝统治现状的不满，他对太平天国抱有同情态度，愿意对这场起义有更多的了解，并对其未来的发展怀着一定的期望。

1860 年容闳访问天京，向太平天国干王洪仁玕提出了七条改革建议：

> 一、依正当之军事制度，组织一良好军队；二、设立武备学校，以养成多数有学识军官；三、建设海军学校；四、建设善良政府，聘用富有经验之人才，为各部行政顾问；五、创立银行制度，及厘定度量衡标准；六、颁定各级学校教育制度，以耶稣教圣经列为主课；七、设立各种实业学校。①

这是一个非常简要的改革方案，但其中所包含的内容相当丰富。

---

① 容闳：《西学东渐记》，沈潜、杨增麒评注，中州古籍出版社，1998，第 119~120 页。

其主要之点为军事改革和教育改革，旁及某些政治改革和经济改革的举措。容闳首列军事改革，是因为太平军正在战场上与清朝进行激烈的武装对抗，军事上的成败对于太平天国政权来说是生死攸关的头等大事，因此将军队建设好就具有极为重要的意义。重视教育改革与容闳改造中国的基本理念密切相关，他根据在美国生活的亲身体验，确信只有以近代教育培育出大批新式人才，中国才可能发生根本的转变，真正走上近代化富强之路。后来容闳花费了极大精力推动中国的留学生运动，被后人誉为"中国留学生之父"，就是他一生重视近代教育的证明。

容闳的建议尽管简略，其言及的军事改革、教育改革及政治改革却正好皆为《资政新篇》所缺，两者具有很大的互补性。相比较而言，容闳建议的现实性还显得略强一些。据容闳后来回忆，洪仁玕对其建议非常重视，"极知其关系重要"，与他逐条进行了讨论，"谓何者最佳，何者最要，侃侃而谈，殊中肯綮。"① 可见两人对天朝的改革具有很多共识。然而，洪仁玕手中并没有改革的权力，当时严峻的时局也不具备改革的条件，因此容闳的建议像《资政新篇》一样，也得不到实行的机会。

太平天国起义失败后，中国兴起了早期近代化运动——洋务运动，表达各种改革观念的洋务思潮和早期维新思潮陆续开始涌现。岭南人是这些思潮活跃的代表者，继《资政新篇》和容闳的改革建议之后，他们又提出了新的变革方案。

在这些变革方案中，何启、胡礼垣为中国"新政"所设计的"复古因时"方案很有代表性。所谓"复古因时"，是一个并不准确的提法。② 根据

---

① 容闳：《西学东渐记》，第 120 页。

② 对"复古因时"，何、胡二人作了这样的解释，就是"复古帝王执中精一之心传，而行古帝王因时制宜之运量"。又说："《易》曰：'不远复，无祗悔，元吉。'又曰：'大亨贞无咎，而天下随时。'此复古因时之说，见于寡过之书也。仲尼祖述尧舜，而曰：'殷因于夏礼，周因于殷礼。'此复古因时之说，见于大圣人之言行者也。"〔何启、胡礼垣：《新政真诠》，中国史学会主编中国近代史资料丛刊《戊戌变法》（一），神州国光社，1953，第 188、216 页。引者对引文的部分标点有改动〕从字面而论，"复古""行古"其实是同一个意思，不同之处在于所复者为古人"心传"，所行者为古人"运量"，因而两者并不构成"复古"与"因时"并列的概念。《易经》主张"复远""随时"，有"复古因时"之意，而孔子祖述尧舜、因于夏殷，则只有"复古"，并无"因时"。可见，何、胡二人并未将"复古因时"的确切含义说清楚。

其方案中的具体论述来看，所谓"复古"，表现在对中国古代圣贤之说和古代有价值的政治理念进行了引述和进一步引申，实际上是要以此为据，清除中国君主专制的积弊，引入西方近代新的政治制度；所谓"因时"，重在仿照西方模式，改变落后现状，在中国实行全面的近代化变革。

何、胡之"复古"有七大要点。

第一，"择百揆以协同寅"，即选用同心同德的官员，以保证变革的顺利进行。这一做法系直接借鉴外国而来："外国凡新任宰相视事之始，必自择其平日同志之人，升诸朝廷，以为心腹肾肠，庶几议事尽和衷也。凡新任总统登位之初，必自择其生平同志之士，分诸职守，以为股肱耳目，庶几办事无棘手也。"此为"善法"，今不见于中国，而仅见于外国。此法如用于中国，就应"下令国中，自今以往，诸臣中有以改为是者，准其留职，有仍以不改为是者，著令辞官"，这样，凡有改革之事，诸臣就只会出力使之尽善尽美，而不会招致"梗阻"。①

第二，"厚官禄以清贿赂"。此项主张系针对中国极其严重的贿赂之弊而发："夫国家之败，其端不一，莫不由于官府之邪；官府之邪，其端不一，莫不由于贿赂之弊。始而害民，终而误国。……今中国大小衙门，上下官属，于贿赂一事，既已视为理之所当然，分之所应有，一人如此，人人亦如此，无复敢以受贿相讥。……国势岌岌之形，实基于此。"欲杜此弊，其良法就是增加官禄，使为官者去掉退位后的"困穷"之忧。官俸之数根据官职大小、任职年限及功绩大小而定，优厚有加，恩及子孙，同时规定如再有丝毫受贿行为，则"立行革职，永不再用，恩俸尽削"，如此则"贿赂之风未有不绝"。②

第三，"废捐纳以重名器"。官禄既厚，则想当官之人必多，要保证"名器"即国家政治之权位不滥，就必须先废除"鬻爵卖官"这一"弊政中之至弊"，也就是说捐纳实属最坏的弊政。捐纳之所以必废，其理论依据是"官者，办公事之人也"，"政者，属众人之事也"，因此，选官必须以才能和品德为标准，"以真法取才"，而废除捐纳这一"伪法"。应"下令国中，

---

① 何启、胡礼垣：《新政真诠》，《戊戌变法》（一），第188~189页。
② 何启、胡礼垣：《新政真诠》，《戊戌变法》（一），第189~191页。引者对部分引文标点有改动。

使天下知官之事为公事，必不能以财得；官之才为真才，必不能以伪膺"，通过务真惩伪，天下就能得到"治理"。①

第四，"宏学校以育真才"。学校是为国家培养人才的地方，"学校隘，则人才乏；学校广，则人才多"。中国学校独重文字，分科不明，用非所学，学非所用，必须改革。其办法是下令各府州县皆设学校，各省派一大臣任"学政"以总其成，对每年成才者的情况登记在册。学校学习分科，先以"中国文字"为一科，凡欲学其他各科者，必先学此。其他各科则有外国文字、万国公法、中外律例、中外医道、地图数学、步天测海、格物化学、机器工务、建造工务、轮船建法、轮船驾驶、铁路建法、铁路办理、电线传法、电气制用、开矿理法、农务树畜、陆军练法、水师练法等等。学者每年考两次，通过者发给"执照"即文凭（属"技艺"文凭，有别于后面的"文学"文凭），未通过者再学再考。文凭分为三级：得县级文凭者称为"某艺秀才"，得府级文凭者称为"某艺举人"，得省级文凭者称为"某艺进士"。政府官员皆从有文凭之人中挑选，凡欲为官者至少要有"技艺秀才"的文凭。②

第五，"昌文学以救多士"。学校必设文学不可废，因为中国道学与文学一体，有其独特的文化价值；学校设立后，科甲即科举制如果仅用于"劝学"而非用以"授官"，也仍不可废。但现行的科举制已坏到极点，它使中国传统文化之"至宝"遭受了"天地古今至惨之灾"，如不改革，则"必至斩绝圣人之俎豆，涂炭一世之生民"。改革的办法是"宽其考法，不以额限，凡欲专攻帖括者，听其如前考试，而加以万国公法及律学大同二者，一体出题答问"。考试通过者亦分三级发给"执照"即文凭：县级文凭称之为"文学秀才"，府级文凭称之为"文学举人"，省级文凭称之为"文学进士"。文学进士中"才德出众，为民推许"者，"以公举法进于天子"，由天子赐以"翰林"。其余文学秀才、举人、进士可别事谋生，如欲为议员从政，则可到省府县各学校中参加公举。③

第六，"行选举以同好恶"。之所以要行选举，是因为官民之间存在着极

---

① 何启、胡礼垣：《新政真诠》，《戊戌变法》（一），第 191～192 页。引者对部分引文标点有改动。

② 何启、胡礼垣：《新政真诠》，《戊戌变法》（一），第 192～194 页。

③ 何启、胡礼垣：《新政真诠》，《戊戌变法》（一），第 194～195 页。

为严重的对立，"官见民而生憎，民见官而生畏，名为民之父母，实则民之寇仇。故今之官，剥民则无微不到，不计其再而衰、三而竭也；保民则漠不相关，不闻其弊则去而利则兴也。"要解决这一问题，就必须采用"公举"即选举之法。按照此法，知县、知府和总督三级官员仍由天子任命，但规定其人选皆于"翰林"中挑选，由部员议定之后，奏闻天子盖玺。由于"翰林"之人系以公举法产生（见前述），官员的产生亦可视为间接的公举。公举法主要体现在设议员方面。议员亦分县府省三级，各设 60 名议员。县议员从秀才中选出，公举者以"平民"为主；府议员从举人中选出，公举者以秀才为主；省议员从进士中选出，公举者以举人为主。公举的规则是：凡男子 20 岁以上，除喑、哑、盲、聋及残疾者外，其人能读书明理者皆有公举之权。平民在秀才中选取"平日最心悦诚服者"，书其名献于有司，有司以书名最多者取为县议员。秀才选府议员和举人选省议员，亦用此法。议员是民众的代表，凡兴革之事，皆由官与议员商议以定其从违。从县级议定之后层层上报，直至达之于君，"君意合，则书名颁行，意不合，则令其再议"。若再议之后看法还不一致，则以多数议员的意见为是。这样，就能形成"凡军国大政，其权虽出于君上，而度支转饷，其议先询诸庶民"的新的政治局面。①

第七，"开议院以布公平"。开议院是要在解决官民对立的基础上，进一步解决君民相隔的问题。这一问题突出表现在君有"民之父母"之名，而并无知民、保民、救民之实，"今君门万里，民之疾苦无由而诉，尊居九重，事之顺逆无由而知；虽有留心民瘼之名，而不能得留心民瘼之实，有料量民隐之念，而不能得料量民隐之施"，由此就使得"政之私而不公""令之偏而不平"之事比比皆是。解决的办法就是开设议院，"自今以往，各省议员一年一次会于都会，开院议事。以宰辅为主席，议毕各员将其本省来岁应行之事，如公项出入、选取人员等件，记明画押公奏。主上御笔书名，以为奉行之据。如有未洽，再议再奏，务期尽善而止。"如此就能"一公而无不公，一平而无不平，国家无复有怀二心之人，君民永保咸有一德之庆"，合亿兆之心以为心，聚亿兆之力以为力。②

---

① 何启、胡礼垣：《新政真诠》，《戊戌变法》（一），第 196～197 页。
② 何启、胡礼垣：《新政真诠》，《戊戌变法》（一），第 197～199 页。引者对部分引文标点有改动。

在分别论述以上七项改革之后，何启、胡礼垣还对这些改革的精要之处从总体上作了进一步的分析。

其一为"得人"。人者为"致治之具"，"无其具则决乎其不能治者，有其具则决乎其无不治"。所论"复古"七事，"皆务在得人"，也就意味着"善修其具"。通过这些改革，君主就全无用人之忧，文武皆有得力之人，就可"无为而无不为"，改变过去事无巨细皆需君主操劳的状况。①

这里所谓"得人"，实际上讲的都是对原有官吏队伍的改造。第一项是确保全体官员同心改革；第二、第三项是革除官场中所存在的两种最恶劣的弊端；第四项是务使为官者具有适应近代化建设之需的真才实学；第五项是切断科举"正途"与从政当官的直接联系；第六、第七项是官员乃至君主必须与作为民意代表的议员共同议政。这种改造，对于自上而下的变法"新政"而言，无疑抓住了问题的关键。

其二为"得民"。之所以要"得民"，是因为"民"才是"政"的根本和中心。从天下自古至今所存在的君主、民主及君民共主这三种政治体制来看，"民主"才是其实质，"虽君主仍是民主"。为什么这样说呢？原因就在于"政者民之事，而君办之者也，非君之事而民办之者也。事既属乎民，则主亦属乎民。"民之性命有赖君主以保之，民之物业有赖君主以护之，其保护之法令，民众自知自明，而惟恐其法令不能行，于是奉一人以为之主，"故民主即君主也，君主亦民主也。"这也就是改革必须行选举以同好恶、设议院以布公平的理由所在，如此就能做到"国有万年之民，则君保万年之位"，这是"得民"的最好办法。②

这种"得民"的理论非常独特地用"民主"诠释"君主"，将君主定位为民众之事的办理者，主张君主必须按照民众的意愿公平办理政事，这就在事实上否定了君主的专制。但这一理论还只是要求君主为民做主，或者说将为民做主与采纳民意相结合，而不是由民众自己做主；这是君主制向民主制的过渡，但还不是真正的近代民主制度。

其三为从公。其理论要点是"天下公器也，国事公事也，公器公同，公事公办，自无不妥"，这也就是之所以要选议员、开议院的理由。征诸历史，

① 见何启、胡礼垣《新政真诠》，《戊戌变法》（一），第199～200页。
② 见何启、胡礼垣《新政真诠》，《戊戌变法》（一），第200页。

自古以来乱之所生，由于民心之不服，民心之不服，由于政令之不平，"今即使民自议其政，自成其令，是人人皆得如愿相偿，从心所欲也，何不服之有？"①

从公论带有鲜明的中国传统文化的特征，其所言之"公"，大致就相当于"天下为公"的古老命题，不同之处在于它还将"公"的理念与议员和议院这种新的政治成分结合起来，并明确提出要"使民自议其政，自成其令"，这就在相当大的程度上表达了为民众争取政治权力的意念。不过，从公论的权力意念还比较模糊，与民权论还存有明显的距离。

综合以上七项改革来看，都集中在政治领域。可见在甲午战争失败、洋务运动受挫的情况下，岭南思想家已率先意识到必须进行政治改革的重要性，并为此设计了系统的改革方案。

与七项根本性政治改革配套的是九项其他领域的"因时"性改革。

一是"开铁路以振百为"。令各省、府、县俱设铁路，由民间纠合公司股份而为之。凡民间有倡设铁路者，许由议员上奏主上，如可行则即刻批准，一切资助之法俱按外国之例参酌而行，务期允当。如此则"不过数年之间，而铁路自必络绎相通，成效立见矣。"②

二是"广轮舶以兴商务"。凡民间有纠合公司构建轮船往返外国者，国家给以巨资补助，如此则"出洋之船必相继而起"。如有倡设内河轮舶者，立行批准。自今而后，一概准用轮船，旧日中国之船听其废坏，不准复造，所有新造之船，俱依外国式样。如此则"内地之船必林立而兴……商务不旺者未之有也。"③

三是"作庶务以阜民财"。凡民间有独出资本或纠合公司从事耕种、开采、贩运、办厂、冶炼等业的，国家视其可行，则给以官地，略收薄值，使其永业。其出产如得自自然，无需手造者，则薄征其税，其余由工力而来者，概不征收。其有独创者，由国家给以专利。如此则"庶物繁昌，民财必阜，而国库亦因之而裕矣。"④

四是"册户口以严捕逮"。每县设一总巡捕官，每一墟场市镇村乡河泊

---

① 何启、胡礼垣：《新政真诠》，《戊戌变法》（一），第 200～201 页。
② 见何启、胡礼垣：《新政真诠》，《戊戌变法》（一），第 202 页。
③ 见何启、胡礼垣《新政真诠》，《戊戌变法》（一），第 204 页。
④ 见何启、胡礼垣《新政真诠》，《戊戌变法》（一），第 205～206 页。

设巡查帮办和捕役。地方无事之时，负责巡查街道、劝谕民众；若发生劫掠斗殴等事，则为之拿获犯人，实施弹压；如有"倡乱之事"，则全体调动，并请军营协助，立地加以肃清。为彻底清除治安隐患，必须登记户口。所有居民先编门牌，然后将各种家庭情况详细注册。旅馆客店除注册外，还需领取开业"牌照"，对来往之客逐日详加登记，以便巡差随时查阅，如发现可疑之人、可疑之事，则立刻报告。登记户口不仅为"捕务"所需，而且有利于办理公行选举、领取牌照、带交邮信等事，"故必行此法而民乃能安其居，安其居乃能乐其业也。"①

五是"分职守以厘庶绩"。改变原来"六部"之设，并吏、礼两部为内部，增设商部、学部、外部，加上户、兵、刑、工，共为八部。其排列次序以商部为第一，以下依次为学部、户部、兵部、刑部、工部、内部、外部。以一人为宰相，而八部之长由宰相自择其人。八部之长及宰相人选，皆需先由各省议员从"翰林"中"保举"，然后再由宰相及君主从中挑选。八部各有专司，不能越俎，而拜跪趋跄等礼，必概行除免。宰相及部员皆有任期规定，善于其职者留，若旷于其职者，天子或宰相可以黜之，而令议员再举，议员亦可以黜之，而请天子或宰相另取。如此则人才众多，"用人必出于至当也"。②

六是"作陆兵以保疆土"。合各省而计，需有"常在之兵"30万人，若有战事，则需征兵100万人。为保证兵员质量，应于学校中兼教兵法枪炮等事，凡有志于兵而习练合格者，由教师发给凭照，以作为补缺或应召的兵源。军人厚其俸禄，遇有战务，主上亲做元帅统兵。③

七是"复水师以护商民"。于各省府州县武备学校处兼设水师一科，通过考试挑选出众之才，由国家派往外国学习。学成归国后，其"气量不凡，品诣纯正，为议员推许"者，由天子任命为水师统带。兴复水师，战舰分为南、北、东三队，于各队常泊处兴建可以修建战船的船澳和可以储存军需的军厂，各项军务皆设专员分部办理。④

---

①　见何启、胡礼垣《新政真诠》，《戊戌变法》（一），第 206～207 页。

②　见何启、胡礼垣《新政真诠》，《戊戌变法》（一），第 207～209 页。

③　见何启、胡礼垣《新政真诠》，《戊戌变法》（一），第 209～210 页。

④　见何启、胡礼垣《新政真诠》，《戊戌变法》（一），第 211～212 页。

八是"理财课以裕度支"。此为解决行新政改革所需费用问题。办法之一为筹费生财。所有新政事项，皆由各部派员司理，而先经民间议政局员妥议而后行。其所需经费，或从国帑拨给，或向民间借贷，然后一切经费利息等项则酌量向民征收。民众皆得改革之利，则必然生财。办法之二为善收税课。凡收税详情，皆逐日或逐旬登于日报，使人人皆得而知之；凡经手管理税收者，皆需有殷实之户担保，以预防亏空。承办新政公务建设，如有多人争办，则需行"公卖"即投标之法，以示公平，而得值俱归公项。①

九是"宏日报以广言路"。令各省府州县俱设日报馆，凡为主笔者，必须明于外国之事，达于公法之情。地方有公事如议员会议、陪员审案之类，则派记者亲往详记。各省及都会日报馆每日必将报纸邮寄京师，供主上披览，"其有志切民事，不惮指陈，持论公平，言底可绩，天子则赐以匾额以旌直言。如是而国势之隆，蒸蒸日上矣。"②

以上九事，最多者为经济方面的变革（第一事、第二事、第三事、第八事），其次则为军事方面的变革（第六事、第七事）、社会方面的变革（第四事）、行政方面的变革（第五事）和文化方面的变革（第九事）。这些变革与前述政治方面的变革一道，构成了一个相当系统完整的改革方案。

这个方案比起洪仁玕的《资政新篇》来，有了长足的进步。其一是非常明确地以政治变革作为经济和其他领域变革的前提。其二是将民众的参与和对民众利益的维护作为整个变革的中心和重心。其三是对所有变革的近代化程度提出了很高的标准，并进行了相当周密的设计。其四是各项变革主张（特别是各项政治变革主张）之间，存在着一体贯通、相互呼应的紧密联系。但是，这一方案也具有浓厚的理想化或过于"西化"的色彩，与中国社会的现实之间存在较大的距离。

另一个有代表性的变革方案是郑观应在《盛世危言》一书中提出来的。

严格说来，这已经不是一个改革方案，而是许多改革方案的集合体。采各家之长，集众人之见，在集思广益的基础上进行深思熟虑的再创造，这正是郑观应写作《盛世危言》的一大特点。这一特点在书中所做的变革

---

① 见何启、胡礼垣《新政真诠》，《戊戌变法》（一），第212~214页。
② 见何启、胡礼垣《新政真诠》，《戊戌变法》（一），第214~216页。

方案设计中也充分反映了出来。该著所提出的改革之策涉及各个领域，如果将书中的100篇正文分类，就可以清楚地看出其变法主张所涉领域的广泛性和变法主张的翔实性。

在此百篇文章中，除了《道器》《教养》两篇带有总类性质之外，其他篇章皆属专题性的论述，大都提出了具体的变革方案。这些变革大约可分为七大类别。

（1）政治体制类。论述议院、公举、原君、自强、吏治、典礼、游历、书吏、阉宦、廉俸、限仕、汰冗、革弊、建都、捐纳等专题。

（2）行政及司法管理类。论述户口、旗籍、刑法、狱囚、罚赎、税则、厘捐、停漕、盐务、度支、国债等专题。

（3）经济类。论述商战、商务、商船、保险、铁路、修路、电报、邮政、驿站、银行、铸银、圜法、开矿、纺织、技艺、赛会、农功、垦荒、旱潦、治河等专题。

（4）军事类。论述海防、边防、江防、炮台、练将、练兵、水师、船政、民团、卫屯、火器、间谍、弭兵等专题。

（5）外交类。论述公法、通使、禁烟、传教、贩奴、交涉、条约、入籍等专题。

（6）文化教育类。论述学校、西学、女教、考试、藏书、日报、训俗等专题。

（7）社会类。论述巡捕、医道、善举、僧道、盗工等专题。

这些篇目几乎包括了当时所能提出的所有变法的课题，堪称变法主张的集大成之作。对每一个变法的课题，郑观应几乎都是采用理论与实际相结合的方式，阐明必须变法的道理，并通过中西比较，介绍西方成功的经验，分析中国存在的弊端，提出如何变革的办法，其中充满了对于各项变法的真知灼见，不愧为变法思想主张的宝库。

（三）维新时期的变法方略

岭南近代化变革思想发展到维新派代表人物康有为这里，进入了一个比较成熟的阶段，这在变法方案的设计上也明显地表现出来。

前述洪仁玕的变革蓝图诞生于太平天国与清朝的战争炮火之中，线条还比较粗糙，由于时代条件的制约，变革的内涵还不尽完善和深刻。容闳的变革建议带有临时性，并局限于某部分的内容。何启、胡礼垣的变革方案完整而周详，特别突出了政治改革的必要性，但其设计偏于理想化，比较缺乏现实操作性。郑观应的变革主张集前人之大成，无论是在变革的广度还是在变革的深度上，都堪称颇有建树，其不足则在于这些主张的系统性还不强，重点还不突出，还没有完全形成有机的整体。

与他们相比，康有为前进了一大步。正如前文所论，康有为在变革理念上能引领时代潮流之先，同时又积极参加和推动全国正在兴起的维新变法运动，这就要求他在变法方案的设计上，势必要有大的指导性、更强的概括性和更加明确的针对性。这样，在长达十年的变法理论探索和变法实践的过程中，康有为的变法方案也逐步成熟起来。

它们主要包括三个部分，即变法纲领、变法次第和变法主张。

1. 变法纲领

所谓变法纲领，是指带有提纲挈领性质的、最为重要的、根本性的变法主张。康有为自己很少使用"变法纲领"一词，这与后来孙中山发动反清民主革命，明确规定以三民主义作为革命纲领显然不同。其原因在于，孙中山革命时已经成立具有政党性质的组织同盟会，标明纲领势在必行，而康有为变法时，虽然也有某些组织活动，但始终没有形成政党之形，因此不存在必以纲领示人的需要。但是，康有为在向朝廷建言变法时，确实又不是随意铺陈或任意改变，而是明确提出了纲领性的主张。这些主张就成为康有为及其所代表的维新派的变法纲领，它们表示了康有为及维新派变法的基本方针和基本目标。

康有为提出的变法纲领，可以《上清帝第五书》为界，大致分为前后两个阶段。前一阶段以改善君权、全面变法为中心内容；后一阶段则突出强调要学习日本"变政"，通过设制度局而对清朝进行体制上的重大改革。

先看前一阶段的变法纲领。

《上清帝第一书》（1888 年）所提出的变法纲领有三条，即"变成法、通下情、慎左右"。变成法，就是要变祖宗或"列圣"之旧法，变六朝、唐、宋、元、明之弊政，"酌古今之宜，求事理之实，变通尽利，裁制厥中……尤望妙选仁贤，及深通治术之士，与论治道，讲求变法之宜而次第行之。"通下情，就是要君主"霁威严之尊，去堂陛之隔，使臣下人人得尽其言于前，天下人人得献其才于上。"慎左右，就是要"辨忠佞"，一味阿

谀逢迎、以平安无事相欺者为佞臣；敢于批评责难、以灾危可忧相告者为
忠臣，皇上要"去谗慝而近忠良，妙选魁垒端方通知古今之士，日待左
右"，这样将有助于皇上启知修德。① 变法的初步设计，具有指明方向、启
动变法的意义。

《上清帝第二书》（1895 年）将"变法成天下之治"作为"立国自强之
策"，提出了一个颇为全面系统的变法纲领：一是富国，包括进行纸钞、铁
路、机器轮舟、开矿、铸银、邮政方面的变革。二是养民，包括务农、劝
工、惠商、恤穷。三是教民，先改革科举以开民智，次设报馆以裨政教，
再是宣扬孔教以挽救风俗人心。四是变通国政以为"教养之本"，一方面除
内弊，其法为停捐纳、改官制、增俸禄；另一方面讲外交，其法为培养使
才、遣宗室大臣及品官游历各国、鼓励士庶出洋学习。五是去隔塞以通下
情，其法是设"议郎"。六是用府兵之法，讲铁舰之精。②

《上清帝第三书》（1895 年）对变法纲领略有调整补充：一是富国，二是
养民，三是教民（又称教士），四是举治体，五是修兵备（又称练兵）。紧接
着康有为写道："然凡此富国、养民、教士、练兵之策，所以审端致力者，则
在乎求人才而擢不次，慎左右而广其选，通下情而合其力，三者而已。"可见
此三者更为关键，是变法纲领中的核心内容。"求人才而擢不次"，是要皇上
通过各种渠道发现和重用人才，尤其要"专求草泽，禁见显僚"，这样"天下
之士必踊跃奋发，冀酬知遇，必有豪杰出济时艰者。"③ 此项为前两书所无。
"慎左右而广其选"略同于《上清帝第一书》中"慎左右"一项，"通下情
而合其力"与《上清帝第二书》中"去隔塞以通下情"一项相同。

《上清帝第四书》（1895 年）在变法纲领的表述上有较大的变化，强调
变法要"讲求体要"或者说要"讲明国是"。对此"国是"（即"体要"），
康有为概括为八个字，就是"尽弃旧习，再立堂构"，这成为变法的总纲。
在此总纲中，一方面包含要全面、彻底变法的内容，例如欲救贫弱，就要
改科举、增学校，为此就要立学会，随之就要改官制，而特别要抑君尊。
另一方面，包含康有为提出的五项重大变法举措：一是下诏求言，设上书

---

① 《康有为政论集》上册，第 57～60 页。

② 《康有为政论集》上册，第 123～135 页。

③ 《康有为全集》第 2 集，上海古籍出版社，1990，第 153、155 页。

处许天下之人递折言事；二是开门集议，"令天下郡邑十万户而推举一人，凡有政事，皇上御门令之会议，三占从二，立即施行，其省府州县咸令开设，并许受条陈以通下情"（此项略同于第二书、第三书中提出的"议郎"制）；三是辟馆顾问，选天下人才在皇上身边分班轮值，建言献策，顾问之员取于翰林、荐举、上书和公推（此项略同于第三书提出的"求人才而擢不次"）；四是设报达聪，广开报馆，上呈下发（此项第二书中列为"教民"的内容之一）；五是开府辟士，从枢臣到督府、县令，皆可开设幕府，招收幕僚议事。① 此五项举措亦可视为变法总纲之下的分纲，其要旨与第三书中提出的"求人才而擢不次，慎左右而广其选，通下情而合其力"是完全一致的。

总括起来，第一至第四书中提出的变法纲领既有从富国、养民、教民到变国政、修兵备等全面系统的内容，又突出强调求人才、慎左右、通下情、抑君尊的重要性，尤其是将抑君尊视为变法的根本，而以"尽弃旧习，再立堂构"作为变法的最高追求。

再看后一阶段的变法纲领。

从上清帝第五书起，康有为的变法纲领开始发生新的转变。第五书上于 1898 年 1 月，距离第四书有两年多的时间。这两年中，全国救亡变法运动的高涨，岭南维新派政治思想的发展，使从第五书起所提出的变法纲领的面目焕然一新，发生了重大的改变。《上清帝第五书》并未详述新变法纲领的具体内容，但对此纲领的根本特征作了相当清楚地阐明，这就是"择法俄日以定国是……以俄国大彼得之心为心法，以日本明治之政为政法"，并强调"闻日本地势近我，政俗同我，成效最速，条理尤详，取而用之，尤易措手"，表示已编有"专明日本变政之次第"的《日本变政考》，如果皇上垂采，当写进呈，只要皇上与大臣们按照此书讲求施行，就一定能够收到"起衰振靡"的效果，对日本的变政经验表现出极大的羡慕。康有为将此新纲领称为变法的上策，除此之外还提出了变法的中策和变法的下策，认为"凡此三策，能行其上，则可以强，能行其中，则犹可以弱，仅行其下，则不至于尽亡，惟皇上择而行之。"②

---

① 《康有为政论集》上册，第 158～159 页。
② 《康有为政论集》上册，第 208～209 页。

新变法纲领是在《上清帝第六书》中正式提出的。康有为明确指出："考日本维新之始，凡有三事：一曰大誓群臣以革旧维新而采天下之舆论，取万国之良法；二曰开制度局于宫中，征天下通才二十人为参与，将一切政事制度重新商定；三曰设待诏所许天下人上书，日主以时见之，称旨则隶入制度局。此诚变法之纲领，下手之条理，莫之能易也，伏愿皇上采而用之。"① 这是直接将日本维新之始所做的三件大事，即大誓群臣、开制度局和设待诏所，作为中国变法的纲领，表明要完全仿照日本的变法模式。

在此模式之下，对新变法纲领中的三项内容，书中结合中国国情作了进一步的设计：②

第一项，大誓群臣，"……择吉日大誓百司庶僚于太庙，或御乾清门下诏申警，宣布天下以维新更始，上下一心，尽革旧弊，采天下之舆论，取万国之良法，俾趋向既定，四海向风。"太庙是帝王的祖庙，乾清宫是皇上办事的处所，在这些地方举行隆重的仪式，率领群臣宣誓变法，是要表示最高统治者坚决变法的态度，统一朝野上下的视听，为变法的开展造成强大的声势。

第二项，开制度局，"用南书房、会典馆之例，特置制度局于内廷，妙选天下通才十数人为修撰，派王大臣为总裁，体制平等，俾易商榷，每日值内，同共讨论，皇上亲临，折中一是，将旧制新政斟酌其宜，某政宜改，谋事宜增，草定章程，考核至当，然后施行。"南书房曾经是清代帝王令人起草诏令的地方，会典馆则为制定典章制度的机构。将此两者集中于制度局一身，就是要使制度局成为直接为皇上服务的、以改革政治制度为主要职责的特别权力机关。其最显著的特点是以"天下通才"为主体，他们在平等的体制下与皇上和王大臣共商国政，发表自己的政见，施展自己的才华，直接影响甚至有可能左右朝廷的决策，这对变法将起到至关重要的作用。

第三项，设待诏所，"其午门设待诏所，派御史为监收，许天下人上

---

① 康有为：《外衅危迫，分割洊至，急宜及时发愤，大誓臣工开制度新政局折》，《杰士上书汇录》。
② 引文见康有为《外衅危迫，分割洊至，急宜及时发愤，大誓臣工开制度新政局折》，《杰士上书汇录》。

书，皆与传达，发下制度局议之，以通天下之情，尽天下之才，或与召见，称旨者擢用，或擢入制度局参议。"天下之人都可以上书皇上，这不仅打破了原来非常森严的君民界限，使皇上可以广泛了解民情，发现各种人才，而且还传递了一个更重要的信息，就是民众可以自由地参与议论政治，尽管这种自由还不等于民权，但亦不妨将其视为由专制过渡到民权的一个前奏。

新变法纲领与原来的变法纲领有一定的联系。在根本宗旨上，都是主张彻底变法，广求人才，尽通下情；在具体内容上，"大誓群臣"与"明定国是"，开制度局与设议郎、"辟馆顾问"等，皆有相似之处，而设待诏所与第四书中提出的设上书处，几乎没有多大差别。

但是，新变法纲领又在原来的基础上有进一步的发展，集中表现在"开制度局"这一核心内容之上。除前述关于开制度局的设计外，第六书还对制度局的职能作了两项重要的规定：①

一是制度局是专管"议论"变法新政的中枢决策机构。原有的中央机构如六部、军机处、总署等皆为"行政之官"或"办事之官"，而不是"论思专官"或"议论之官"，这就"譬有手足而无心思，又以鼻口而兼耳目，不学问思辨而徒为笃行，夜行无烛，瞎马临池，宜其丛脞也。若开局讨论，专设一官，然后百度维新，可得精详。"这样就把原有的中央机构皆排除在新政的讨论和决策之外。

二是制度局之下设立专门的机构以推行新政。中央共设十二局，即法律局、税计局、学校局、农商局、工务局、矿政局、铁路局、邮政局、造币局、游历局、社会局、武备局，凡制度局所议定之新政，皆交十二局施行。地方每道设一新政局，每县设一民政局，负责新政的筹划实施，而原有的地方机构直省藩臬道府"皆为冗员"，州县守令"选举既轻，习气极坏，仅收税断狱，与民无关"，虽一时难以"尽革"，但可以采取"变官为差"的办法加以改变。这就意味着，原有的中央机构和地方机构亦皆被排除在新政的施行之外。

上清帝第六书后，康有为还在多处对新变法纲领的内容和意义（主要

---

① 引文见康有为《外衅危迫，分割洊至，急宜及时发愤，大誓臣工开制度新政局折》，《杰士上书汇录》。

围绕"大誓群臣"和"开制度局"两项）作了进一步的阐述，同时大声疾呼尽快将此变法纲领付诸实施。① 康有为反复力陈的新政治纲领虽然从光绪皇帝处得到过一些反响，但由于事关清朝政治制度的重大变革，守旧派极力加以反对和抵制，因此没有一项内容得到实施。当制度局之议受挫后，康有为和梁启超等人曾代之以"开懋勤殿"的主张，得到光绪帝的赞同。但这一主张直接触怒了慈禧太后，致使光绪帝惧而下"密诏"向维新派告急，成为政变迅速发生的重要原因之一。②

2. 变法次第

所谓变法次第，就是变法的先后次序。康有为颇重视变法次第，他认为："变法之道，必有总纲，有次第，不能掇拾补缀而成，不能凌躐等级而至。"③ 康有为首次明确提出变法的次第，是在《上清帝第四书》中。对此次第，书中讲得非常详细：（皇上）

> 先引咎罪己，以收天下之心；次赏功罚罪，以伸天下之气。然后举逸起废，求言广听，广顾问以近人才，置议郎以通下情……三月之内，怀才抱艺之士，云集都中；强国救时之策，并伏阙下。皇上与二三大臣，聚精会神，延引讲问；撮群言之要，次第推施；择群士之英，随器拔用；赏擢不次以鼓士气，沙汰庸冗以澄官方。于是简僚从，厚俸禄，增幕府，革官制，政皆疏通；立道学，开艺科，创译书，教亦具举。征议郎则易于筹饷，而借民行钞皆可图；荣智学则各竭心思，而巧制精工可日出。然后铁路与邮政并举，开矿与铸钱兼行，农学与商学俱开，使才与将才并蓄，皆于期岁之内，可以大起宏规。④

这一"次第"与第一至第四书中的变法纲领所要实现的基本目标是相吻合的。

从《上清帝第五书》起，康有为提出的变法纲领发生了重要的变化。

---

① 参见《译纂〈日本变政考〉成书，乞采鉴变法折》《推行新政，请御门誓众开制度局以统筹大局折》《恭谢天恩，并陈编纂群书，以助变法折》等，均载《杰士上书汇录》。
② 参见孔祥吉《康有为变法奏议研究》第七章第三节"从制度局到懋勤殿"，辽宁教育出版社，1998，第309~333页。
③ 康有为：《日本变政考》卷九按语。
④ 《康有为政论集》上册，第159~160页。引者对引文的部分标点有改动。

与此相适应，变法的次第也有了明显的不同。如果说，在此之前，变法次第主要还是康有为自己所做的设计的话，那么，在此之后，康有为就基本上是以日本变法的次第为次第。在《上清帝第六书》中，日本变政的纲领与次第是合为一体的，这就是大誓群臣、开制度局和设待诏所三事，它们既是"变法之纲领"，又是"下手之条理"。

在戊戌三月进呈《日本变政考》时，康有为在序文中对日本变政的次第作了相当详细的阐述：

> 日本外有英、美之祸，內为将军柄政，封建遍国，人主仅以虚名守府，欲举国而变之，其势至难也。然一朝桓拨，誓群臣而雪国耻，聘万国而采良法，征拔草茅俊伟之士以升庸议政，开参议局、对策所、元老院以论道经邦，大派卿士游学泰西，而召西人为顾问，尽译泰西之书，广开大小之学，于是气象维新，举国奋跃也。然尊卑犹隔，道路尚阻，新政虽美，不能逮于民也。乃尽去封建，以县令宣上而下达，开通道路，立巡捕，救患而防奸。于是一国之中，民情毕达，纤细俱至矣。然守旧之党犹多，泰西情意未狎，阻挠之议亦甚，则易衣服，去跪拜，改正朔以率之；犹患众情未一，民情未洽，章程未立也，则开社会以合人才，立议院以尽舆论……草定议院之宪法。宪法既定，然后治具毕张，与万国通流合化矣。于是采德、法之兵制，师英国之商务，法美国之工艺，集罗马、英、法之律法，兼收东西之文学格致，精摩力仿，咄咄逼真。至今三十年，举国移风，俗化蒸蒸，万法毕新，工出新器，商通运学，农用机器，人士荦荦，皆通大地之故，兼六艺之学，任官皆得通才，以兴作为事，人主与群臣议院，日日讨论，孜孜不已，盖新政成矣。①

这段话概括了日本变政的全过程，大致可分作四步：第一步是维新之始，由朝廷采取有力措施造成变法的强大声势；第二步是自上而下推行新政，沟通民情；第三步是破守旧之阻挠，立议院，定宪法，与万国通流合化；第四步是全面变器、变事，新政最后告成。在此"次第"中，前三步都是变政，第四步才是变器和变事，由此亦可见变政在康有为心目中的分量。

---

① 见康有为《日本变政考》序。

在《日本变政考》的跋文中，康有为再次论及日本变政的"大端"即变法次第中的重要事项："其条理虽多，其大端则不外乎大誓群臣以定国是，立制度局以议宪法，超擢草茅以备顾问，纡尊降贵以通下情，多派游学以通新学，改朔易服以易人心数者。其余自令行若流水矣。我朝变法，但采鉴日本，一切已足。"①

当然，康有为并未全盘照搬日本变政的次第。鉴于中国的实际，他在戊戌年始终强调的是要做成大誓群臣和开制度局二事，这既是变法的纲领，又是最重要的变法次第。

3. 变法主张

这里所说的变法主张，是指康有为提出的比较具体的改革事项。如前所述，在康有为的变革方案中，最重要的内容是变法纲领，它们带有全面性、系统性和根本性，代表了变革所要实行的整体目标和基本目标。根据变法纲领，康有为还逐项设计了变法的次第。与此同时，为了使改革切实可行，康有为还就许多改革事项如何实施，提出了具体的建议。特别是在变法纲领及变法次第并不能如愿实行的情况下，康有为只能一面极力呼吁皇上变法要统筹大局、抓住纲要，一面密切结合当时的实际，就一些重要的改革事项单独上奏，希望通过一项项具体的改革取得突破。

从《上清帝第一书》到"百日维新"，这些具体变法主张的内容十分丰富，许多主张前后一以贯之，也有一些具有明显的阶段性。其中，"百日维新"时期的变法主张最有代表性亦最引人注目。这里，主要根据康有为这一时期所上奏折（包括代拟的奏折），按时间顺序对其变法主张进行概析。

第一，改革科举制。

中心内容是废除八股，改试策论。早在《上清帝第二书》中，康有为就比较系统地提出了改革科举制的主张，② 其中实际上已包含废除八股、改试策论的内容，但提法尚不明确。康有为明确提出废除八股始于《请照经济科例推行生童岁科试片》。该片指出，以经济六科试童生为"今日救贫弱之首务"，而今生童岁科试仍以八股之式，势必使士子"颛愚无知，轻佻无

---

① 康有为：《日本变政考》跋。
② 见《康有为政论集》上册，第131页。

耻，败人才而坏风气"，因此，请立令直省学政考试照新章举行，推行经济科之例，废除八股之式。① 随后，康有为代御史杨深秀草拟了《请厘定文体折》，强调科举制"非立法不善之为害，而实文体不正之为害也"，为了厘正文体，就要废除八股，但废八股不等于就可以废经义。②

康有为专项完整地提出废除八股、改试策论的主张见于他代御史宋伯鲁所拟的《请改八股为策试论》。折中指出："方今国事艰危，人才乏绝，推原其由，皆因科举仅试八股之故。"请皇上"特下明诏，永远停止八股……一切考试，均改试策论，除去一切禁忌。"③ 紧接着，又自上《请商定教案法律，厘正科举文体折》和代侍读学士徐致靖拟《请废八股以育人才折》，再次请求皇上下诏"罢废八股"。④

光绪帝接受康有为的请求下诏废八股、改策论之后，康有为一方面针对"守旧之徒"发出的反对之声，激励皇上"勿为所摇"；⑤ 另一方面进一步扩大成果，提出了一些新的建议。如为了"会通"中西两学，请将经济岁科归并于正科，"泯中西之界限，化新旧之门户，庶体用并举，人多通才"；新政宜速推行，请将正按旧制运作的各省岁科试迅即改策论；⑥ 等等。

第二，尊崇孔教。

在《上清帝第二书》中，康有为就曾针对"风俗弊坏""外夷邪教，得起而煽惑吾民"等时弊，提出要大力宣扬孔教，并建议采取立道学科、改淫祠为孔庙、善堂会馆独祀孔子、奖励传孔道于外国、于南洋派设教官立孔庙等举措。⑦

随后，在《两粤广仁善堂圣学会缘起》一文中，康有为又主张应"独尊孔子以广圣教"，通过成立圣学会而"专以发明圣道"，恢复善堂原有的

---

① 见《杰士上书汇录》。

② 见《康有为政论集》上册，第 247～249 页。

③ 《康有为政论集》上册，第 265 页。关于该折的作者，《康南海自编年谱》与梁启超《致夏曾佑书》中的记载不同，一为康有为，一为梁启超。参见汤志钧此页的"说明"。此处姑据"自编年谱"。

④ 《康有为政论集》上册，第 286 页。

⑤ 《请废八股勿为所摇片》（代宋伯鲁拟），《康有为政论集》上册，第 296 页。

⑥ 《奏请经济岁科归并正科并各省岁科试迅即改试策论折》（代宋伯鲁拟），《康有为政论集》上册，第 294～295 页。

⑦ 《康有为政论集》上册，第 132 页。

"庚子拜经"之规，"庶以维持圣教，正人心而绝未萌"。①

"百日维新"开始后，康有为递呈了《请商定教案法律，厘正科举文体折》，对如何尊崇孔教提出了进一步的建议。这些建议有对内对外两方面的目的及具体设想。对外是为了给教案的妥善处理提供一种"补救之策"，具体方法是成立以衍圣公为总理的孔教会，由中外双方共同制定教律，以作为处理教案的法规。对内是为了破除淫祀盛行、八股取士，而孔子圣道义理日渐沦亡废坠的积弊，通过尊崇孔教而维持人心、激励忠义，以此作为"变法之本"。其办法是：下诏令天下淫祠皆改为孔庙，令士庶男女膜拜祭祀，并令孔教会派人在庙中"日夜宣演孔子忠爱仁恕之道"；厘正科举文体，废除八股，治学"以发明大道为主，必须贯串后世及大地万国掌故以印证之，使学通今古中外乃可施行。"②

第三，奖励创新。

康有为提出奖励创新，最早见于1895年的《殿试策》。③ 在上清帝第二书和第三书中，奖励创新的主张有进一步的扩充。④

奖励创新的主张在"百日维新"时所上的《请以爵赏奖励新艺新法新书新器新学折》中得到充分而集中的体现。折中认为中国方今欲强兵富国，就必须"智其士，智其农工，多著新书，多制新器"，为此就要去八股之学，而"悬新器新书之赏，驱数百万之人士、数万万之农工商转而钩心构思，求新出奇"。因此，请皇上"特立新器新书之赏"，凡有制新器、著新书者，由官府给以奖励，准其享有专利，而其有能自创学堂、自修道路、自开水利，有功于民者，还"酌其大小，给以世爵"。⑤

第四，设立学堂。

在《上清帝第二书》中建议改革科举制时，康有为曾提出"今宜改武科为艺科，令各省、州、县遍开艺学书院……分立学堂"，这种学堂尚属与科举制紧密相连、用以教士选士的学堂。此外，书中还设想"若能厚筹经费，广加劝募，令乡落咸设学塾，小民童子，人人皆得入学，通训诂名物，

---

① 《康有为政论集》上册，第187~188页。

② 见《杰士上书汇录》。

③ 见《康有为政论集》上册，第107~108页。

④ 见《康有为政论集》上册，第127、131、132、134、143页。

⑤ 《杰士上书汇录》。

习绘图算法，识中外地理、古今史事，则人才不可胜用也。"①

这一普及民众教育的设想在"百日维新"时被扩充为专门的《请改直省书院为中学堂乡邑淫祠为小学堂折》。折中认为"泰西户口少而才智之民多，吾户口多而才智之民少……故欲富强之自立，教学之见效，不当仅及于士，而当下及于民，不当仅及于国，而当遍及于乡……泰西变法三百年而强，日本变法三十年而强，我中国之地大民众，若能大变法，三年而强，欲使三年而强，必使全国四万万之民，皆出于学，而后智开而才足。"为此，折中提出了两项"兴学至速之法"。一是改书院为学堂，将"省府州县乡邑公私现有之书院、义学、社学、学塾，皆改为兼习中西之学校"，分别为高等学校、中等学校和小学校，并逐一解决学费、师资和教材等问题；二是改祠堂为学堂，责令民人子弟年至六岁者，皆必入小学读书。以上二法，折中请"明降谕旨，饬下各省督抚施行，严科地方官以为殿最，违者纠劾一二，以警其余"，② 可见其对此甚为重视。

第五，开报馆定报律。

在《上清帝第二书》中，康有为已提出报馆"宜纵民开设，并加奖劝，庶裨政教。"③ 随后在《上清帝第四书》中，将"设报达聪"列为五项重大变法举措之一。

"百日维新"时期，康有为代宋伯鲁拟折，奏陈著名的维新报刊上海《时务报》因办理不善而将停办，请降旨将《时务报》改为官报，以便继续印行。此折递上后，皇上接受了其建议，派康有为督办其事。康有为即上折谢恩，并附《请定中国报律片》，针对孙家鼐所拟章程第一条，"有宜令主笔者，慎加选择，如有颠倒是非，混淆黑白，挟嫌妄议，一经查出，主笔者不得辞其咎等语"，指出"惟是当开新守旧并立相轧之时，是非黑白未有定论。臣……昌言变法，久为守旧者所媢嫉，谤议纷纭。……他日或有深文罗织，诬以颠倒混淆之罪，臣岂能当此重咎"，主张仿照"西国律例"制定中国报律，以便各报遵依办理，凡洋人在租界内开设报馆者，亦皆当遵守此律令。④

---

① 见《康有为政论集》上册，第132页。

② 《杰士上书汇录》。

③ 《康有为政论集》上册，第132页。

④ 《杰士上书汇录》。

第六，振兴商务。

康有为最初仅在《殿试策》中提及"讲求商学"。在《上清帝第二书》中，则专项提出了"惠商"的主张，强调"必以商立国"，建议国家设通商院，各直省设立商会、商学、比较厂（即博览会），并免厘金之害，减出口之税等。①

这些主张在"百日维新"时所上的《请立商政以开利源而杜漏卮折》中得到扩展。该折除阐明商与国的重大关系外，还指出"商之源在矿，商之本在农，商之用在工，商之气在路"，将振兴商务的总体规划设计为"先出矿质，发农产，精机器之工，精转运之路，然后开商学、译商书、出商报以教诲之，立商律保险、设兵舰以保卫之，免厘金税、减出口征以体恤之，给文凭、助经费游历以奖助之，行比较赛珍会以激劝之，定专利、严冒牌以诱导之，定策籍草簿之式以整齐之。"而当务之急是要"开局讲求"，"设专官以讲之"。具体办法是令各省皆设立商务局，每局皆令立商学、商报、商会、保险公司、比较厂，并先以上海为试点，然后各省次第仿行。②

第七，禁止缠足。

在上奏朝廷请禁缠足之前，康有为就已在自己家乡南海进行过组织不缠足会的实践，并在广东和上海等地推广。③

"百日维新"期间，康有为上奏请禁缠足，指出从国家而言，妇女缠足有两大害：一是因"拱手坐食"而"累及其夫其子因而累及于国"，使国家贫困；二是传种日弱，"致令弱其兵弱其士弱其官"。从人道而言，裹足之事等于古之刖刑，"此诚亘古未有之酷毒而全球所笑之蛮俗也"。主张"特下明诏，禁止妇女缠足"，具体办法是："姑从宽典，准令妇女已缠足者宽勿追究。自光绪二十年以后所生之女不准缠足，如有违犯，不得给予封典。"④

第八，振兴农业。

关于农业，康有为最早在《殿试策》中提到"劝农以土化"及兴修水

---

① 《康有为政论集》上册，第108、128～129页。

② 《杰士上书汇录》。

③ 见《康南海自编年谱（外二种）》，中华书局，1992，第11页。

④ 《杰士上书汇录》。

利等事。在《上清帝第二书》中，则专项提出"务农"之法，主张学习外国，"宜命使者译其农书，遍于城镇设为农会，督以农官。农人力薄，国家助之。……宜设丝茶局，开私茶学会，力求振兴，推行各省"等。[1]

"百日维新"中，康有为上《请开农学堂地质局折》，为"兴农殖民而富国本"提出四项具体建议：一是各省府州县皆立农学堂，"酌拨官地公费，令绅民讲求，令开农报，以广见闻，令开农会，以事比较"；二是每省开一地质局，"译农学之书，绘农学之图，延化学师考求各地土宜，以劝植土地所宜草木"等；三是在通商口岸上海、广东设地质总局，"其有可推行外国者，皆令送小样至总局，以便外国人阅看购取，庶几商业盛而流通广，农业并兴"；四是"可否立农商局于京师，而立分局于各省以统率之，出自圣裁"。[2]

第九，设议政之官。

康有为主张设议政之官可追溯到《上清帝第一书》，书中提及"汉有光禄大夫太中大夫议郎专主言议"。该书提出"增设训议之官"和上清帝第二书、第三书、第四书主张"设议郎"，都含有设官议政之意，但宗旨还是为了"通下情"。从《上清帝第六书》起，康有为提出"开制度局"作为新政治纲领的核心内容，而制度局的主要职能之一就是议政（但其最重要的职能是对变法新政起决策和领导作用，参见前述）。

此外，康有为还专代翰林院学士徐致靖上《冗官既裁请置散卿以广登进折》，该折原件未见，据协办大学士孙家鼐"遵旨议奏"时的转述，其大致内容如下："查原奏内称：自古设官，有行政之官，有议政之官。行政之官不可冗，议政之官不厌多。历引三代至唐宋以来故事，欲仿其制，定立三四五品卿，翰林院衙门定立三四五六品学士，不限员，不支俸等语。"[3]

上述九项变法主张，最多的是思想文化领域的变革，最重要的是政治体制的变革，由此可更加具体地看出康有为等人变法思想的特点。

---

① 《康有为政论集》上册，第108、126页。

② 《杰士上书汇录》。

③ 国家档案局明清档案馆编《戊戌变法档案史料》，中华书局，1958，第176页。康有为记述道："吾以古者皆有散大夫以备讽议，盖有行政之人，而无议政之人，古今亦无此政体。乃请置三四五品散卿，三四五六品散学士，草折交徐子靖侍郎上之。"[《康南海自编年谱（外二种）》，第56页]与孙氏所述相合。

第四章　引领思想启蒙的文化更新

岭南人以开放的心态接纳西学，对西学的了解认识经历了一个由少到多、由浅入深的过程；以积极进取的精神倡导近代化变革，对近代化的追求经历了一个由点到面、由零到整的过程。与此同时，这两个过程交织融会在一起，呈现出一个共同的发展趋向，就是在文化更新上逐渐从外在的更新走向内在的更新，即走向启蒙性的文化更新。

所谓启蒙，在近代思想文化史上是一个有特定含义的概念。它主要指在文化的根本观念上，发生了由古代专制主义形态向近代民主主义形态的改变。这一更新在岭南人的思想实际中，大致表现在这样几个层面：一是价值观的层面，由传统的价值观向近代价值观的转变；二是人的精神层面，由传统人的精神向近代人的精神转变；三是现实统治思想层面，由君主专制主义向民主思想的转变。以启蒙性的文化更新为显著标志，岭南人就在比较完全的意义上跳出了古代文化的重围，开始步入了属于他们自己的新时代。

一　传统价值观的颠覆

价值观是一个思想文化体系的核心和基石，具有很大的影响力和很强的稳定性。岭南人在学习西方、主张近代化变革之时，曾面临着一个很大的困扰，就是可不可以突破传统价值观的界限。

在较长的一段历史时期内，很多人（包括那些积极主张学习西方、进行近代化变革的人士）认为是不可以突破的。其理由一是西方尽管在器物技艺、学问知识乃至制度教化方面都有其优越之处，但它们在形上之道即终极或最高层次的文化价值观方面还是根本不能与中国文化相比，在此方面不仅不需要学习西方，反而需要用尧舜孔孟之道去统一西方文化；二是中国在上古时代由圣贤所创立的文化价值观，是宇宙间终极性的认识，具有不可超越性和不可变更性，其他的事物和道理都是可变的，而这些终极性的价值观是万古不变的。在这些终极性的价值观中，有很多属于传统的哲理和其他高度抽象的文化理念，但传统的纲常观也包括在内，并在政治思想领域处于核心的地位，与君主专制具有表里相连的关系。这种器可变而道不可变的观念，成为深入学习西方和深入进行近代化变革的重大阻碍。

但是，西方新思想既然已经传入，近代化变革的理念既然已经产生，它们就像一切新生事物一样，也会迅速地成长发展，不断突破原有的局限。这表现在岭南的文化更新上，就是由接纳西学、主张变革，进一步发展到突破传统价值观的束缚，进入思想启蒙的层次。

（一）独具一格的"实理公法"论

康有为是岭南启蒙性文化更新的先驱。在自身思想演变的历程中，从1878年到1887年的十年间，康有为经历了一个从信守旧说到重新"悟道"的重要时期。推动这一演变的主要动力是中国各种现实社会问题的严重刺激，西方资本主义入侵所造成的广泛影响，钻研西学所得到的深刻启迪。

经过十年苦求终于悟获大道的康有为，曾有一个极为庞大的著述计划，就是要对人类古往今来所有的价值观念、行为准则及相关知识作一番彻底的清理，考察其沿革，辨析其正误，比较其得失，制定出一整套最为正确、合理的标准，以作为人们遵循的指针。这一计划，康有为起了个总的书名叫《万身公法》。

《万身公法》包括《实理公法全书》《公法会通》《祸福实理全书》《地球正史》《地球学案》《正史学案》《考证全书》《万国公法》《各国律例》《各国字典》《地球书籍》《目录提要全书》等十二部大书。仅从书名就可以明显看出，这是一个充满空想性的、不可能真正完成的任务。从现存文献看，康有为初步成书的只有《实理公法全书》一种，再就是为《实理公法全书》《公法会通》《祸福实理全书》《地球正史》《地球学案》等五书写出了极为简略的目录提要。

在《万身公法》体系中，《实理公法全书》占有核心的位置。康有为介绍说，"此书为万身公法之根源，亦为万身公法之质体"，有了此书，可使古代圣贤的得失纤毫毕现，使人类的智慧学问日益增长；学者只要解读此书一遍，其获得的知识就会远远超过古代圣贤。① 可见，这是展示康有为所获大道的最为重要的一部著作。这部书最核心的内容，就是对"实理公法"的系统阐释，在价值观上实现了全面的突破。

所谓实理，是指最确凿不移的道理。按照康有为的解释，"实"字有实测之实、实论之实和虚实之实三种含义。实测就是格致家即自然科学家运用科学方法所作的研究和证明，如几何公理就是实测之理（康有为讲几何公理时，"几何"一词往往并非实指作为数学分科之一的几何学，而是借以表达实测之意）；实论就是据实而论，用事实说话，而且时间越近的事实就越有说服力，反对虚论空论；虚实之实是将实测之法则与无法实测的人立之法则相比较，认为两者在虚实程度上还是存在差别，前者可称为必然之实、永远之实，而后者只能称为两可之实。②

所谓公法，是指最具普遍性和合理性的法则。"公"字也同样有三种含义，即公众之公、几何公理之公和公推之公。公众之公着眼于个人与众人的关系，强调个人与众人的统一、对众人的归依；几何公理之公是指实测之理的公用性和普遍通用性，根据几何公理而推导出的法则，是公法的来源之一；公推之公指出了公法产生的另一条重要的途径，即众人本着"最有益于人道"的原则共同制定法则，之所以如此，是因为康有为已经看出仅靠实测性的几何公理，并不能直接有效地订立解决社会领域中一切问题的准则，还必须加上公推之法。③

实测、实论、崇尚必然之实和永远之实，表现了强烈的科学精神；公众、公理、公推，主张最有益于人道，反映其鲜明的民主意识。这样，以"实"和"公"为特征的对科学和民主的追求，就成了贯穿于《实理公法全书》的基本精神，也成了制定实理与公法的指导性原则。

在提出实理、公法的同时，康有为还提出了"比例之法"④ 的概念。所谓比例之法，就是指世界上现行的尚不符合实理公法的制度。比例即相差之意，由于相差程度不一，有相差少者，也有相差多者，甚至有大相背离

---

① 见康有为著《实理公法全书》，《康子内外篇（外六种）》，中华书局，1988，第61~62页。
② 见《实理公法全书》，康有为著《康子内外篇（外六种）》，第34~35页。
③ 见《实理公法全书》，康有为著《康子内外篇（外六种）》，第35页。
④ 见《实理公法全书》，康有为著《康子内外篇（外六种）》，第34页。

者。因此，对比例之法还需排出前后次序，在比例之法中排列得越后，就意味着离实理公法的距离越远。

在《实理公法全书》中可以看到对具有近代科学与民主精神的实理公法的检验，无论是中国还是外国的愚昧性、专制性的传统制度，都无一例外地被列入了比例之法，也就是列入了理应按照实理公法加以改变、终究会被实理公法取而代之的旧制度的行列。这种泾渭分明的对比，出现在当时禁锢和迷信还相当严重的中国思想界，应该说需要具有很大的思想勇气。

以科学和民主精神作为实理公法的精髓，无疑体现了西学对康有为新思想所起的主导作用。更有意思的是，《实理公法全书》在编写格式上亦刻意模仿西学经典之作——欧几里得的名著《几何原本》的样子，对应此书的定义、定理、公式和证明等项目，分别以实理、公法、比例和按语来对各类问题进行阐述。实理相当于欧氏几何的定义，是作为出发点的、毫无疑义的根本之理；公法相当于欧氏几何的定理，是从实理中推演出来的比较具体的公共准则，所谓"实理明则公法出"；比例相当于欧氏几何的公式，是对各项比例之法的排列，在几何学中，公式与定义、定理是完全一致的，而比例与实理、公法则不一致，这表明了"依几何为之"的灵活性；按语相当于欧氏几何的证明，是对各项实理、公法和比例的分析说明。实理、公法、比例及按语之间，在形式上存在着严整规范的逻辑关系，表述的言辞也极为简明扼要。

正如《几何原本》对于数学是一本经典教科书一样，康有为要使《实理公法全书》成为人类社会一切义理和制度的经典教科书。这种模仿尽管有点机械、生硬，却也生动地显示了西学特别是西方自然科学对康有为的重大影响，并且在实际上包含了极为可贵的探索精神和创新精神。深入《实理公法全书》的具体内容之中，不难发现这部用极为独特的形式撰写的著作确实在思想发展上取得了重要的突破。

《实理公法全书》共有十六项目次，内容非常丰富。全书所取得的思想突破集中表现于"总论人类"一项中所列举的四条实理、六条公法，它们相当于书中全部实理公法的总纲。

四条实理是：（1）人各分天地原质以为人。（2）人各具一魂，故有知识，所谓智也。然灵魂之性，各各不同。（3）人之始生，便具爱恶（好恶之恶）二质。及其长也，与人相接时，发其爱质，则必有益于人。发其恶质，则必有损于人。又爱恶只能相生，不能两用。（4）人之始生，有信而无诈，诈由习染而有。①

六条公法是：（1）人有自主之权。（2）以平等之意，用人立之法。（3）以互相逆制立法，凡地球古今之人，无一人不在互相逆制之内。（4）以兴爱去恶立法。（5）重赏信罚诈之法。（6）制度咸定于一，如公议以某法为公法，既公共行用，则不许有私自行用诸比例之法者。②

十条实理公法，就其精神实质而言，已在相当程度上接近西方资产阶级思想家所宣扬的天赋人权、自由、平等、博爱等观念，结合《实理公法全书》中其他具体内容，还可将其进一步归纳为自主、平等和兴爱去恶三大原则。

第一，自主的原则。

"人有自主之权"这一命题在书中多次出现，并体现于人伦关系的几个主要方面。一是夫妇关系方面，男女有自主相爱的权利，爱则聚，不爱则散，不许用立约来管束，如果不爱而强行嫁娶则更是犯罪，应当绳之以法。二是父母子女关系方面，子女虽然应报答父母的造就之功，但双方同样作为人则都有自主之权，其相互关系不应越此权限，父母不得责子女以孝，子女不得责父母以慈，孝与慈的要求都妨害人的自主之权。三是师弟关系方面，弟子不是师长的人身依附，应有自主之权。③

第二，平等的原则。

平等与人有自主之权两个命题有密切的联系，但又有一定的差别。"人类平等是几何公理"，④ 而人有自主之权还只能算作几何公理所派生出来的公法。因此，平等原则所涉及的领域更为广泛。

在政治领域，表现为民与君的平等。民之所以立君，是作为自己的保卫者，就像两个人之间有相交之事，而另找一人作为中保人一样。所以，民皆可称之为臣，而凡是担任公职者则皆可统称为君。这个君，实际上已

①　见《实理公法全书》，康有为著《康子内外篇（外六种）》，第 36 页。

②　见《实理公法全书》，康有为著《康子内外篇（外六种）》，第 36～37 页。

③　见《实理公法全书》，康有为著《康子内外篇（外六种）》，第 38、40～41、43 页。

④　见《实理公法全书》，康有为著《康子内外篇（外六种）》，第 36 页。

经不是传统意义上的君主，而只是受民委托、对民负责的任职人。实行民与君平等的理想方式是设立议院以行政，连"民主"（指民选之主，如共和体制下的总统）也不必设置，以便彻底地"权归于众"。① 这相当明显的是一种"社会契约"的思想，其特色则为"泛君"论。

在人伦领域，表现为长幼平等。长幼之间只有先生还是后生的差别，有德便值得尊重，年龄大小就如器物的新旧，不能成为可以偏重的理由。②

在人际领域，表现为"朋友平等"。这里所说的"朋友"，不是指通常意义上的亲朋好友，而是泛指人与人之间的关系。人与人只有平等相处，才最有益于人道。③

在教化领域，表现为圣贤与众人的平等。理为天地所生，古今言论只能以理作为标准来衡量，而不能以是否圣贤听说作为标准。"大道"亦即实理公法的所有权应归于众人，而圣贤只是众人中的一分子而已。④

第三，兴爱去恶的原则。

这一原则表现在许多具体事项之中。如威仪，是用来表示人们相互之间的敬爱之意，凡是拱手、作揖、握手、接吻等，不论繁简都需要由医生考察其对于身体是否有益，以有益者定为通行于大众的公法；如休息时间，其长短应根据民众的贫富状况而定，富则多休息少劳作，贫则相增减，并应由医生考明每人每天的"精神血气"是否足以承担其工作量，然后再作决定；如教化之事，其作用是扩充人的才智，使其增长爱性而保守信性，同时以实理公法使人享受利益，从而化除其恶性和因习染而得的诈术，使其才智不致误用；如身体宫室器用饮食，必集合地球上的医学家一道考明何种制度才最精当，须发之去留、沐浴之多寡因地球纬度不同而应有差别，花园、酒楼、博物院等当令其属之于公而不能据为一己之私，制度任其新奇，以开民智而悦民心，惟以不伤生为限，等等。⑤ 总之，兴爱去恶就是以人的利益为中心，关注人，爱护人，使人得到最完善的发展。

自主、平等和兴爱去恶三大原则最后都指向一个归宿之点，即"最有

① 见《实理公法全书》，康有为著《康子内外篇（外六种）》，第45页。
② 见《实理公法全书》，康有为著《康子内外篇（外六种）》，第45～46页。
③ 见《实理公法全书》，康有为著《康子内外篇（外六种）》，第46页。
④ 见《实理公法全书》，康有为著《康子内外篇（外六种）》，第43～44页。
⑤ 见《实理公法全书》，康有为著《康子内外篇（外六种）》，第49～54页。

益于人道"。在《实理公法全书》中，"最有益于人道"或"有益于人道"的词句约出现 20 次，反复表达了制定实理公法最终所要达到的目的，也极为鲜明地凸显了康有为新思想的人道主义特色。

肯定和崇尚以人道主义为核心内容的实理公法，势必就要否定无益于人道，甚至大有害于人道的比例之法。《实理公法全书》中所列比例之法不少，虽涉及世界各国，但以与中国相关者为多。许多中国社会历来被奉为纲常礼教、圣经贤传、金科玉律的制度及其观念，皆被贬为不符合实理公法的比例之法，虽未作全面批判，但从根本上摘掉了原来笼罩其上的神圣光环（详后）。

所有这些，就宣告了一种崭新思想的诞生。一方面，它毫无保留地接受了西方的科学与民主精神，将其体现在各项具体的实理公法之中，统领于人道主义的旗帜之下；另一方面，它又毫不含糊地诀别了中国以三纲为核心的一整套传统制度观念，将其置于不合理（实理）、不合法（公法）、无益于人道的地位，实际上是宣布了它们终将被取消的历史命运。在中国思想文化史上，这堪称第一次发生的具有转折性意义的突破。

（二）超前的"大同"设想

《实理公法全书》的写作，标志着康有为新价值观的初步形成。这一价值观具有深刻的新思想内涵和鲜明的新时代特色，但在表现形式上还很不完善，在具体内容上还非常单薄，很大程度上只能算是一个新价值观的大纲。此后，在"实理公法"论所奠定的基础之上，康有为的新价值观进一步发展，"实理公法"论演变为"大同"论，先是以"大同口说"的形式进行宣讲，最后正式写成了《大同书》。

《大同书》是康有为关于未来社会理想——大同构想的最终思想结晶，同时也是表明其新价值观发展成熟的代表作。《实理公法全书》中对新价值观所勾勒的粗线条的纲领，在《大同书》中以新的构思和新的语言作了极为丰富的拓展，将思想启蒙的深度与广度推进到了一个新的层面。

1. 从"自主之权"到"天赋人权"

"人有自主之权"是康有为在"实理公法"论中提出的重要命题，用以高度概括个人所应拥有的根本权利。在"大同"论中，这一命题演变为"天赋人权"的观念，并从人伦关系领域进入范围更为广泛的社会政治领域。

在万木草堂所作的"大同口说"中，康有为谈到了"男女同权"的话题："今泰西女权虽渐昌，然去实际犹远，即如参政权一事，各国之妇女有权投票者，不过美国及澳洲间有一二州耳，余皆无闻。自余各事，无一能平等者，若东方更不必论矣。大同之世，最重人权，苟名为人，权利斯等。"① 在康有为看来，无论是东方还是西方，人权平等的任务都还十分艰巨，与大同之世的理想相隔遥远。

在《大同书》中，康有为仍着重围绕男女相互关系这一问题，从多方面论述了"天赋人权"的思想。

其一，强调人权的天赋性："人者天所生也，有是身体即有其权利，侵权者谓之侵天权，让权者谓之失天职。男与女虽异形，其为天民而共受天权一也；人之男身，既知天与人权所在而求与闻国政，亦何抑女子攘其权哉，女子亦何得听男子独擅其权而不任其天职哉！"② 天生、天权、天民、天职，天与人成了一个不可分割的整体，而人借助于天则应当享有不可让与、不可剥夺的权利。

其二，指出天赋人权的核心内容是独立自主（自由）和平等。这方面的论述较多，如："凡人皆天生，不论男女，人人皆有天与之体，即有自立之权，上隶于天，人尽平等，无形体之异也。……女子与男子，同为天民，同隶于天，其有亲交好合，不过若朋友之平交者尔；虽极欢爱，而其各为一身，各有自立自主自由之人权则一也"，"人人有天授之体，即人人有天授自由之权。故凡为人者，学问可以自学，言语可以自发，游观可以自如，宴飨可以自乐，出入可以自行，交合可以自主，此人人公有之权利也。禁人者，谓之夺人权，背天理矣"，③ 等等。人由于隶属于天，所以人人都应是自己的主人，自己决定和选择自己的活动，而绝不可附属、受制于他人。

其三，将对"天赋人权"的认识作为达到大同理想境界的前提和起点，并将"天赋人权"视作全部"大同之道"的精髓所在。对此，《大同书》中写得非常明确：不论全世界之人欲去家庭之累、去私产之害、去国与国之争、去种与种之争，还是最后欲致大同之世、太平之境乃至极乐之世、

---

① 梁启超：《康有为传》，载《康南海自编年谱（外二种）》，中华书局，1992，第262页。
② 康有为：《大同书》，古籍出版社，1956，第130页。
③ 康有为：《大同书》，第134、136页。

长生之道，都必须从懂得"男女平等各自独立"开始。书中还进一步总结说："吾采得大同、太平、极乐、长生……之术，欲以度我全世界之同胞而永救其疾苦焉，其惟天予人权、平等独立哉，其惟天予人权、平等独立哉！"① 由此可见，以平等独立为核心内容的"天赋人权"对于康有为所向往、所宣扬的大同的确极其重要。

像西方资产阶级启蒙思想家所宣传的天赋人权论一样，康有为的天赋人权说也有不彻底和存在局限性的地方。仅从表面上或字面上看，天赋人权应指一切人的权力，只要具备是人这样一个条件，他（她）就应该享有一切天赋的权利。康有为在许多地方，也正是这样说的。但是，他并没有将这一观点贯彻始终。例如，他在谈到清除人种差别问题时，认为黑色人种是人类中的"恶种"，倘不能最终变为白种或黄种，就只有被进化的规律淘汰掉，而绝不能像白种或黄种那样同享天赋的权力。② 又比如，康有为所大声疾呼的女子的独立自主和平等也是有条件的：女子光有"天赋"，不仅不能而且不许享有独立之权，只有当她们"学问才识备足公民之人格"后，她们的独立之权才是现实的，③ 可见权利并不完全是甚至完全不是"天赋"的。实际上，康有为所说的"天赋人权"是一种理想的人权，是人摆脱各种社会的压制和束缚及某种自然的限制（如人种的限制）之后所达到的一种完全解放、自由自在的生存状态。只有在这种极其理想并带有相当多的空想的状态中，人人才享有完全相等的权利。因此，尽管康有为反复强调人权的天赋性，但当其理想与社会现实出现巨大反差时，他便不惜一再削减"天赋"的意义和价值。

2. 平等观的成熟

在康有为的"自主之权"和"天赋人权"思想中，已经包含着"平等"的内容，两者之间，有着非常密切的联系。但它们又是有差别的，康有为在论述自主之权与天赋人权的同时，往往又专就平等进行许多解释。比较而言，自主之权与天赋人权侧重于表明单个个人所具有的基本权利，而平等则侧重于体现人与人之间应有的合理关系。

---

① 康有为：《大同书》，252～253 页。

② 见康有为《大同书》，第 118 页。

③ 见康有为《大同书》，第 167 页。

在"实理公法"论中，康有为已就平等的原则作了多方面的规定。在"大同"论中，康有为的平等思想有了很大的发展。一方面，他对平等的认识更贴近社会现实；另一方面，他对平等的审视和设计眼光更加宏大。在原已论述的政治领域、人伦领域、人际领域和教化领域平等的基础上，康有为进一步阐述了人类社会应普遍遵循的人民社会地位平等、政治权利平等、男女平等的法则，形成了比较完整的平等观。

其一，社会地位的平等。

社会地位平等的主张是针对等级（康有为又称之为"阶级"）制度而提出的。康有为列举了等级制在世界各国的不同表现形式，如印度的种姓制，各国古今的奴隶制，欧洲中世纪的大僧、贵族、平民、奴隶之别，中国堕户、乐户、丐户、优倡、皂隶流品之贱等，指出这些都是极不合理的制度，"皆据乱世以强凌弱，以众暴寡，以智欺愚，以富轹贫，无公德，无平心，累积事势而致之也。"①

他依据大量历史事实指出，平等还是不平等，将带来两种截然不同的后果，"凡多为阶级而人类不平等者，人必愚而苦，国必弱而亡，印度是也；凡扫尽阶级而人类平等者，人必智而乐，国必盛而治，如美国是也。其他人民，国势之愚智、苦乐、强弱、盛衰，皆视其人民平等不平等之多少分数为之，平之为义大矣哉。"② 根据平等之义，康有为主张必须铲除各种不平等的制度，并特意指出中国仍有奴制、贱业，同样应该彻底予以消除。③

其二，政治权利的平等。

这一平等集中表现为打倒和根除专制主义的君权，确立体现全体人民的意志、保护全体人民利益的民权。康有为所说的民权，主要有这样一些内涵：在全世界范围内，所有人民享受同样的政治权利，人民通过公议、选举议员及实行自治等方式对政治起决定作用，公政府对政治事务的决策和管理均以民主的方式行事等。④ 这是一种带有极为浓厚的理想化色彩的民

---

① 康有为：《大同书》，第110页。
② 康有为：《大同书》，第110页。
③ 康有为：《大同书》，第112、114页。
④ 见康有为《大同书》，第103～106、91～97、256～267页。

权主义。

对理想的民权主义终将实现，康有为抱有很大的期望，从多方面论证了民权主义必然战胜专制主义，全人类终将消除国界差别而成为一个民主政治共同体的道理。

首先，民权的出现和发展是社会历史进步的大趋势，它使国家的联合成为易事，因此民权就成为"大同之先驱"。他以美国、法国等国家实行立宪、共和的历程作依据，预言"故今百年之中，诸弱小国必尽夷灭，诸君主专制体必尽扫除，共和立宪必将尽行，民党平权必将大炽。……自尔之后，大势所趋，人心所向，其必赴于全地大同、天下太平者，如水之赴壑，莫可遏抑者矣"。①

其次，民权的存在和强大，使国与国之间封建性的吞并和一统变得不可能。由于各国逐渐都建立起民主共和制或君主立宪制，决定国事之权掌握在人民手里，于是各国就有了共同的利害关系，各国的联合只能是在立宪和共和基础之上的联合，不可能再有过去那种"秦吞六国、一统天下之事"。②

最后，民权的确立和巩固，将彻底铲除君主专制的一切痕迹。随着立宪政治的推行，皇帝、王、后等名称就会变成徒有虚名的称号，并逐渐被废除，此时"平等之义大明，人人视帝王君主等名号为太古武夫屠伯强梁之别称，皆自厌之恶之，亦不愿有此称号矣"。③

当君主专制彻底扫除之后，康有为强调要特别防止其通过任何独尊的行为而重新复活，将"禁独尊"列为大同之世的四大禁律（禁懒惰、禁独尊、禁堕胎、禁竞争）之一，指出：

> 太平之世，人人平等，无有臣妾奴隶，无有君主统领，无有教主教皇，孔子所谓"见群龙无首"，天下治之世也。若首领独尊者，即渐不平等，渐成专制，渐生争夺，而复归于乱世。故无论有何神圣，据何职业，若为党魁，拥众大多共尊过甚者，皆宜防抑。故是时有欲为帝王君长者，则反叛平等之理，皆为大逆不道第一恶罪，公议弃之圈

---

① 康有为：《大同书》，第 74 页。
② 康有为：《大同书》，第 73 页。
③ 康有为：《大同书》，第 80 页。

土。……故凡有独尊之芽，宜众共锄之，不许长成。①

对"独尊"进行如此周密的防范，表明了康有为对君主专制永远根绝的坚决态度。

其三，男女平等。

康有为对男女平等极为重视，《大同书》中有大量篇幅专论男女的平等问题。

这一问题之所以如此重要，是因为妇女受到了极不平等的待遇。她们虽然像男子一样同为人类，却享受不到同样的权利，而是被"抑之，制之，愚之，闭之，囚之，系之"，"不得自立，不得任公事，不得为仕宦，不得为国民，不得预议会，甚且不得事学问，不得发言论，不得达名字，不得通交接，不得预享宴，不得出观游，不得出室门，甚且斫束其腰，蒙盖其面，刖削其足，雕刻其身，遍屈无辜，遍刑无罪"。如此严重的不平等，古今数千年来却一直无人关注，视为当然。康有为认为这是"天下最奇骇、不公、不平之事，不可解之理"，因而决意要"为过去无量数女子呼弥天之怨"，"为同时八万万女子拯沉溺之苦"，"为未来无量数不可思议女子致之平等大同自立之乐"。②

康有为主要从"公理"和"实效"两方面论述了女子应当与男子平等的理由。以"公理"言之，人之有男女完全是出自天理必然；男女既然同样为人，就必然具有相同的基本特征，女子也就应该像男子一样享受人所具有的各种权利，如天授自立之权、自由之权和作为国民的民权等。以"实效"言之，由于女子与男子有相同的天赋，因而在各种社会活动中都不会比男子逊色。因此，康有为认定男女应当平等"为天理之至公，人道之至平"，任何人都无法质疑和辩驳。③

据此，康有为大声疾呼要对女子加以解救。他所设计的拯救女子的计划是："治分三世，次第救援：囚奴者，刑禁者，先行解放，此为据乱；禁交接、宴会、出入、游观者，解同欧美之风，是谓升平；禁仕宦、选举、

---

① 康有为：《大同书》，第284~285页。
② 康有为：《大同书》，第126页。
③ 康有为：《大同书》，第126~127页。

议员、公民者,许依男子之例,是谓太平。"① 但对这些解救女子的计划怎样落实,怎样由美好的愿望变为社会的现实,《大同书》中却并未提出可行的办法。书中只是强调不能"骤改","盖今旧俗尚多,骤改必多不便",女子欲求得独立之权,首先必须求得学问以备足公民之人格。康有为特别声明,妇女独立不是任何时候都可以宣扬的,"夏葛冬裘,各有时宜,未至其时,不得谬援比例。作者不愿败乱风俗,不欲自任其咎也。"② 由此可见,康有为所力倡的男女平等,主要还只是理想中未来的平等,而不是中国社会现实可以而且亟待付诸实施的平等。

3. 兴爱去恶与去苦求乐

"兴爱去恶"是康有为在"实理公法"论中所提出的人类生活所追求的根本目的,它作为一项公法原则,具体体现于人的衣食住行等各项活动之中。

此后,康有为"兴爱去恶"的思想进一步发展,逐渐形成了梁启超所说的"主乐派哲学"。③ 在《大同书》中,康有为以"去苦求乐""求乐免苦"为核心命题,对自己的思想主张作了更为广泛的发挥。

首先,去苦求乐是建立在人的本性(气质之性)的需求之上。凡为生物,都以适者为乐,不适者为苦,人类尤其如此,"适宜者受之,不适宜者拒之,故夫人道只有宜不宜,不宜者苦也,宜之又宜者乐也。故夫人道者依人以为道。依人之道,苦乐而已,为人谋者,去苦以求乐而已,无他道矣。"④

其次,从人类生活的各个领域来看,人们的一切所作所为无非都是为了求乐去苦。在基本生存条件方面,人们最初求食、求衣、求居、求偶,都是为了求乐去苦,随后还将此食、衣、居、欲之乐由粗简而变得日渐精致。在人伦方面,人之所乐者有父子、夫妇、兄弟之相亲相爱、相收相恤,所苦者则为鳏寡孤独。在国政方面,人们为了保全"家室财产"之乐,因而有部落、国土之分,有君臣、政治之法,否则就会遭破家失财之苦。此外,在人生终极愿望、德行操守、圣人制器立教等方面,无一不以求乐去苦为目的。⑤ 康有为总结道:"故普天之下,有生之徒,皆以求乐免苦而已,无他

---

① 康有为:《大同书》,第162页。
② 康有为:《大同书》,第167页。
③ 见梁启超《康有为传》,载《康南海自编年谱(外二种)》,第252页。
④ 康有为:《大同书》,第5页。
⑤ 见康有为《大同书》,第293、5~6页。

道矣。……虽人之性有不同乎，而可断断言之曰：人道无求苦去乐者也。"①

最后，在前述思想的基础上，康有为进一步将去苦求乐作为观察和评价人类社会状况的基本尺度，作为欲以大同之道拯救人类的基本出发点。在他看来，整个人类社会（特别是中国及印度等落后国家）还深陷于"苦道"之中，"人道之苦无量数不可思议"。康有为将这些"不可穷纪"之苦粗略概括为六大类，计有人生之苦、天灾之苦、人道之苦、人治之苦、人情之苦、人所尊尚之苦等，细分则有38种之多。康有为指出，要把人类从所有这些苦难中拯救出来，"求其大乐"，只有实行大同之道，因为大同之道"至平也，至公也，至仁也，治之至也，虽有善道，无以加也"，可谓登峰造极的去苦求乐之道。②为了解救上述人道之苦，康有为探究了"诸苦之根源"，认为皆因"九界"即国界、级界、种界、行界、家界、业界、乱界、类界、苦界等而起，因此救苦之道，也就在"破除九界"而已，③而整部《大同书》亦正是以去"九界"作为大纲。按照康有为的设计，"九界既去则人类之苦尽除矣，只有乐而已"。他对人类将会达到的"极乐"状态从居处之乐、舟车之乐、饮食之乐、衣服之乐、器用之乐、净香之乐、沐浴之乐、医视疾病之乐、炼形神仙之乐、灵魂之乐等十个方面作了生动的描绘，④为人类去苦求乐的根本追求展示了一个极为完满的同时也颇具空想性的远景。

4. 对大同社会理想制度的全面设计

这是全书的核心内容。这一设计可划分为三个层面。

其一，个人的设计。基本内容是废除家庭，使每个人成为没有家庭而直接依赖于社会、服务于社会的独人，人人皆由公立政府公养、公教、公恤。具体设计是：公养制，设人本院、育婴院和怀幼院；公教制，设小学院、中学院和大学院；公恤制，设医疾院、养老院、恤贫院和考终院。以上十院涵盖了每个人的一生，十院制构成了大同之世个人方面的完整制度。

其二，社会的设计。由公有的经济制度、民主自治的政治制度、男女自主的婚姻制度、学校为本的教育制度、竞美奖智奖仁的激励制度和教诫

---

① 康有为：《大同书》，第7页。

② 见康有为《大同书》，第8~9页。

③ 康有为：《大同书》，第52页。

④ 见康有为《大同书》，第294~301页。

为主的惩罚制度构成。

其三，世界的设计。注重全球的统一，其主要设想是：全球按经纬各分为百度，经纬交织划分成一万个方度（区域）；实现全地通同，包括同纪年、同度量衡、同计数方式、同语言文字、同历法等；全地设大同公政府，分为二十四个部院进行管理；各度分别设一自治政府进行管理。①

这些制度与前述以天赋人权、普遍平等、去苦求乐为核心的大同民主主义思想紧密相连，互相呼应，形成了不可分割的表里关系。

大同构想是康有为经过艰辛探索和精心酿制而获得的珍贵精神成果，也是促使他在维新变法中作出非凡贡献的内在思想动力。可惜它一直"秘不示人"，只在很小的圈子里流传，《大同书》在康有为生前亦只刊行了甲、乙两部，因而未能在当时发挥更大的思想启蒙作用。

康有为的启蒙思想以西方近代文化价值观为核心，但在表现形式上，仍然带有浓厚的传统文化色彩（包括仍打着孔子的招牌）。康有为的启蒙思想直接影响了梁启超和其他康门弟子。梁启超在维新运动中力倡启蒙，戊戌政变后曾成为启蒙宣传的主要代表。正是由于有了这一更新，康、梁等人在学习西方、宣扬维新变法及鼓吹宪政等方面就能超越前人，引领潮流。

二 对专制主义思想的批判

岭南人以新的启蒙思想突破和颠覆传统价值观的过程，也是对传统专制主义不断进行批判的过程。自从秦代建立起中央集权的君主专制制度以来，随着这一制度在两千多年漫长岁月中的长期延续，专制主义就形成了极为深厚的传统。在历代历朝的暴力压制和强迫灌输下，君主专制及其观念变成了人们信奉的普遍意识。岭南人既然通过近代精神的启蒙开始了觉醒，就不得不对传统的专制主义展开批判。这是一个艰难的思想突围过程。

（一）从个别声讨到全盘否定

在启蒙精神的酝酿时期，岭南人对传统专制主义的批判是从某些特定的领域开始的。如郑观应对科举制束缚士人精神自由的抨击等。到康有为撰写《实理公法全书》之时，对传统专制主义的批判开始系统化。在该书

---

① 参见拙著《岭南维新思想述论》，中华书局，2002，第86～113页。

中，康有为在确立代表启蒙精神新原则的"实理公法"的同时，将那些属于传统专制主义的旧制度及其观念列入"比例之法"而加以否定，其涉及面颇为广泛，约有以下十项。

1. **不自主的婚姻制**

男婚女嫁不由自主，而由父母定之，一旦订立婚约则终身为期，非有大故不能离异。

2. **夫权制**

男为女纲，妻子受制于丈夫。一夫可以娶数妇，而一妇不能配数夫。此夫权制与不自主的婚姻制一样，皆"与几何公理不合，无益人道"。

3. **父权制**

子女长大无自主之权，身为父母所有，父母责子女以孝，而子女责父母以慈。此与几何公理"更多不合"。

4. **定于一尊的圣贤观**

凡奉某圣之教者，所有言论，以合于此圣为主，亦略以理为衡，甚至惟以此圣为主，不以理为衡，圣权无限。此"与几何公理全背"。

5. **旧的尊师之道**

弟子之从师者，身为其师所有，不能自立。此"大背公理，无益人道，其弊甚大"。

6. **君权制**

君主威权无限。此"更大背几何公理"。

7. **主奴制**

以一顺一逆立法，彼能制人而人不能制彼，结果一方可以独揽权势作威作福，而另一方则受压制之苦；将人变成奴婢，甚且买卖人口以换货财。此"大背几何公理"。

8. **旧礼节**

如下跪、叩首等，皆于身体有损。此乃"立法之粗疏者"。

9. **旧官制**

按照君主一己的私见选拔任用官员，违背官员都应通过公举产生出来再予以任用的公法。

10. **旧祭礼**

凡祭礼皆使用祭物和仪文，并限定时间和场地，这是由于智学未开而采用的愚昧做法。①

这些"比例之法"加在一起，堪称集传统专制主义之大成，共同构成了中国传统社会的精神支柱。康有为用"实理公法"的标准对其进行衡量，判断它们全部背理违道，失去了存在的合理性。这样一种结论尽管还非常简单，但在中国近代思想文化史上的意义是十分重大的。

（二）批判的全面深化

在《大同书》中，康有为对传统专制主义的批判大为深化。书中以列举、陈述、剖析"人道之苦"的形式，集中对君权制、夫权制、等级制等旧制度及为之服务的旧观念直接进行了比较系统的分析和批判。

1. 对君主专制及君臣之纲的批判

康有为指出，君臣之纲被乱世人道所号为"大经"，托为"义理"，其实"非天之所立"，而是"人之所为也"。这种人为的制度极为残暴，君主"专制其国，鱼肉其臣民，视若沙虫"。在这种制度下，各种暴行不胜枚举，如残杀生民，淫刑灭族，党祸株连，迫害忠贤，以文字生狱，强选民女，苛派征役等，"大抵压制之国，政权不许参与，赋税日益繁苛，摧抑民生，凌锄士气。务令其身体拘屈，廉耻凋丧，志气扫荡，神明幽郁……蠢愚若豕、卑屈若奴而后已焉"，在此残暴的压制下，"其民枯槁屈束、绝无生气"。② 君主专制本来是中国传统政治制度的核心和基石，君臣之纲本来被历代统治者宣扬为神圣不可动摇的观念，而在康有为的笔下，这一制度及其观念残暴黑暗的一面就被无情地揭示出来，专制君主完全变成了臣民的对立面。既然如此，这一制度也就必须彻底加以改变。

2. 对夫权制及夫妇之纲和各种压迫妇女的旧礼教的批判

这一批判在《大同书》中所占分量很重，这与康有为尤为关注个人的解放直接相关。在他看来，天下无非是由男人和女人所组成的世界，因此占人口半数的妇女能否获得独立平等，对于实现大同就显得十分重要。而事实是，无论在中国还是在世界，妇女的受压迫都还极为严重，这就使得康有为用了很大的篇幅来展开对夫权制和旧礼教的批判。

---

① 见《实理公法全书》，康有为著《康子内外篇（外六种）》，第38～56页。
② 康有为：《大同书》，第43～44页。

首先，指出夫权使天下女子处于蒙冤受屈的悲惨境地。在专制夫权之下，只要有夫者之名分，就可"授以生杀、卖鬻、鞭笞、骂詈其妻之权，予以役使、管束之尊"，这样势必导致无数弱女子的怨愤无告，"夫以普天下人皆为男女，即皆为夫妇，是使普天之下人惨状稽天、冤气遍地也。"①

其次，抨击夫权制下严女子之禁而纵男子之欲的极不合理。一方面，为了所谓"防淫"而对女子交接异性定出种种非常严格的禁条，名为"谨夫妇"，实则不制强力之男子，而专制微弱之女子。除男女之别极严外，对于女子再嫁、妇女"犯奸"或"偶涉不捡而见疑者"，皆给予各种严厉的惩罚。另一方面，男子纵欲则几乎不受任何限制，"君主则宫女万千，富人亦侍妾数千"，乃至穷民亦兼备数妾，皆以为礼义宜然。若"狎娼挟妓"，则从古至今，男子皆习以为常。康有为谴责道："夫均是人也，均是淫也，以非常严酷之刑待女子，而以非常纵肆之欲待男子……其不公可谓至矣。"查其"立法之意"，全在于维护以男子为主的宗族制和男子对女子的私属私有。据此，康有为认为依据所谓防止淫乱争杀的理由而制定的"国法"和"礼义"，其实是专门站在男子一边来压制女子的，皆为旧俗遗风，"非公理也"。②

最后，特别强烈地谴责强迫妇女守寡及守贞的礼教风俗对人道的危害。康有为指出，这一礼教风俗是历来对妇女的种种压制进一步发展的结果，"既上承千万年之旧俗，中经数千年之礼教，下获偏酷之国法，外得无量数有强力之男党共守此私有独得至乐之良法，惟有协力维持，日筑之使高，凿之使深，加之使酷而已。"因此，有所谓"从一而终"之义，"烈女不事二夫"之义，"饿死事小，失节事大"之义，"于是孀守之寡妇遍地矣"。康有为以其所在粤省乡族为例，记叙了众多寡妇的生活惨状，直斥宋儒"好为高义，求加于圣人之上，致使亿万京垓寡妇，穷巷惨凄，寒饿交迫，幽怨弥天，而以为美俗"，而比已嫁女子守寡更为无理有害者是"未嫁之女守贞之事"，此事以"义"为名，实则为"天下古今所罕闻"，是一种违背人情的旧风俗。③

---

① 康有为：《大同书》，第 156 页。
② 康有为：《大同书》，第 156~157 页。
③ 康有为：《大同书》，第 158~160 页。

3. 对等级制及尊卑贵贱观念的批判

这一批判着重以世界各国的历史及现状为对象。他列举了埃及、印度、波斯、缅甸、欧洲各国的等级制状况，得出了"大抵愈野蛮则阶级（指等级——引者注）愈多，愈文明则阶级愈少"的结论。对比世界各国，康有为认为等级少是中国的一大优点：中国太古春秋时仅有贵族与平民两种等级，其后孔子首扫等级之制，经秦汉到唐代以科举取士，人人皆可登科入仕，"遂至于全中国绝无阶级，以视印度、欧洲辨族分级之苦，其平等自由之乐有若天堂之视地狱焉。"①

康有为对等级制极为憎恶，抨击这一制度以"投胎"而定人一生，贱族一生卑贱，贵族一生尊贵，是极不合乎人道的制度，"今既有阶级，又有无数之阶级焉，不平谓何！有一不平即有一不乐者，故阶级之制，与平世之义至相碍者也。万义之戾，无有阶级为害之甚者，阶级之制不尽涤荡而泛除之，是下级人之苦恼无穷而人道终无由至极乐也。"②

（三）对君主专制的集中清算

在戊戌维新时期，君主专制曾是维新派批判传统专制主义的重点。但当时更多的是从专制君主个人的"私天下"之心、暴虐无道、独断专行、残害民众等着眼，旁及纲常礼教、思想文化钳制等，尚未能从专制制度本身的层面进行深刻的揭露。戊戌政变后，梁启超继承和发扬了戊戌时期的批判精神，把对专制君主的批判变成了集中对专制政治的批判。

在《中国专制政治进化史论》一文中，梁启超对中国数千年封建专制主义政治的历史进行了比较全面系统的总结。在他看来，中国数千年来，思想、风俗、文字、器物等都几无进化之迹，惟独"专制政治之进化，其精巧完满，举天下万国，未有吾中国若者也。万事不进，而惟于专制政治进焉"，③明确指出了中国专制政治源远流长、根深蒂固的特点，并模糊地将专制政治统治视为中国社会发展长期停滞不前的原因，这实际上也是梁启超之所以要对此专制政治史进行清理剖析的缘由所在。

---

①　康有为：《大同书》，第 44 ~ 46 页。

②　康有为：《大同书》，第 46 页。

③　梁启超：《中国专制政治进化史论》，《饮冰室合集》文集之九，第 59 ~ 60 页。

梁启超的清理剖析大致是从两个方面展开的。

一方面，揭示中国专制政治是怎样不断"进化"并趋于"圆满"的。

他将此过程的完成归纳为三个前后相继并具有内在逻辑联系的基本步骤：一是封建专制制度"由地方分权趋于中央集权"，妨碍中央集权的分封制、藩镇制被扫除殆尽；二是"由寡人政治趋于一人政治"，秦代以前的"贵族政治"自秦汉之后绝迹，最高统治权不是掌握在一个政治集团的手中，而是操在"自尊曰圣曰神"的君主一人手里，君主高居于一切人之上；三是君主专制的绝对化，君主为了完全控制最高权力，消除一切对于独裁的妨碍，采取各种手段对所谓"权臣"尽行"摧灭之"，使其毫无独立之气，完全变成君主任意支使的工具。①

这些归纳虽然还很粗糙，并多半着眼于现象，但就大的脉络而言，是把握得相当准确的。

另一方面，从世界史的角度，将中国与欧洲和日本进行对比，探讨中西政治史演化的不同特点，寻找中国专制政府何以久盛不衰的原因。

从特点来看，意义较著的是指出这样两点：首先，欧洲的封建统治时间短，较快由君主专制变为君主立宪或民主共和政体，而中国君主专制既出现最早，又"其运独长"，封建社会长期延续；其次，欧洲的家族宗法制早已不存在，而中国的家族宗法制则在数千年中与封建君主专制"并行"。②这两点实际上提出了两个值得深入研究的重大课题。

从原因来看有三个：一是欧洲国家有贵族民主政治的传统，对君主专制起着限制和破坏作用，在一定历史条件下，便向"平民政治"转化，而中国只有专制的传统，没有民主的传统；二是在阶级关系上，西方国家作为统治阶级的贵族与作为被统治阶级的平民之间，"权利义务，皆相去悬绝"，对立非常严重，而中国在"官"与"民"之间则通过科举、鬻爵等可以互相转化，人们往往把将自己变成压迫者作为摆脱不平等地位的出路；三是欧洲在封建之世中有自治、独立的城市和起而保卫自身权利的市民，日本有"常享特别之权利，带贵族之资格"的藩士，在灭封建、兴民权中起了重要作用，而中国"数千年来曾无有士民参与政治之事"，"人们复无

---

① 梁启超：《中国专制政治进化史论》，《饮冰室合集》文集之九。

② 梁启超：《中国专制政治进化史论》，《饮冰室合集》文集之九。

自治力以团之理之"，民权不兴固然由于为专制所压抑，而专制之所以得行，亦由于"民权之不立"。① 此点从某个侧面反映了中国没有从封建社会的母体中成长出新兴阶级的事实。

在梁启超的中西比较中，同样存在着粗疏、停留于现象分析的问题，甚且还带有较多的偏颇，例如他完全未谈中国农民阶级遭受专制压迫奴役的状况和他们举行的连绵不断的反抗斗争。不过，无论是他在政体问题上对中西比较方法的运用，还是通过比较而得出的若干结论，在当时都称得上是创造性的、富有见地的。

依据对专制政治历史的考察，梁启超认识到封建统治的"总根源"并不在君主个人，而是在专制政体。他胪列数千年中"君统"由于遭遇贵族专政、女主擅权、嫡庶争位、统绝拥立、宗藩移国、权臣篡弑、军人跋扈、外戚横恣、金壬朘削、宦寺盗柄等十大"恶现象"，而"屡经衰乱灭绝"的史实，探讨了君主专制在不同朝代所表现出来的不同的具体形式；列举君主本身及其家族子孙遭受杀戮、幽废等种种惨祸，说明君主个人亦难免不受专制政体之"毒害"，成为专制政体的牺牲品。因此，原来指向专制君主的矛头便进而指向专制政体："专制政体者，实数千年来破家亡国之总根源也"，历史上"种种罪恶""吾中国数千年脓血之历史"，"无一事焉而非专制政体贻之毒也"。②

梁启超把君主个人与专制政体区别开来，比起原来局限于批判"民贼""大盗""暴君"来说，认识上跨进了一大步，由此必然进一步得出这样的结论：专制统治并不是个别人物的罪孽，而是制度使然；反封建的关键并不在于去掉君主，而在于去掉专制政体。这些认识在中国政治思想史上是有重要意义的。联系民国之后君主虽除、专制犹在的史实来看，梁启超所做的这种区别更显示出历史的远见性。

三　近代国民性的改造

前述近代新价值观的确立和对传统专制主义思想的批判，主要是针对思想理论本身所做的启蒙工作。除此之外，要真正完成启蒙的历史任务，

---

① 梁启超：《中国专制政治进化史论》，《饮冰室合集》文集之九。

② 梁启超：《论专制政体有百害于君主而无一利》，《饮冰室合集》文集之九，第95页。

还有一个以人为对象的思想启蒙，特别是广大民众的思想启蒙问题。

古代专制社会在实行文化绝对权威主义的同时，又实行着文化垄断主义和文化禁锢主义。社会知识精英被科举制所牢笼，异端思想被文字狱所泯灭，广大民众被文盲处境和愚民政策所左右。由此导致的结果就是人的理性不能自由地伸张，人的精神不能健全地发展，人在文化上失去了独立的选择性和创造性，在至高无上的君主的统治之下，四民都只不过是臣民、顺民和草民。岭南人在进行启蒙性文化更新之时，密切关注着这一问题，并力图加以改变。

（一）"重智"论

康有为在其早期著作中，对人性中"智"的独特性和重要性做了一系列论述，可以说已在为人的思想启蒙进行理论准备。

在康有为看来，"智"是人性本质的一种体现，"人惟有智，能造作饮食宫室衣服，饰之以礼乐政事文章，条之以伦常，精之以义理，皆智来也。……故惟智能生万理"，① "人之性情，惟有智而已。"② 既然"智"在人性中占有如此重要的地位，他认为传统文化中仁义礼智信的顺序就需要重新加以排列。他分析道，过去朱熹说应以"仁"统制"义礼智信"，这是不对的。因为"智"才是更为本质的东西，"人道之异于禽兽者全在于智，惟其智者，故能慈爱以为仁，断制以为义，节文以为礼，诚实以为信"，因此应该"以智为导，以仁为归……义礼信不能与仁智比也"，"就一人之本然而论之，则智其体，仁其用也。就人人之当然而论之，则仁其体，智其用也。"③ 这样，过去一直被列于"仁义礼"之后的"智"就与被当作最高道德境界的"仁"并列起来，其地位得到了极大的加强。按照康有为的论述，"智"既是每个人的根本，又是所有人的行为特征，仁义礼信四者，都是因智而生，那么，"智"也就必然应该成为人们所有活动的出发点和判断是非得失的标准。这等于对人的理性的张扬或者说人的精神的独立做了充分的肯定，其中包含人本性上就是有"智"（理性）之人，人当然应按照

---

① 康有为：《仁智篇》，《康子内外篇（外六种）》，第23~24页。
② 康有为：《爱恶篇》，《康子内外篇（外六种）》，第11页。
③ 康有为：《仁智篇》，《康子内外篇（外六种）》，第23~24页。

"智"（理性）的指引行事这样富有启蒙意味的思想。

　　康有为还将智的重要意义与人类历史联系起来，预测重智将成为社会发展的必然趋势。他把中国历史分为四大时期，认为"上古之时，智为重；三代之时，礼为重；秦汉至今，义为重；后此之世，智为重"，其是非得失的排列顺序是：智为上，礼次之，义为下。重智之所以为上，是因为它充满了符合人性的仁爱精神："前圣开物成务，制器尚象，利物前民，又以为不足，精其饮馔，美其衣服，饰其宫室，华以礼乐，昼夜竭其耳目心思以为便民，仁之至也"，而重义之所以为下，则是因为"秦汉以后，既不独智以为养，又不范礼以为教，时君世主，以政刑为治，均自尊大，以便其私，天下学士大夫相与树立一义其上者，砥节行，讲义理，以虚言扶名义而已，民生之用益寡也，故曰义为下"。① 在这段论述中，康有为充分肯定了圣人以"智"为民谋利，而否定了专制君主以"义"为己谋私，具有以"智"与"义"亦即以人的理性与专制压制相对抗的意义。不过，这时的"智"，还限于圣人之智，虽然圣人一心为民，但"圣智"毕竟还不是"民智"。对于"民"来说，他们无论在物质生活还是在精神追求方面，都还处于完全被动的状态，需要圣人的眷顾和呵护。他们虽然为人，但还并不具备其"智"。

　　（二）"开民智"论

　　这种重智的思想到戊戌维新时期，进一步发展成为"开民智"的思想。之所以需要"开民智"，是因为康、梁等人坚信民权终将取代君权的历史必然性，为了通过维新变法而逐渐达到这一目的，除了要作其他方面的努力之外，一个更为基础性也更为根本性的工作就是要对民众进行教化和启蒙。在他们眼中，中国民众尚处于民智未开、民智低下的状况，这样的民众，是还不可能掌管任何权力的。为了"兴民权"，首先就必须开民智。

　　对于"开民智"，康、梁等人有过很多论述，主要围绕"权"与"智"的关系而展开。一是指出有"智"对于有"权"的重要性。权因智而生，有一分智就有一分权，有十分智则有十分权。因此，权力的获得必须依赖于智识的开启。二是在开智的内涵上，以新知识、新文化的传播为主，同

---

① 康有为：《仁智篇》，《康子内外篇（外六种）》，第25页。

时也在一定程度上和一定范围内宣扬民权民主思想。三是列出开智的顺序，要开民智则先开绅智，要开绅智则先开官智。四是强调在民智未开的情况下，不能先设议院、兴民权，否则就会出现大乱。

综观康、梁等维新派在维新时期的活动，他们在"开民智"方面的确做了很多工作，对民众（主要是士绅阶层）的思想启蒙收到了一定的成效。但其根本的立足点还是放在"以君权变法"之上，"开民智"的广度和深度都还十分有限。

（三）"新民"说

这种情形在戊戌政变之后有了明显的改变。从 1899 年到 1903 年，流亡海外的维新派开始以君主立宪作为自己新的政治纲领，梁启超是大力宣传君主立宪的主要代表人物之一。他在向"当道"提出"预备立宪"的方案之后，深知对于已经幽禁"维新皇帝"的清政府来说，要实施这一方案显然更非易事，于是逐渐将眼光更多地由政府转向民众，以"新民说"为大题目，写下了一系列以启迪民智、培育新型国民为目的的文章，力图开辟一条由"新民"通达君主立宪的道路。

新民说是戊戌时期"开民智"说在新的历史条件下的继承和发展，是梁启超在政治思想上取得重要突破和进步的积极成果。这主要表现于以下两点。

1. 对民众在历史活动中的重要性有了新的认识

一是在政府与民众的关系上，认识到民众是决定政府性质的社会基础。对过去而言，民众的"愚陋怯弱涣散混浊"，是造成政府腐败、国不能立的基本原因，"以若是之民，得若是之政府官吏"。① 这里的"民"是一个广泛的概念，实际上将下层劳动群众和不当官的地主阶级成员都包括在内。这一认识中蕴含着一个合理的观点，即在一个主要由农民和地主作为社会基础的国度里，必然只会产生出专制而落后的政府。对未来而言，"新民"是产生新政府的首要条件，"苟有新民，何患无新制度，无新政府，无新国家"，相反，即使有"贤君相"，而无崭新的"民德民智民力"，维新亦不能实现。② 这里的"新民"，实际上主要是指新兴的资产阶级。对政府与民众

---

① 梁启超：《新民说·叙论》，《饮冰室合集》专集之四，第 1 页。
② 见梁启超《新民说·叙论》，《饮冰室合集》专集之四，第 1～2 页。

关系的重新认识，在很大程度上突破了维新派原来所奉行的"圣君贤相"主义，将政治改革的基点放到了改造"国民"一边。这无论在理论意义还是在实践意义上，都是有价值的转变。

二是在英雄与群众的关系上，认识到群众是使英雄有所作为的必要条件。梁启超认为，英雄之所以能够成就英雄事业，并不仅在于英雄本人，而在于群众，在于千百数的"无名英雄"。① 对于"一国之进步"来说，如果其主动者在多数之国民，一二之代表人物为助动者，则"其事罔不成"；其主动者若在一二之代表人物，而强求多数之国民为助动者，则"其事鲜不败"。因此，他所思所梦所祷祀的，"不在轰轰独秀之英雄，而在芸芸平等之英雄。"② 他进一步引申说，英雄为"不祥之物"，世界之无英雄，乃进步之征验，"故必到人民不依赖英雄之境界，然后为真文明。"不过他认为只有欧美做到了这一点，而中国还相差遥远，因而仍然需要有"非常"之英雄出，"横大刀阔斧，以辟榛莽而开新天地"，否则，中国仍恐"终古长如夜"。③ 既淡化英雄又期盼英雄，这表现了一种矛盾的态度。

2. 以争取权利自由作为开启民智的主要内容

一是以自强作为权利自由的根本立足点，强调弱者通过竞争求得权利自由。他不同意所谓"天生人而人人畀以自由平等之权利"的说法，认为权利和自由不是天所赋予，而是由力量之强弱所决定的。因此，欲获得权利和自由，"惟当先求为强者而已，欲自由其一身，不可不先强其身；欲自由其一国，不可不先强其国。"在强者和弱者之间，他站在弱者一边，依据历史进化论的观点，认为权利和自由必然越来越多地属于"在下位者"、被统治者。④ 因此，他激励弱者勇于竞争，"多数之弱者能善行其争，则少数之强者自不得不让。"⑤

二是强调争取"团体"的权利自由。他虽然承认"人人自由，而以不侵入人之自由为界"为"自由之极则"，但对这个西方流行的自由界说作了完全中国式的解释："自由云者，团体之自由，非个人之自由也。"自由不

---

① 梁启超：《自由书·无名之英雄》，《饮冰室合集》专集之二，第 50 页。

② 梁启超：《过渡时代论》，《饮冰室合集》文集之六，第 32 页。

③ 梁启超：《自由书·文明与英雄之比例》，《饮冰室合集》专集之二，第 85 ~ 86 页。

④ 梁启超：《自由书·论强权》，《饮冰室合集》专集之二，第 31 页。

⑤ 梁启超：《政治学学理摭言》，《饮冰室合集》文集之十，第 67 页。

是求衣食住行等方面的"一己之自由",而是"务所以进其群其国于自由之道"。这种"团体自由"论一方面模糊地显现了资产阶级集结自己的阶级队伍以开展反对封建专制主义斗争的迫切需要;另一方面主要还是严峻的民族斗争形势的反映,"人不能离团体而自生存,团体不保其自由,则将有他团焉自外而侵入压之夺之,则个人之自由更何有也。"①

三是以法律作为权利和自由的保障,权利和自由通过服从而体现出来。他认为权利和自由只能依靠法律才有保障,因此,"有权利思想者,必以争立法权为第一要义",以多数人所制定的"新法律",取代少数人所制定的"旧法律"。② 而"真自由者"就表现为"服法律","法律者,我所制定之,以保护我自由,而亦以钳束我自由者也","服从之即为自由母也"。③ 建立资产阶级的法治,以取代封建主义的人治,服从于"公定之法律",而不服从于专制,这无疑是有积极意义的。

四是在个人权利自由方面,强调思想上的自由解放。他将人们实际所处的奴隶地位称为"身奴",将人们思想上的奴隶意识称为"心奴",认为"辱莫大于心奴,而身奴斯为末矣"。"身奴"是由他人的"强迫"所造成的,而"心奴"则是自己所造成,其"解脱"亦只能依靠自己。因此欲求"真自由","其必自除心中之奴隶始",养成权利自由思想,这样就能"一旦起而脱其绊也"。④

从这些内容看,梁启超的权利自由思想既鲜明地体现了中国资产阶级进行实际斗争的需要,又具有比较浓厚的思想启蒙色彩。从思想理论本身的突破,到唤醒民众权利自由意识的努力,这表现了启蒙性文化更新的不断深化。

---

① 梁启超:《新民说·论自由》,《饮冰室合集》专集之四,第44~46页。
② 梁启超:《新民说·论权利思想》,《饮冰室合集》专集之四,第37页。
③ 梁启超:《新民说·论自由》,《饮冰室合集》专集之四,第45页。
④ 梁启超:《新民说·论自由》,《饮冰室合集》专集之四,第47页。

第五章　掀动革命大潮的文化更新

　　近代启蒙思想的发生和发展，从理论上否定了君主专制存在的合理性和合法性，提出了将君主专制变为民主制的政治目标。要实现这一目标，可以采取两种方式：一种是改良，如前面已经论述过的近代化政治变革，特别是以实现君主立宪为目的的政治运动；一种是革命，即以暴力推翻旧的国家政权，建立新的政治制度。因此可以说，在岭南近代启蒙性的文化更新中，就已经孕育着近代革命性文化更新的因素。

　　中国近代革命观念虽然从本质上来说源于近代启蒙思想，但同时又与中国传统的革命观有非常密切的联系。在中国历史文化传统中，所谓革命有两种类型：一类是"汤武革命"，即直接由一个王朝以顺天应人、吊民伐罪之类的名义，以武力取代另一个王朝；另一类是发动农民起义，以推翻旧王朝建立新王朝，这一类在中国古代革命中占据主流的地位。与近代革命相比，中国古代的革命当然有很大的时代局限性，其最大的局限性就是当革命取得成功之后，新王朝并不能从根本上改变旧王朝的性质，最终难以避免陷入"治乱循环"的怪圈，逃不脱同样被人以武力推翻的命运。尽管如此，在中国古代革命（这里主要指农民起义）中还是包含着一种很有历史价值的合理因素，这就是当旧王朝统治者昏庸无道、民众生活苦难深重的时候，敢于发动广大民众揭竿而起，用武力反抗暴政，通过推翻旧的统治政权而使社会多少发生一些新的改变。这种合理性在长期的历史发展中，不断积淀和传承下来，成为下层民众反对专制剥削压迫的思想武器。

　　中国传统的革命精神和通过启蒙而萌生的近代革命观念，在岭南都得到了传承和弘扬。前者表现为在岭南兴起了中国有史以来最大规模的农民起义即太平天国农民运动，后者表现为岭南成了中国近代资产阶级民主革命——辛亥革命的策源地。这两种革命性质完全不同，但从文化传承与更新的角度加以考察，可以发现两者之间其实存在着显著的共同点。太平天国起义和辛亥革命共同继承和发扬了中国传统的革命精神，而辛亥革命又在继承太平天国起义的基础上，进一步超越了这一起义。具体阐明这种继承与更新的关系，可以更深入地了解岭南近代思想文化的特点和价值。

一　洪秀全等人对传统反抗精神的继承和发展

所谓传统反抗精神，主要是指对于专制王朝黑暗腐败统治的不甘屈服、勇于抗争的精神。这种精神在历代所发生的数百次农民起义之中得到比较集中的体现，并广泛植根于民间秘密结社组织及下层民众心理之中。在不同的历史时期，这种反抗精神有不同的表现形式和特定的具体内容。概括起来看，主要表现为反抗暴政、主张均平、祈求平安等核心思想观念。这些观念尽管在历次农民起义中不断复制和广泛传播，但总的来说，其思想内涵及其表现形式还非常朴素简单，在思想文化史上留下的影响相当有限。这种情形在洪秀全领导太平天国起义时发生了很大的改变。

正如太平天国起义是中国历史上规模最大的一次农民起义一样，洪秀全等人也使下层民众传统的反抗精神得到了前所未有的拓展。在发动起义前后，洪秀全等人潜心撰写一系列著述和文献，集中表达了他们对自己所追求的事业和理想的思考，其内容涉及思想文化的众多层面，形成了史家所通称的太平天国思潮。这一思潮与以往农民起义只有比较简单的口号和比较零散的文献相比，堪称在思想文化领域实现了一次重大的飞跃。

对洪秀全等人所代表的太平天国思潮，学术界已做过不少研究。有一种观点将洪秀全的思想集中概括为政治平等、经济平等、男女平等和民族平等这“四大平等”思想，从超越传统农民起义思想、具有近代新思想的角度作了高度评价。后来经过深入探讨，发现这种说法缺乏充分的依据。无论在哪一方面，洪秀全其实都未达到近代平等思想的高度。笔者以为这是比较符合实际的。但同时也应该看到，洪秀全在起义前后的思想发展中，并未仅仅限于继承农民起义思想的传统，的确还产生了不少超出传统思想文化的新东西。

洪秀全对传统农民起义思想的继承和发展，在时间上有一个基本的展现顺序，这就是：在起义之前创立拜上帝教，着重阐明了受到西方基督教重大影响的新宗教观、社会观和道德观；在起义途中发布反满檄文，公开表明与现存有清王朝势不两立的政治态度；在定都天京之后，制定《天朝田亩制度》，通过多方面的制度规定，表达了太平天国所追求的社会理想。这三个阶段的演变，大致也就构成了洪秀全农民起义思想的三大主要方面，即具有指导性意义的基本理论观念，现实政治层面的根本主张，对新王朝各项重大制度的设计。

在这三方面的思想观念中，洪秀全都显示出很大的创造性，相比于以往的农民起义，他提供了很多值得关注的新东西。但与此同时，由于洪秀全毕竟只是一位旧式农民起义的领袖，因此他还不可能从根本上冲破中国传统思想文化的束缚，他在试图进行思想文化更新的时候，实际上还在固守着许多旧观念，表现出非常明显的新旧杂陈的局限性。

（一）拜上帝教中的新宗教观、社会观和道德观

历史上凡是发动农民起义，总是要借助于宗教这一精神武器，洪秀全也不例外。不同的是，他所借助的并不是中国传统的宗教，而是近代从西方传来的基督教。他对基督教也并非直接采用，而是按照自己的需要加以改造，重新创立了别具一格的宗教——拜上帝教。

洪秀全创教之时，已经完全抛弃过去对科举功名的追求，但尚未走上发动农民起义的道路。此时他受到梁发所撰写的《劝世良言》一书的影响，开始拜上帝，是希望能通过传教而实现自己救世的理想。为了将此理想理论化，洪秀全从1844年到1847年花了三四年时间待在家乡，埋头撰写传教之文。

按撰写时间的先后排列，主要作品有《百正歌》《原道救世歌》《原道醒世训》《原道觉世训》四篇。前两篇以诗歌的形式出现，后两篇为论述之文。四篇作品各有侧重之点。《百正歌》纯言道德，几乎不涉及宗教；《原道救世歌》将拜上帝与守道德结合起来，仍以道德为重；《原道醒世训》论社会现实问题及解决的办法；《原道觉世训》专论何以应敬拜上帝而不拜邪神偶像。综合起来，其主要内容可归纳为宗教观、社会观和道德观三大部分。

1. 宗教观

中国传统的宗教有佛教、道教及各种民间宗教，可以说是多神的宗教。洪秀全企图推倒所有这些旧宗教，而另立一个只尊崇唯一真神的新宗教。

这个唯一真神就是基督教中所宣扬的皇上帝。按照洪秀全的刻画，这位皇上帝是整个宇宙和人类社会的创造者和主宰，所谓人神关系，归根结底就只有人与皇上帝的关系，因此，全世界之人都应该敬拜皇上帝。

对这一最为核心的观点，洪秀全主要依据基督教的自然神和造物神论，作了这样一段集中的论述：

> 予想夫天下凡间，人民虽众，总为皇上帝所化所生，生于皇上帝，长亦皇上帝，一衣一食并赖皇上帝。皇上帝天下凡间大共之父也，死生祸福由其主宰，服食器用皆其造成。仰观夫天，一切日月星辰雷雨风云莫非皇上帝之妙；俯察夫地，一切山原川泽飞潜动植莫非皇上帝之功能。昭然可见，灼然易知。如是乃谓真神，如是乃为天下凡间所当朝朝夕拜。①

他还更具体地论述道，如果当初皇上帝造天不造地，人就无处可以站立，无田可以开垦；如果皇上帝不造成世上万物，人就身无所穿，口无所食；如果皇上帝一年不出日头照耀，不降雨滋润，不发雷收妖，不吹风散郁气，人就不能享有收成平安；如果一旦皇上帝发怒，断绝人的灵气生命，人就会口不能言，目不能视，耳不能听，手不能持，足不能行，心不能谋划。由此可见，天下凡间时刻都蒙沾皇上帝的恩典，皇上帝明明白白保佑人。因此，天下之人，无分贵贱，都应敬拜皇上帝。② 这样一位无所不能、神圣无比的皇上帝，显然具有至高无上的地位。

既然世界上只有皇上帝这样一位真神，那么，原来所供奉的其他一切神灵就都是没有存在理由的假神、邪神、妖魔。

在中国传统民俗文化中，历来有阎罗王掌管人的生死之说，这与皇上帝生人佑人之说截然相反。针对这一流传广、影响大的"阎罗妖注生死邪说"，洪秀全着力加以痛斥。指出"阎罗妖乃是老蛇、妖鬼也，最作怪多变，迷惑缠捉凡间人灵魂"。阎罗妖注生死说中国经史中没有记载，外国《圣经》中也没有记载，追根究源，它是历代神仙邪说发展演变的结果。中外一切经典中

---

① 《原道觉世训》，载广东省太平天国研究会、广州市社会科学研究所编《洪秀全集》，广东人民出版社，1985，第16页。

② 见《原道觉世训》，载《洪秀全集》，第16~17页。

只有皇上帝之说，而毫无阎罗妖之说。阎罗妖之说出自怪人怪书，对人危害极大，"天下凡间我们兄弟姐妹所当共击灭之，唯恐不速者也。"①

对于人们崇拜的各种偶像，洪秀全亦严加斥责。指出凡人所立一切木石、泥团、纸画偶像，皆违背皇上帝旨意，是"被魔鬼迷蒙灵心"。明明有至尊至贵、至灵至显的真神皇上帝却不去拜，偏偏去拜无知无识、纯为死物的偶像，实在是一种愚蠢的行为。②

洪秀全还反对凡人称帝，认为只有皇上帝才是帝，"虽世间之主称王足也"，如果有谁敢觑然称帝，那只能证明其"妄自尊大，自干永远地狱之灾也。"③

对拜上帝与信邪神两种选择的不同结果，洪秀全作了极其鲜明的对比："敬拜皇上帝，则为皇上帝子女，生前皇上帝看顾，死后魂升天堂，永远在天上享福，何等快活威风。溺信各邪神，则变成妖徒鬼卒，生前惹鬼缠，死后被鬼捉，永远在地狱受苦，何等羞辱愁烦。孰得孰失，请自思之。"④

通过这些论述，洪秀全就树立了一种新的宗教权威。这一权威不仅超越了以往所有的旧神权，而且还高居于原本握有绝对权力的君权之上。这就在宗教思想领域造成了一个极大的颠覆，即用新神来取代旧神，甚至用新神来统制君权。而对于洪秀全来说，这个新神是他在基督教上帝的原型上重新创造的。他之所以需要这位新神，是因为他对整个现实世界已经产生了极为严重的不满，并怀有救世觉人的宏大心愿。在原来的神权和君权统治的世界里，作为一介草民，他的言行很难引起世人的重视，而有了新的神权，他就可以通过充当皇上帝的代言人，把自己的心愿和思想说成皇上帝的心愿和思想，借助皇上帝的神圣权威和利用世人普遍信神畏神的心理，去影响和改变一切。

2. 社会观

与其他虔诚的基督教信徒（例如梁发）不同，宗教的追求并不是洪秀全创立拜上帝教的根本目的。他更重要的出发点，是要利用宗教为实现其

---

① 《原道觉世训》，《洪秀全集》，第14页。
② 见《原道觉世训》，《洪秀全集》，第17页。
③ 《原道觉世训》，《洪秀全集》，第20页。
④ 《原道觉世训》，《洪秀全集》，第20页。

改造社会现实的宏愿服务。

洪秀全对人类社会现实极为不满，称之为"乖离浇薄之世""凌夺斗杀之世"。社会之所以如此，他归结为因"气量"太小，而气量小的根源，又在于人有私心。他认为当今世道，人们的所爱所憎，都是出于私心。或私其国，同国则爱之，异国则憎之；或私其省、府、县，同省府县则爱之，异省府县则憎之；或私其乡、里、姓，同乡里姓则爱之，异乡里姓则憎之。有私所以量小，量小"安得不相凌相夺相斗相杀而沦胥以亡乎"。① 洪秀全只是抽象地斥责国与国、省府县与省府县、乡里姓与乡里姓之间的争斗，而没有具体列举其表现，但如果联系鸦片战争前后中国特别是岭南地区正在遭受外国的入侵，中国国内各种内部矛盾包括岭南地区的土客之争及宗族性械斗的不断激化等事实，就不难看出，洪秀全所论正是以中国社会的现实问题为基础的。

洪秀全用来消除人们私心的理论武器是"天下一家"论。这一理论以皇上帝为全天下人类的共同之父立论，认为所有国家和所有人民都应该同属于一个大家庭的成员，即所谓"天下凡间，分言之则有万国，统言之则实一家。皇上帝天下凡间大共之父也，近而中国是皇上帝主宰化理，远而番国亦然；远而番国是皇上帝生养保佑，近而中国亦然。天下多男子，尽是兄弟之辈；天下多女子，尽是姊妹之群。何得存此疆彼界之私，何可起尔吞我并之念"。② 为了证明这一理论为真道，洪秀全先举出唐虞三代之世的例子，说那时就是天下有无相恤，患难相救，门不闭户，道不拾遗，男女别途，举选尚德。尧舜、禹稷、汤武、孔孟等圣贤无不奉行天下一家之道。然后又全文援引孔子著名的大同之论："大道之行也，天下为公。选贤与能，讲信修睦。故人不独亲其亲，不独子其子，使老有所终，壮有所用，幼有所长，鳏寡孤独废疾者皆有所养。男有分，女有归。货恶其弃于地也，不必藏于己；力恶其不出于身也，不必为己。是故奸邪谋闭而不兴，盗窃乱贼而不作。故外户而不闭，是谓大同。"③ 意在说明孔子早就是天下一家思想的宣扬者。基督教的拜上帝论与儒学的大同论结合在一起，形成了洪

① 《原道醒世训》，《洪秀全全集》，第 13、11~12 页。

② 《原道醒世训》，《洪秀全全集》，第 12 页。

③ 《原道醒世训》，《洪秀全全集》，第 12 页。

秀全颇为独特的社会理想。

如何才能实现这一理想呢？洪秀全给出的唯一办法就是拜上帝，"跳出邪魔之鬼门，循行上帝之真道，时凛天威，力遵天诫，相与淑身淑世，相与正己正人，相与作中流砥柱，相与挽已倒之狂澜"，这样就能达到"天下一家，共享太平"的目的，将乖离浇薄之世变为公平正直之世，将凌夺斗杀之世变为强不犯弱、众不暴寡、智不诈愚、勇不苦怯之世。对于这样一种理想社会境界，他用诗的语言写道：

> 上帝原来是老亲，水源木本急寻真；量宽异国皆同国，心好天人亦世人。兽畜相残还不义，乡邻互杀断非仁；天生天养和为贵，各自相安享太平。①

国与国之间不相斗，人与人之间不相残，一切以和为贵，以太平为止境，这其实不仅是基督教的宣传，而且是中国儒家的信条。洪秀全将两者糅合在一起，在更大程度上显示了其社会理想的普遍性意义。

3. 道德观

要在皇上帝的庇佑下实现天下一家、人间太平的理想，洪秀全创教之时所设想的基本途径是劝人拜上帝。而对于每个个体之人来说，拜上帝就意味着要完全遵照上帝的要求行事，对自己所有的言行加以严格的约束。从洪秀全的论述来看，这种约束主要就是道德的约束。因此，在洪秀全的教义中，道德观占有很重的分量，其核心的观念是"正"与"不正"。

所谓"正"就是洪秀全所认可的道德，如君德、臣德、父德、子德，对此，他举了尧舜等人的事例加以说明。但他讲得更多的，是"不正"即不道德的行为。

他列出了多种不正，第一为淫，第二为忤父母，第三为行杀害，第四为盗贼，第五为巫觋，第六为赌博，此外还有炼食洋烟、好酒、堪舆相命等。对这些不正，尤其是前六种不正，均以大段文字严加声讨。②

洪秀全特别强调"正"的重要性和"不正"的危害性，指出：

---

① 《原道醒世训》，《洪秀全全集》，第13页。

② 见《原道救世歌》，《洪秀全全集》，第5～10页。

正乃人禽攸分，正乃古今所敬，正乃天爵尊崇，正乃人生本性。能正可享天堂福，不正终归地狱境。正可立地顶天，正可靖奸摄佞。正可行蛮貊，正可锄强梗。身不正，民从所好；身能正，民从所令。身不正，亲戚所叛；身能正，天下所信。身不正，祸因恶积；身能正，福缘善庆。贵不正，终为人倾轧；富不正，终为人兼并。男不正，人类终非；女不正，妖孽究竟。一家不正多乖逆，一国不正多争竞。从来正可制邪，自古邪难制正。一正福禄日加增，一正祸灾自消尽。①

"正"成了人类社会生活一切领域的最高守则，具有无比的威力，而"不正"则是产生一切祸害的根源，是人类的大敌。

洪秀全崇正斥不正，基本上不超出儒家及中国民间传统道德观的范围。不同之处在于，他把守道德与拜上帝紧密联系在了一起，"勿拜邪神，须作正人；不正天所恶，能正天所亲"，"顺天者存逆天亡，尊崇上帝得荣光。"②拜上帝就要守正去邪，而守正去邪就能得到上帝的保佑，无往而不胜。这是洪秀全将基督教教义与中国文化相结合的又一显著的体现。

从以上三部分内容不难看出，在洪秀全的传教理论中，基督教的某些教义起着统率作用，而中国传统文化则为其深厚的基础。不过，两者都经过了洪秀全的选择和改造，并通过两者的结合，形成了带有洪秀全极为鲜明的个人特色、符合其需要的思想混合体。这些理论从思想文化内涵上说，并未取得什么新的突破，但对于当时占主导地位的多神文化、矛盾重重的社会现状及到处流行的陋俗恶习而言，洪秀全的拜上帝教义又以其革新的姿态，具有强大的冲击力。这些理论在洪秀全日后的传教活动及发动和领导太平天国起义斗争中，都起了重要的指导作用。

（二）带有浓厚宗教色彩的反满主张

从传教救世到决心发动农民起义推翻清朝，洪秀全经历了一个转变的过程。在完成这一转变之前，拜上帝教教义中的政治意识还是比较淡薄的。一旦完成这个转变，揭橥起义的大旗，洪秀全的政治意识就通过"反满"

---

① 《百正歌》，《洪秀全集》，第 10 ~ 11 页。
② 《原道救世歌》，《洪秀全集》，第 6、10 页。

的宣传非常强烈地表现出来。

就清朝而言，由于这一王朝是建立在清朝贵族对广大汉族统治基础上的专制政权，民族压迫表现得特别突出，因此，反清或反满就成为反抗清朝专制统治最有代表性的口号。这一口号具有鲜明而强烈的民族主义色彩，其实质则是表达了对于清朝贵族统治之下所存在的各种政治问题和社会问题的严重不满。当嘉、道以降，晚清社会衰败加剧、各种矛盾日益尖锐之时，反清的思想观念就在民间更加活跃起来。清代以来，岭南地区一直是民间反清起义斗争的多发之地，反满思想有着广泛的传播基础。这种传统的反抗精神对岭南人有很大的潜移默化的影响。当洪秀全等人在近代新的历史条件下重新发动农民起义的时候，就自觉接过了传统的"反满"口号，并加以充实和改造，以之作为与清朝统治者斗争的武器。

洪秀全等人的"反满"宣传，集中见于太平军由广西向湖南进军途中所发表的《奉天诛妖救世安民谕》《奉天讨胡檄布四方谕》《救一切天生天养谕》三篇讨清檄文。这些檄文正式公开表明了太平天国领袖们对清朝统治者的严正立场。三篇檄文虽各有侧重，但基本宗旨相近，主要包括以下几项内容。

1. 申明太平天国是奉皇上帝之命诛妖讨胡

文中宣扬皇上帝具有无所不知、无所不能、无所不在的巨大权能，今发大怒，派遣天使接天王升天授命诛妖，并差其作主救人；又亲自降凡和由救世主耶稣降凡，显出无数权能，诛尽几多魔鬼。皇上帝为何恼怒世人？是因为世人拜邪神，行邪事，大犯天条，尤其是听命于"满妖咸丰"，忘记了本源，泯灭了良心。世人今应及时早醒，共享皇上帝荣光，共迎太平天日，顺天而勿逆天，"天既生真主以御民，自必扶天王以开国。纵妖魔百万，诡计千端，焉能同天打斗乎？"①

2. 痛斥拜祭"魔鬼"的行为

檄文在上帝与魔鬼之间划出了非常清楚的界限：人类尽是上帝子女，上帝是天下万国人民的亲爷，而魔鬼则是上帝的仇敌，因而也是天下万国人民的仇敌。魔鬼是谁？就是各人所拜祭的各菩萨偶像，而这些菩萨偶像又是总妖头鬼头阎罗妖的妖徒鬼卒。此阎罗妖变化多端，专门迷惑缠捉凡

① 《奉天诛妖救世安民谕》，《太平天国》（一），第160、161页。

人灵魂，使之落入十八层地狱。既然如此，各人就应幡然醒悟追悔，立刻丢弃魔鬼，归顺上帝，以免地狱永苦，而享天堂永福。

3. 愤怒声讨"满洲"的罪恶

指出满洲本属胡虏，与中国久为世仇，加之其不拜上帝而拜邪神阎罗妖，更应视之为妖人。檄文中使用了许多传统反满宣传中常用的辱骂式的用语，不可避免地存在着大汉族主义的偏向。但与此同时，文中对清朝统治者施行的种种民族压迫和阶级压迫也进行了有力的控诉，其典型的文字如："夫中国有中国之形象，今满洲悉令削发，拖一长尾于后，实使中国之人变为禽兽也。中国有中国之衣冠，今满洲另置顶戴，胡衣猴冠，坏先代之服冕，是使中国之人忘其根本也。……凡有水旱，略不怜恤，坐视其饿莩流离，暴露如莽，是欲我中国之人稀少也。满洲又纵贪官污吏，布满天下，使剥民脂膏，士女皆哭泣道路，是欲我中国之人贫穷也。官以贿得，刑以钱免，富儿当权，豪杰绝望，是使我中国之英俊抑郁而死也。凡有起义兴复中国者，动诬以谋反大逆，夷其九族，是欲绝我中国英雄之谋也。满洲之所以愚弄中国、欺侮中国者，无所不用其极。"① 这段话说得并不十分准确，但对于当时社会的黑暗和苦难，确实是极有针对性的揭露。

4. 号召所有的中国人响应太平天国起义

檄文号召的对象有团勇壮丁、二合会党、四民人等、名儒学士、英雄豪杰等，希望他们"各各起义，大振旌旗，报不共戴天之仇，共立勤王之勋"。② 宣布太平天国的政策是：虽然从前误在妖营帮妖逆天，如果今能晓明大义，擒斩妖胡头目首级亲到天朝投降者，不独赦宥其前愆，而且将奏明天父，有大大天爵天禄封赏，"我主江山万万年，尔子尔孙世袭官爵万万年。且尔等本身既认识上帝亲爷，脱鬼成人，在世荣耀无比，在天享福无疆，永远威风，永远尊贵"；"顺天有厚赏，逆天有显戮"。③

三篇檄文虽都是以军师杨秀清和萧朝贵的名义发布的，但与洪秀全有着密切的关系。在檄文中，洪秀全作为受命于天的太平真主、天王，地位独特，是集结万方、与妖胡对抗的最现实也最主要的旗帜。更值得指出的

---

① 《奉天讨胡檄布四方谕》，《太平天国》（一），第 162 页。

② 《奉天诛妖救世安民谕》，《太平天国》（一），第 160 页。

③ 《救一切天生天养谕》，《太平天国》（一），第 166、167 页。

是，前述洪秀全所创立的拜上帝教教义和所发表的对时局问题的诸多见解，已为檄文中的宗教思想、政治思想及政策思想奠定了基础。当然，在起义的斗争实践中，这些思想在原有的基础上又有所发展，特别是其中的政治意识部分得到了一定程度的强化；这些思想也不仅是洪秀全的思想，应该还是杨秀清、萧朝贵及其他太平天国领导人所形成的共识。

（三）《天朝田亩制度》中的社会理想

建都天京是太平天国起义取得重大胜利的标志，如何经营天京政权，按照自己的意愿建造"地上天国"，就成了洪秀全着重考虑的问题之一。

洪秀全在政权模式上，像他的前辈农民起义领袖一样，完全跳不出封建王朝的窠臼。但他毕竟生活在近代，生活在时代新特点更为突出的广东地区，当他从拜上帝走上农民起义道路的时候，他还具有很多带有社会改造意味和未来美好追求色彩的理想。在政权终于建立之后，这些理想也通过各种方式不同程度地显现出来。其中，由洪秀全旨准颁布的《天朝田亩制度》，就是集中体现其理想的一个纲领性文件。

《天朝田亩制度》颁布于1853年冬，离定都天京不到一年的时间。这一文献虽名为"田亩制度"，实际上专讲土地制度的部分大约只占全文的六分之一，其余讲的都是别的制度。但从整个文献来看，关于土地制度的规定的确构成了全部制度的核心。

当时中国的土地制度，以封建地主土地所有制为主，同时还存在着其他形式的土地私有制。洪秀全的新制度要改变这一现状，将土地私有制全部变为土地国有制。这一改变是通过重新"分田"来实现的，怎样"分田"，是《天朝田亩制度》中土地制度的中心内容。

对于分田的指导思想和根本原则，《天朝田亩制度》中有两段话作了明确规定。一是"盖天下皆是天父上主皇上帝一大家，天下人人不受私，物物归上主，则主有所运用，天下大家处处平匀，人人饱暖也。此乃天父上主皇上帝特命太平真主救世旨意也"；二是"务使天下共享天父上主皇上帝大福，有田同耕，有饭同食，有衣同穿，有钱同使，无处不均匀，无人不饱暖也。"① 这就表明，天下一切都归皇上帝所有，土地自然也不例外；所

---

① 《天朝田亩制度》，《洪秀全集》，第168页。

谓分田，并非将土地分给农民私有，而只是分给他们耕种。分田的目的，是要解决人们的生活问题而不是财产问题，要使天下处处平均，人人温饱，消除人间存在的饥寒现象。这些思想与洪秀全在拜上帝教教义中所阐发的皇上帝创世论、社会公平论和天下大同论等是完全一致的，是这些教义在土地分配问题上的具体运用。

依据上述指导思想和根本原则，《天朝田亩制度》中规定了分田的具体办法。

第一，定出土地等级，分田时好田差田搭配。凡田分九等，以一亩田早晚二季可产多少粮食为标准，将田分为上、中、下三类，每类又各分为三等。这样，就形成了从上上田、上中田、上下田到中上田、中中田、中下田及下上田、下中田、下下田的等级系列。

第二，按照人口分田，不论男妇。分田时算一家人口多少，人多多分，人少少分，九等田搭配来分，"如一家六人，分三人好田，分三人丑田，好丑各一半。"

第三，按照年龄分田。凡男妇在16岁以上者，其分田数超过15岁以下者一倍。

第四，各地互相调剂。"凡天下田，天下人同耕，此处不足则迁彼处，彼处不足则迁此处。凡天下田，丰荒相通，此处荒，则移彼丰处以赈此荒处，彼处荒，则移此丰处以赈彼荒处。"

第五，对土地如何使用和土地收获物如何分配作出规定。前者，"凡天下树墙下以桑，凡妇蚕绩缝衣裳。凡天下每家五母鸡，二母彘，无失其时"；后者，"凡当收成时，两司马督伍长，除足其二十五家每人所食可接新谷外，余则归国库。凡麦豆苎麻布帛鸡犬各物及银钱亦然。"①

以上这些规定，构成了一个颇为独特的"皇上帝所有制"的土地分配方案。这是在中国农民起义历史上第一次提出的分田方案，说明土地问题已受到高度关注。方案以皇上帝的名义，把农民的平均主义观念发挥到了极致，在思想史上留下了一个鲜明的印记。但是，这个方案并没有真正反映农民的土地要求。在这个方案中，农民对土地没有所有权，对所耕作之物没有自主权，对所收获的农副产品没有支配权，其经济活动完全处于

① 见《天朝田亩制度》，《洪秀全全集》，第167~168页。

"皇上帝"的掌控之下，这并不符合他们作为小私有者的利益和追求。这个方案也不符合社会发展的趋势。它用平均主义的方式，将一家一户、男耕女织的自然经济固定化，不利于农业生产的发展进步。在方案的具体设计上，也还存在着不少纯属空想的东西。

除了土地制度外，在《天朝田亩制度》中还规定了其他一些重要制度。①

一是兵民合一、兵农合一制。家是太平军组建的基础。每家出一人为伍卒，一名伍卒即代表着一家。伍卒有警则首领统之为兵，杀敌捕贼；无事则首领督之为农，耕田奉上。在伍卒之上，分设伍长、两司马、卒长、旅帅、师帅和军帅等首领。其中，两司马管25家，是一个最基层的组织，而一军统辖500个两司马，是一个最高层次的编制。在军帅之上，还设有监军、钦命总制、将军、侍卫、指挥、检点、丞相和军师等各级官员。这一制度在《太平军目》中已初步形成，其最大特点是将社会组织和社会管理军事化，直接将起义期间的军事编制延续到了定都之后的天朝时期。

二是国库制。每25家设一国库，"凡二十五家中所有婚娶弥月喜事俱用国库，但有限式，不得多用一钱。如一家有婚娶弥月事给钱一千，谷一百斤，通天下皆一式"；凡天下婚姻不论财；凡25家中陶冶木石等匠，俱用伍长及伍卒为之，农隙治事；凡两司马办其25家婚娶吉喜等事，总是祭告天父上主皇上帝，一切旧时歪例尽除。鳏寡孤独废疾者可免兵役，皆由国库供养。这一制度是原有圣库制的继续，25家在经济上构成了一个按平均主义原则生活、自给自足的基本单位。

三是礼拜制。每25家设礼拜堂一所，由两司马管理。25家中的儿童每天到礼拜堂，由两司马教读《圣经》及《真命诏旨书》。凡礼拜日，伍长各率男妇至礼拜堂，分别男行女行，讲听道理，颂赞祭奠天父上主皇上帝；师帅、旅帅和卒长要轮流到所属两司马礼拜堂讲圣书教化民，兼查其遵条命与违条命及勤惰情况。凡天下诸官，每礼拜日依职分虔诚设牲馔奠基礼拜，颂赞天父上主皇上帝，讲圣书，有敢怠慢者黜为农。这一制度是原来拜上帝会宗教礼拜仪式的继承和发展，将天朝的教育制度和文化生活制度一并涵盖在内。

---

① 见《天朝田亩制度》，《洪秀全集》，第168～172页。

四是司法制。如各家有争讼，先告于两司马判其曲直；若不能平息，再告于卒长判其曲直；还不能平息，则层层上报，查清事实，最后"天王乃降旨主断，或生或死，或予或夺，军师遵旨处决"。这一制度没有建立专门的司法机构，而是由各级官员的层层审理加以取代，同样带有鲜明的军事化管理的特征。

五是赏罚制。凡官员能遵守十款天条及遵令尽忠报国者则为忠，由卑升至高，世其官；违犯十款天条及逆令受贿弄弊者则为奸，由高贬至卑，黜为农。凡民能遵条命及力农者则为贤为良，或举或赏；违条命及惰农者则为恶为顽，或诛或罚。在这一制度中，遵守十款天条及军令是太平军起义前后一直都有的重要规定，"力农"是新加的内容，反映了定都后重视农业生产这一变化。

六是保举制。每年保举一次，以补诸官之缺。先由两司马将伍卒中能遵守条命及力农者提名作保，然后逐级审核保举，直至天王降旨任职。举得其人，保举者受赏；举非其人，保举者受罚；凡滥保举人者，黜为农。

七是升贬制。官员每三年升贬一次，以示天朝之公。其办法是：当升贬之年，从卒长开始，由各首领对其所属下级官员进行考核，有贤迹者保升，有恶迹者奏贬，升贬之职位最后由天王降旨决断。在一定范围内，亦准上下级官员互相保升奏贬，以剔上下相蒙之弊；如内外官员有大功大勋及大奸不法等事，亦准上下官员随时保升奏贬。凡滥保升人及滥奏贬人者，黜为农。此项制度同上项制度一样，类似于洪秀全在永安时发布的记功记罪、逐级上报的办法，只是具体内容有了较大的变化。

以上这些重要制度既是太平军原有制度的总结，又根据定都后实际情况的变化，作了适当的调整。它们与新增的土地制度在根本宗旨上是完全一致的，在制度设计上也彼此契合，相互配套，构成了一个有机的整体。

整个来看，《天朝田亩制度》在思想上具有三个方面的重要特征。

首先是皇权主义。天王居于权力金字塔的顶端，掌管天下财富的所有之权和天下人生死予夺的决断之权。所谓"皇上帝"的权威和意志，实际上只是世俗皇权的权威和意志在宗教上的体现。在皇权之下，等级的尊卑十分清楚，多项关于"黜为农"的规定表明，天朝中的农民在政治上仍然没有任何地位。

其次是平均主义。从土地的分配、生产的安排到各种财物的使用，都完全采取平均主义的办法，连社会生活的组织也千篇一律，平均以 25 家作为一个共同生活的基层单位，过着几乎一模一样的生活。在这种平均主义的模式中，包含社会公平、太平乃至大同等有价值的思想因素，在某种程度上反映了下层民众的愿望。但这种平均来自皇权的恩赐，与皇权并存且完全受制于皇权，不但平均的程度和范围有限，而且事实上也不可能实现。

再次是理想主义。《天朝田亩制度》各项制度的设计，都程度不一地带有理想化的色彩。有的是全部理想化，如关于分田制和国库分配制的规定，与社会现实完全脱节，根本不可能实行；有的是部分理想化，如司法制、保举制、升贬制等皆如此，这些制度虽然在形式上可以有所体现，但其实际操作已与制度上的规定相差甚远。

在《天朝田亩制度》中，这三大思想特征是紧密联系在一起的。从根本上说，这一制度所期望建立的是一个带有西方宗教影响的理想的王朝和经典的小农社会，它具有革新封建衰世的现实意义，但并不符合社会发展的基本趋势，也不具备任何实现的现实条件。因此，这一制度虽有天朝纲领性文献之形式，大部分实际上只是一纸空文。人们从中可以了解洪秀全及其他太平天国领导人为之奋斗的理想，同时也不难看出他们所存在的历史局限性。

在社会改造层面，洪秀全对发展近代化事业表示了肯定和欢迎的态度。尽管这些新东西大都只是体现在文献之中，并与太平天国所实行的统治有很大的矛盾，但毕竟反映了某些近代发展的新趋向。

二　民国建立前孙中山革命思想的新创造

洪秀全所发动的太平天国起义既是传统农民起义发展的高峰，又是传统农民起义的历史性终结。从孙中山发动反清斗争开始，中国便在比较正式的意义上进入了资产阶级民主主义革命的时代。

民主革命虽然也同样称之为"革命"，但它与传统的汤武革命和农民革命有着本质的区别。传统的革命只能改朝换代，并不能从根本上改变社会的性质。民主革命则肩负着推翻旧的政权和旧的社会制度，重新创造新的社会形态的历史重任。为了完成这一重大使命，民主革命在思想文化上也需要有相应的根本性的创造和更新。孙中山是民主革命的先行者，也是民主革命思想文化创造和更新的集中代表者。他从同盟会时期开始就明确提出了以"三民主义"命名的民主革命思想体系，此后不断发展完善，在民主革命中始终居于指导地位，并成为留给后人的极为宝贵的精神财富。

对孙中山的三民主义，学术界的研究成果甚多。在此基础上，笔者主要从文化更新的角度，对三民主义思想内容的历史与逻辑的发展及其特点加以论述和探讨。

以中华民国的成立为界线，孙中山三民主义思想的发展大致可以分为两大时期。民国成立之前，是三民主义思想基本定型的时期。这一时期，推翻清王朝、建立民国是民主革命最主要的任务。与此相适应，此时的民族主义带有浓重的反满反清色彩，并在三民主义体系中占有头等重要的位置。此时的民权主义定位于美国式的民主共和制，同时亦与中国国情开始发生比较密切的联系，呈现出比较鲜明的中国特色。此时的民生主义针对的是中国未来可能出现的社会问题，带有预先进行防范的意义。这一时期的三民主义在文化上表现出极大的革命创造性，同时又与中国近代前后已经兴起的反满反清斗争和正在进行的近代化变革运动在思想文化特征上有着相当广泛的联系。

（一）民族主义：反满倒清的旧形式与新内容

孙中山是中国最早提出"民族主义"这一概念的先进思想家之一。这一概念本质上属于近代民族思想的范畴，从根木上突破和改变了中国古代的族群观念和"夷夏之辨"的观念。但在实际内容上，由于民族主义所针对的是满清王朝这一特定的对象，因此，它在形成之初，又不可避免地受到中国传统的大汉族主义思想和反满反清思想的影响，并有意充分利用这些传统思想因素，作为宣传动员广大民众的强大精神武器。

传统思想对孙中山民族主义思想的影响，是具体通过太平天国反清起义遗风的影响这一环节而实现的。

孙中山出生的年月距太平天国起义失败的时间不远，这使他在十来岁的时候，有机会听到人们甚至是当年亲历起义的太平军战士讲述太平天国的故事。这些故事在少年孙中山头脑中留下了很深的印象。[①] 孙中山在1900年发动惠州起义之前，在日本回答宫崎寅藏关于"中国革命思想胚胎于何

---

① 参见尚明轩《孙中山传》，北京出版社，1981，第7页；魏宏运《孙中山年谱》，天津人民出版，1979，第2页。

时"的提问时曾这样说："革命思想之成熟固予长大后事，然革命之最初动机，则予在幼年时代与乡关宿老谈话时已起。宿老者谁？太平天国军中战败之老英雄是也。"① 这不是无稽的比附，而是当时的实情。

太平天国反清起义对孙中山的影响一直存在。他在香港西医书院读书时，还常常谈起洪秀全，称洪秀全为"反清第一英雄"，慨叹他的事业很可惜没有成功。② 1904 年，孙中山为刘成禺撰写的《太平天国战史》一书作序，称赞洪秀全像朱元璋一样，"起自布衣，提三尺剑，驱逐异胡"，虽然失败，亦自有其历史功绩。其失败原因，是因为"满清窃国二百余年"，使明代遗民之风荡然无存，而"士大夫又久处异族笼络压抑之下，习与相忘，廉耻道丧，莫此为甚。虽以罗、曾、左、郭号称学者，终不明春秋大义，日陷于以汉攻汉之策，太平天国遂底于亡。"尽管如此，《太平天国战史》一书的编成，"可谓扬皇汉之武功，举从前秽史一澄清其奸，俾读者识太平朝之所以异于朱明，汉家谋恢复者不可谓无人。洪门诸君子手此一编，亦足征高曾矩矱之遗，当世守其志而勿替也，予亦有光荣焉。"③ 这就对太平天国反抗满清"异族"的斗争精神作了高度的评价和充分的肯定，他将太平天国视为民族主义的先驱。

从太平天国反清起义中，孙中山吸收和继承了以"反满"为标志的中国传统反对"异族"入主的思想和下层民众反抗君主暴政的思想，同时又在传统的"反满"思想中注入了近代民族主义的新内容，从而不仅使传统的"反满"思想得以强化，而且使之得到新的升华。

绝不承认满清具有统治中国的资格和权力，坚决主张从满清手中夺回国家政权，这是"反满"口号的第一要义。

据陈少白记载，从檀香山返国后，孙中山对中国贫弱腐败的情形感触很深，"伤心之余，以为国家为什么这样衰，政府为什么这样糟，推究其故，就是政府的权柄，握在异种人——满洲人手里，如果拿回来，自己去管理，一定可以办好。"④ 所谓"异种人"，就是指与汉民族为主体的华夏族

---

① 《与宫崎寅藏的谈话》，《孙中山全集》第 1 卷，第 583 页。

② 陈少白：《兴中会革命史要》，中国史学会主编中国近代史资料丛刊《辛亥革命》（一），上海人民出版社、上海书店出版社，2000，第 24 页。

③ 《〈太平天国战史〉序》，《孙中山全集》第 1 卷，第 258～259 页。

④ 陈少白：《兴中会革命史要》，《辛亥革命》（一），第 26 页。

不同的种族。这在中华民族融合史上当然不是一个恰当的认识，但在当时时代背景下，这类由来已久、广为流传的观念，应该说有其历史的合理性。凡是反对满清王朝者，无不接受这种种族观。

到1885年立下反清革命之志后，孙中山的排满意识迅速加强。1893年冬，他就在广州与人商议成立以"驱除鞑虏，恢复华夏"为宗旨的革命团体兴中会。① 到次年兴中会于檀香山正式成立时，便确定了"驱除鞑虏，恢复中国，创立合众政府"的秘密誓词。此后，宣传满清为"异族""异种"，必须坚决驱除出中国，以恢复汉民族自己掌权的国家，一直是孙中山民族主义思想的重要内容。他对此作过很多阐释，其中于同盟会成立不久在日本东京一次演说中的几段话很有代表性。

一段说："那民族主义，却不必要什么研究才会晓得的。譬如一个人，见着父母总是认得，决不会把他当作路人，也决不会把路人当作父母；民族主义也是这样，这是从种姓发出来，人人都是一样的。满洲人入关到如今已有二百六十多年，我们汉人就是小孩子，见着满人也是认得，总不会把来当作汉人。这就是民族主义的根本。"

另一段说："但是有最要紧一层不可不知：民族主义，并非是遇着不同族的人便要排斥他，是不许那不同族的人来夺我民族的政权。因为我汉人有政权才是有国，假如政权被不同族的人所把持，那就虽是有国，却已经不是我汉人的国了。……地球上人数不过一千儿百兆，我们汉人有四百兆，占了四分之一，算得地球上最大的民族，且是地球上最老最文明的民族；到了今天，却成为亡国之民，这不是大可怪的吗？"

还有一段说："惟是兄弟曾听见人说，民族革命是要尽灭满洲民族，这话大错。民族革命的原故，是不甘心满洲人灭我们的国，主我们的政，定要扑灭他的政府，光复我们民族的国家。这样看来，我们并不是恨满洲人，是恨害汉人的满洲人。假如我们实行革命的时候，那满洲人不来阻害我们，决无寻仇之理。他当初灭汉族的时候，攻城破了，还要大杀十日才肯封刀，这不是人类所为，我们决不如此。惟有它来阻害我们，那就尽力惩治，不能与他并立。"②

① 冯自由：《革命逸史》初集，中华书局，1981，第26页。
② 《在东京〈民报〉创刊周年庆祝大会的演说》，《孙中山全集》第1卷，第324~325页。

这几段话，孙中山称之为"民族革命的大要"。① 这些思想在严划满汉之别、谋复汉人之权这点上，与传统的"反满"思想有着共同之点。但在实质意义上，已开始显现出其超越传统的新内涵。

首先，必须建立和保持本民族国家政权的思想。孙中山在满汉之间所划的界限，实际上是近代意义上的民族与民族的界限。国家必须是本民族自己的国家，而不能容许"异族"的侵占，如被侵占就一定要起来反抗，直至重新复国为止。这是一个新的出发点，与传统夷夏观主要立足于民族的"优劣"，视华夏之族为神圣，而诋其他民族为蛮夷是完全不同的。孙中山将中华民族定位于"汉人"，仍有浓厚的大汉族主义的色彩，但当他说"四百兆"汉人时，事实上已将除满人之外的中国各少数民族包括在内。当然，满人也并非"异族"，它与中国其他少数民族一样，同属于中华民族。将满人排除在"汉人"之外除了复杂的历史原因外，主要是由"民族革命"的现实需要所决定的。②

其次，民族平等的思想。持民族国家立场并不是要"排斥"其他民族，而只是反对民族之间的压迫。依此而论，"汉人"固然必须向"满人"夺权，而"满人"也可以在自己民族的范围内立国；同样作为一个民族，满汉之间应为平等的关系。这种民族平等的观念也是过去所没有的，尽管此时民族平等还并不是孙中山民族主义所强调的重点。

最后，反对民族复仇的思想。实行民族主义的目的是要恢复自己民族的国家，而不是要"灭尽"其他民族。就"反满"而言，民族革命是要夺回国家政权，而不是要向满人复仇；满人只要肯交出政权，就不会受到任何其他的伤害。这一点孙中山讲得非常明确，其用意就是要与历史上的民族复仇思想严格划清界限，以免重蹈历史的覆辙。

"反满"口号的另一重要内容，是对清政府专制统治的种种罪恶进行了彻底的清算。

在太平天国起义的文献，特别是其反满檄文中，对清朝的黑暗统治有过不少批判，表达了下层民众对社会现实的严重不满和希望加以改变的强

---

① 《在东京〈民报〉创刊周年庆祝大会的演说》，《孙中山全集》第 1 卷，第 325 页。
② 当有清王朝一推翻，孙中山就立即宣布"五族共和"，承认"满人"是中华民族不可分割的一部分，这似乎又表明孙中山的"反满"在很大程度上也是一种斗争的策略。

烈愿望。这种对于恶劣政治的反抗，是"反满"口号得以传布流行的更为实质性的根源。孙中山的"反满"同样以反对清朝的黑暗统治为主要指向，同时由于他并不仅仅反映一般下层民众的呼声，而且尤其是中国民族资产阶级的政治代表，因此就能从一个更高的立足点上，将对清朝的批判推进到一个新的阶段。

早在兴中会成立之初，孙中山就对清朝的腐败黑暗作了初步的揭露，指出其"内外隔绝，上下之情罔通，国体抑损而不知，子民受制而无告。苦厄日深，危害何极"，① "……政治不修，纲维败坏，朝廷则鬻爵卖官，公行贿赂；官府则剥民刮地，暴过虎狼。……有心人不禁大声疾呼，亟拯斯民于水火，切扶大厦之将倾。"②

经历伦敦被难的严重刺激之后，孙中山对清朝的"无道残暴"③ 更增切肤之痛，试图对清朝的罪恶统治作进一步的剖析。在《伦敦被难记》中，他用数语总括"中国现行之政治"："无论为朝廷之事，为国民之事，甚至为地方之事，百姓均无发言或与闻之权；其身为民牧者，操有审判之全权，人民身受怨抑，无所吁诉。且官场一语等于法律，上下相蒙相结，有利则各饱其私囊，有害则各委其责任。……致其涂饰人民之耳目，锢蔽人民之聪明，尤有可骇者。凡政治之书，多不得浏览；报纸之行，尤悬为厉禁。……国家之法律，非平民所能与闻。……是故中国之人民，无一非被困于黑暗之中。"④ 这里，已涉及人民的参政权、司法的独立权、公民基本的自由权等重要的民权问题，民族主义开始与民权主义联系在一起。

在《中国的现在与未来》一文中，孙中山把中国人民遭受的饥荒、水患、疫病、生命财产的毫无保障等四种巨大而长久的苦难，归因于清朝"普遍的又是系统的贪污"，并从这种彻底腐败的事实中得出了必须推翻清朝的结论，即"除非在行政的体系中造成一个根本的改变，局部的和逐步的改革都是无望的"，"不完全打倒目前极其腐败的统治而建立一个贤良政府……建立起纯洁的政治，那么，实现任何改进就完全不可能的。"⑤

---

① 《檀香山兴中会章程》，《孙中山全集》第 1 卷，第 19 页。

② 《香港兴中会章程》，《孙中山全集》第 1 卷，第 21 页。

③ 《致区凤墀函》，《孙中山全集》第 1 卷，第 46 页。

④ 《伦敦被难记》，《孙中山全集》第 1 卷，第 50、51 页。

⑤ 《中国的现在和未来》，《孙中山全集》第 1 卷，第 89、95、88 页。

对清朝的黑暗统治真正称得上进行系统全面的清算，是在同盟会成立前后撰写的《中国问题的真解决》和《中国同盟会革命方略》二文中完成的。

前文将有清王朝在二百六十年统治中对中国人施加的"无数的虐待"，集中归纳为十一项专制统治的罪状，即一切行政措施都是为了满洲人的私利；阻碍中国人智力和物质方面的发展；不给中国人平等权利；侵犯中国人不可让与的生存权、自由权和财产权；官场中的贪污与行贿；压制言论自由；禁止结社自由；不经同意而征收沉重的苛捐杂税；在审讯中使用最野蛮的酷刑；不依照适当的法律程序而剥夺中国人的各种权利；不能依责保护其管辖范围内所有居民的生命与财产。①

后文着重揭露清朝在经济、财政方面的剥夺和压迫（所谓"绝汉人生计者"），列为十项，即明为永不加赋，实则赋外加赋；强占汉人土地圈给满人；旗人不劳而获，衣食皆取之汉人输纳；搜刮金银；自朝廷、督抚以至胥吏皆贪赃害民；厘金久存不撤；对外赔款不断，并借此科征重税；广借外债而管理紊乱，弊多利少；造昭信股票，诈欺取财；宫廷穷奢极欲，耗费巨大。②

这些指斥尽管带有浓厚的"满汉之别"的色彩，究其实质，它们并不是针对作为少数民族的满洲人，而是针对清朝统治者及其所代表的封建专制制度而发的。正因为如此，孙中山对清朝专制统治的批判，往往是与对中国历代专制统治的批判联系在一起的。

他曾这样总结中国的专制统治历史：

> 支那国制，自秦政灭六国，废封建而为郡县，焚书坑儒，务愚黔首，以行专制。历代因之，视国家为一人之产业，制度立法，多在防范人民，以保全此私产；而民生庶务，与一姓之存亡无关者，政府置而不问，人民亦无从监督政府之措施者。故国自为国，民自为民，国政庶事，俨分两途，大有风马牛不相及之别。政府与人民之交涉，只

---

① 《中国问题的真解决》，《孙中山全集》第1卷，第252页。这些"虐政"，孙中山在武昌起义爆发后与外国记者的一次谈话中再次列举出来。见《我的回忆》，《孙中山全集》第1卷，第555~556页。

② 《中国同盟会革命方略》，《孙中山全集》第1卷，第315~317页。

有收纳赋税之一事，如地主之于佃人，惟其租税无欠则两不过问矣。

又说：

> 至满胡以异种入主中原，则政府与人民隔膜尤甚。当入寇之初，屠戮动以全城，搜杀常称旬日，汉族蒙祸之大，自古未有若斯之酷也。……虏朝常图自保以安反侧，防民之法加密，汉满之界尤严。①

可见，清朝的专制统治是对历代专制统治的继承和加剧，就其图君主一人之私、与人民根本对立的本质特征来说，两者是完全一致的。对清朝君主专制统治的清算，同时也就意味着对中国二千年君主专制统治的清算。这种清算之所以以"反满"口号的形式出现，是由于清王朝成了中国君主专制统治的最后代表这一特殊历史背景所决定的。

此外，以"反满"为口号所表达的民族主义思想虽以推翻清王朝为最主要的斗争目标，但同时也间接地具有反对西方列强入侵的意义。正是西方列强的入侵，唤醒了中国人的近代国家意识和近代民族意识，使中国人产生了强烈的国家兴衰、民族存亡的危机之感。当他们追究造成这一危机的根源的时候，便认定清朝的腐败无能和专制统治是外患深重的根本原因，而这一王朝之所以对内残忍无道、对外丧权辱国到如此地步，是因为它本来就是一个"异族"的政权，一个不可能代表和维护中国人根本利益的政权。因此，要避免西方列强入侵所带来的危机，首先就要推翻清王朝的统治，恢复汉人自己的国家，完成民族主义的任务。这种"反满"的民族主义，可视为反对西方列强入侵思想的转换。它固然还不是完全意义上的近代民族主义，还没有直接以反对帝国主义入侵为主要斗争目标，但它对"反满"与根除外患两者关系的认识是清晰的，在"反满"民族主义之中，应该说实质上已经包含了反对西方列强入侵的内容。

（二）民权主义：西方模式与中国特色

孙中山三民主义思想体系的核心是民权主义。相对于民权主义而言，"反满"民族主义只是一个必要的前提。推翻清廷君主专制统治的目的，不

---

① 《支那保全分割论》，《孙中山全集》第 1 卷，第 220 页。

仅是要将国家政权夺回汉人手中，而且更重要的是要建立新型的民权主义国家即中华民国。

民权主义一词，孙中山迟至同盟会成立后才明确提出，但其民权思想应该说在檀香山组建兴中会时就已基本确立。在民国成立前的十多年时间里，从"创立合众政府"的最初口号，到民权思想的多方阐释，孙中山的民权主义伴随着中国近代资产阶级民主革命运动由弱到强的发展而逐渐成熟，成为资产阶级革命派的政治指导思想和辛亥革命在政治层面上追求的主要价值目标。

这一时期，孙中山的民权主义有一个最为重要的聚焦点，就是要"建立民国"。正是通过设定"建立民国"的根本目标，孙中山超越了此时中国其他各类主张改良维新的政治派别，实现了中国近代民权思想史上的重大突破。①

关于要建立的民国，孙中山此一时期谈论得最多的是所谓"政体"问题。在此问题上，他使用过多种提法，② 角度不一，其实都是想用来表明民国的民权主义根本性质。按照孙中山的设计，民国所采用的"政体"具有以下两大基本特征。

第一，仿照美国的民主共和制。孙中山最初提出的建国口号就是创立美国式的"合众政府"。在提出"建立民国"的纲领后，又具体解释说要在革命成功之日，"效法美国选举总统，废除专制，实行共和"，③ 仿照美国的政府而缔造中国的新政府。④ 他对中国此时尚不能采用欧美共和政治的说法进行了驳斥，认为美国为"世界共和的祖国"，有"地球上最文明的政治法律"，中国要改革政治就应该"取法乎上"，像美国一样建立一个"头等民主大共和国"。⑤ 这种政治信念，孙中山在民国成立前夕还一再加以强调，

---

① 在孙中山提出民权主义之前，民权思想在中国近代已有相当程度的传播。但直接以"建立民国"作为民权主义的目标，是从孙中山开始的。参见熊月之《中国近代民主思想史》，上海人民出版社，1986。

② 如说"立宪政体""代议政体""一个负责任的、有代表性的政体""一个新的、开明而进步的政府""善良之中央政府"等。见《孙中山全集》第 1 卷。

③ 《在檀香山正埠荷梯厘街戏院的演说》，《孙中山全集》第 1 卷，第 226 页。

④ 《中国问题的真解决》，《孙中山全集》第 1 卷，第 255 页。

⑤ 《在东京中国留学生欢迎大会的演说》，《孙中山全集》第 1 卷，第 281、279 页。

指出中国由于地理、气候及人民之习惯性质的差异等原因，"于政治上万不宜于中央集权，倘用北美联邦制度实最相宜……惟有共和联邦政体为最美备，舍此别无他法"，① "中国革命之目的，系欲建立共和政府，效法美国，除此之外，无论何项政体皆不宜于中国。……美国共和政体甚合中国之用。"② 对美国民主共和制的崇尚，一方面固然反映了孙中山早年在檀香山学习和生活所受到的重大影响；另一方面更说明他对民权主义的追求怀抱着政治制度要最先进、最民主这一理想化的标准。

第二，根本的政治制度是民主立宪。对民主立宪的论述，孙中山先后简略提到过"共和宪法"、③ 宪法的权限及议会制等内容。在《中国同盟会革命方略》中，对民主立宪作了比较完整的规定："今者由平民革命以建国民政府，凡为国民皆平等以有参政权。大总统由国民公举。议会以国民公举之议员构成之。制定中华民国宪法，人人共守。敢有帝制自为者，天下共击之！"④ 并突出强调了宪政之下人民所应具有的平等权和参政权。孙中山将平等权称为"国民平等之制"，即民国"以四万万人一切平等，国民之权利义务无有贵贱之差、贫富之别，轻重厚薄，无稍不均"；将参政权称为"国民参政之制"，即民国"以国家为人民之公产，凡人民之事，人民公理之。由人民选举议员，以开国会，代表人民议定租税，编为法律。政府每年预算国用，须得国会许可，依之而行；复以决算布告国会，待其监察，以昭信实。如是则国家之财政实为人民所自理，国会代表人民之公意，而政府执行之"，其结果是"民国既立，则四万万人无一不得其所。"⑤ 这些论述和规定，可以说高度浓缩了西方民主制度的精髓，寄托了孙中山在中国实现民主的理想。

从上述两大基本特征看，孙中山所说的"政体"实际上并不是纯粹的政体，而是"国体"与政体的交织。虽然他没有后人关于国体是指不同阶级在国家中所处的地位，政体只是国家政权的组织形式这种明确的理解，但在他眼中，民主共和与君主专制的区别，是国民为政还是一人为政的根

---

① 《与巴黎〈巴黎日报〉记者的谈话》，《孙中山全集》第 1 卷，第 562 页。

② 《在巴黎的谈话》，《孙中山全集》第 1 卷，第 563 页。

③ 《与宫崎寅藏平山周的谈话》，《孙中山全集》第 1 卷，第 172 页。

④ 《中国同盟会革命方略》，《孙中山全集》第 1 卷，第 297 页。

⑤ 《中国同盟会革命方略》，《孙中山全集》第 1 卷，第 318 页。

本区别，两者是势不两立、绝不相容的；而同样为宪政制度，可以有英国式君主立宪与美国式民主立宪的不同，这其中就包含了对国体与政体之差别的一定程度的了解。孙中山所存在的不足，是他对"国民"的认识还相当笼统和抽象，还没有将"阶级"的概念与国民和政权性质联系起来，而这也是一般资产阶级民主主义革命家所普遍存在的局限性。

除了这些基本特征外，民国的民权主义性质还体现在其他诸多方面。如孙中山初步论述了地方自治问题，[①] 作为资产阶级革命流行口号的"自由、平等、博爱"和"天赋人权"等，也被作为国民及国民革命所应具有的"一贯之精神"而屡被提及。[②]

从精神实质看，此时孙中山的民权主义基本上复制了西方的民主主义，其着重点则在于国家层面的民主制度。但与此同时，他对西方模式也不是完全照搬，而是结合中国历史与现实，在民主制度的基本设计和民主进程的实施步骤方面提出了自己的重要创见。

在民主制度的基本设计方面，孙中山结合中国的历史文化传统，提出了带有独创性的"五权分立"说。五权分立以三权分立为基础，是西方分权制与中国固有的考选制和纠察制"两大优良制度"[③] 相结合的产物。孙中山认为，三权分立制在一百年前的欧美算是最完善的，但随着历史的发展已经不够用，必须加上考选和纠察两权，才能使民国宪政克服流弊，完善无缺。[④] 孙中山对五权分立的宪法颇为自负，预言在中国实行之后，还会像孟德斯鸠的三权宪法说一样"风靡世界"。[⑤]

在民主进程的实施步骤方面，孙中山出于中国民主革命的完成需要长期努力、循序渐进的考虑，提出了"革命程序"论。早在1906年，孙中山就初次明确提出了实施革命纲领的三期次序。这一次序虽与民族主义及民生主义有关，但就其主体来看，实际上是实施民权主义的次序。第一期军法之治，是在"天下平定"之前，以三年的时间，由军政府督率国民扫除

---

① 《致港督卜力书》，《孙中山全集》第1卷，第193页；《中国同盟会革命方略》，《孙中山全集》第1卷，第297~298页。

② 见《孙中山全集》第1卷，第296页；《孙中山全集》第2卷，第8、48页。

③ 《与该鲁学尼等的谈话》，《孙中山全集》第1卷，第320页。

④ 《在东京〈民报〉创刊周年庆祝大会的演说》，《孙中山全集》第1卷，第329~331页。

⑤ 《与刘成禺的谈话》，《孙中山全集》第1卷，第445页。

专制主义的种种旧污；第二期约法之治，是在天下平定之后，以六年为期，由军政府授地方自治权于人民，但本身仍总揽国事；第三期宪法之治，是全国行约法六年后，制定宪法，军政府解除权柄，国民公举大总统，及公举议员以组织国会，一切政事依宪法而行。①

民权主义是孙中山民主革命精神的集中体现，它在中国近代改革和革命思想发展史上，具有全新的政治近代化意义。

首先，"建立民国"将民权与君权根本对立起来，主张彻底推翻君主专制而建立人民的国家，从而宣告了帝制的必须终结，表现了政治近代化的彻底性。无论在中国还是在世界范围内，君主专制都是古代社会政治的典型象征。政治近代化的首要任务，就是要打倒专制的君权，建立民主的制度，以便为整个社会的近代化扫清最主要的障碍。在孙中山提出"建立民国"之前，人们对君权还很自然地存在着浓厚的敬畏心理或依恋心理。他们希望改善君权，却绝没有想到打倒君权；他们向往民权，但同时又幻想民权与君权能够完全一致。民权思想尚十分薄弱的早期改良派认为完全的民权与完全的君权一样，都是不可取的，最完美的政治制度应是两者的结合。充分肯定民权的合理性和必要性的维新派则将民权的生长和实现理解为君权自身的渐次演变（由君主专制而君主立宪而民主共和），并将君主立宪视为专制与民主之间一个必经的、不可逾越的历史阶段。在这种情形下，人们的近代政治意识还是大受束缚的，未能与古代政治意识即拥戴君权的意识彻底划清界限。孙中山提出"建立民国"，彻底破除了对君权的敬畏心和依恋心，把立足点完全放到了民权一边，表明了用全新的近代政治取代过时的古代政治、两者之间绝没有调和余地的态度。这一抉择，标志着中国人的君国政治意识经过二千年的延续和鸦片战争以来数十年的动摇之后，终于历史性地发生了转折，它是中国君国旧历史与民国新历史之间一个最有代表性的交接点。

其次，"建立民国"显示了人民自己掌握国家命运、自己开拓政治近代化进程的历史主动性和创造性。在孙中山力倡"建立民国"之前（或同时），许多先进的中国人欲达到自己的政治目标，在很大程度上还是希望借助外在于自己的权力，实际上也就是君主的权力。早期改良派鼓吹的议院

① 《中国同盟会革命方略》，《孙中山全集》第1卷，第297~298页。

从设置、运转到发挥咨询的效力，都需要得到君主的认可，且不能超出君主允许的范围。维新派把一切改革的希望寄托于君权变法，如果君权不变法，他们往往束手无策，徒呼奈何。在戊戌年之后的立宪运动中，立宪派运用了多种对朝廷施加政治压力的新的政治活动方式（如成立立宪团体、开展请愿运动），但由于他们仍然以君主是否恩准为转移，所以其政治独立性还是不高。孙中山则大不相同。"建立民国"由本身的性质所决定，不可能对君权抱有任何幻想。虽然以孙中山为首的革命派也要借助各种政治势力的帮助，但从根本上说，要完成"建立民国"的任务，终究主要只能依靠革命派自己。由于将基点置于自己的奋斗之上，人们进行历史活动的主动性和创造性就得到了极大的发挥。从率先成立革命团体，到连续不断地组织发动武装起义，从争取世界各国对中国革命的理解、同情和支持，到把国内各派反清势力汇集于三民主义的旗帜之下，孙中山正是在百折不挠的自主自立的奋斗中，成为众望所归的具有巨大政治能量的革命领袖，并终于领导完成了推翻帝制、建立中国历史上第一个资产阶级民主政权的使命。

再次，"建立民国"具有实现政治近代化的现实紧迫性，它将康有为等人空想、渐进的民主主义变成了革命民主主义。纯粹从理论上看，维新派和立宪派的民主主义并不比孙中山的逊色。康有为在孙中山提出"建立民国"之前，就基本上形成了以大同空想为形式的民主主义思想，并在较晚正式写成的《大同书》中作了精彩的表述。紧随康有为之后，戊戌政变后流亡到日本的梁启超写下了一系列宣传和阐释民主主义的文章，以其新颖性和透辟性赢得了广泛的声誉，产生了重大的影响。然而，他们的民主主义有一个致命的弱点，就是其空想性和渐进性。康有为的大同民主政治与消灭国家、消灭阶级、消灭家庭、消灭种族界限等极为遥远的目标紧密联系在一起，是千百年后才有可能实践的事。作为空想民主主义者，康有为对人们欲将民主共和制度立即付诸实行的努力是坚决反对的，所以他一直未给人们留下民主主义者的印象。以梁启超为代表的立宪派主要强调民主主义的渐进性，对作为民主主义载体的民众及其政治代表革命派极不信任。他们死守理论上可能更具合理性的民主进程设计，却完全不考虑这种设计已经脱离、背离了中国政治近代化进程的实际。因此，他们所鼓吹的由君主立宪走向民主共和的民主主义虽然总是振振有词，却越来越少地还能引起人们的共鸣和兴趣。与此相反，孙中山"建立民国"的主张一提出，其现实性就非常强烈。持此主张的人们无异于一开始就将自己置于叛逆者即革命者的位置，与现有政治统治者形成势不两立的敌对关系。更重要的是，孙中山丝毫也不停留在"建立民国"的口头宣传上，而是一刻也不停息地开展"建立民国"的实际斗争，一刻也不停息地改变着中国的政治现状。这种民主主义是充满现实紧迫感的虎虎有生气的民主主义，也是中国政治近代化进程更为需要的民主主义。

（三）民生主义：问题预防与理论预设

与民族主义和民权主义一道，孙中山还提出了别具一格的民生主义。按照孙中山自己的解释，民族主义和民权主义所要解决的是中国已经面临的问题，而民生主义所要解决的则是中国将要面临的问题，这就是在民族革命和政治革命取得成功之后，中国也必然会出现的贫富不均、两极分化的问题。他认为西方由于事先没有进行防范，因此导致大资产者对财富的大量占有与无产者极为贫困之间的严重对立，于是工潮不断，社会革命再起。有鉴于此，中国一开始革命就要预防这一问题，将民族、政治和社会三大革命一体进行，"毕其功于一役"。预防的办法就是实行国家资本主义，节制私人资本，管制全国地价，将革命后社会增加的财富集中于国家手中，由国家用于全体国民，这样就可以避免社会因贫富对立而发生新的革命。孙中山的这一思考是有重大价值的。贫富分化、贫富悬殊的确是社会近代化进程中普遍会出现的问题，孙中山从西方国家的历史中敏锐地发现这一问题，并试图在中国加以防范，显示了其远见卓识。

三　民国建立后孙中山革命思想的新发展

民国成立之后，是三民主义思想进一步发展完善时期。

这一时期，以清朝为代表的君主专制已被推翻，但继之而起的却是军阀的专制。在北洋军阀的统治下，中国半殖民地的状况不仅未能改变而且其程度进一步加深，民主共和不仅没有真正实现而且已经取得的成果也一再遭到破坏，近代化建设的发展和民众生活的改善因民族独立和民主政治的缺失而遭遇极大的困难。

面对这种局势，孙中山继续高举三民主义的旗帜展开斗争，但其三民主义的内涵却逐渐发生了很大的变化。其民族主义由反对满清的民族压迫，转化为争取国内各民族的平等统一，再进而升华为直接反对帝国主义的侵略、要求实现中华民族的独立；其民权主义在注重完善国家政权的民主制度形式的同时，对如何真正实现广大民众的民主权利作了许多深入的探讨；其民生主义从主要是一种理论预设，逐渐开始贴近中国社会的现实，密切关注农工的切身利益，并将实业计划作为社会近代化建设的重要蓝图，使民生的内涵变得更加丰富。

（一）民族主义思想的转变

把国家政权从满清"异族"统治者那里夺取过来，将其完全掌握在汉族人手中，这是民国建立前孙中山民族主义思想的核心内容。随着清王朝的颠覆，民国的成立，这一以"反满"为主要特征的民族主义已达到其目的。在此情况下，孙中山曾宣布民族革命的任务已经完成，转而将主要注意力放在民生主义的宣传之上。然而，由于真正取代满清统治的不过是北洋军阀的专制政权，因此民国的建立并没有使中华民族原来积弱不振的状况发生实质性的改变，中国半殖民地的处境不仅依然故我，而且民族生存的危机更呈日益深重之势。这种民族危亡的局势促使孙中山重新认识到宣扬民族主义的必要性，并对民族主义的内涵逐渐进行了重大的更新。

早在民国诞生之始，孙中山就以"民族统一"的新观念取代了业已过时的"反满"旧口号，宣告"国家之本，在于人民。合汉、满、蒙、回、藏诸地为一国，即合汉、满、蒙、回、藏诸族为一人。是曰民族之统一。"[①]"一国"即中国，"一人"即中国人。原本被视为"鞑虏"和"异族"的满族，由于其所享受的极不平等的政治特权被取消，被重新认同为中国和中国人大家庭的重要一员。

对此"五族一家"的民族新格局，孙中山一度给以很高的评价，寄予很大的期望：

今者五族一家，立于平等地位，种族不平等之问题解决，政治之

---

① 《中华民国临时大总统宣言书》，黄彦编《孙文选集》中册，广东人民出版社，2006，第246页。

不平等问题亦同时解决，永无更起纷争之事。所望者，以后五大民族同心协力，共策国家之进行，使中国进入世界第一文明大国，则我五大民族公同负荷之大责任也。……此时国体改定共和，人民生息于良政治之下，其文化进步甚速，不出十年八年必成一至强极盛之国无疑。是故以前之中国，为悲观失望之中国；以后之中国，为乐观有望之中国。但愿五大民族相亲相爱，如兄如弟，以同赴国家之事。主张和平，主张大同，使地球上人类最大之幸福由中国人保障之，最光荣之伟绩由中国人建树之，不止维持一族一国之利益，并维持全世界全人类之利益焉。此则鄙人所欲与五大民族之同胞共勉者也。①

在这段话中，孙中山完全认可"五族一家""五大民族"携手共进的提法，认为这标志着已经实现国内各民族的平等，以此就可以在短期内建成极为强盛的中国，并对世界和平大同和全人类的幸福作出中国人的重大贡献。

孙中山的乐观预测，很快被事实证明很不准确。清王朝的覆灭固然使国内各民族获得了平等，但所谓"良政治"并没有真正实现，中国所处的半殖民地地位也毫无改变，在西方列强不断强化的侵略和压迫之下，中国仍时刻面临着生死存亡的巨大危险。面对这种严峻的局势，孙中山在重新高举民权主义大旗的同时，对民族主义也重新进行了反思，作了新的解释。

在撰于1919年春的《三民主义》一文中，孙中山自我否定了原认为民族主义已达目的的短视之见，批评"五族共和"之说为"无知妄作"，明确指出要区分达到民族主义的消极与积极两种目的。所谓消极目的，就是限于"汉族光复，满清倾覆"，而所谓积极目的，则是"汉族当牺牲其血统、历史与夫自尊自大之名称，而与满、蒙、回、藏之人民相见以诚，合为一炉而治之，以成一中华民族之新主义，如美利坚之合黑白数十种之人民而治成一世界之冠之美利坚民族主义"；有了这种积极的目的，中华民族就能在历史传统的基础上进一步发扬光大，不久"必能驾美迭欧而为世界之冠"。② 这是首次提出要用"中华民族"的概念，来取代"五族"的概念。

① 《五族一家与世界大同——在北京五族共和合进会与西北协进会欢迎大会的演说》，《孙文选集》中册，第312～314页。
② 《三民主义》，《孙文选集》中册，第614～615页。

与"五族"的概念相比较,"中华民族"的概念当然显得更有统一性和凝聚力,更为重要的是,对于反抗西方列强的侵略、争取中国的独立来说,组成"中华民族"就更能彰显近代民族主义的精神和力量。

次年在上海作修改《中华革命党总章》的说明时,孙中山对以"中华民族"定位民族主义的意义作了两方面的"发挥":一方面,是要用这种民族主义来反对外国的压制,"即如我们所住的租界,外国人就要把治外法权来压制中国人,这还是前清造的恶因。现在清室虽不能压制我们,但各国还是要压制的,所以我们还要积极的抵制……定要积极的将我四万万民族地位抬高起来,发扬光大。"另一方面,是要加强自身的融合与改造,"应该把我们中国所有各民族融成一个中华民族……并且要把中华民族造成很文明的民族,然后民族主义乃为完了。"① 这两个方面尽管还讲得非常简单,但可以说已经抓住了民族主义的两大要点:一个是对外争取本民族在国际上的独立平等地位;另一个就是对内增强本民族的凝聚力和提高本民族的素质。这样两方面的思考,初步体现了新民族主义观的精髓。

但此后不久,孙中山对其所说的"积极底民族主义",还作了一番大汉族主义的补充。他认为先前人们提出的"五族共和"是个"根本错误",汉族如不能"真正独立组一完全汉族底国家",实是汉族的莫大羞耻,也表明国民党的民族主义没有成功;主张应以美国只称美利坚民族为榜样,"今日我们讲民族主义,不能笼统讲五族,应该讲汉族底民族主义",也就是以汉族为中心,使其他民族"同化"于汉族,然后"将汉族改为中华民族,组成一个完全底民族国家。"② 从"融合"到"同化",这是立足点的变化。这一变化意味着孙中山原本就一直存在的某种大汉族主义思想的重新复活,尽管其本意在于强化中国为一个民族的意识,但它一味强调汉族的优越性而在相当程度上忽略了各民族之间的平等,不能不说是一个明显的偏差。

这一偏差在标志第一次国共合作成功的思想成果《中国国民党第一次全国代表大会宣言》中,得到了纠正。该宣言对国民党民族主义的意义作

① 《修改党章的说明——在上海中国国民党本部会议的演说》,《孙文选集》中册,第693~694页。
② 《三民主义大旨——在广州中国国民党本部特设办事处成立会的演说》,《孙文选集》下册,第9~10页。

了这样两方面的规定:"一则中国民族自求解放,一则中国境内各民族一律平等。"前一种意义的重点在于明确提出了"反帝国主义"的斗争目标。宣言中指出,辛亥革命之后,列强对中国的包围如故,只不过将"瓜分"变为"共管",将武力的掠夺变为经济的压迫而已,其结果都足以使中国民族失其独立与自由。因此,国民党人不得不继续努力,在国内军阀与帝国主义相勾结、资产阶级依附于帝国主义而生存的情况下,坚决依靠"多数之民众",以反帝国主义为目标,以求中国民族的解放。后一种意义强调国内各民族应实行"平等之结合",表示"今后国民党为求民族主义之贯彻,当得国内诸民族之谅解,时时晓示其在中国国民革命运动中之共同利益。……国民党敢郑重宣言,承认中国以内各民族之自决权,于反对帝国主义及军阀之革命获得胜利以后,当组织自由统一的(各民族自由联合的)中华民国。"① 从这两种关于民族主义思想的表达中,可以清楚地看到苏联人和中国共产党人的民族观对孙中山的影响,而从其内在联系来说,它们与前述孙中山所言积极之民族主义对外力争独立平等和对内加强自身改造的两大要义之间,很明显地存在着前后相承、显著发展的关系。

在孙中山随后所作的关于三民主义的系列演讲中,其新民族主义观得到了相当充分的阐发。归纳其要义,约有如下数点。

1. 将民族主义定义为"国族主义",以此反思中国民族精神的缺失,强调提倡民族主义的必要性

所谓"国族",就是一个国家、一个民族,国家与民族高度一体化,而所谓"国族主义",就是以"国族"为核心的民族思想观念。孙中山认为,中国过去只有家族主义和宗族主义,而没有国族主义,外国人之所以说中国人是"一片散沙",原因就在于此。中国在世界上人数最多、民族最大,文明教化有四千多年,本应该与欧美各国并驾齐驱,但由于只有家族和宗族的团体,没有民族的精神,所以"弄到今日,是世界上最贫弱的国家,处国际中最底下的地位。"此时"如果再不留心提倡民族主义,结合四万万人成一个坚固的民族,中国便有亡国灭种之忧。我们要挽救这种危亡,便要提倡民族主义,用民族精神来救国。"②

---

① 见《中国国民党第一次全国代表大会宣言》,《孙文选集》上册,第 676~677 页。
② 见《三民主义·民族主义第一讲》,《孙文选集》上册,第 404、408~409 页。

在孙中山的"国族"观念中，仍未完全消除大汉族主义思想的影响，不过就其主导方面来说，是针对家族和宗族观念而发，这是孙中山原来所没有专门讲过的，是对民族主义内涵的新探索和新发展。

2. 要恢复民族主义，首先必须清楚地知道中国民族同时受到列强的三种压迫，已处于生死存亡的危险关头，必须奋起反抗

所谓三种压迫，第一种是政治力的压迫。其手段一是兵力，一是外交。就兵力而言，由于中国兵力之弱，各国之强，"外国随时可以冲入，随时可以亡中国"，中国至今还能够存在，不是中国自身有力可以抵抗，而是由于列强之间的相互牵制；就外交而言，假如各国之间能达成妥协，"只要用一张纸和一枝笔"，便可以亡中国。①

第二种是经济力的压迫。可归结为六大项的侵夺，即洋货的侵夺，银行的侵夺，出入口货物运费的侵夺，租界与割地之赋税、地租、地价的侵夺，特权营业的侵夺，投机事业及其他种种行为的侵夺。这些侵夺使中国每年所受损失不下 12 亿元，所以"今日中国已经到了民穷财尽之地位了，若不挽救，必至受经济之压迫至于国亡种灭而后已。"②

第三种是"天然力"即人口增长的压迫。近百年内，列强各国人口迅速增长，而中国变化不大。再过百年，若还是这样的话，"他们便用多数来征服少数，一定要吞并中国。到了那个时候，中国不但是失去主权，要亡国，中国人并且要被他们民族所消化，还要灭种。"③

在此三种压迫中，经济的压迫最为厉害。由于这一压迫，孙中山认为中国已经"不只是半殖民地，比较全殖民地还要利害。……凡是与中国有条约的国家，都是中国的主人。所以中国不只做一国的殖民地，是做各国的殖民地；我们不只做一国的奴隶，是做各国的奴隶"，因此，叫中国做"半殖民地"是很不对的，应该要叫做"次殖民地"，即国家地位比"殖民地"还要低一个等次。④

对于以上三种压迫，孙中山作了这样的总括："故中国现在受列强的政

---

①　见《三民主义·民族主义第五讲》，《孙文选集》上册，第 458～461 页。

②　见《三民主义·民族主义第二讲》，《孙文选集》上册，第 431 页。

③　见《三民主义·民族主义第一讲》，《孙文选集》上册，第 417～418、420 页。

④　见《三民主义·民族主义第二讲》，《孙文选集》上册，第 423～424 页。

治压迫，是朝不保夕的；受经济的压迫，刚才算出十年之后便要亡国；讲到人口增加的问题，中国将来也是很危险的。"所以，中国现在是"三件大祸临头"。要提倡民族主义，对此大祸就要到处宣传，使人人都知道"亡国惨祸"，知道"死期将至"，知道"困兽犹斗"，"当发奋起来和敌人拼一死命"。如果四万万人都知道我们民族现在很危险，民族主义便不难恢复。①

3. **要恢复民族主义，就要组织起民族的大团体，这一团体可以利用家族和宗族小团体做基础，由家族、宗族进一步扩展为国族**

按照孙中山的分析，中国虽没有民族的团体，但有很坚固的家族和宗族团体，有很深的家族和宗族观念，完全可以用来作为组成"国族"的基础，这也是中国人恢复民族主义要比外国人"容易得多"的地方。因为外国国民和国家结构的关系是以个人为单位，在个人和国家的中间再没有很坚固、很普遍的中间社会，而中国国民和国家结构的关系是先有家族，再推到宗族，再然后才是国族，这样"当然容易联络得多"。联络的办法是：先由每一姓的宗族组织实行一乡一县乃至一省一国的联络，各自组成一个很大的团体；然后由有关系的各姓互相联合起来，组成许多极大的团体；最后更令所有的团体都结合起来，"便可以成一个极大中华民国的国族团体"。这是一种"救中国危亡的根本办法"，"有了国族团体，还怕什么外患，还怕不能兴邦吗?"②

4. **要恢复民族的强盛，还要恢复中国固有的道德、智识和能力**

孙中山将中国固有的道德概括为四种，即忠孝、仁爱、信义、和平；认为这些旧道德中国都"驾乎外国人"之上，体现了我们民族的精神，对这些精神以后"不但是要保存，并且要发扬光大，然后我们民族的地位才可以恢复。"③

关于中国"固有的智能"，孙中山举出《大学》中所说的"格物、致知、诚意、正心、修身、齐家、治国、平天下"作为代表，认为"像这样

---

① 见《三民主义·民族主义第五讲》，《孙文选集》上册，第 463 页。
② 见《三民主义·民族主义第五讲》，《孙文选集》上册，第 463～467 页。
③ 见《三民主义·民族主义第六讲》，《孙文选集》上册，第 469～473 页。孙中山对"忠"的道德专门作了辨析，指出古时所讲的忠，是忠于皇帝，现在皇帝可以不要，但忠字不能不要；民国所讲的忠，是忠于国、忠于民，"故忠的好道德还是要保存"。见《孙文选集》上册，第 470～471 页。

精微开展的理论，无论外国什么政治哲学家都没有见到，都没有说出，这就是我们政治哲学的智识中独有的宝贝，是应该要保存的。"中国若要进步，不受外国的压迫，"根本上便要从修身起，把中国固有智识、一贯的道理先恢复起来，然后我们民族的精神和民族的地位才都可以恢复。"①

在中国人"固有的能力"方面，孙中山承认中国人现在的能力当然不及外国人，但在几千年前，"中国人的能力还要比外国人大得多"。外国现在最重要的东西，如指南针、印刷术、瓷器、火药等，都是中国从前发明的，人类衣食住行的许多用品，也是中国从前发明的。由此可见，"中国古时不是没有能力的，因为后来失了那种能力，所以我们民族的地位也逐渐退化，现在要恢复固有的地位，便先要把我们固有的能力一齐都恢复起来。"②

5. 中国要想与欧美并驾齐驱，还必须学其所长

孙中山清醒地意识到，如果只是恢复固有的道德、智识和能力，仍然不能使中国成为世界一等的强国，"恢复我一切国粹之后，还要去学欧美之所长，然后才可以和欧美并驾齐驱。如果不学外国的长处，我们仍要退后"。他肯定中国人学外国并非难事，"因为几千年以来，中国人有了很好的根底和文化，……无论什么事都可以学得到"；强调学外国应该要"迎头赶上去"，不要只在后面跟着它，要像日本那样去学欧美，"如果中国能够学到日本，只要用一国便变成十个强国。到了那个时候，中国便可以恢复到头一个地位。"③

6. 中国强大之后，应对世界负起济弱扶倾、消灭帝国主义的责任

这是孙中山对中国将来在世界上应起何种作用的一种思考。他非常明确地提出中国如果强盛起来，"不但是要恢复民族的地位，还要对于世界负一个大责任"，这个责任就是要"济弱扶倾"，即"对于弱小民族要扶持他，对于世界的列强要抵抗他。"如果全国人民都立定这个志愿，中国民族才可以发达，只有"把那些帝国主义来消灭"，那才算是"治国平天下"。④

---

① 见《三民主义·民族主义第六讲》，《孙文选集》上册，第 474～477 页。
② 见《三民主义·民族主义第六讲》，《孙文选集》上册，第 477～478 页。
③ 见《三民主义·民族主义第六讲》，《孙文选集》上册，第 478～480 页。
④ 见《三民主义·民族主义第六讲》，《孙文选集》上册，第 480～481 页。

这些论述的核心是要反对帝国主义的侵略和压迫，使中国重新赢得民族的独立、恢复民族的强盛，其重点则在于加强中国民族自身的改造，包括危机意识的警醒、民族团体的凝聚、民族精神的振奋，等等。可以非常清楚地看出，孙中山既具有宏大深远的世界眼光，将中国的民族问题与所有弱小民族共同反对帝国主义的时代使命紧密联系在了一起，同时又具有极为坚定的民族自信心，对中国的重新崛起充满了期待，这些都表明其民族主义思想已经达到了一个新的高度。

（二）民权主义思想的深化

民国建立前，孙中山将民权主义的主要任务定位于推翻清朝君主专制、建立中华民国，因此当民国终于建立之后，孙中山一度认为民权主义也就完成了其历史使命，"民权主义已达"之说相当频繁地出现于他的各类演讲和文字之中。[①] 不过，这种民权主义思想滑坡低落的状况并未持续多长。当"宋案"发生、真相大白之后，孙中山便从民权主义已达、政治革命已经成功之类的观念中猛醒过来，毅然投身于重振民权主义、重建真正民国的斗争。

孙中山一面再度高举民权主义的旗帜与袁世凯等人的倒行逆施进行坚决的斗争，一面对民主共和制本身重新加以审视，力求找出民国何以不能顺利建成的原因所在。他开始意识到，要真正建设好民国，光有政府层面的变革还远远不够，还必须打好"民国之基础"，而这个基础，就是实行"直接民权"制。所谓"直接民权"制，是相对于代议制这一间接民权制而言的。代议制是由人民选出议员，组成议院，代表人民来行使权力。在这一制度下，一般民众只有选举权，而其他权利都要通过议院议员来实现，因而这只是一种间接的民权。"直接民权"制与此不同。它同时将四种权力直接交给人民，即除了选举权外，人民还具有罢官权、创制权和复决权，[②]通过行使这四种权利，人民就可以对政治起到直接的影响和制约作用。比较之下，孙中山认为实行"直接民权"制的国家更为先进，可以"超过"

---

① 见《孙中山全集》第 2 卷，第 332、335、337、338、340、354、408、472、476 页。
② 关于"直接民权"四种权力的名称和顺序，孙中山先后有过不同的表述。这里采用的是《国民政府建国大纲》中的提法，见《孙文选集》上册，第 397 页。

仅仅实行代议制的共和国，而成为"真正民国"。①

像此前主张建立美国式的民主共和制一样，主张实行"直接民权"制也是"取法乎上"的结果。取法的主要对象是瑞士。孙中山称赞瑞士为"自然进化"而成的民国，"民俗强悍，极富自治能力"，实行"直接民权"制已达六十年之久，是欧洲唯一实行此制的国家。② 除瑞士外，在美国的一些州也开始实行"直接民权"，并且已经实行得"很有成绩"。由此，孙中山预言"直接民权"制"将来或者可以推广到全美国，或者全世界。"③ 可见，对于"直接民权"这一当时"最好之民权制度"，④ 孙中山抱着极为赞赏和满怀期待的态度。

与此同时，孙中山之所以着力宣扬"直接民主"制，与他一贯重视"地方自治"也是分不开的。早在孙中山民权主义思想形成之初，地方自治就是其中重要的组成部分。"直接民权"制主张实际上是对地方自治思想的升华，突出了民权在地方自治中的核心作用，体现了孙中山要在地方为民权建立坚实的基础，从而为民权主义在全国的实现提供切实保障的思想。关于这一点，孙中山专门作过这样的论述：

> ……共和之坚固与否，全视乎吾民，而不在乎政府与官吏。盖共和国与专制国不同。专制国是专靠皇帝，皇帝贤，尚可苟安；如不贤，则全国蒙祸。而共和国则专恃民力，使吾民能人人始终负责，则共和目的无不可达；若吾民不知负责，无论政府官吏如何善良，真正之共和必不能实现也。是知共和国之民，应希望自己，不应希望政府官吏也。⑤

这段论述很有思想深度。它是孙中山在"直接民权"制的启迪下，从辛亥革命只实现了中央政权的变动，而没有进行地方自治的建设，结果使

① 《人人须谋公共权利——在旅沪粤籍国会议员茶话会的演说》，《孙文选集》中册，第549页。
② 《地方自治为民国之础石——在上海召开演说大会发表政见》，《孙文选集》中册，第552、555页。
③ 《三民主义·民权主义第四讲》，《孙文选集》上册，第546页。
④ 《地方自治为民国之础石——在上海召开演说大会发表政见》，《孙文选集》中册，第555页。
⑤ 《宁波实行地方自治之三项意见——在宁波各界欢迎会的演说》，《孙文选集》中册，第558页。

民主共和徒有其名的经验教训中，得出的新认识。

俄国十月革命发生后，革命的成功及其所建立的新型苏维埃制度引起了孙中山的高度关注。本着"取法乎上"的精神，他对俄国革命的新鲜经验进行了研究。他表示要"以俄为师"，从俄国革命的成功中找到中国转败为胜的法宝。他从俄国人身上确实学到了不少东西，如革命政党的建设，革命军队的组建，发动工农参加革命运动等。这对孙中山走出一再失败的困境，开辟革命的新路，起了很大的作用。从民权主义的角度来看，孙中山对俄国革命的取法则还处于探索的过程之中。他将苏维埃政权称为"人民独裁"政体，准确地判定出它不是代议制政体，但因为所得材料很少，还是觉得"不能判断其究竟"，只能推想"这种人民独裁的政体，当然比较代议政体改良得多。"①

孙中山虽然肯定俄国苏维埃制度比西方代议制更为先进，但也明确表示这一制度还不适合中国采用。不过，俄国新型政权形式的出现，仍然对孙中山的民权主义思想产生了明显的影响。这集中表现在国民党"一大"宣言所写的这样一段话中："近世各国所谓民权制度，往往为资产阶级所专有，适成为压迫平民之工具。若国民党之民权主义，则为一般平民所共有，非少数者所得而私也。"② 这表明在俄国革命的启发下，孙中山开始认识民权制度究竟在事实上代表哪些人的利益这一更为实质性的问题。他看出以往各国的民权制度多为"资产阶级"所掌控利用，因此希望中国能改变这一状况，使民权制度真正能够代表全体"平民"的利益。毫无疑问，这一认识将孙中山的民权主义思想又向前推进了一步。

(三) 民生主义思想的完善

民国建立前，民生主义主要还是孙中山的一种理论预测和防范，其核心主张是平均地权和节制资本。民国建立后，孙中山曾一度将民生主义当作继续推进民主革命的唯一重点，从理论探讨和实践准备两大方面做了更多的思考。当重新高举三民主义的旗帜之后，在以民权主义反对北洋军阀统治、以民族主义反对帝国主义列强压迫的同时，孙中山对民生主义仍然

① 《三民主义·民权主义第四讲》，《孙文选集》上册，第548页。
② 《中国国民党第一次全国代表大会宣言》，《孙文选集》上册，第677页。

高度重视，除了对原有的基本主张进一步加以阐发外，还不断提出新的重要见解，使民生主义与中国社会现实的联系更加紧密。

首先，强调实行民生主义的根本目的仍然在于消除贫富差别，以便"消弭社会革命于未然"，而主要的办法还是由国家掌控土地和资本的所有权，对地主和资本家进行必要的限制。

在土地方面，基本上还是采用原来所提出的平均地权的原则，即核定地价、涨价归公、由国家照现价收买建设"新市镇"之地，由此逐渐实现土地的公有或地权的平均，彻底解决土地问题。①

在资本方面，孙中山显然有更多的关注。他观察到英国虽已施行土地照价抽税之法，但社会竞争依然激烈，罢工风潮依然不止，其原因就在于资本家的私人所有仍然占据优势。② 中国如今要大力发展实业，所要预防的一个重大问题，就是"私人之垄断渐变成资本之专制，致生出社会之阶级、贫富之不均。"预防的办法就是实行国有化的实业政策："凡天然之富源如煤铁、水力、矿油等，及社会之恩惠如城市之土地、交通之要点等，与夫一切有垄断性质之事业，悉当归国家经营，以所获利益归之国家公用。如是，则凡现行之种种苛捐杂税概当免除，而实业陆续发达，收益日多，则教育、养老、救灾及夫改良社会、励进文明，皆由事业发达之利益举办。以国家所获之利，归之国民所享，庶不致再蹈欧美今日之覆辙，甫经实业发达即孕育社会革命也。"③ 在这一民生主义的实业政策中，已经包含非常鲜明的社会主义公有制因素，难怪孙中山在很多地方，都将自己的民生主义称为社会主义。

其次，制订宏伟的实业计划，作为实行民生主义的物质基础。

发展实业一直是孙中山民生主义的基本目标之一。当第一次世界大战即将结束之际，孙中山根据新的国际形势，开始研究"中国实业之国际开发"的问题，在几年时间内撰成了《实业计画》这一重要著作。

其初衷本在于"谋世界和平之实现"，也就是通过拟订方案，实行"国际共同开发中国之丰富资源，发展中国实业"的"上上策"，消除列强各国

---

① 见《三民主义》，《孙文选集》中册，第 619～623 页。
② 见《三民主义》，《孙文选集》中册，第 625 页。
③ 《中国实业当如何发展》，《孙文选集》中册，第 642～643 页。

对中国的激烈争夺，和平解决中国问题，避免发生另一场更加惨烈的世界战争。其预计的理想结果，是可以"打破列强分割之势力范围，消灭现今之国际商战及资本竞争之内讧，最后消除劳资之阶级斗争"，从而永久根除"关乎中国问题之战端"。①

为了实现此实业计划，孙中山曾撰写《国际共同发展中国实业计划书——补助世界战后整顿实业之方法》一文，分致各国政府，但并未得到积极的反响。这使孙中山感到中国失掉了一次"速进之良机"，同时也进一步认识到要实现实业计划，必须由中国自己掌握"发展之权"，"发展之权操之在我则存，操之在人则亡。"据此，他强调发展实业此后仍为"中国存亡之关键"，而《实业计画》一书可作为发展实业的"大方针"，作为"国家经济之大政策"。② 这一注重在物质基础或者说在生产力层面解决中国社会发展问题的思想，极大地丰富了民生主义的内容。

《实业计画》一书内容繁复，此处难以详述。仅就其大纲而言，可以从两个角度加以介绍。

一个是综合的角度，该计划共有十大建设，即：（1）交通之开发；（2）商港之开辟；（3）铁路中心及终点并商港地设新式市街，各具公用设备；（4）水力之发展；（5）设冶铁、制钢并造水泥之大工厂，以供上列各项之需；（6）矿业之发展；（7）农业之发展；（8）蒙古、新疆之灌溉；（9）于中国北部及中部建造森林；（10）移民于东三省、蒙古、新疆、青海、西藏。③

另一个是分列的角度，将总体计划分列为六大计划。

第一计划以建设"北方大港"为中心，包括五大项内容，即建北方大

---

① 《建国方略之二实业计画（物质建设）·上海英文版序》，《孙文选集》上册，第107~108页。关于研究实业计划的目的，孙中山在后来所写的中文版"自序"中作了略有不同的表述："盖欲利用战时宏大规模之机器及完全组织之人工，以助长中国实业之发达，而成我国民一突飞之进步，且以助各国战后工人问题之解决。"（《孙文选集》上册，第106页）这一不同，是因为针对的读者对象有别。前序主要是写给外国人看的，因此着重强调发展中国实业对于世界和平的作用；后序的主要读者为中国人，因而以发展实业对于中国的意义为重。

② 《建国方略之二 实业计画（物质建设）·中文版自序》，《孙文选集》上册，第106~107页。

③ 见《建国方略之二实业计画（物质建设）·绪论》，《孙文选集》上册，第113~114页。

港于直隶湾（今渤海湾）；建设西北铁路系统；殖民蒙古、新疆；开浚运河以联络中国北部、中部通渠及北方大港；开发直隶、山西煤铁矿源，设立制铁炼钢工厂。

第二计划以建设"东方大港"为中心，包括五大项内容，即建东方大港（包含建"计划港"和改良上海港）；整治扬子江；建设内河商埠；改良现存水路及运河；创建大水泥厂。

第三计划以建设南方大港为中心，包括五大内容，即改良广州为一世界港；改良广州水路系统；建设中国西南铁路系统；建设沿海商埠及渔业港；创立造船厂。

第四计划为建设"十万英里之铁路"，除前已列出的西北、西南铁路之外，还计划建设中央铁路系统、东南铁路系统、东北铁路系统，扩张西北铁路系统，建设高原铁路系统，创立机车、客货车制造厂。

第五计划为发展"本部工业"即直接为人民生活所必需的工业，包括粮食工业、衣服工业、居室工业、行动（即交通）工业和印刷工业。

第六计划为矿业开采，计划开采的矿产有铁矿、煤矿、油矿、铜矿和特种矿，同时计划设立矿业机器制造厂和冶矿厂。[①]

这是一个极为宏伟的计划。尽管真正实行起来，其具体设计还需要专家们重新进行论证和补充完善，但就其总体思路和眼光而言，的确非同凡响，对中国进行现代化建设具有很大的参考价值。

最后，密切关注农民和工人的生存状况，以改善农工现有的经济及政治处境作为民生主义新的生长点。

改善农工生活，本来是民生主义的题中应有之义，但原来只有空泛的意义，并未引致专门的重视。民国建立之后，农工依然遭受外国列强、本国军阀及地主、资本家的多重压迫，同时也正在开始新的觉醒和显示其潜在的巨大力量，这就促使孙中山更多地重视农工问题，并将解决这一问题作为实行民生主义的一个新的重点。

在国民党"一大"宣言中，对关于农工问题的主张作了这样的阐述："中国以农立国，而全国各阶级所受痛苦以农民为尤甚。国民党主张，则以

---

① 见《建国方略之二　实业计划（物质建设）》，《孙文选集》上册，第 116～117、132、170、212、268、281 页。

为农民之缺乏田地沦为佃户者，国家当给以土地，资其耕作，并为之整顿水力；移殖荒徼，以均地力；农民之缺乏资本至于高利借贷以负债终身者，国家为之筹设调剂机关如农民银行等，供其匮乏。然后农民得享人生应有之乐。……中国工人之生活绝无保障，国民党之主张，则以为工人之失业者，国家当为之谋救济之道；尤当为之制定劳工法，以改良工人之生活。"除了主张改善农工生活之外，宣言还主张坚决依靠农工进行国民革命运动，一方面全力支持开展农工运动，一方面要求农工加入国民党，并表示国民党正在从事的反抗帝国主义与军阀的斗争，其实质就是谋求农工解放的斗争。①

其后，孙中山专就农民问题作了进一步的论述，认为"将来民生主义真是达到目的，农民问题真是完全解决，是要'耕者有其田'，那才算是我们对于农民问题的最终结果。"照他分析，中国一般农民有九成都没有田，都是替地主来耕田，所生产的农品大半是被地主夺去了，这是一个很重大的问题，"应该马上用政治和法律来解决"，如果不能解决这个问题，民生问题便无从解决。②

从国家对土地和资本所有权的全面掌控，到全国实业的巨大发展，再到农工经济与政治上的完全解放，孙中山的民生主义思想就变得愈来愈加丰富，也愈来愈加完备。虽然它仍然带有很多预测和预防的成分，但其现实针对性显然呈现出日渐加强的趋势。

综观民国建立后孙中山三民主义思想的发展，既可以看出他一以贯之的革命精神主线，又可以看出他与时俱进的创新务实态度。由于这些新的发展，就使得孙中山的革命思想仍然充满活力，对民主革命继续具有指导作用，并产生重要影响。

---

① 《中国国民党第一次全国代表大会宣言》，《孙文选集》上册，第 678～679 页。
② 《三民主义·民生主义第三讲》，《孙文选集》上册，第 641 页。

第六章　借重传统之力的文化更新

在近代文化更新的历程中，不论是主张进行渐进式的近代化变革还是主张进行武装夺取政权式的革命，岭南人都会遇到一个共同的问题，即如何对待传统文化。

对于近代的文化更新而言，在总体上作为古代社会精神代表的传统文化具有很大的历史惰性，特别是在传统文化中占据统治地位的纲常思想，对人的思想创新和思想解放起很大的压制作用。不推倒传统思想的重压，新思想就很难破土而出。但与此同时，传统文化又具有极为丰富的精神内涵，是中国人进行文化创造时难以摆脱的基础和可以借助的巨大资源；传统文化还对人们的思想和心理具有极大的影响力，这种力量如与之对抗无疑是强大的阻力，但如果加以转换和利用则可以成为强大的动力。

因此，岭南人在文化创新时，面临两方面的选择，即一方面不能不摆脱传统文化的重压，以为新思想的生长创造必要的条件；但另一方面又不可能抛弃传统文化，相反还必须从传统文化中寻找必需的帮助，以使新思想比较容易在中国社会立足。这样两种选择结合在一起，就形成了对传统文化进行重塑的基本态度。所谓重塑，前提是改变其存在的现状，进而则根据现实的需要对其加以改造利用。从近代岭南人进行文化创新的实践来看，他们对传统文化大致都采取了重塑的态度。这种选择是一个复杂而曲折的历史过程。近代社会发展所提供的客观历史条件不同，文化创新的取向和程度不同，对待传统文化的态度也势必存在差异，甚至出现根本的差别。

在此方面，岭南人洪秀全与康有为可以作为不同历史时期重塑传统文化的典型史例。

一　洪秀全与传统文化

由于时代条件的制约，洪秀全一生都未真正突破传统文化的束缚。但由于他具有拜上帝教创立者和太平天国起义领袖这种特定的身份，是现存封建统治思想的异端和封建统治秩序的叛逆，因此，他与传统文化之间又发生了颇为复杂的关系。从以宗教的形式进行改造利用，到运用政权的力量猛烈冲击，再到有意选择和无形采用以作为维护天朝统治的工具，可视为洪秀全与传统文化关系演变的基本轨迹。

（一）耶教与儒学的结合

创拜上帝教之前，洪秀全像中国所有的读书人一样，一心想走科举取士、博取功名的道路，其价值取向与传统文化保持着一致性。他深受儒学思想的熏陶，是孔子的崇拜者。屡次科举考试落第，引发了洪秀全对社会现实的严重不满和极大怨恨。对科举之路的绝望、原有抱负志向的转换和基督教的影响，使洪秀全走上了批判现实和宗教救世之路。

此时洪秀全在观念上处于传统文化与宗教文化交织的状态。在他所创立的拜上帝教教义中，宗教文化虽然在形式上占据了主导地位，拜上帝成为一切观念的中心，但在基本内涵上，传统文化仍然构成其主要的内容。他在形式上已经不拜孔子（在私塾中去掉孔子牌位），但在教义中却充满孔孟的思想和言论。

他所拜的上帝与传统的孔子并不发生根本的冲突。他采纳了基督教中有改造社会现状价值的文化因素，选用了传统文化中有理性精神和人文精神的因素，将它们结合在一起，共同表达了洪秀全未来的文化理想。他虽然在形式上将上帝和基督教凌驾于孔子和儒学之上，但实际上采取的还是将基督教与儒学两者相结合的态度。在他创立的以"三原"为代表的拜上帝教教义中，耶儒浑然一体，儒学思想仍然占有很重的分量。

为了把拜皇上帝的理由讲得更加充分，洪秀全还刻意将拜上帝与中国的历史联系起来，宣扬"历考中国史册，自盘古至三代，君民一体，皆敬拜皇上帝也。"这就是说，中国人本来像西方人一样，也是拜上帝的。但从秦始皇起，就开始求神仙拜偶像，如汉宣帝求金马碧鸡，汉明帝求天竺佛法，汉桓帝祀老聃，梁武帝三舍身，唐宪宗迎佛骨等等，到今日就使得中国之人多惘然不识皇上帝，悍然不畏皇上帝。[1] 这种说法，就是要将基督教

---

[1] 《原道觉世训》，《洪秀全集》，第 18～19 页。

的拜上帝与儒学的敬天观念融合起来，带有明显的耶教中国化的意味。

但随着宗教救世的碰壁和向发动农民起义的转换，洪秀全在思想文化领域里也越来越需要树立起皇上帝的绝对权威。为此，他对传统文化特别是儒家文化的态度就发生了很大的改变。

（二）狂热冲击与重新信守

这一改变，首先见于洪秀全等人为发动起义而编写的《太平天日》。在这篇著作中，洪秀全对孔子和儒学采取了十分严厉的态度。

他借助于精心编造的"异梦"，在"天上"与皇上帝等神灵一道严厉谴责孔子的错谬，"推勘妖魔作怪之由，总追究孔丘教人之书多错"。"皇上帝"摆列出三种书对洪秀全说：一种书是皇上帝下凡时所遗传之书，"此书是真，无有差错"；另一种书是耶稣下凡时所遗传之书，也是真而无有差错之书；还有一种就是孔丘所遗传之书，"甚多差谬，连尔读之，亦被其书教坏了"。又斥责孔丘说："尔因何这样教人糊涂了事，致凡人不识朕，尔声名反大过于朕乎？""天兄"耶稣、众天使及洪秀全本人也同声怪罪孔子。孔子并不服气，"始则强辩，终则默想无词"，最后还"私逃下天"。于是皇上帝派洪秀全与天使追拿孔子，捆绑上天。皇上帝"怒甚"，命天使鞭打。"鞭挞甚多，孔丘哀求不已"，于是皇上帝"乃念他功可补过，准他在天享福，永不准他下凡"。[①]

这是一个十分有趣的神话故事。它以神话的形式清晰地表达了许多现实的含义：一是基督教之书无错而孔子之书多错，因此要用基督教之书来取代孔子之书；二是孔子的名声反而大过皇上帝的名声，这是绝对不能容忍的事；三是孔子不肯认错，就要用武力迫使他改变态度，直到讨饶就范为止；四是孔子毕竟还不是妖魔，有过亦有功，但只准呆在天上，永远不准再下凡间。归结起来，就是孔子及孔学要彻底消失隐退，"皇上帝"要在思想文化领域独占鳌头。这里所谓的"皇上帝"，说到底只不过是洪秀全的精神化身；"皇上帝"所说的话，所做的事，其实都是洪秀全心愿的表达。

起义发动之后，洪秀全等人对传统文化的态度进一步变得十分激烈而粗暴。在起义过程中，太平军所过之处，凡文庙、学宫、孔子像等几乎皆

---

① 《太平天日》，《洪秀全集》，第152页。

被毁殆尽，许多地方还出现了"敢将孔孟横称妖，经史文章尽日烧"的景象。

定都天京之初，太平天国明确宣布实行"烧书"政策："凡一切孔孟诸子百家妖书邪说者尽行焚除，皆不准买卖藏读也，否则问罪也。"① 有一位文人此时在天京目睹"禁妖书"的情形，写了一首诗加以描绘："收得藏书论担挑，行过厕溷随手抛，抛之不及以火烧，烧之不及以水浇。读者斩，收者斩，买者卖者一同斩。"② 这是动用了政权的力量，对包括儒学在内的传统文化的大毁灭。与此相一致，洪秀全早期撰写的拜上帝教教义及《天条书》等，在重刻修改本中，都删去了原有的称引孔孟和古人的话。

这种狂热而偏执的举动，虽能起某种树威的作用，但实际上很不利于太平天国的统治。因为在太平天国领导人的头脑深处，根深蒂固的仍然还是儒学为主的思想。他们要建立起天朝占统治地位的意识形态，除了继续利用和改造基督教之外，儒学堪称现成的最好使用的思想工具。因此，在对传统文化疯狂扫荡一时之后，洪秀全的态度又发生了显著的改变。

掌握天朝实权的杨秀清首先清楚地意识到抛弃传统文化的偏颇，于1854年2月以天父名义"下凡"，指示要改变原来"贬一切古书为妖书"的政策。

他讲了三方面的理由：

第一，在四书十三经中，"阐发天情性理者甚多，宣明齐家治国孝亲忠君之道亦复不少"，因此对古书要做鉴别，"凡有合乎正道忠孝者留之，近乎绮靡怪诞者去之。"

第二，历代史鉴，能"褒善扬恶，发潜阐幽，启孝子忠臣之志，诛乱臣贼子之心，劝惩分明，大有关于人心世道"，也应保留。

第三，古书中还记载了很多英雄豪杰的事迹，"自朕（指天父——引者注）造成天地以后，所遣降忠良俊杰，皆能定起纲常，不纯是妖，所以名载简编，不与草木同腐，岂可将书毁弃，使之湮没不彰"，而今日派天王下凡治世，大整纲常，诛邪留正，也"正是英雄效命之秋。彼真忠顶天者，

---

① 《诏书盖玺颁行论》，《太平天国》（一），第313页。
② 马寿龄：《金陵癸甲新乐府》，《太平天国》（四），第735页。

亦是欲图名垂万古，留为后人效法"，留下这些古书对希望青史留名者也是一大激励。①

这些理由的核心是忠孝之道，也正是儒学的核心价值观念。要改变原来对待古书的政策，也就是要将儒学保留下来。

按照"天父"下凡的指示，洪秀全随即下达了一道诏令，内容是设立删书衙以删改六经，规定一切孔孟古书待删改镌刻颁行后，准人们阅读。

他还下了一道《删改诗韵诏》，写道："咨尔史臣，万样更新，诗韵一部，足启文明。今特诏左史右史，将朕发出诗韵一部，遵朕所改，将其中一切鬼话、妖怪话、妖语邪语，一概删除净尽，只留真话、正话，抄得好好缴进，候朕批阅刊刻。"②《诗韵》即《诗经》，不称"经"而改称"韵"，是要降低其地位。尽管洪秀全对《诗经》胡乱删改，毕竟还是将其保留了下来，并且还承认其有益于文明。比起原来对儒家文化所采取的极其野蛮的态度，这表明太平天国的文化政策发生了很大的转变。

事实上，不论洪秀全如何企图凌驾于传统文化之上，在没有近代新思想指引的历史条件下，他是不可能摆脱传统文化制约的。他所信守的根本政治观念、社会观念和道德观念等，在宗教的外表之下，还是没有超出传统文化的范围。如建都之后所颁布的《天朝田亩制度》，从来源到核心观念，都仍然是以传统文化作为根本依据。如《天父诗》等，更是将传统专制主义的政治观和道德观推衍到了极致。

在太平天国后期，洪秀全对宗教的依赖性越来越大，而传统文化的理性因素和人文因素越来越少，最后陷入宗教妄念的泥沼中不能自拔。

二　康有为与传统文化

像洪秀全一样，康有为也是在传统文化的熏陶下成长起来的，长时间里也在走博取功名的道路。但与洪秀全很不相同的是，由于家世及个人经历等条件的显著差别和时代背景的重大改变，康有为走的是一条由旧式士人到启蒙思想家，再到维新变法运动领袖的道路。因此，他对传统文化的

① 《天父圣旨》卷三，王庆成编注《天父天兄圣旨——新发现的太平天国珍贵文献史料》，辽宁人民出版社，1986，第103页。
② 《删改诗韵诏》，《洪秀全集》，第186页。

重塑与洪秀全相比，就发生了很大的变化。最重要的变化是，洪秀全不论以何种方式冲击或改造传统文化，始终都未能从根本上冲破传统文化特别是传统纲常礼教的束缚，他将传统文化置于宗教的统制之下，反而使传统文化本来所具有的某些优良的人文精神及世俗特征遭到了扭曲和窒息，而康有为是在文化价值观取得根本性突破的基础上来重塑传统文化，他用以西学为代表的近代启蒙精神对传统文化做了多方面的改造和更新，使传统文化在很大程度上焕发生机，成为维新变法的思想武器。

康有为重塑传统文化的努力也经历了一个前后演变的过程：在投身维新运动之前，康有为主要是以自己业已形成的新思想体系为指导，以中国政治史、政治思想史、教化史和学术史为对象，对传统文化进行了新的总结和解读；在维新运动中，康有为猛烈冲击正统经学及其所代表的整个官方统治思想文化体系，重新塑造今文经学的孔子，力图将孔学与康有为之学融为一体；维新运动失败后，康有为根据开展立宪斗争的需要继续重释孔学，同时又以此作为反对中国实行民主共和的理论依据。

（一）历史传统的重新解读

如前所述，早在上书清帝、主张变法之前，康有为就在近代西方文化的重大影响下走上了思想启蒙之路。西学使康有为突破了传统思想文化体系的束缚，特别是否定了数千年来作为金科玉律的传统纲常观，树立起以西学新思想为核心的新文化价值观。他用新思想来重新审视和阐释传统文化，必然产生完全不同的看法。这些看法在《民功篇》和《教学通议》两部著作中十分清楚地呈现出来。

《民功篇》撰于1886年，是康有为对中国上古先王的民功事迹进行详细考察及论述的著作。所谓民功，即有功于民，体现于为民制作宫室、衣服、杂器、礼乐、法制之具及为民兴利除弊，与军功相对。该著围绕民功而作，赞美先王建树的民功业绩，总结后世民功不兴的历史教训，揭示先王民功业绩中所蕴含的义理并据以反省批判现实，形成了颇具特色的民功论。

对从伏羲到尧舜等先王的民功业绩，康有为逐一进行了陈述和赞颂。如伏羲氏为首出之圣，创作八卦，编制历法，定嫁娶之制，造琴瑟之器，教佃渔之事，奠定了民功之基；神农氏民功至大，事迹至奇，凡民众存在的缺食、缺乏器物之用、患病等疾苦，皆能设法解决，一身既为帝，又为农、为工、为商、为医，因而被视为神圣；黄帝为各种制作、制度之祖，举凡宫室舟车、衣服文字、历数技乐、什器礼治，皆创于黄帝，并在四千年中沿用至今，黄帝实堪称万王民功之魁；尧舜将黄帝的创制发扬光大，在百余年间形成了文明美善、臻于至治的局面，达到了民功业绩的高峰。总之，先王们都是因为民功卓著而受到民众的拥戴和后世的尊崇。①

将远古文明的出现归结为某几位神圣先王的创造，这本来是中国文化中一直相沿的传统观念。康有为对先王的赞美与传统观念的不同之处在于，他突出了民众作为社会主体的地位：先王之所以为圣人，是因为他们与民同忧共患，竭尽全力造福于民，成了爱民、忠民的最高楷模。这种诠释，就赋予旧的先王神圣论以新的意义。

在中国历史上，先王的民功业绩未能延续下来。康有为认为，夏、商、周三代虽号称极治，但所重者已转向增肉刑，加兵制，以世袭取代禅让，国家的观念日益占据中心地位而民事逐渐走向衰息。从秦朝开始，改变尧舜之法，一味以军功和国家为重，君主自私其天下，已丢掉了二帝三王的忠民之心。此后两千年中国皆用秦制，元朝尤其是凭借武力而入主中原，于是，军功盛而民功绝，民性日愚，民生日蹙。②

后世的民功业绩为什么远远不及先王呢？

康有为从多方面加以总结，大致原因有：一是实行世袭制则固守祖法，即使祖法积久弊生也不敢变革；二是过于推崇三代之治，丝毫不敢创新；三是暴秦彻底破坏了先王之法的传承，流毒遗祸二千年；四是后世统治者因为秦朝的自尊自私之道对自己甚为有利，可借以愚民，便甘舍尧舜周公之道而从秦，只知以军国为重而以民为轻，于是二千年来民功遂歇绝熄灭于天下；五是后世学者治学无方，只知依据残留的经典盲目推尊三代之治，而未尝深求治国救民的道理，民功因此不兴；六是有时虽有圣君而无贤臣（康有为举了清朝康熙帝的例子），结果还是不能变法图治、驾乎三代之上；七是民功业绩的盛衰虽系人事，但亦与天运相关，黄帝、尧、舜仅百年而大治适逢运会之盛，待运会衰时谁也难挽其颓势，只能等待下一次兴盛时期的到来。③

---

① 见《民功篇》，《康有为全集》第 1 集，第 20～21、24～25、33、43～51、67 页。

② 见《民功篇》，《康有为全集》第 1 集，第 66～67 页。

③ 见《民功篇》，《康有为全集》第 1 集，第 67～69 页。

对民功业绩衰亡史的回顾总结，实质上就是以实理公法为衡量标准而对秦朝以来专制历史的反省批判，批判的锋芒直指皇位世袭制、君主私天下、武力征战、君重民轻、愚民政策、因循守旧、抱残守缺等种种不合人类公理的严重弊端，是对两千年封建专制史的一次颇有冲击力的清算。

为了重振民功，康有为着重对先王民功事迹中所蕴涵的义理、所体现的先王德行进行了揭示，并据以反省批判社会政治现实，实际上是表达了他本人此时经过深思熟虑所形成的政治思想观点。

概括起来，其要义有以下数点：（1）应以天下为公器，以至德之人继帝位，以仁爱为天子之学；（2）要宜民安国就必须变祖宗成法，否则难免招致亡国之祸；（3）天子应知贤用贤，破除资格限制和谗言谤语的干扰；（4）天子应有好善之心，以至诚求言，而不应闭塞贤路；（5）君臣关系应如宾友，而不能尊君抑臣，否则下情必然壅隔，成为政治死症；（6）天子应纡尊降贵，出巡以了解民间疾苦，兴利除弊；（7）人道应以求美为准则，去朴陋而求繁盛；（8）祭祀应依经义典法行之，破除各类惑民、愚昧的习俗；（9）国土应该固守，决不能轻易割让与人；（10）治水应采浚川之法；（11）封赏应以民功大小为准则，而不应以军功取代民功。①

这些主张具有强烈的现实针对性，构成了康有为变法思想的基干，特别是必变祖宗成法、必通上下之情、天子应纡尊降贵等观点的提出意义尤为重大，在康有为日后通过上皇帝书等形式表达的变法要求中，这些观点一直占据核心的地位。

在撰写《民功篇》的同一年，康有为还撰写了《教学通义》这部重要著作。它与《民功篇》为姊妹篇，都是以正在形成的新世界观作指导，针对严重的社会现实问题而对中国历史和传统文化所作的总结借鉴式的批判。《民功篇》侧重于政治史及政治思想史，而《教学通义》侧重于教化史和学术史。

《教学通义》中所说的"教学"含义很广，在人员上包括了民众的教与学、士人的教与学、官吏的教与学，在内容上则涵盖了政治思想教化、道德观念教化、学术研究、工艺技术传授等方面，构成了各个层次的文化进

---

① 见《民功篇》，《康有为全集》第 1 集，第 37、47、19～26、48～49、62、58～59、50、57、38～40、51、78 页。

行传播、延续和发展完备的网络。

康有为撰《教学通义》是为了解决"今天下治之不举",即国家不能得到有效的治理、处于衰败之态的严重问题,解决的办法是遵循古今结合、教治相通的原则,师法古先教学制度及举措的精华,搞好今日的教学。书中的主要内容有三大方面。

第一,系统考察从伏羲到周公教学制度形成发展的历史,勾勒出先王教学之制的基本面貌,并着重阐述周公教学之制,将其作为教学制度的理想模式。

康有为认为,教学起源于人类之智所特有的思辨性。由于善于思辨,人类一出现便开始产生礼义的萌芽和进行衣食住行方面的制作,进一步形成教学中的"德行"即礼教伦理和"道艺"即器物制作两大部分,代代相传。从伏羲到黄帝,教学制度不可考,尧舜时教学达到极盛。

周公教学之制是康有为论述的重点。他赞颂周公教学之制极其美备,将其概述为公学、国学和私学三种制度。

公学为所有人之学,从庶民到世子(天子、诸侯的嫡长子)莫不学之,而庶民不仅为士者应学,凡农、工、商贾者亦皆学之。学习的内容有文字、礼节、德行、艺学和国法。学习从六岁开始,学至三十岁才开始任事,士人分任六官,民庶各择九职,于是进入私学阶段。实施公学的结果,使农、工、商贾皆获得士人的出身,受到同样的教育,四民都能"内则崇德厉行,外则修其道艺",且都能通晓本朝政典,上下一致,国家因而大治。

国学是公学的一个特殊部分,其授学对象为贵族子弟及庶民中的"俊秀"之人。授学内容一为"小学",专教贵族子弟,所教者与公学大致相同,但较为精深;二为"大学",既教贵族子弟,亦教"俊秀",以乐学为教,教以乐德、乐语、乐舞,其目的是为了"养德",使这些身负重任的受教者通过德行修养,改变各种偏颇的气质性情,达到完美的程度,以便今后能完成国政民命所托。

私学是继公学之后的职业化的专精之学。人们接受公学教育之后,按其地位、身份及才能、志向的不同,分别授予各种官职或安排从事各类职业,官者则掌握专学,业者则精研专学,于是人才辈出,智识日进,足以致君国之用。

康有为认为实行由公学、国学和私学构成的教学制度是周公之治臻于至美至善的保证，可惜未能继承留传下来，至汉代已遭到完全的破坏。①

第二，比较孔子与周公，指出孔子之学存在重大缺陷，同时对孔子之学与周公之制的关系作了全面分析。

康有为认为孔子在两个方面不如周公：一是周公得有天位，能定制度令百官万民施行，教与治紧密结合，而孔子贱为布衣，只能以道德义理之精教英才，而未尝顾及农工商贾、畜牧、百业之民，"坐谈高义，舍器言道"，教与治截然分离；二是周公有先王们丰富的文化遗产可以继承，百官之学皆称发达，而孔子生于春秋之末百学凋零之际，孔子虽勤勉搜求仍所得极少，远不能跟周公的百官之学相比。

但孔子之学与周公之制之间又存在着继承发展的关系。继承者在于孔子所修六经除《春秋》外，有五经皆以周公典章为本，与周公之制有不少相似或相近之处；发展者在于孔子所修六经虽然言治不宜于用，但言道则讲之日精，这全都是孔子之学，不属于周公，特别是《春秋》为孔子的"改制之书"，与周公之礼截然不同。作为今后的理想，康有为主张将周公之制与孔子之学以"内圣外王"的模式结合起来，复周公教学之旧以为外王之治，讲求孔子之义学以为内圣之教，"二者兼收并举，庶几周、孔之道复明于天下。"②

第三，依据先王（主要是周公）教学制度的精义，针对后世各种严重的弊端，提出全面改革的主张。

其中，带有根本性或总体性的改革主张有三项。

一是立学，即遵照先王教学之制的基本精神，重新建立有治国治民之实用的教学制度。康有为概括先王教学制度的基本精神为道与器合，治与教合，士与民合，其突出的特点是注重教学的有用性。通过立学，挽救后世无用之学盛行，科举之制泛滥，人才极其缺乏的大患。

二是从今，即教学要以时王时制为中心，为搞好现实之治服务，反对教治分离，好古贱今。这样做就能使上之法令易知，下之情意易通，所以能够致治。更重要的是，在这一做法中贯穿着彻底变法的精神。如周制就是以时王为法，大周之通礼会典一颁，天下奉行，前朝典礼皆废弃不用。

---

① 见《教学通义》，《康有为全集》第 1 集，第 83～121 页。

② 见《教学通义》，《康有为全集》第 1 集，第 118～126 页。

又如三代之时，新王变更礼制，下及杯勺、颜色、体制，无不变更。通过从今改变后世教学与吏治分途，好古贱今，治学完全脱离现实的状况。

三是尊朱，即以朱熹作为学者治学的榜样。康有为认为先王之学自汉代以来逐渐废坠亡灭，得先王学术之全、治教之密的大学者已寡有其人，只有朱熹与众不同，在治学上取得了非凡的成就：其学原始要终，外之天地鬼神之奥，内之身心性命之微，大之经国长民之略，小之度数名物之精，以及词章、训诂、百凡工技之业，莫不遍探而精求，以一身而兼备之，是孔子之后中国最大的学者。其不足之处主要是对孔子改制之学还未能深思和发挥。通过尊朱，清除后世学者治学志向不大、眼光不远、钻研不深、知识不全等弊端。①

除此之外，康有为还提出了搞好幼学，讲求德行，向民宣示国法，修订礼制，讲求射御之意，教化民众，统一言语，设立师保等八项具体的改革主张。② 虽不同程度地带有理想化的色彩，但也可见其思考改革问题的周密细致深入，其中数条实际上还成了他后来相关改革主张的蓝本。

从《民功篇》和《教学通义》两部著作中，可以看出康有为完全跳出了以往历史文化观的窠臼。他将自己的新思想灌注于先王先圣的事迹之中，赋予其新的内涵、价值和意义，并与自己变法的设想有机地融会贯通起来，从而完成了对中国历史与传统文化的重释和改造。

（二）重塑孔子的努力

1888 年，在救时之心的驱动下，康有为走上了变法实践之路。第一次变法实践的失败，使康有为重新思考新思想的出路。在廖平的启发下，康有为由以弘扬西学为中心转到了以重塑孔子为中心。重塑孔子的前提是否定原来占统治地位的孔子，由此达到否定现存统治思想的目的。然后在此基础上，对儒家经典重加解释，树立一个符合康有为需要的具有西方近代精神的新孔子。康有为为此花费了巨大的精力，撰写了多部重塑孔学的著作。

但既然要重塑孔子，就不得不面对二千年来已有的孔子。这个旧孔子

①　见《教学通义》，《康有为全集》第 1 集，第 127 ~ 139 页。
②　见《教学通义》，《康有为全集》第 1 集，第 517 ~ 520、140 ~ 163 页。

早已被历代统治者和经学家们从政治与学术两大方面塑造定型，其历史源远流长，其成见根深蒂固，其影响沦肌浃髓；现在要否定旧孔子，另造出一个能使人相信、让人接受的新孔子，这不论在政治思想上还是在学术上，都是一个非常艰巨的任务。

康有为给自己的重塑孔子或者说"发明孔子之学"确定了这样的著述计划：先辟伪经，以著孔子之真面目；次明孔子之改制，以见生民未有；以礼学、字学附之，以成一统；以七十子后学记续之，以见大宗；辑西汉以前之说为五经之注，以存旧说而为之经；然后发孔子微言大义，以为之纬。在这个计划中，政治与学术紧密交织在一起，孔子之旧与康有为之新紧密交织在一起，于庞大之外，更增添了复杂繁难性。康有为自己也承认这一计划"体裁洪博，义例渊微"，恐怕"汗青无日"，难以完成，抱着"成不成则天也"的态度。① 在随后的著述实践中，康有为并未完全照此计划实行，但计划中最重要的三项他是下了很大工夫去做的，这就是辟伪经、明孔子改制和阐发孔子的微言大义。

1. 辟伪经

这是康有为为了重塑孔子而首先着手的著述工作。

在中国经学发展史上，从汉代开始，出现过用两种不同文字写成的儒学经籍。一种是用当时通行的文字（隶书）写成，被称为今文经；一种是用先秦的古文写成，被称为古文经。所谓伪经，是康有为对儒学古文经籍作出的一种判定。他认为，古文经籍根本不是先秦留存下来的原本，更与孔子所作的经籍无关，而是西汉末古文经学派的开创者刘歆出于帮助王莽篡夺政权、建立新朝的政治目的而蓄意编造出来的。因此，古文经绝非孔子的真经，而只不过是伪经（也叫做"新学"，意即服务于王莽新朝的经学），应该从儒学经籍中彻底清除出去。

康有为辟伪经的代表作为 1891 年刊行的《新学伪经考》。撰写此书有学术上与政治上的双重目的，而又以学术目的服从于政治目的。

在学术上，《新学伪经考》要证明所有的古文经典及传注都不是孔子的真经，而只是刘歆编造出来的伪经。为此，书中做了大量翔实而缜密的考证。

---

① 见《答朱蓉生书》，《康有为全集》第 1 集，第 1042 页。

其证伪的核心依据有三个：一是秦始皇焚书并未危及六经，汉代十四博士所传经典皆为孔门足本，并未残缺。既然如此，在今文经之外所发现的古文经就不可能是孔子的真经。二是在西汉经学中，从无古文经之说，到了刘歆才出现古文经，可见这完全是刘歆的伪造。只要将西汉经说与刘歆经说两相对照，便可知其伪乱百出。三是孔子时所使用的文字为籀文，至秦渐变为秦篆，至汉再变为汉隶，三者一脉相承，只稍有变化。汉儒之文字即孔子之文字，并无另外的所谓古文。刘歆另伪造古文字撰写伪经典，其伪昭然可见。由这些依据，康有为将伪经之说称为"铁案如山，不能摇动"。①

此外，书中还对刘歆作伪的具体内容、作伪手法和作伪目的等进行了详细的考辨分析，并进一步申斥刘歆伪造古文经犯下了数项"大罪"，如倒乱了孔子六经之序，以己伪经加于孔子真经之上，对真正传孔子之学的博士进行诋毁，以训诂形声之学毁灭六经微言大义之学，欲夺孔子之席等等。②

以学术方式和方法所作的辨伪构成了《新学伪经考》一书的主体。

在政治上，康有为欲通过否定伪经而动摇历代王朝统治的思想理论基础。这一意图，康有为在为《新学伪经考》所写的序言中表达得十分清楚。他毫不留情地指出，明明是伪经的东西，却自汉代以来一直占据着统治地位，这是极为反常的咄咄怪事：

> 阅二千年岁月日时之绵暧，聚百千万亿衿缨之问学，统二十朝王者礼乐制度之崇严，咸奉伪经为圣法，诵读尊信，奉持施行，违者以非圣无法论，亦无一人敢违者，亦无一人敢疑者。……六经颠倒，乱于非种，圣制埋瘗，沦于雾雾，天地反常，日月变色。以孔子天命大圣，岁载四百，地犹中夏，蒙难遘闵，乃至此极，岂不异哉！③

---

① 见《新学伪经考》，《康有为全集》第 1 集，第 574～578、584～585、681～687 页。

② 见《新学伪经考》，《康有为全集》第 1 集，第 691～692 页。

③ 《新学伪经考》，《康有为全集》第 1 集，第 572 页。所谓二千年"无人敢疑"是不准确的，康有为自己在该著中就举了不少"敢疑"的例子，见该著第 650 页。

这段话所具有的政治分量非常之重，其思想冲击力亦非常之猛烈。试想，在中国封建社会中，经学一直具有至高无上的特殊地位，被当作建立和维护统治的根本性信条，不允许任何人违背和怀疑，而康有为却将此经学一概斥之为伪经，这不等于说，两千年来的统治者和学者都受了刘歆的欺骗，都在按照虚假谬误的经义行事吗？于是，既有经学的独尊性、神圣性甚至合法性都荡然无存。不仅如此。由于经是伪经，那么，循此伪经所制定的礼乐制度和阐释的各种学问，不也同样值得大加怀疑，需要重新厘清吗？这就把对古文经的学术批判，引发为对整个占统治地位的思想文化乃至政治制度、政治举措的批判。梁启超曾评价《新学伪经考》为"思想界之一大飓风也"，正是因为此书有比学术意义更为重大的政治意义。

2. 宣扬孔子改制

辟古文伪经是为了立今文真经，而实际上是为了立康有为自己的新思想学说，这也是重塑孔子的实质所在。那么，怎样才能达到这一目的呢？康有为紧紧抓住了一个至关重要的命题，就是所谓孔子改制。

孔子改制本来是今文经学一种传统的说法，但对康有为来说，这一说法对重塑孔子非常有利。

首先，改制的孔子必定是今文经学的孔子，而今文经学讲求的是孔子的大义之学，与古文经以训诂为中心、使学者碎义逃难、穷老尽气于小学的做法截然不同，这种对大义的探讨追求也正是康有为治学的根本态度。

其次，改制的孔子必定是敢于革新、充满创造力的孔子，这与康有为所具有的创新精神和大力倡导的变法是完全一致的。

再次，孔子当时的改制主要体现于所谓微言大义之中，而既然是"微言大义"，也就有极大的任意解说发挥的空间，将康有为的学说改装成孔子的学说或者说将两者合为一体，也就完全有了可能。

最后，按照今文经学的观点，改制本为王者之事，孔子没有王者之位却有改制之举，堪称"素王"，其地位甚至超过真正的王者，具有规范百世的影响力。这种巨大的权威性，正是康有为在宣扬新思想时所渴望的。

基于这些考虑，康有为在《新学伪经考》刊行后，即着手编撰《孔子改制考》这部意义更为重大的著作，前后写了六年，于1898年初刊行。

《孔子改制考》一书的中心内容说起来很简单，就是要证明真孔子是一个改制的孔子，或者说，真孔学是一个改制的孔学。但书中"改制"所及，包含的内容又十分丰富。

所谓改制，是今文经学中一个特定的概念。改即变革；制即制度，尤其指一个朝代制度的整体。合起来说，改制即指从整体上变革一个朝代的制度，孔子改制即指孔子所作的改制工作。

康有为对孔子改制进行考证，主要围绕以下四个重要问题。

第一，孔子改制出现的原因。

康有为运用进化论的观点，指出这是历史长期发展的必然产物。书中从人智是世界长期进化的产物说起：凡物积粗而后精生，积贱而后贵生，积愚而后智生，积土石而后草木生，积虫介而后禽兽生，人为万物之灵，其生尤后。人类产生之后，经过两千年的"积人积智"而事理咸备，于是才智之尤秀杰者蜂出挺立，不可遏靡，皆"改制立度，思易天下"。印度、波斯、泰西等地无不如此，中国则出现了春秋战国时期"诸子并起创教"的繁盛局面。孔子既是创教诸子中的一子，又是"其尤神圣者"，其他诸子皆有欠缺，惟有孔子能积诸子之盛，合大道，范万世，以神圣教主的资格进行改制。①

这是将历史进化论作为孔子改制说的理论基石，肯定有发展就必有改制，而改制本身也就是一种发展。这种进化论的观点，其实即是康有为十余年前在《康子内外篇》中已经阐明的观点。

第二，孔子改制的证明。

书中从三个方面进行了详尽的考证：

一是从文献载体方面考证，指出六经皆为孔子改制所作，而以《诗》《书》《礼》《乐》《易》为先王周公旧典，《春秋》为"赴告策书"，这是刘歆创伪古文之后的说法，汉以前并无此说。②

二是从改制的微言大义方面考证，认为最能提供此项证明的著作是董仲舒《春秋繁露》中的"三代改制"篇，此外从"孔子与弟子商定改制大义"等史迹中亦可予以印证。书中还具体列出了多项孔子改制的微言大义，如仁之义、夫妇之义、正名之义、仁义之义、失民不君之义、革新之义、命之义、久丧之义、上下有等之义、诛民贼之义、奉天治民之义、五德终

---

① 见康有为《孔子改制考》，中华书局，1958，第9～10页。
② 见康有为《孔子改制考》，第243～244页。

始之义等。①

三是从孔子所改的各项制度方面考证，如冠服之制、亲迎之制、立嗣之制、丧葬之制、建国之制、削封建行大一统之制、授时之制、制土籍田之制、选举之制、刑罚之制、姓氏之制、礼乐之制等。②

这些考证构成了全书的主体，以此证明孔子改制的确定无疑，并表明改制是贯穿于孔子之学的根本精神。

第三，孔子改制的形式，即"托古改制"。

所谓托古，就是假借古人的言行事迹来表达自己的意图。孔子在改制时，并不说自己要如何，而是说先王的言行事迹如何，这些言行事迹并不一定是确凿的历史事实，只不过用来作为表达改制之意的材料，这就是孔子的托古改制。

孔子改制为何要托古？其原因有三：一是为了俯顺人们的"荣古贵远"之情，托于古人可令人"敬异"，便于施行；二是为了使民信从，将改制说成是先王的言行事迹，有很强的说服力；三是为了避祸，"布衣改制，事大骇人，故不如与之先王，既不惊人，自可避祸。"基于这些原因，孔子改制便无不托古，反之，孔子凡言古王、古事、古制、古语、古史等则无不为改制之托。③

为了证明这一点，康有为同样根据历史进化论，举出了一个有力的证据，就是孔子所热衷于宣扬的一切古史事迹，实际上都是"茫昧无稽"的：夏、殷的文献已亡失，周代的典籍亦不存，三代之前的古事更无可考。正因如此，诸子（包括孔子）便得以纷纷对古代事迹进行假托。④

对于孔子的托古，康有为特别强调托于文王和托于尧舜的意义。托于文王代表了孔子的拨乱之治，实行君主制，而托于尧舜则代表了孔子的太平之治，实行民主制。这是两个不同的历史阶段和两种不同的治道，既互相区别，又互相联系。康有为认为，孔子更为重视的是尧舜之道："尧舜为民主，为太平世，为人道之至，儒者以为极者也"，"孔子拨乱升平，托文

---

① 见康有为《孔子改制考》，第 198、201、219～227、303～323、354～357、397、410、436、447 页。

② 见康有为《孔子改制考》，第 228～239 页。

③ 见康有为《孔子改制考》，第 48～49、267～269、272～281 页。

④ 见康有为《孔子改制考》，第 1～6 页。

王以行君主之仁政，尤注意太平，托尧舜以行民主之太平。"①

　　孔子托古始于文王而终于尧舜，这表示现实的君主制经过拨乱之治之后，一定会发展到民主制，达到太平之治。这里的"民主"，与康有为曾在《实理公法全书》中列出过的民主实际上是一脉相承的。

　　第四，孔子改制的意义。

　　首先，由于改制是全新的创造，孔子就得以成为开创儒教，前所未有，总合大道，范围万世的神圣教主。此点与古文经学之说针锋相对。按照古文经学，孔子不是开创者，而是守成者，六经皆为旧典旧史，孔子述而不作，这就将神明圣王、改制教主"降为一抱残守阙之经师"。② 证明了改制的孔子，也就否定了守成的孔子，并进而为重释儒家经典、发掘其改制的微言大义铺平了道路。

　　其次，由于改制集天下义理制度之大成，孔子就得以成为"制法之王"即"素王"，意为没有王者之位，但有王者之道，能为王者立法。康有为从辨析王者之义着手，对此点进行了阐释："何谓之王？一画贯三才谓之王，天下归往谓之王。天下不归往，民皆散而去之，谓之匹夫；以势力把持其民，谓之霸；残贼民者，谓之民贼。夫王不王，专视民之聚散向背名之，非谓其黄屋左纛，威权无上也。……今中国圆颅方趾者四万万，其执民权者二十余朝，问人归往孔子乎，抑归往嬴政、杨广乎？既天下义理制度皆从孔子，天下执经释菜俎豆莘莘皆不归往嬴政、杨广而归往大成之殿、阙里之堂，共尊孔子，孔子有归往之实，即有王之实，有王之实而有王之名，乃其固然。"③ 这就不仅将代表义理制度的孔子置于掌握权力的君主之上，而且极为鲜明亦极为尖锐地将"天下归往"的素王孔子与历代天下并不归往的君王对立起来。

　　最后，由于改制立三世之法，并以太平之治、大同之乐作为追求的终极目标，这就使孔子具有超越时空的神圣地位，可以"为万世作师，为万民作保，为大地教主"，④ 而孔子之道对今人而言，当然也就仍是具有最高

①　康有为：《孔子改制考》，第 283～284 页。

②　康有为：《孔子改制考》，第 165 页。

③　康有为：《孔子改制考》，第 195 页。

④　康有为：《孔子改制考·叙》，第 1 页。

指导作用的大道，值得人们大力弘扬。

总之，这部以学术考证形式撰写的著作，实际上包含着重要的政治思想内容。它以孔子改制的名义，高举革故鼎新的旗帜，批判君主专制，赞颂"民主"理想，并力求使改制的孔子获得独尊的地位以利于大道的推行，这些对当时的社会现实具有极大的冲击力。

由于直接以学术为政治目的服务，这部著作也像《新学伪经考》一样，有不少牵强附会、主观武断之处，孔子改制说并不能成为一种科学严谨的学术结论。

《孔子改制考》编撰成书后，康有为为该书写了一篇序文，直截了当地表明追求"太平之治、大同之乐"是自己撰写此书、宣扬孔子改制说的根本宗旨。他认为自两汉以后，孔子当年所创立的太平大同理念就湮没无闻，于是中国之民两千年中受尽暴主、夷狄之酷政，直至今日，才由自己重新发现了孔子的太平大同之道，并担负起弘扬此大道的重任。实质上，康有为反复陈说的归之于孔子名下的太平大同之道不是别的，正是他自己追寻"人类公理"时期所建构的新的思想体系。

3. 阐发孔子的微言大义

与《孔子改制考》同时成书的，还有《春秋董氏学》和《礼运注》两部著作。这是戊戌政变前康有为所写的重塑孔子第三个环节的代表作。

按照今文经学的观点，六经之中最能代表孔子改制之作的是《春秋》一书，而对《春秋》之义解释得最好的是《春秋公羊传》。西汉董仲舒是专治《春秋公羊传》的今文经学大师，又以《春秋繁露》一书建立了一套推阐公羊学的颇为博大而完备的理论体系。因此，发明董氏之学便成为康有为系统阐发孔子微言大义的首选，以求"因董子以通《公羊》，因《公羊》以通《春秋》，因《春秋》以通六经，而窥孔子之道。"①

在《春秋董氏学》一书中，康有为按照自己的需要对《春秋繁露》的主要内容重新进行了整合，并通过所加的一百五十余条按语，对董氏思想学说作了广泛的发挥，形成了融孔子、董仲舒和康有为的思想为一体，而终归以康氏思想为主导的"孔子之道"。②

---

① 康有为：《春秋董氏学》，中华书局，1980，第2页。
② 参见拙著《岭南维新思想述论》，中华书局，2002，第241~262页。

　　《礼运注》是对儒家经典《礼记》中的《礼运》篇所作的注解。康有为阐发孔子的微言大义，最为重视的是其中的所谓太平大同之道，实质上是欲借此道来表达自己未来的社会理想。这方面本来就存在一个难题，就是在儒学众多经传中，皆无可以直接而明确印证孔子太平大同之道的材料。幸好，有《礼运》篇独一无二地记载了孔子对"大同"之道的一段相当精辟的论述（此段论述实际上为后来儒家学者所托），讲的正是三代之前尧舜之世的太平景象，而按照孔子托古改制的观点，远古应视为未来的倒影，尧舜之道也就是太平大同之道。这真是给康有为帮了一个天大的忙。

　　他在叙文中对《礼运》篇赞叹道："是书也，孔氏之微言真传，万国之无上宝典，而天下群生之起死神方哉！……天爱群生，赖以不泯，列圣呵护，幸以流传，二千五百年至予小子而鸿宝发见。辟新地以殖人民，揭明月以照修夜，以仁济天下，将纳大地生人于大同之域，令孔子之道大放光明，岂不异哉！"① 这等于说，康有为想要阐发的新思想，终于找到了一个再理想不过的载体。

　　于是，在《礼运注》中，他对《礼运》原文逐段或逐句加注，重点是围绕"大道之行也，天下为公，选贤与能，讲信修睦。故人不独亲其亲，不独子其子。使老有所终，壮有所用，幼有所长，矜寡孤独废疾者，皆有所养。男有分，女有归。货，恶其弃于地也，不必藏于己；力，恶其不出于身也，不必为己。是故谋闭而不兴，盗窃乱贼而不作，故外户而不闭。是谓大同"这段话，逐项论述君臣之公理，朋友有信之公理，父子之公理，夫妻之公理，大同之道的禁律，及去国界、家界、身界，将一切私产化为公产之后所必然出现的大同景象。② 他曾在《实理公法全书》和万木草堂"大同口说"中表述的未来社会理想，又以孔子的名义，结合儒学的语言得以再现。

　　康有为重塑孔子的努力取得了一定的成效，主要表现在戊戌政变之前，对旧的统治思想起了巨大的冲击作用，为维新运动的开展创造了有利的条件。戊戌政变之后，康有为将宪政思想与儒学重释结合起来，认识上有新的发展，符合宪政运动兴起的需要，但其影响力已大为减弱。

---

①　康有为：《礼运注》，《孟子微礼运注中庸注》，中华书局，1987，第236页。

②　参见拙著《岭南维新思想述论》，第262～279页。

　　康有为试图以重塑的方式更新整个儒学是难以成功的。儒学本身是一个相当成熟的思想文化体系，与西学近代精神在本质上相距甚远，没有根本重造的可能性。重造工作一开始就面临着极为繁重的学术清理、考辨任务，不仅本身极难完成，而且势必对新思想的阐发形成很大的压抑。用六经注我的方式重塑儒学，一方面难以自圆其说，多有牵强附会；另一方面更难使人信服，收不到预期的效果。就康有为变法维新思想的发展历程来说，康有为在重塑孔学上投入了过多的时间精力，只认此种方式而不做别的尝试，固然是为历史条件所限，也应该说在相当大的程度上是走了一段弯路。辛亥革命之后，康有为对传统文化已无更新的愿望和能力，相反还是固守成说，用传统文化来反对中国文化的进一步发展，变成了文化领域的落伍者。

本书主要参考文献

1. 牟子撰《理惑论》，出僧祐《弘明集》卷一。

2. 葛洪撰《抱朴子》，民国上海中华书局排印《四部备要》本。

3. 张九龄撰《曲江集》，刘斯翰校注，广东人民出版社，1986。

4. 慧能著《坛经校释》，郭朋校释，中华书局，1983。

5. 余靖撰《武溪集》二十一卷，嘉靖四十五年刘隐刊本。

6. 崔与之撰《崔清献公集》五卷，道光三十年本。

7. 葛长庚撰《海琼白真人全集》十卷，同治八年刊本。

8. 李昂英撰《文溪存稿》，杨芷华点校，暨南大学出版社，1994。

9. 《陈献章集》，孙通海点校，中华书局，1987。

10. 《湛甘泉先生文集》三十二卷，同治五年本。

11. 黄佐撰《泰泉集》六十卷，康熙二十一年本。

12. 丘浚撰《大学衍义补》一百六十卷，道光十七年本。

13. 孙蕡、欧大任等著《南园前五先生诗 南园后五先生诗》，梁守中、郑力民点校，中山大学出版社，1990。

14. 《丘文庄公集》十卷，同治十年本。

15. 郭棐撰《粤大记》，黄国声、邓贵忠点校，中山大学出版社，1998。

16. 陈建撰《学蔀通辩》十二卷，康熙十七年本。

17. 邝露撰《峤雅》，黄灼耀校点、杨明新注释，广东高等教育出版社，1990。

18. 欧初、王贵枕主编《屈大均全集》，人民文学出版社，1996。

19. 陈恭伊撰《独漉堂集》，郭培忠校点，中山大学出版社，1988。

20. 梁佩兰撰《六莹堂集》，吕永光校点补辑，中山大学出版社，1992。

21. 函是撰《瞎堂诗集》二十卷，清刊本。

22. 函可撰《千山诗集》二十卷，道光刊本。

23. 今无撰《光宣台集》二十五卷，道光二十二年本。

24. 光鹫撰《咸陟堂集》，道光二十五年本。

25. 黄佛颐撰《广州城坊志》，钟文点校，暨南大学出版社，1994。

26. 屈大均撰《广东新语注》，李育中、邓光礼、林维纯、熊福林、陈伟俊注，广东人民出版社，1991。

27. 黎简撰《五百四峰堂诗钞》，梁守中校辑，中山大学出版社，2000。

28. 廖燕撰《二十七松堂集》十卷，日本文久二年本。

29. 吴兰修撰《南汉记》，王甫校注，广东高等教育出版社，1993。

30. 范端昂撰《粤中见闻》，汤志岳校辑，广东高等教育出版社，1988。

31. 张渠撰《粤东闻见录》，程明校点。

32. 陈徽言撰《南越游记》，谭赤子校点，广东高等教育出版社，1990。

33. 仇巨川纂《羊城古钞》，陈宪猷校注，广东人民出版社，1993。

34. 李来章撰《连阳八排风土记》，黄志辉校点，中山大学出版社，1990。

35. 钱以垲撰《岭海见闻》，程明点校，广东高等教育出版社，1992。

36. 张庆长撰《黎岐纪闻》，王甫校注，广东高等教育出版社，1992。

37. 《潮州三阳志辑稿 潮州三阳图志辑稿》，陈香白辑校，中山大学出版社，1989。

38. 宋湘撰《红杏山房集》，黄国声校辑，中山大学出版社，1988。

39. 黄培芳撰《黄培芳诗话三种》，管林标点，广东高等教育出版社，1995。

40. 印光仁、张汝霖著《澳门记略》，赵春晨点校，广东高等教育出版社，1988。

41. 黄芝撰《粤小记》四卷，黄培芳参订，道光十六年本。

42. 劳孝舆撰《春秋诗话》，毛庆耆点校；何曰愈撰，《退庵诗话》，覃召文点校，广东高等教育出版社，1996。

43. 《东塾读书记》二十五卷，光绪广州刊本。

44. 广东省文史研究馆编《三元里人民抗英斗争史料》（修订本），中华书局，1978。

45. 中国史学会主编"中国近代史资料丛刊"《鸦片战争》第1册、第3册、第4册，神州国光社，1954。

46. 华南师院历史系中国近代史教研室编《中国近代史参考资料》上册，自印本，1979。

47. 魏源著《海国图志》，李巨澜评注，中州古籍出版社，1999。

48. 梁廷枏著《海国四说》，骆驿、刘骁校点，中华书局，1993。

49. 容闳著《西学东渐记》，沈潜、杨增麒评注，中州古籍出版社，1998。

50. 郑观应著《盛世危言》，王贻梁评注，中州古籍出版社，1998。

51. 中国史学会主编"中国近代史资料丛刊"《太平天国》第1册、第2册、第4册，上海人民出版社、上海书店出版社，2000。

52. 广东省太平天国研究会、广州市社会科学所编《洪秀全集》，广东人民出版社，1985。

53. 王庆成编《天父天兄圣旨——新发现的太平天国珍贵文献史料》，辽宁人民出版社，1986。

54. 姜义华、吴根梁编校《康有为全集》第 1 集，上海古籍出版社，1987。

55. 姜义华、吴根梁编校《康有为全集》第 2 集，上海古籍出版社，1990。

56. 姜义华编校《康有为全集》第 3 集，上海古籍出版社，1992。

57. 汤志钧编《康有为政论集》上册，中华书局，1981。

58. 康有为著《大同书》，章锡琛、周振甫校点，古籍出版社，1956。

59. 康有为著《孔子改制考》，中华书局，1958。

60. 康有为著、楼宇烈整理《〈孟子微〉〈礼运注〉〈中庸注〉》，中华书局，1987。

61. 康有为著、楼宇烈整理《康子内外篇（外六种）》，中华书局，1988。

62. 康有为著、楼宇烈整理《春秋董氏学》，中华书局，1990。

63. 康有为著、楼宇烈整理《康南海自编年谱（外二种）》，中华书局，1992。

64. 康有为著《日本变政考》，故宫博物院藏本。

65. 《杰士上书汇录》，故宫博物院藏本。

66. 梁启超著《饮冰室合集》第 1 册、第 2 册、第 6 册，中华书局，1989。

67. 丁文江、赵丰田编《梁启超年谱长编》，上海人民出版社，1983。

68. 黄遵宪著《日本国志》，上海图书集成印书局光绪二十四年版，沈云龙主编《近代中国史料丛刊续编》第十辑，台湾文海出版社，1974～1982。

69. 中国史学会主编"中国近代史资料丛刊"《戊戌变法》第 1 册、第 3 册，神州国光社，1953。

70. 国家档案局明清档案馆编《戊戌变法档案史料》，中华书局，1958。

71. 中国近代期刊汇刊《〈强学报〉〈时务报〉》，中华书局，1991。

72. 《知新报》，澳门基金会、上海社会科学院出版社，1996。

73. 广东省社会科学院历史研究室、中国社会科学院近代史研究所中华民国研究室、中山大学历史系孙中山研究室合编《孙中山全集》第 1 卷，中华书局，1981。

74. 黄彦编《孙文选集》上、中、下册，广东人民出版社，2006。

75. 中国史学会主编"中国近代史资料丛刊"《辛亥革命》第 1 册，上海人民出版社、上海书店出版社，2000。

76. 冯自由著《革命逸史》初集，中华书局，1981。

后　记

　　在本书即将付梓之时，掩卷回顾，我的心中不仅甘苦交集，更是充满了浓郁的感激之情。

　　这本书是广东省教育厅岭南文化研究基地的研究成果，它的完成，凝聚了很多人的心血。早在 2005 年，当广东省教育厅岭南文化研究基地成立之际，本人就申报了这一科研项目。项目经由上级批准之后，我便紧锣密鼓地进入材料搜集、文字撰写的过程之中。从项目的论证到书稿的完成，不少人给予了宝贵的意见。其中岭南文化研究基地主任左鹏军教授给予了很大的支持和指导，而我校历史文化学院的宋德华教授更是通力支持，直接参与写作。这些同仁都是岭南文化及中国近代文化的著名学者，他们对本书的完成做出了贡献，其学问知识、理论水平与历史素养在很大程度上弥补了本人学力的不足，在这里我是要深表感谢的。

　　在这里，我还要对资助此书出版的广东省社会科学界联合会深表谢意，为了振兴岭南文化，打造理论粤军，推动科学研究的进展，他们不仅发动了广大的中青年学者，也能让我等退休者有所奋发，有所作为，每念及此，总觉得有一股暖意萦绕心头。

　　本书的上下两编由我与宋德华分头撰写，其间二人交流讨论了数次。全书写完后，我又将全书的体例与文字做了少量的改动。尽管全书写作花了不少时间精力，但由于我们学力水平有限，书中恐怕还有一些疏漏，不当之处，谨请学界人士批评指正。

覃召文

图书在版编目（CIP）数据

岭南思想文化的演进与更新 / 覃召文，宋德华著. —北京：社会
科学文献出版社，2015.12
ISBN 978 - 7 - 5097 - 6240 - 0

Ⅰ.①岭… Ⅱ.①覃… ②宋… Ⅲ.①思想史 - 研究 - 广东省
②文化史 - 研究 - 广东省 Ⅳ.①B2②K296.5

中国版本图书馆 CIP 数据核字（2014）第 146785 号

岭南思想文化的演进与更新

著 者 / 覃召文 宋德华

出 版 人 / 谢寿光
项目统筹 / 宋月华 范 迎
责任编辑 / 周志宽

出 版 / 社会科学文献出版社·人文分社（010）59367215
地址：北京市北三环中路甲 29 号院华龙大厦 邮编：100029
网址：www. ssap. com. cn
发 行 / 市场营销中心（010）59367081 59367090
读者服务中心（010）59367028
印 装 / 北京季蜂印刷有限公司

规 格 / 开 本：787mm × 1092mm 1/16
印 张：22 字 数：357 千字
版 次 / 2015 年 12 月第 1 版 2015 年 12 月第 1 次印刷
书 号 / ISBN 978 - 7 - 5097 - 6240 - 0
定 价 / 89.00 元